REVUE FRANÇAISE DE PSYCHANALYSE

Bisexualités et genres

5

2019 TOME LXXXIII

DÉCEMBRE

puf

Sommaire

Des différentes façons d'être bisexuel

Le passage par l'autre et ses difficultés

Bisexualité agie et modifications corporelles

Bisexualité des parents, bisexualité des enfants

RÉSUMÉS ET MOTS-CLÉS

Éditorial

« Bi-bi résonne à mes oreilles [1] »

Lors de leur « Congrès » à Breslau en décembre 1897, Fliess avait fait part à Freud de sa théorie établissant un rapport entre bisexualité et bilatéralité (Bi-bi). Avant de constituer entre les deux hommes un motif de rupture, la bisexualité, dissociée de la bilatéralité, fut au cœur de leurs échanges. Considérée par Freud comme disposition réunissant en chacun masculin et féminin, d'abord envisagée comme donnée constitutionnelle biologique, la bisexualité devient, dans « L'analyse finie et l'analyse infinie », disposition *psychique*, ainsi réévaluée par Christian David en 1975, déjà dans un rapport au CPLF. Qu'en est-il aujourd'hui, à l'heure où l'on parle plus volontiers de genre que de sexe et où les transformations sexuelles sont souvent effectives ? Les deux rapporteurs, François Richard (« La bisexualité, l'inceste et la mort ») et Jean-Michel Lévy (« Ombres et lumières de la bisexualité ») interrogent l'importance, l'actualité, les difficultés de cette notion [2].

Le 79e *Congrès des psychanalystes de langue française*, qui s'est tenu à Paris du 30 mai au 2 juin 2019, avait pour thème « Bisexualité psychique, sexualités et genres ». Ce congrès, dont les secrétaires scientifiques sont Bernard Chervet et Marilia Aisenstein, a été organisé par la Société Psychanalytique de Paris (SPP) en collaboration avec l'Association Psychanalytique de France (APF). Il associait des collègues des sociétés composantes du CPLF, les Sociétés psychanalytiques Belge, Brésiliennes de Brasilia, Porto Alegre (SPPA), Rio de Janeiro (Rio 2) et São Paulo (SBPSP), Britannique, Canadienne, Espagnole, Hellénique, Israélienne, Italienne, Portugaise, Roumaine, Suisse, SPRF (société psychanalytique de recherche et de formation), et des Associations psychanalytiques d'Istanbul, d'Italie, l'Association Libanaise (ALDeP), de Madrid et Psike Istanbul, ainsi que de l'Association Psychanalytique Argentine (APA) et le Núcleo portugais de Psychanalyse, sociétés associées au CPLF.

Ce numéro de la *Rfp*, comme chaque dernière livraison de l'année, rend compte de ce Congrès. Les rapports initiaux, les discussions et communications à la tribune, ainsi qu'un certain nombre de contributions suscitées par ces journées y sont publiés.

1. Lettre de Freud à Fliess, 29. XII. 97.

2. Une première publication des rapports a lieu dans le *Bulletin de la SPP* (2019-1). La version publiée dans la *Rfp* est remaniée par leurs auteurs après le congrès.

THÈME : BISEXUALITÉS ET GENRES

Rapport de François Richard et discussions

La bisexualité, l'inceste et la mort

François RICHARD*

OUVERTURE À NOTRE PROBLÉMATIQUE

Buenos Aires, fin 2011, dans un dancing consacré au rituel du tango : un couple de jeunes et jolies homosexuelles françaises à côté d'Argentins guindés dans la mise en scène codifiée des genres masculin et féminin. L'une d'entre elles finit par accepter l'invitation insistante d'un danseur d'âge mûr. La voilà qui se prend au jeu, enchaîne les danses, s'emballe. Soudain sa compagne, restée seule, est prise d'un fou rire inextinguible. Je me dis que le rire, le rouge aux joues qui l'accompagne, trahissent – au-delà du comique se dégageant du contraste entre la jeune homosexuelle d'allure très moderne et le vieux danseur délibérément très rétro – la crainte que l'autre ne bascule dans un trouble hétérosexuel, fût-il bref et sans suite : et là c'est plus de sexe que de genre dont il s'agit.

Le terme de « bisexualité » suppose une amplitude heureuse des mouvements psychiques dans la série qui va du féminin au masculin et inversement, une complétude donc, même si elle ne garantit ni la prévalence d'une position sexuée sur l'autre ni l'équilibre de l'oscillation entre une position et l'autre, avec l'écueil qu'elle se fige en identité, notion équivoque aujourd'hui envahissante. Le psychanalyste écoute cette plasticité psychique des patients qui éveille la sienne, au risque de ne pas suffisamment entendre l'angoisse de castration et les désorganisations mortifères sous-jacentes, issues de désirs incestueux insuffisamment symbolisés et liquidés – car il est lui-même soumis, dit Freud dans *Le Moi et le Ça*, à « ce que vise toute tendance du

* Psychanalyste, membre titulaire formateur de la Société Psychanalytique de Paris.

moi, à savoir la réconciliation de ses multiples allégeances » (Freud 1924b, p. 285), j'ajouterai le maintien à l'identique de son inscription dans les fantasmes originaires. La cure analytique restitue un héroïsme surmoïque modeste, partagé avec beaucoup d'autres, loin des mégalomanies comme des nihilismes. Un tel processus – du ça basculé dans le surmoi – offre une perspective toujours actuelle à une modernité fatiguée d'elle-même.

La pensée associative de l'analyste fluctue au gré d'accents féminins ou masculins de la parole de ses patient(e)s : une voyelle s'ouvre largement, une consonne se fait gutturale, la langue de la petite enfance ressurgit. La confrontation avec des économies libidinales souvent très éloignées de la sienne peut le déstabiliser. L'écoute devient dissociative ou simplement plus distante. Les contre-transferts du psychanalyste peuvent enfermer dans des impasses qu'euphémise l'aisance à manier la langue psychanalytique reçue. Freud n'a pas dit exactement ce que lui impute l'usage de cette langue – fixée dans des dictionnaires, mais évolutive dans l'histoire des sociétés de psychanalyse – il avance une hypothèse pour la nuancer ou la contredire, hésite, ne sait pas, cherche, conclut à un impensable ou à une complexité, parfois parce qu'il est en chemin vers un nouveau paradigme qui se dérobe, mais surtout parce que l'impensable et la complexité sont la chose psychique elle-même. Un homme entend la féminité d'une patiente en tant qu'homme, mais en même temps à partir de ses propres identifications féminines œdipiennes, puis à partir de ce qu'a pu être l'homosexualité féminine infantile de cette patiente avec sa mère. Le même analyste saisi par le transfert d'un homme qui le situe inconsciemment comme femme : à la mobilité psychique dont il doit faire alors preuve s'ajoute l'écoute seconde des désirs féminins plus profonds que ce positionnement masculin du patient voile. On peut imaginer d'autres occurrences. D'abord utile au travail analytique, la bisexualité psychique génère en séance une résistance spécifique et des transferts complexes, dont il faut dégager les ressorts pour envisager les formes corrélatives de l'interprétation après avoir reproblématisé les relations entre sexe et genre chez Freud et en psychanalyse pour liquider des préjugés qui peuvent affecter l'écoute – ce qui mène à concevoir que l'idée d'une disposition bisexuelle originaire *recouvre l'irreprésentable d'une incestualité sauvage mortifère* – hypothèse centrale issue de l'expérience clinique – autant qu'elle correspond au conflit œdipien entre l'amour pour la mère et l'amour pour le père, qui réclament chacun une passion unique.

La bisexualité précède, dans la pensée de Freud, la théorie du complexe d'Œdipe et sa recherche sur le masculin ou la masculinité (*Männlich*) et le féminin ou la féminité (*Weiblich*), qui l'amènera à conclure à la grande difficulté, peut-être l'impossibilité, d'en saisir l'essence – ce qui est proche de certains travaux actuels sur le genre. La conception freudienne tant de la bisexualité que du polymorphisme sexuel infantile ainsi que son questionnement radical du couple d'opposés masculin/féminin ne varieront jamais : ceci forme un ensemble où à une disposition bisexuelle pour ainsi dire naturelle – qui inclut la fonction paternelle en instituant un système à trois termes : le sujet, le féminin et le masculin – viennent s'ajouter une bisexualité hystérique plus spécifique, les identifications œdipiennes, l'impact du narcissisme et l'influence de l'imago de la mère archaïque.

Chez Freud les mots « masculinité » et « féminité », mais aussi « pulsion » et « excitation » apparaissent comme posés sur de l'insaisissable. Les grandes dualités – présent/absent, châtré/non châtré, actif/passif, féminin/masculin, mais aussi hétérosexuel/homosexuel, narcissique/objectal, d'autres encore – sont discutées, réfutées, puis intégrées à la métapsychologie. Mais, toujours, la disposition originaire à la bisexualité y figure comme un invariant tandis qu'au fil des années *le sexuel maternel primaire* prend de plus en plus d'importance.

Freud se demande si la jeune homosexuelle, ou le président Schreber, ou la petite fille qui fantasme des garçons battus, se positionnent en hommes ou en femmes : il tombe chaque fois sur les modalités complexes, sérielles et oscillatoires, de leur désir, qui échappent lorsqu'on s'approche de son origine. Il admet jusqu'à un certain point l'énonciation inconsciente, parfois consciente, « je suis une femme » chez un homme et « je suis un homme » chez une femme : Schreber sait qu'il « est » un homme au moment où il se sent femme, la jeune homosexuelle joue de sa féminité lorsqu'elle se veut homme. Dans d'autres cas, par exemple de masochisme chez l'homme, il préfère formuler que le sujet fait la femme à partir d'une position psychique masculine. Un espace psychique où le sexe est plus dans la tête que dans la conformation génitale est reconnu : il s'agit de sexualité psychique, pas d'identité. Freud parla de prédisposition bisexuelle constitutionnelle, avant de construire le concept de bisexualité *psychique*. Est-ce bien un concept ? Cela supposerait une appréhension claire de la masculinité et de la féminité. Or le terme « bisexualité » apparaît justement parce que masculinité et féminité présentent des significations différentes selon qu'on les prend dans une approche biologique, psychologique ou socioculturelle, et s'entremêlent dans l'expérience vécue, de sorte qu'il y a plusieurs définitions du masculin et du féminin, et pas un couple d'opposés symétriques. L'expression « bisexualité » donne un début de représentation à ce qui se dérobe à la pensée, au prix d'une condensation du sens. L'ambiguïté réside autant dans le questionnement que dans la chose même : c'est ce qui va à l'encontre du sexe anatomique du sujet qui subit le refoulement, mais ce sont les désirs aussi bien masculins que féminins qui sont réprimés chez une même personne, c'est le féminin qui est foncièrement l'objet du refus tant chez la femme que chez l'homme – toutes ces formulations apparemment contradictoires sont argumentées par Freud.

Il me semble heuristique de maintenir la notion de bisexualité psychique dans une certaine incomplétude de définition, ne serait-ce que parce qu'elle penche toujours plus d'un côté que de l'autre : l'observer d'abord dans la pensée de Freud puis dans la pensée du psychanalyste en séance – qui entend les variations de position psychique de ses patients entre féminité et masculinité, au sein de la féminité entre le masculin de la féminité et le féminin de la féminité, etc. Il faut bien utiliser ces mots, nous n'en disposons pas d'autres. Freud, qui conclut qu'on ne saurait donner une définition de la féminité, cherche néanmoins à comprendre comment la petite fille devient femme, après le « revirement » (*Wendung*) vers le père – quasi-conversion, Freud emploie le terme dans *L'Homme Moise*. L'amour primordial pour la déesse mère demeure, l'homosexualité primaire insiste sous l'hétérosexualité : cela fait-il une bisexualité psychique ? Répondre par l'affirmative revient à prendre le point d'arrivée pour l'origine, la fameuse « prédisposition ». Freud soutient ce point de vue sans en être dupe : plus on s'approche des origines plus les distinctions s'estompent, écrit-il. Cette profondeur lui interdit peut-être de suffisamment concevoir, comme le firent Karen Horney (1922) et Ernest Jones (1927), les sensations vaginales de la petite fille. Là où les distinctions s'estompent, l'espace psychique interne devient le siège d'éprouvés archaïques où dedans et dehors, sujet et objet, et, a fortiori, masculinité et féminité, tendent à s'équivaloir, de sorte que des sensations vaginales précoces sont avalées par ce brouillage où l'intériorité psychique devient dangereuse à explorer. Il y a une montée dans le texte freudien, vers des assertions de plus en plus radicales sur la prégnance de la féminité maternelle originaire, et l'impossibilité de la bien définir – parallèles aux assertions non moins radicales sur la quasi-homologie du sadisme et du masochisme dans la pulsion de mort. En 1915 l'hypothèse du retournement de l'activité (supposée masculine) en passivité (supposée féminine) s'accompagne d'un autre renversement (vers la personne propre) selon une réflexivité « moyenne réfléchie » où le sujet (dans ce texte Freud parle de *Subjeckt* et pas seulement de *Ich*) *est* en même temps, par exemple, le regardant masculin et la regardée féminine. Sa « partie » masculine s'identifie à sa « partie » féminine *telle qu'il se la représente*, au cours d'échanges avec les représentations psychiques de l'objet qui instruisent le sens d'une *altérité interne* (Brusset, 2005), au-delà du leurre inhérent à la séparation de l'un originaire en deux signifiants voués à se signifier l'un l'autre. « Ce n'est pas le sexe de l'autre qui se représente dans la bisexualité, mais l'idée que l'on se fait du sexe de l'autre du point de vue de son propre sexe et de ce que ce propre sexe lit dans le regard que le sexe de l'autre porte sur lui » écrit Green (Green, 1975, p. 60-61). La partie de l'homme qui se sent femme connaît par ses éprouvés anatomiques ce qu'est un corps d'homme – il en va de même pour la partie de la femme qui se sent homme, informée par son expérience sensorielle.

Platon envisage Éros comme une tendance à la « consonance… sorte de conciliation » (*Le Banquet*, p. 713) des parties masculine et féminine. On peut y entendre une *dissonance*, « une fêlure dans l'accord parfait » (Gensel, 2017, p. 138) qui maintient le désir en éveil et rend possible le rapport sexuel. Cette métaphore musicale suggère que l'interprétation gagne à être énoncée depuis un *lieu autre* que celui que le transfert lui attribue, par exemple la voix d'une mère ou d'un père. La dissonance de la parole de l'analyste introduit à du nouveau par-delà l'inquiétant. *On peut envisager le travail de la bisexualité psychique en séance* et son devenir multiple dans les associativités – dissociativités réciproques du patient et de l'analyste *sur le modèle du travail du rêve.* Freud parle de représentations « inconnues » au-delà des « représentations-buts » (Freud, 1900a, 449) : le fond hallucinatoire du rêve, sa sensorialité particulière sont susceptibles de prendre *toutes* les formes, et *aucune* forme.

« JE = ELLE »

Freud à Fliess : tu es « l'unique autre, l'alter » (1887-1904, p. 97) ; il évoque une « simultanéité temporelle de leurs états » (*ibid.*, p. 383) puis un côté « peut-être féminin » de lui-même, et avoue « pour moi […] la femme n'a jamais remplacé […] le camarade » (*ibid.*, p. 564). Fliess est « l'interlocuteur privilégié » (Robert, 1996, p. 13), sans doute autant *Nebenmensch* – plutôt maternel – que père idéal de l'identification primaire. L'« unique autre » serait ici la mère avec laquelle il y a à la fois tendance symbiotique et différenciation, comme dans la bisexualité où le masculin et le féminin ne cessent de se confondre pour se distinguer. Les « périodes » et les « substances » masculines et féminines, le fondement biologique de la bisexualité, la bilatéralité (partie gauche féminine chez l'homme et masculine chez la femme) selon Fliess traduisent l'intuition d'un miroir intérieur doublement inversé gauche/droite et mâle/femelle : il y a là un peu de folie. Mais qui permet à Freud de penser librement : « Je m'habitue [...] à concevoir chaque acte sexuel comme un processus entre quatre individus » (*ibid.*, p. 462). Cette *logique du quatre*, comme dit Sollers (1994) doit-elle faire imaginer quatre sexes ou plutôt quatre genres ? Pourquoi pas plus : la partie de l'homme qui se sent une femme n'est pas exactement une femme, il nous manque là un mot, de même pour la partie de la femme qui se sent homme dans ce « processus entre quatre individus ».

« Je vais donc essayer d'introduire l'idée qu'il y a une substance masculine à 23 jours dont la déliaison est ressentie dans les deux sexes comme plaisir, et une substance féminine à 28 jours dont la déliaison est ressentie comme déplaisir » (Freud, *ibid.*, p. 268). Cette valorisation du masculin amène Freud à dire que la libido est masculine – ce sur quoi il se rétractera. Doit-on parler d'homosexualité latente entre Freud et Fliess ? Cela peut éclairer certains mouvements psychiques, mais tire la psychosexualité vers la psychologie comme lorsque, à propos des logiques relationnelles entre personnes, on parle d'homosexualité féminine entre hommes ou d'homosexualité masculine entre femmes. La bisexualité psychique concerne-t-elle la sexualité inconsciente ou les positionnements de genre dans les identifications ? C'est l'un des enjeux des discussions contemporaines plus d'un siècle après. L'« excédent de déliaison masculine » produit du plaisir tandis qu'à « l'être purement féminin » se voit attribué le déplaisir. On n'en reste heureusement pas là : il se peut que « les deux déliaisons soient parallèles », en fonction de la présence des deux substances féminines et masculines chez les hommes et les femmes, sans compter « plusieurs de chaque sorte » (*ibid.*, p. 270) d'où une possible « métamorphose chez la même personne ». « L'époque préhistorique, avant l'âge d'un an et demi, devient de plus en plus significative [...] on serait en présence du reste d'un culte sexuel très ancien [...] (Moloch, Astarté) [...] dont le rite se perpétue en secret » (*ibid.*, p. 288-289) : derrière la sexualité infantile perverse polymorphe, Freud entrevoit des figures séductrices grandioses, une sorte de religion des imagos.

Le 3 octobre 1897 Freud rapporte le souvenir d'un voyage de nuit en train avec sa mère où il lui a « été donné de la voir *nudam* » (*ibid.*, p. 339), puis un rêve où il prend de l'argent à la mère d'un médecin, transcription d'un souvenir où une bonne l'aurait poussé à voler pour elle alors que selon la mère de Sigmund la voleuse fût cette bonne d'enfant. La mère initie son enfant au jugement juste : il, lui, le garçon, n'est pas *la* voleuse. Muni d'une capacité à discriminer réalité et fantasme, il écrit « L'interprétation exacte est *Je = Elle* » (15 octobre, *ibid.*, p. 343). Il s'était identifié à la voleuse, et, plus en profondeur, je crois, à sa mère vue nue, objet d'un désir et en même temps d'une identification subjectivante là où il aurait pu y avoir de la confusion. Cette interprétation de 1897 anticipe le propos « Le sein est un morceau du moi, je suis le sein » (Freud, 1938b, p. 287), souvent présenté comme une découverte métapsychologique tardive alors qu'elle est là dès le début. Ce « je = elle » éclaire la problématique de la patiente que j'ai appelée Catherine en apparence cabrée contre les hommes ressentis comme agressifs, plus profondément en lutte contre une homosexualité rendue impossible par l'empreinte trop captatrice d'une imago maternelle excitante.

Quelques semaines plus tard vient le propos sur la « masturbation [...] unique grande habitude, l'"addiction originaire" » (*op. cit.*, p. 365, 22/12/1897), celle du petit garçon, étendue à la masturbation clitoridienne de la petite fille, confusion, je crois, à l'origine de la réduction de la sexualité des petites filles à celle des garçons, alors qu'il est plutôt question ici d'assujettissement incoercible à la pulsion (qui n'est ni spécifiquement masculine ou féminine). Cette « addiction originaire », par son souhait de circuit court vers le plaisir, mais aussi vers l'objet (*matrem nudam*) dans le saut « je = elle », réunit l'échec du désir œdipien de l'enfant et l'identification primaire à la mère que je conçois comme une rencontre heureuse avec une altérité et pas seulement comme une capture par le même. La formulation suivante dévoile le fond narcissique du monocentrisme phallique « si l'onanisme se réduisait à l'homosexualité et si cette dernière, c'est-à-dire l'homosexualité masculine (dans les deux sexes) était le mode de désirance sexuée ? » (*ibid.*, p. 483, 17/10/1899). Il nous faut accepter de prendre tout de Freud, sans faire disparaître ce qui ne plaît pas, car sinon on fabrique une langue consensuelle faussée. Les incertitudes chez lui tiennent, je crois, à ce qu'il n'y a pas de mots dans la langue pour la féminité spécifique de l'homme, distincte de celle de la femme et de même pour la masculinité de la femme, et, plus généralement, pour la complexité psychosexuelle.

DE MARCEL PROUST A CATHERINE MILLET

Chez Proust une hétérosexualité empêchée est associée à des amours lesbiens trop bien évoqués pour qu'on les réduise à une transposition d'amours homosexuels masculins. Cocktail imprévu : excitation pubertaire bisexuelle très œdipienne + identification à une femme qui aime les femmes = un homme psychiquement lesbien, dans la vie un homosexuel.

J'ai esquissé cette lecture dans un article de 2002. Je ne connaissais alors pas l'existence du *Proust's lesbianism* de la féministe Elisabeth Ladenson paru aux États-Unis en 1999 et traduit en français en 2004, où elle veut montrer que les variations de genre, chez Proust, sont étroitement corrélées au système de différences entre personnage, narrateur et auteur, autour de l'énigme du féminin. Je préfère prendre l'expression « homme lesbien » dans son sens pulsionnel. En effet mademoiselle Vinteuil et son « amie », les amours d'Albertine avec des angoisses de séparation et une jalousie en tout ou rien, mais aussi la passion de la grand-mère et de la mère pour les *Lettres* de Madame de Sévigné à sa fille, témoignent chez l'écrivain d'une sensibilité érotique à l'univers féminin.

À l'occasion d'insomnies qui l'amènent à s'endormir le jour pendant que sa mère veille, toute proche dans l'appartement, Marcel découvre dans un demi-sommeil, en même temps qu'un émoi dirigé vers une partenaire imaginaire, sa propre scission entre une masculinité et une féminité : « Quelquefois, comme Ève naquit d'une côte d'Adam, une femme naissait d'une fausse position de ma cuisse ; formée par le plaisir que j'étais sur le point de goûter, je m'imaginais que c'était elle qui me l'offrait. Mon corps qui sentait en elle sa propre chaleur voulait se joindre à elle, je m'éveillais. » L'objet désirable féminin est ici pensé comme prolongement immédiat d'un autoérotisme où l'auteur incorpore dans une « fausse position » d'une de ses cuisses l'émergence d'une chair féminine pour son désir masculin, chair déjà autre que lui, mais toujours partie de lui. Le narrateur évoque alors la découverte de l'éjaculation : « À douze ans, quand j'allais m'enfermer pour la première fois dans le cabinet [...] ce que je voulais chercher, c'était un plaisir inconnu, original, qui n'était pas la substitution d'un autre [...] l'exploration que je fis alors en moi-même, à la recherche d'un plaisir que je ne connaissais pas, ne m'aurait pas donné plus d'émoi, plus d'effroi, s'il s'était agi pour moi de pratiquer à même ma moelle et mon cerveau une opération chirurgicale. À tout moment je croyais que j'allais mourir. [...] Enfin s'éleva un jet d'opale, par élans successifs, comme au moment où s'élance le jet d'eau de Saint-Cloud. À ce moment, je sentis comme une tendresse qui m'entourait. C'était l'odeur du lilas, que dans mon exaltation j'avais cessé de percevoir et qui venait à moi. Mais une odeur âcre, une odeur de sève, s'y mêlait, comme si j'eusse cassé la branche. J'avais seulement laissé sur la feuille une trace argentée et naturelle comme le fait le fil de la vierge ou le colimaçon. Mais sur cette branche, il m'apparaissait comme le fruit défendu sur l'arbre du mal [...] que je devais tirer de moi-même en allant tout au rebours de ma vie naturelle [...] Malgré cette odeur de branche cassée [...] ce qui surnageait, c'était la tendre odeur des lilas » (Proust, 1910, p. 64-66). Un garçon découvre le plaisir sexuel dans la proximité de sa mère comme un démembrement, une « opération chirurgicale » castratrice à même sa moelle et son cerveau, et, pour se remembrer, il fantasme le phallicisme de l'homosexualité masculine *et* la puissance mystérieuse du lesbianisme. Ce garçon triste cherche à conserver sa mère dans le contact de sa cuisse avec *la cuisse imaginée de son double féminin.* L'alliance heureuse de la tendresse et de l'excitation sexuelle (« Malgré cette odeur de branche cassée… ce qui surnageait, c'était la tendre odeur des lilas ») évolue « tout au rebours de ma vie naturelle » jusqu'à une phobie du masculin lorsque par exemple la rondeur du ventre d'Albertine est évoquée comme « dissimilant la place qui chez l'homme s'enlaidit comme du crampon resté fiché dans une statue descellée » (Proust, 1913-1922, vol. 3, p. 79). Le « jet d'opale » éjaculatoire a produit une phobie du phallus. L'expression « à tout moment je croyais que j'allais mourir » illustre cette pulsion-sexuelle-de-mort dont parle Laplanche tout en rendant sensible quelque chose d'autre qui va vers le vide, le rien, le néant. Ce mouvement hétérosexuel empêché génère la sensibilité à l'univers lesbien en même temps que la théorie selon laquelle l'objet doit être inatteignable pour être trouvé. La beauté plus scintillante d'Albertine se distingue du groupe des jeunes filles à Balbec dépeint comme un « agrégat de forme irrégulière, compact, insolite et piaillant » où elles « restaient pressées les unes contre les autres » (Proust, 1913-1922, vol. 1, p. 823) en un plaisir que le narrateur, en écoutant leur rire, suppose exquis. Il s'identifie à ce plaisir et *devient un homme lesbien tout en restant un homme œdipien* qui n'agit pas ses vœux hétérosexuels : « Je n'avais, pour rejoindre Albertine et ses amies qui se promenaient sur la digue, qu'à enjamber le cadre de bois à peine plus haut que ma cheville » (Proust, 1913-1922, vol. 3, p. 874).

Un siècle après Proust, Catherine Millet témoigne elle aussi d'une volatilité des positions de genre dans un désir qui reste foncièrement œdipien. Grâce à une psychanalyse menée parallèlement à un travail littéraire, elle perçoit sous l'oscillation bisexuelle un mouvement de différenciation/indifférenciation de sa libido objectale par rapport à sa libido narcissique.

D'abord l'exposition délibérée d'un polyérotisme narcissique. Elle raconte qu'elle a perdu sa virginité à 18 ans et qu'elle a commencé à « partouzer dans les semaines qui ont suivi [sa] défloraison » (Millet, 2001, p. 11). « J'éprouvais comme un conflit de ne rien ressentir, rien d'agréable, rien de désagréable non plus » (*ibid.*, p. 211). Elle reconnaît ne pas très bien savoir qui elle est ni ce qu'elle veut lors de ses ébats avec des partenaires multiples, hommes et femmes, expérience « étayée par une vision de mon corps comme un tout qui ne connaissait pas de hiérarchie, ni dans l'ordre de la morale ni dans celui du plaisir et dont chaque partie pouvait autant que faire se peut, se substituer à une autre » (*ibid.*, p. 48). Quelques années plus tard, le polyérotisme cède à une situation triangulaire où un seul homme, Jacques, compte : « Il fallait [...] que j'en connaisse mille pour savoir qu'avec lui il s'agissait d'une relation ancrée dans un sentiment d'une nature et d'une pérennité qui n'étaient pas comparables à d'autres » (Millet, 2008, p. 14). L'aisance dans le libertinage n'aura été qu'une façon d'essayer de se délester du poids d'une culpabilité traditionnelle : ainsi se souvient-elle de sa mère qui « assena, à propos [d'une] fille, qu'elle "devait coucher avec tout le monde". À plusieurs reprises, j'ai entendu ma mère qualifier de "putain" une actrice de cinéma ou toute autre femme qui s'affichait... Dans ces moments-là, ma mère me faisait honte, comme si elle se fût comportée elle-même de manière indécente » (*ibid.*, p. 27). On voit ici la logique œdipienne d'appropriation subjective de la position psychosexuelle féminine de la mère, là où la sexualité groupale donnait illusoirement le « sentiment d'un potentiel illimité » (*ibid.*, p. 31) jusqu'à se heurter à une « limite : [...] n'étant pas la plus jolie, je pouvais me voir préférer une autre » (*ibid.*, p. 32). Taraudée par la crainte panique de n'être plus aimée, elle fouille dans les affaires de Jacques, scrute dans ses moindres mots des indices qu'il serait avec *une* autre, et perçoit bien le retournement complet par rapport au régime libidinal antérieur : « d'autres femmes [...] j'avais pu [...} dans un cadre libertin, avoir avec elles une relation sexuelle. Je n'ai jamais attaché un sentiment particulier à aucune d'entre elles. Je suppose que j'avais par avance neutralisé leur existence » (*ibid.*, p. 48-49). Tout à l'opposé maintenant, lorsqu'elle imagine par exemple son amie Blandine avec Jacques, elle est ravagée de chagrin *et* d'excitation sexuelle face à une scène où elle ne parvient pas à s'introduire : « Ils étaient trop à leur affaire pour se rendre compte de ma présence » (*ibid.*, p. 106). Désormais le recours à l'acte ne fonctionne plus. L'engagement dans les « partouzes » avait succédé au suicide de sa mère consécutif à la mort du père, elle s'était alors regardée dans un miroir : « J'ai dû dire à voix haute [...] "ma mère est morte" [...] le reflet dans la glace s'est effacé » (*ibid.*, p. 204). *Une bisexualité d'abord agie puis psychisée recouvrait une hallucination négative spéculaire, qui signifiait uniment la perte de l'objet maternel*[1]. La traversée de cette expérience mène à la scène de la rencontre de ses deux parents : elle imagine que le père montait un escalier que la mère descendait court vêtue (Millet, 2014) ! *La bisexualité psychique propre à l'adolescence* est retrouvée : « Je me voyais bien en garçon. Ce n'est pas que j'aurais voulu être un garçon » (*ibid.*, p. 172) pense un « "je" ambigu qui s'affirmait peu à peu, [...] qui regardait le monde, les hommes et aussi

1. On trouve la même structure chez Louis Aragon, voir ici même « Vertiges de l'amour ».

bien les femmes, qui n'oubliait jamais de s'observer lui-même au milieu de tout le reste » (*ibid.*, p. 182). Elle exerce, adolescente, un ascendant sur ses camarades filles « avec une vigilance toute féminine ou […] une supériorité mâle » (*ibid.*, p. 186) : la différence est mince, à peine une nuance, plus liée à des qualités dissemblables des éprouvés érotiques qu'à des logiques de genre. Ainsi son trouble face à une prof du lycée « modèle complexe de physique androgyne associé à un tempérament tout aussi ambivalent » (*ibid.*, p. 201), sa préférence pour les « vrais garçons » (*ibid.*, p. 192), son admiration pour la féminité de sa mère « rien qu'en courbes très douces » (*ibid.*, p. 49) pas du tout une de ces « androgynes aux jambes longues et au petit casque de cheveux noirs qui illustraient les revues de mode ». Elle fantasme que plusieurs garçons la pénètrent au vu et au su de tout le monde. « Pas concernée par le partage entre garçons et filles » (*ibid.*, p. 223) elle se sait pourtant femme.

Marcel Proust et Catherine Millet savent que le jeu avec le genre est déterminé par l'Œdipe : c'est ce savoir manquant chez certains patients qui peut donner du fil à retordre au psychanalyste.

HÉTÉROSEXUALITÉ ET HOMOSEXUALITÉ. SÉRIE ET OSCILLATION

Souvent « bisexualité » chez Freud semble être une litote pour parler d'homosexualité : pour l'essentiel les homosexuels seraient des bisexuels, et les bisexuels des « normaux », au sens d'une libre disposition de la libido avant même que la bisexualité ne l'organise. Une autre logique de pensée réclame son dû : le complexe d'Œdipe produit des identifications masculines et féminines, des désirs vers des objets masculins et féminins, selon des degrés variables où une orientation domine. La solution hétérosexuelle est la plus conforme aux visées de la différence anatomique des sexes (la reproduction de l'espèce humaine) et aux normes sociales, mais Freud, en un propos très « moderne », considère qu'elle ne va pas plus de soi que l'homosexualité. Le croisement des identifications masculines et féminines avec les choix d'objets masculins et féminins génère un espace plus vaste que ne le pense Judith Butler lorsqu'elle écrit : « Le problème que me posent les vues de Freud sur la bisexualité, c'est qu'il s'agit en fait d'hétérosexualité. La part féminine veut un objet masculin et la part masculine veut un objet féminin » (Butler, 2005, p. 26). L'anatomie est, et n'est pas, le destin. On ne va pas substituer à un discours psychanalytique réducteur sur l'homosexualité ramenée à une bisexualité mal psychisée, le discours inverse – pas plus juste – sur l'hétérosexualité, avec la bisexualité psychique qu'elle comporte, ramenée à de l'homosexualité refusée. Aujourd'hui le refoulement semble avoir disparu au bénéfice du clivage entre les bons et les mauvais usages du sexuel, les bons et les mauvais positionnements relationnels – tandis que le noyau de persécution par l'autre et les défenses phobiques se maintiennent. Et si l'intérêt pour le genre n'était que le symptôme d'une désexualisation du sexuel supposé libéré ?

Un complexe d'Œdipe déformé, mal organisé (mes patients Marie et Stéphane) autorise l'analyse, mais que se passe-t-il lorsqu'il ne s'est pas organisé (cas de Bob) ? Le conflit entre hétéro et homo-sexualités n'est pas complètement liquidé chez Catherine, on ne sait pas s'il produit un clivage ou trouve une représentation stabilisée – alors que l'adolescent Alexandre, lui, montre sans fard la déroute de son moi, lorsqu'il choit dans la reviviscence d'un moment infantile incestueux : catastrophe d'un non-accès à la position sexuée masculine, retour à l'état du bébé, garçon *et* fille, agrippé à la mère en une unité duelle (Abraham, Torok, 1978) instable entre symbiose incestuelle et différenciation. Alexandre s'en sort du côté du narcissisme sans passer par l'expérimentation homosexuelle, sans doute parce que le travail analytique lui permet d'intégrer que c'eût été l'exact équivalent de la survaleur érotique d'un inceste rêvé. Ne doit-on pas supposer que la hantise de leur possible homosexualité latente, par nos patients, traduit la rémanence de vœux incestueux œdipiens hétérosexuels, travestis en désirs, que l'on s'interdit, pour des personnes du même sexe ?

Les « aberrations » dont traite le premier des *Trois Essais sur la théorie sexuelle* mènent à une glorification de l'amour génital entre l'homme et la femme, épousant au plus près les éprouvés complexes « prégénitaux » pour les faire siens dans la rencontre avec « la personne dont émane l'attraction » (Freud, 1905a, p. 38), l'objet *désirable* plutôt que *du* désir ou *cause du* désir. À cette page intervient la « fable platonicienne » « de la séparation de l'être humain en deux moitiés – homme et femme – qui aspirent à s'unir à nouveau dans l'amour ». Intérêt profond pour la « séparation de l'être humain en deux moitiés », deux sexes, mais aussi lors de la naissance avec la mère et plus généralement entre soi et autrui, sujet et objet (objet autre sujet). On voit Freud questionné par les « invertis *absolus* » (*ibid.*, p. 39), comprendre mieux les « invertis *amphigènes* » pour lesquels l'« objet sexuel peut aussi bien appartenir au même sexe qu'à l'autre » et les « invertis *occasionnels* » en fait des hétérosexuels à tendance homosexuelle secondaire acceptée tant qu'elle ne risque pas de contrarier la tendance principale. Cette phénoménologie prend une valeur plus métapsychologique dans la « constitution d'une série de tous les degrés intermédiaires » (*ibid.*, p. 41). La *série sexuelle* propose dans le premier des *Trois Essais* un concept solide, où *l'oscillation* masculin-féminin constitue sur fond du polymorphisme infantile plus vaste un système des intermittences, ou des hésitations, du cœur, de la « préférence », et permet une variation incluant mille et une possibilités dont la bisexualité, plus du côté du plaisir que de la mélancolie : nos patients croient chercher leur genre et ils trouvent leur économie libidinale. « L'héritage de Freud [...] est singulièrement double » (Chodorow, 2003, p. 43) note Nancy J. Chodorow : d'un côté le polymorphisme, la bisexualité, le questionnement du choix d'un seul genre d'objet comme n'allant pas de soi, de l'autre une valorisation de la solution œdipienne hétérosexuelle. Selon elle « l'hétérosexualité comme l'homosexualité sont des formations de compromis » (*ibid.*, p. 43), chacun construit son « mélange personnel » (*ibid.*, p. 49) dès lors que « les pôles binaires de l'"hétérosexualité" et de l'"homosexualité" ne rendent pas compte de la spécificité du désir et des fantasmes sexuels d'un seul individu ».

« Il était tentant de transférer cette conception au domaine psychique » (Freud, 1905a, p. 46) écrit Freud à propos de la « disposition bisexuelle originelle » biologique de l'œuf puis du fœtus. Ce transfert – fondateur – du biologique au psychique initie une chaîne sans fin de transferts, déplacements et condensations, *dans les « séries complémentaires » du champ bisexuel, jusqu'aux transferts à l'œuvre dans la séance.* Un patient rapporte un rêve où je l'accueille en lui expliquant qu'une jeune femme va désormais me remplacer. Il a perdu son père et garde de lui un souvenir prédominant où celui-ci se tient froid et silencieux face à lui. Ses souhaits d'être écouté de façon aimante, de s'affirmer en homme vis-à-vis du père-analyste en le féminisant, sont interprétés. Séance suivante : « Vous êtes "à moi" pas comme personne réelle, mais pour parler. »

L'HÉTÉROSEXUALITÉ ET LA RELATION À L'OBJET MATERNEL

N'est-ce pas le propre de tout fantasme d'instituer son auteur en position démiurgique de pouvoir y occuper *toutes* les places, en *désavouant subtilement* que la féminité de l'homme n'est sans doute pas ressentie comme la féminité d'une femme, et de même pour la masculinité de la femme ? C'est ce que révèle, dans l'écoute du psychanalyste, le sentiment d'être l'objet d'une capture narcissique « en double » (C. et S. Botella, 2001) et de devoir conjurer une indifférenciation à laquelle il est en train de céder – et tant mieux, puisqu'il en tire connaissance du processus à l'œuvre chez l'analysant, où celui-ci, croyant séduire, est en fait prisonnier d'images archaïques. Jusqu'à ce qu'il assimile l'impossibilité d'occuper les places de la féminité grandiose de l'imago maternelle ou de la masculinité grandiose du père originaire, quel que soit son sexe anatomique ou de genre identitaire.

« Chez les hommes, la virilité psychique la plus complète est compatible avec l'inversion » (Freud, 1905a, p. 47), le moi peut camper sur une position se tenant elle-même pour masculine alors que l'économie libidinale est vécue comme féminisante – et inversement, ajoutera-t-on, on observe des dysharmonies entre une vie sexuelle masculine active et un caractère évitant l'engagement véritable dans le lien. Ce type de clivage entre désengagement psychique et relation en apparence maintenue a été pensé par Green (1993a) comme une confusion entre désirer et être désiré, où le narcissisme recouvre l'Œdipe. La « disposition bisexuelle » (Freud, 1905a, p. 48) avant tout choix d'objet, toute orientation, où désirer et être désiré sont indifférents, concorde avec ce qui sera défini ultérieurement (1914c) comme « réservoir » de libido narcissique – réédition de la situation originaire où le moi du bébé s'entremêle à celui de la mère tout en s'en séparant en un érotisme primitif. Freud ajoute qu'il existe sans doute plusieurs « centres » cérébraux masculins et féminins (plusieurs identifications tant masculines que féminines dans une formulation plus métapsychologique). On retrouve le motif de la série, « compromis [...] entre deux motions dont l'une recherche instamment l'homme et l'autre la femme » (1905a, p. 50) au sein de l'amour hétérosexuel où chaque partenaire trouve dans l'autre et l'homme et la femme, non moins que dans ce type d'amour homosexuel où le *sujet* s'identifie, dit Freud, au parent du sexe opposé et se prend lui-même comme *objet* de désir. Freud parle de « distinction conceptuelle rigoureuse [...] selon que l'inversion concerne le caractère sexuel de l'*objet* ou celui du *sujet* » : tous les cas de figure sont envisageables dans la dialectique sujet/objet, au point que « l'intérêt exclusif de l'homme pour la femme est aussi un problème qui requiert une explication » (*ibid.*, p. 51, ajout de 1915). La *disposition* suppose une marge d'hésitation, de mouvement, en contradiction avec l'idéologie identitaire contemporaine qui veut que chacun ait *son* genre et en accord avec cette même idéologie lorsqu'elle valorise la pluralité. Il y a plusieurs façons de *se sentir* femme, ou homme, *dans le fantasme*, autour d'un noyau *homoérotique* (*ibid.*, p. 52-53) et de son lieu anatomique imaginé : le tissu « interstitiel » de la « glande pubertaire » (Freud, 1905a, ajout de 1920, comme la reprise de la notion d'homoérotisme, que prolongera Bergeret, à Ferenczi). Cet interstice – métaphore anatomique, concept qui se cherche –

différencie en même temps le sujet de l'objet et le masculin du féminin. C'est l'espace de la pulsion comme telle : « Nous sommes ainsi mis en demeure de lâcher dans nos pensées les liens entre pulsion et objet. Il est probable que la pulsion sexuelle est d'abord indépendante de son objet [...] Le genre et la valeur de l'objet sexuel sont relégués à l'arrière-plan. Ce qui est essentiel et constant dans la pulsion est autre chose » (p. 54 et 56).

« Les différentes voies qu'emprunte la libido sont, dès le début, reliées les unes aux autres à la manière de vases communicants, et il faut prendre en compte le phénomène du courant collatéral » (p. 50 ajout de 1920) : la série articule la libre disposition polymorphe avec la bisexualité, tandis que la détermination anatomique impose à tout sujet un savoir primaire « je suis né(e) garçon/ou fille », à partir de quoi se déploient identifications et orientations. À cet égard la notion de « choix » d'objet pose problème, puisqu'elle laisse supposer que le moi pourrait décider plus ou moins consciemment de réorienter sa préférence sexuelle (ce que Freud dit de la « jeune homosexuelle », 1920) ; or celle-ci relève le plus souvent d'une évidence vécue.

L'enchevêtrement des tendances appelle une remise en ordre qui ne tarde pas à venir : « Le but sexuel se présente en effet sous une double forme, *active* et *passive* » (*ibid.*, p. 68). Voilà mis en place le système circulaire où masculinité/féminité renvoie à activité/passivité et inversement. Cela a été dit, redit, et contredit, et ceci dès les *Trois Essais* dans un ajout de 1915 : « La pulsion est toujours active même quand elle s'est fixé un but passif » (*op. cit.*, p. 165) de sorte que les « notions [...] de "masculin" et de "féminin" » sont « les plus confuses ». Le but étant la satisfaction, il est toujours actif même si la situation où se trouve le sujet comme personne est passivante. Est-ce si sûr ? N'y aurait-il pas une nuance de qualité marquée par un abandon au fait de subir, qualifiant non seulement le sujet (le moi), mais l'orgasme lui-même, à moins que le moi et la jouissance se réunissent dans le collapsus d'une même déroute ? C'est ce que Freud perçoit chez les hystériques comme rebroussement du plaisir en déplaisir lorsque le fantasme impose, à force de harcèlement, une sorte de viol intérieur. Freud rajoutera le complément logique : le masochisme est primaire, et, dès lors, « le sadisme originaire ... est identique au masochisme » (Freud, 1924b, p. 292). Activité et passivité, à un certain moment, ne se distinguent plus. La bisexualité psychique, système érotique organisateur, est dépassée par une pulsionnalité sauvage où Éros et Thanatos tendent à se désintriquer et où le but est alors en effet « passif » aussi bien chez l'homme que chez la femme dans un « narcissisme polyérotique » (Denis, 2013b) qui laisse facilement la place à des solutions purement addictives.

L'hétérosexualité dépourvue de trace de bisexualité psychique et l'idéal libertaire d'un polymorphisme rejetant la génitalité apparaissent comme les variations extrêmes d'une série tournant autour du *sexuel maternel primaire*, formule que l'on peut ici suggérer à la suite de l'« érotique maternelle » (Parat, 2006), du « maternel sauvage » (Abensour, 2011) et de Green : « L'élément féminin d'origine maternelle [...] doit être *accepté et intégré dans les deux sexes* » en un inévitable vécu de « passivation originaire » (Green, 1973, p. 225).

Il y a une divergence entre l'excitabilité anarchiste infantile et la quête psychique des traces mnésiques de la relation maternelle primaire – qui laisse les *Trois Essais* dans l'inachèvement tandis que la théorie de la bisexualité laisse espérer une ré-union entre le masculin et le féminin, qui représente aussi, me semble-t-il, le souhait, plus inconscient, d'une concordance retrouvée entre le sujet et le sein. La mère se trouve ici en position d'objet, mais aussi d'interlocutrice, de *Nebenmensch* qui transmet une capacité à symboliser et à contenir les pulsions – elle nourrit, soigne, éduque, apprend à parler, interdit, et, qui plus est, suscite les premières motions sexuelles. Le petit enfant peut en tirer une jouissance passive, et, dans certains cas, « orificielle » (André 1995, p. 110), susceptible de générer le fantasme d'un objet qui pénètre, oralement et analement, et, pour la petite fille, vaginalement. Ce qui pose la question d'une éventuelle différence dès le début entre la fille et le garçon dans les éprouvés érotiques et l'image inconsciente du corps, et, au-delà, d'une qualité spécifique des orgasmes respectivement masculins et féminins. La dimension « psychique » de la bisexualité désigne *l'expérience dans l'amour, de l'énigme de la qualité de l'orgasme de l'autre* qui ne se réduit pas à des sensations plus ou moins actives ou passives n'en donnant qu'une approximation. La sexualité d'objets partiels ne connaît pas la différence des sexes, la jouissance orale ou anale serait identique chez l'homme et chez la femme ? Ne doit-on pas plutôt supposer que les sexualités d'objets partiels sont vécues dans la *nuance très subtile* où c'est l'identique en apparence qui *justement* révèle que ce n'est pas pareil – il y a en fait utilisation partielle de l'objet – ne serait-ce que dans la subjectivité des partenaires, on appelle cela l'*érotisme*.

L'émergence génitale pubertaire réveillant la sexualité infantile, l'adolescent est parasité par des fantasmes bisexuels qui lui font craindre de devenir fou (E. et M. Laufer, 1989). L'issue fréquente consiste en une désexualisation paradoxale. Un adolescent ressent une douceur féminine de son pénis en se masturbant pour modérer sa violence pulsionnelle phallique, une adolescente joue la carte de l'amitié masculine pour contre-investir la force de ses désirs. Ces renversements dans le contraire traduisent la crainte qu'ont les adolescents d'attaquer, et de détruire, leurs objets internes œdipiens tant masculins que féminins – ce à quoi répond un genre volontairement unisexe neutralisé, ou une allure hypersexuelle tout aussi symptomatique. Si « le plaisir préliminaire en arrive à être trop grand et sa part de tension trop faible » (Freud, 1905a, p. 150), le processus qui mène au « but sexuel normal » « se raccourcit » et échoue, occurrence possible à tout âge, mais caractéristique d'une névrose actuelle adolescente réglée par le mécanisme de la satisfaction par l'hallucination – ou *de* l'hallucination. L'insistance du mode infantile de désir au sein de la génitalité relance sans fin l'excitation plus par compulsion de répétition que par insuffisance de satisfaction.

Dans l'hallucination l'éblouissement par la luminosité de l'image précède la réduction à des contours. Si la qualité nouvelle supérieure du plaisir génital procède de la puissance de cet éblouissement fixé sur l'objet, il n'est guère surprenant que Freud se réfère ici à une « théorie chimique » (*ibid.*, p. 155) des métamorphoses : « Il a été possible [...] de transformer un mâle en femelle et, inversement, une femelle en mâle » par des opérations portant sur le « tissu interstitiel » d'une « glande pubertaire [...] hermaphrodite » présente dès la conception de l'embryon. Dans l'hallucinatoire tout peut se produire – ce à quoi semble faire écho au niveau du réel biologique, la disposition générative de l'interstice hermaphrodite. Pourtant la « différenciation de l'homme et de la femme » (*ibid.*, p. 160) reste selon Freud une « séparation tranchée » : à la fois un principe qui tend à substituer la castration à la différence, et un processus jamais achevé parce que « l'activité autoérotique des zones érogènes est la même pour les deux sexes » (*ibid.*, p. 161). La (re)découverte de l'objet à la puberté répète la perte des objets partiels infantiles, merveilleux, survenue lorsque l'enfant conçoit « la représentation totale de la personne » (*ibid.*, p. 165), ce que les désirs adolescents réactualisent sur un mode aussi bien mélancolique qu'exalté : l'objet génital, magnifié, entre en coalescence avec le sein, objet originaire qui englobait les objets partiels, dans la croyance adolescente en une complémentarité sans faille des sexes. L'analyste saura-t-il (elle) prévenir la menace dépressive lorsque le transfert est aimanté par une « bisexualité prégénitale » régressive avec l'objet maternel (Schaeffer, 2002) ?

« Le malade utilise ce moyen commode qui consiste, pendant l'analyse de l'une des significations sexuelles, à s'échapper continuellement, par ses associations, dans le domaine de la signification contraire, comme s'il se garait sur une voie adjacente » (Freud, 1908b, p. 155). Un de mes patients passait, soudainement, à des thèmes homosexuels, lorsque sa pensée associative le rapprochait de ses désirs infantiles qu'il ressentait comme dangereux, pour sa sœur et pour sa mère. La bifurcation, sous couvert de bisexualité, est en ce cas antisexuelle. L'un des deux registres *se gare*, comme dit Freud, *sur une voie adjacente*, à moins que, non-dit en séance, il reste dans les « rêves diurnes [...] pudiquement mis à l'abri [...] parmi les biens les plus intimes » (*ibid.*, p. 150).

Freud se démarque de toute définition (à laquelle il reproche d'être « téléologique ») de la génitalité comme *naturelle*. Il n'y a pas de « dessein unique [...] toute une série de tendances à but dans les processus naturels marchent le plus souvent les unes à côté des autres sans se supprimer les unes les autres », de sorte que la nature « nous apparaît comme ce que nous appellerions, chez l'homme, inconséquent [...] on ne sait jamais, dans chaque cas particulier, si l'on est tombé sur une "harmonie" ou une "dysharmonie" » (Freud, 1912f, p. 161). À chacun de trouver ce qui pour lui peut faire un temps harmonie, en n'oubliant jamais qu'il demeure, parce qu'humain, dans l'« inconséquent ».

COMPLEXITÉ

Autre exemple de *complexité* (G. et S. Pragier, 2007), « Pulsions et destin des pulsions » précise la dialectique dans les couples d'opposés :

« Le renversement dans le contraire
Le retournement sur la personne propre
Le refoulement
La sublimation » (Freud, 1915c, p. 172).

Le premier destin « se résout en deux processus distincts, le retournement d'une pulsion, de l'activité vers la passivité, et le renversement quant au contenu », par exemple le sadisme se mue en masochisme par le truchement d'un autosadisme, ce qui coïncide avec le second destin, le retournement sur la personne propre : dans le sadisme devenu masochisme le moi se regarde lui-même passivé. Une fois que ce moi s'est activement positionné comme « objet » (*ibid.*, p. 173) passif, il lui faut trouver un autre qui assumera la pulsion complémentaire à « but actif » : un sadique pour le masochiste ; un voyeur pour l'exhibitionniste, etc. Le verbe actif conjugué dans sa forme pronominale, *se faire voir* ou *se faire avoir* peut devenir un but pulsionnel. Les choses n'en restent pas là, « le moi passif se remettant, en fantaisie, à sa place antérieure qui est maintenant cédée au sujet (*Subjekt*) étranger », redevient sadique, mais seulement « en fantaisie » en même temps qu'il garde sa posture masochiste. À ce stade, passivité et activité,

« féminité » et « masculinité » s'entremêlent en une bisexualité psychique où le moi, à force de passages d'une position à l'autre, ne sait plus quelle est son appétence principale, et même s'il en existe une. Chambardement de ce qu'on pourrait appeler *pulsion-personnage*. L'attitude (*Einstellung*, terme récurrent chez Freud) se cabre (*Strauben*) contre la menace de castration ou y consent dans la *Kastrationlust* (plaisir, ou jouissance, « de » la castration).

On sort ici de la dialectique qui avait produit une intersubjectivité interne si on peut dire, au sein du moi : « Il existe aussi une satisfaction masochiste plus directe » (Freud, 1915c, p. 173) peut-être « un masochisme originel qui ne serait pas né du sadisme » (ce qui sera plus nettement affirmé en 1924). Freud maintient l'approche dialectique, mais avec une variante : dans « l'autotourment [...] Le verbe actif se transforme, non en passif, mais en verbe moyen réfléchi » (*ibid.*). Ce *verbe moyen réfléchi* correspond à une subjectivation (Cahn, 2016 ; Penot, 2001 ; Richard, 2011b), *position* psychique tierce capable de tenir compte de ce que ressent l'autre au-delà du sadomasochisme : « Peut aussi se constituer, rétroactivement, le but sadique d'infliger des douleurs dont, tandis qu'on les provoque chez d'autres, on jouit soi-même masochiquement » (Freud, 1915c, p. 174). Dans le film *La Vénus à la fourrure* de Polanski (2013) un fondu enchaîné des séquences cadre des cassures inattendues, l'héroïne supposée dominatrice tombe sous l'influence de son auteur, et rompt : on ne la lui fait pas, son interlocuteur est un manipulateur, et la caméra fuit. Il en va de même dans la symbolique du langage où des symboles masculins représentent le féminin et inversement selon le contexte : le chapeau habituellement masculin est susceptible de prendre une signification féminine, l'animal sauvage représente l'être humain (générique) excité. Certains symboles « signifient un organe génital en général, peu importe qu'il soit masculin ou féminin » (Freud, 1916-1917a, p. 162) : cette formule introduit à un *au-delà du principe bisexuel*.

LA NÉVROSE PHALLOCENTRIQUE

L'accent mis sur le masculin pourrait bien recouvrir des mythologies antiques jusqu'aux représentations contemporaines, le fantasme d'une prévalence féminine. Après avoir été transformé en femme puis être redevenu homme, Tirésias disait que la volupté de la femme était bien plus grande (Ovide, *Métamorphoses*, III, p. 97-98). Et Hermaphrodite, qui a l'allure d'un enfant-femme, est né du viol d'un jeune homme par la libidineuse naïade Salmacis (*ibid.*, p. 199-121)

« Le rêveur, un homme, se voit femme enceinte étendue dans un lit. Cet état devient pour lui très pénible » (Freud, 1914e, p. 329), il arrache une baguette en bois laquelle « se fend en deux dans le sens de la longueur ». Plutôt qu'y voir une subincision du pénis, une encoche vulvaire, et l'accès à la bisexualité psychique, Freud interprète : le patient imagine deux pénis pour s'extraire de la « position féminine ». Ces interprétations sont complémentaires, n'en reste pas moins une part de déni. Le patient joue avec l'ambiguïté des symboles, Freud s'identifie à l'angoisse de castration du rêveur. L'inquiétant n'est pas dissipé. Dans ce texte peu cité de Freud, intitulé « Présentation de la "grande performance" dans le rêve », un pénis porté au carré devient un phallus incastrable qui recouvre – et refoule – le féminin (la baguette fendue). Il n'est pas impossible que le rêveur souhaite à la fois représenter le féminin et l'enfouir sous la multiplication par deux du masculin : étendu sur le divan il découvre l'impossibilité de stabiliser en un point équilibré l'oscillation entre identification masculine et féminine. Une connivence semble tirer l'interprétation d'un côté plus que de l'autre, épargnant au patient de se sentir passivé. N'est-il pas privé de l'appropriation de sa féminité psychique complémentaire de sa masculinité ?

Sucer un pénis est assimilé à téter activement, quoiqu'il s'agisse aussi de *jouer le rôle féminin* – ce qui suppose un acteur, et l'auteur d'un scénario, positions actives. L'analyse ramène au nourrisson qui cherche une emprise orale-sadique sur le sein tandis que la mère s'applique à le lui imposer, fondu enchaîné où circulent « masculin » et « féminin », activité et passivité. Cette « réminiscence est également significative pour les deux sexes » (Freud, 1910c, p. 112), il y a une communauté des filles et des garçons dans le rapport premier, uniment passif et actif, à l'objet lui-même sujet s'offrant activement passif. La situation inclut le tiers paternel dans le cas de Léonard de Vinci sur un mode lacunaire : « il eut le temps d'éprouver l'absence de son père » (*ibid.*, p. 117) de sorte qu'il créa une « divinité maternelle à tête de vautour […] dont le corps caractérisé comme féminin par les seins, portait aussi un membre masculin en état d'érection » (*ibid.*, p. 119) : cette divinité est tronquée parce que lui manque la zone génitale féminine – on pourrait aussi bien dire qu'il s'agit d'un homme avec des seins – la bisexualisation psychique, chez Léonard, est incomplète. C'est seulement à partir de là que se constitue la théorie selon laquelle le sexe féminin serait cicatrice de la castration d'un sexe masculin. Freud est ici particulièrement clair, la théorie phallique est construite par la névrose au-delà d'une phase où la femme avait « sa pleine valeur » proprement féminine. L'enfant « réinterprète maintenant sa conception de l'organe génital féminin : il tremblera désormais pour sa masculinité, mais en même temps, il méprisera les malheureuses créatures sur lesquelles, d'après lui, s'est déjà effectuée la cruelle punition » oubliant le « temps où pour lui la femme avait encore sa pleine valeur » (*ibid.*, p. 121) [pleine valeur : *Vollwertig*, avec la même racine *Voll* plein/pleine que dans l'expression « pleine fonction bisexuelle » *volle bisexuelle Funktion* (Freud, 1920, p. 239)]. Il s'agit ici de la *valeur* de « la femme », de la spécificité de « l'organe génital féminin » : le primat du phallus est dans ce texte analysé comme un symptôme. Selon Jacqueline Godfrind, le « creux vagin/utérus » est à l'origine d'une « symbolique » aussi universelle que celle du phallus (Godfrind, 2001, p. 44 et 47), mais cette pleine valeur de la femme serait à penser comme « "trou féminin" [...] associé à l'irreprésenté ou l'irreprésentable ancré au plus profond d'elle-même » (*ibid.*, p. 51).

Joan Rivière questionne l'équation selon laquelle une féminité trop apparente recouvrirait une logique phallique : « Qu'est-ce que la nature essentielle d'une féminité pleinement épanouie ? Qu'est-ce que *das ewig Weilbliche [l'éternel féminin]* ? La conception de la féminité en tant que masque derrière lequel l'homme soupçonne quelque danger dissimulé éclaire déjà cette énigme. L'état de féminité hétérosexuelle, pleinement épanouie, comme Hélène Deutsch et Ernest Jones l'ont dit, est fondé sur le stade de succion orale » (Rivière, 1929, p. 212), capacité de gratification réunissant le sein, le pénis et l'enfant dans une *réceptivité* pour laquelle les termes d'activité et de passivité sont inadéquats. L'envie du pénis empêcherait l'expression de la féminité comme attente de don et capacité à donner. La parade féminine n'est qu'une fragile solution à un conflit entre désirs divergents : « L'analyse nous a appris que tout ce qui apparaît en tant que traits de caractère homosexuel ou hétérosexuel, ou sous la forme de manifestations sexuelles, n'est rien d'autre que la résultante d'une interaction des conflits et ne témoigne pas forcément d'une tendance innée ou fondamentale. La différence entre les développements homosexuel et hétérosexuel est déterminée par le degré variable de l'angoisse, et par ses effets exercés sur le développement lui-même » (*ibid.*, p. 198). Nancy J. Chodorow prolonge en 2003 cette hypothèse dans sa conception de la singularité de l'économie libidinale de chaque individu : il faudrait écrire « les sexualités » préférentiellement à hétéro/homo/bi/sexualités. Or la postérité n'a retenu de la contribution de Rivière que cela même qu'elle tient pour un symptôme : « Les femmes qui aspirent à une certaine masculinité peuvent revêtir le masque de la féminité pour éloigner l'angoisse et éviter la vengeance qu'elles redoutent de la part de l'homme. » Il s'agit d'une patiente qui réussit dans un domaine accaparé par les hommes. Angoissée avant et après ses conférences, elle se livre compulsivement à des comportements aguicheurs. Cette femme redoutait des représailles à la suite de ses prouesses intellectuelles qu'elle ressentait équivalentes à la possession d'un phallus volé au père, « la féminité pouvait donc être assumée et portée comme un masque » (*ibid.*, p. 202) dans une mascarade dissimulant ce qu'elle vivait comme une masculinité. Lacan dans son commentaire généralise : cette femme fait semblant d'être châtrée, elle sacrifie sa féminité, la logique du paraître féminin est phallique. Pour Judith Butler cette mascarade entrave les possibilités bisexuelles (Butler, 2009, p. 42). Joan Rivière se montre plus nuancée : « Le lecteur peut se demander quelle distinction je fais entre la féminité vraie et la mascarade. En fait, je ne prétends pas qu'une telle différence existe. Que la féminité soit fondamentale ou superficielle elle est toujours la même chose » (*op. cit.*, p. 203).

LACAN ET LA BISEXUALITÉ

« En tant qu'il est viril, un homme est toujours plus ou moins sa propre métaphore » (Séminaire du 21 Janvier 1975, R. S. I). En contraste la femme aurait toujours « quelque chose d'"égaré" » (*ibid.*). On peut envisager une autre perspective : les analysantes contemporaines, plutôt moins égarées que leurs hommes, mettent un point d'honneur particulier à élaborer qu'elles (n')en sont (que) la métaphore, de leur féminité – qui ne se réduit pas à une (inconnaissable) jouissance Autre (que phallique) ni à un « pousse à la femme » où le sujet serait débordé de l'intérieur par une orientation féminine du plaisir. Au début de son œuvre, Lacan suppose une impossible symbiose avec l'objet : si on désigne « dans le malaise du sevrage humain la source du désir de mort, on reconnaîtra dans le masochisme primaire le moment dialectique où le sujet assume par ses premiers actes de jeu la reproduction de ce malaise même, et, par là, le sublime et le surmonte » (Lacan, 1938, p. 40). La séparation avec la mère, le mélange de privation et de frustration qui s'ensuit génèreraient, au-delà du malaise et du masochisme, un désir de mourir ou de tuer. L'enfant expulsé de sa place par un puîné se perd lui-même autant qu'il perd l'objet : « Le dédoublement ainsi ébauché dans le sujet, c'est l'identification au frère qui lui permet de s'achever : elle fournit l'image qui fixe l'un des pôles du masochisme primaire. Ainsi la non-violence du suicide primordial engendre la violence du meurtre imaginaire du frère [...] Le sujet [...] ne fait que consommer ainsi la perte de l'objet maternel » – cette formule éclaire l'hypothèse d'une *pulsion* de mort liée à l'inceste : le sujet se sent empêché d'être tandis que l'objet échappe absolument. On voit à partir de là comment, et peut-être pourquoi, Lacan est devenu lacanien dans une radicalisation de sa théorie d'un moi entravé par la configuration œdipienne, en une série de formules contradictoires : « Le primat de l'acte sexuel [...] s'articule de deux formules. La première : il n'y a pas d'acte sexuel sous-entend : qui fasse le poids à affirmer dans le sujet la certitude de ce qu'il soit d'un sexe. La seconde : il n'y a que l'acte sexuel implique : dont la pensée ait lieu de se défendre pour ce que le sujet s'y refend [...] La bisexualité biologique est à laisser au leg de Fliess. Elle n'a rien à faire avec ce dont il s'agit : l'incommensurabilité de l'objet *a* à l'unité qu'implique la conjonction d'êtres du sexe opposé dans l'exigence subjective de son acte » (Lacan, 1966-67, p. 325). L'*incommensurable* désigne chez Freud (1931) l'objet maternel primaire, ici l'assurance concernant l'identité sexuée, là où il n'y aurait qu'une structure de perte du sujet. « Freud n'a pas su éviter à impliquer [...] le maintien [...] de la *sex-ratio* (moitié-moitié) » là où n'existerait que « la signifiance qu'il découvrait à l'organe » (Lacan, 1973, p. 462) « qui d'être [...] "à l'actif" du mâle fait à celui-ci, dans le lit de la copulation, décerner l'actif du verbe » (*ibid.*, p. 456). Cette théorie phallocentrique sexualise le langage comme actif et masculin : « Ετερος [...] érige l'homme dans son statut qui est celui de l'hommosexuel » (*ibid.*, p. 467) – ce dernier mot est écrit avec deux m – dans le prolongement de la lettre du 17/10/1899 de Freud : « Et si [...] l'homosexualité masculine (dans les deux sexes) était le mode de désirance sexuée. » Conclusion : « Disons hétérosexuel, par définition, ce qui aime les femmes, quel que soit son sexe propre ». Une lesbienne serait donc un « hétérosexuel », dont on vient de voir que Lacan l'écrit ho*mm*osexuel. La répudiation de la bisexualité génère une *théorie bisexuelle affolée* parce que la phobie d'une « voracité réciproque du couple mère enfant » au gré de la « passivation-activation du sujet » (Lacan, 1955, p. 348) interdit à Lacan de reconnaître l'identification primaire « Je suis le sein » comme subjectivante, alors qu'au début de son parcours il considérait au contraire le besoin douloureux de l'objet maternel comme constitutif de la subjectalité.

SIMULACRE

Schreber « soumis à la copulation » l'est-il à un homme ou à l'aimantation par une féminité pulsionnelle qui envahit les moindres recoins de sa chair ? Ce n'est pas qu'il désire se transformer en femme, « il s'agissait bien plutôt d'un "il faut" fondé dans l'ordre du monde » (Freud, 1911, p. 238), du paradigme d'une surféminité (fantasmée par un homme) lorsqu'« il a le sentiment que déjà sont passées dans son corps des masses de "nerfs féminins" » (*ibid.*, p. 239), l'émasculation n'étant qu'« un moyen pour atteindre cette fin ». « "Laissé en plan" […] voué à la putréfaction », Schreber exhibe le masochisme trophique d'une identité proclamée de genre féminin. Schreber en rajoute toujours plus dans son jeu *Trans*, parce qu'il n'atteint jamais vraiment l'essence du féminin, et exhibe une féminité unique en son genre pour rendre sensible, dans son « commerce direct avec Dieu », une « erreur » : être interpelé à la troisième personne Lui/Elle, insulté avec des mots plus disqualifiants que féminisants, tout se brouille. Il dit : « On me trouve parfois avec une quelconque parure féminine (rubans, colliers faux et autres), le torse à demi dénudé, debout devant le miroir » (*ibid.*, p. 242). Les colliers sont *faux*, le torse qu'à *demi* dénudé, on est entre « béatitude de la volupté » et castration totalement destructrice, dans un *simulacre* ni masculin ni féminin. L'« empreinte plus ou moins féminine, à sa peau en particulier […] là où chez la femme sont les seins » (*ibid.*, p. 255), le désir de « donner le dessin d'un derrière féminin à mon corps », relèvent plus d'une économie libidinale compliquée que d'une identité. Le « sexuel maternel primaire » offre « à la bisexualité de compenser ce que fait perdre la différence, favorisant l'identification » (Janneau, 2019) – formulation qui nous permet de concevoir les éprouvés de la psychose, tout autant, si ce n'est plus, incommensurables, que ne l'est l'objet perdu, sans renoncer à psychiser l'irreprésentable, dès lors que l'on n'oublie pas que la passivité-détresse peut devenir jouissance. C'est un homme qui a le « pressentiment assez net de la jouissance sexuée féminine » quoiqu'il ne puisse que la supposer avec une approximation en forme d'asymptote. Ruse de la masculinité qui imagine la féminité pour entretenir une « relation privilégiée à Dieu » (Freud, 1911, p. 257), où l'on retrouve l'amour œdipien d'un garçon pour son père. « La paranoïa décompose, de même que l'hystérie condense » (*ibid.*, p. 272) – *de même que* : une même variabilité bisexuelle, mais des solutions divergentes. Schreber ne trouve pas de mots assez dégradants pour traduire l'analité primaire qui le déborde. C'est comme s'il fanfaronnait : je ne suis pas un homme, pas une femme non plus, mais une merde. Une *jouissance à se laisser assigner à une place d'objet partiel anal* s'incarne dans du supposé féminin, en fait dans n'importe quelle fluctuation de l'"identité". Subsidiairement : jusqu'à quel point cette « machine désirante », pour parler comme Deleuze, s'émancipe-t-elle de la logique œdipienne de la honte ?

Le genre est-il une proposition grammaticale ? Freud va dans ce sens tout en le nuançant par l'économie libidinale : « Le délire de la jalousie contredit le sujet, le délire de persécution le verbe, l'érotomanie l'objet. Mais une quatrième sorte de contradiction est encore possible [...] la récusation globale [...] Je n'aime absolument pas et personne [...] je n'aime que moi » (*ibid.*, p. 287).

BISEXUALITÉ ORIGINAIRE

« L'être humain a deux objets sexuels originels : lui-même et la femme qui lui donne des soins » (Freud, 1914c, p. 231). *C'est là la première bi/sexualité* : entre l'enfant et la mère sexuellement adulte *et* entre les deux types de désir "narcissique" et "objectal". « Le bébé "perçoit" par moments dès le départ une forme de "mère" [...] probable qu'il y ait aussi des moments de confusion [...] il reconnaît "sa" mère et la différencie très tôt » (Roussillon, 2008, p. 119). Il mime ses expressions « en double », mais l'hétérogénéité l'emporte : la « référence à la sexualité maternelle possède et ne possède pas de correspondance dans la sexualité infantile » (*ibid.*, p. 132). À propos d'une adolescente amoureuse d'une camarade de classe, Évelyne Kestemberg distingue l'amour objectal pour une personne de la capture mimétique primaire (1984). « Le transfert homosexuel féminin risque, plus facilement qu'aucun autre, d'être méconnu, parce que l'analyse peut n'y voir que la tendresse d'un très jeune enfant pour sa mère » (Diatkine, 2015, p. 677).

« Le sein est un morceau du moi, je suis le sein » (Freud, 1938, p. 287), le moi contrôle l'objet, « le sein » est une de ses parties – tandis que dans je = elle le moi est menacé de disparaître dans le féminin. Dans ces deux mouvements la mère représente une modalité du sexuel autre que celle de l'enfant : c'est en ce sens que l'on peut dire que *la bisexualité se joue entre le moi émergent et le sein érotique de la mère* (Parat, 2006), puis entre l'enfant et ses deux parents sexuellement adultes. La rencontre avec le féminin dans l'analyste se réverbère en bisexualité psychique du patient, un accès dé-terrifié à l'érotisme maternel devient possible à condition que l'analyste, femme ou homme, ait dépassé ses propres fixations imagoïques : il/elle ouvre l'analysant(e) à la connaissance du féminin (Bokanowski, 1997, p. 61) avec des interprétations pénétrantes sans être effractives. Julia Kristeva nomme

« reliance » (Kristeva, 2011) la capacité maternelle à aider l'enfant à supporter son désir ambivalent envers elle sans destructivité. On peut se représenter, comme je l'ai argumenté (2011b), la sollicitude et la sensibilité du *Nebenmensch* freudien comme fondements de la fonction analytique.

LE SEXE, LE GENRE, ET LE FÉMININ

« Quand elle la psychanalyse tente de les ramener à autre chose, la masculinité se volatilise à ses yeux en activité, la féminité en passivité, et cela est trop peu » (Freud, 1920, p. 262). *Trop peu* : insuffisant à cerner « l'essence de ce que l'on nomme … "masculin" et "féminin" ». Dès que l'on parle en termes de catégories essentialistes et plus seulement de faits observables, les mots « masculin » et « féminin » semblent frappés de déperdition de sens.

Le rejet, mais aussi bien l'acceptation, d'un souhait homosexuel, recouvrirait une spécularité angoissante. Le drame du face à face spéculaire avec le semblable est-il plus radical chez la femme que chez l'homme, en conséquence de la structure très serrée de la relation originaire fille/mère ? Entre fille et mère, entre femmes, c'est ou tout ou rien : l'« autre » veut me prendre *ma* place, m'expulser de ma propre existence, je dois donc faire disparaître *son* image.

Le tintement d'une pendulette entendu dans la garçonnière de son amant, qui convainc une patiente qu'elle a été filmée pour être livrée à un chantage est interprété comme « une sensation de battement ou de frappement sur le clitoris […] qu'elle projeta après-coup au-dehors » (Freud, 1915f, p. 217). La sensation de battement n'est ni spécifiquement masculine ni spécifiquement féminine, mais l'exigence impérieuse de la poussée poussante. « Le rêve disait : "on frappe", et elle se réveillait ». Dans ce *on* insiste une « inertie ».

La phase du fantasme « *je suis battue par le père* […] la plus importante de toutes […] n'a jamais eu une existence réelle […] construction de l'analyse » (Freud, 1919e, p. 225). Catherine présente une problématique parallèle dans la relation à sa mère, alors qu'elle évoque volontiers des fantaisies où elle est abusée par son père, comme tant d'analysantes d'aujourd'hui que les évolutions de la psychologie collective autorisent à incorporer les ruptures hystériques du refoulement dans un discours socialisé pour le meilleur et pour le pire – maniement conscient plus aisé de la logique interprétative, mais fixation plus forte aux séductions traumatiques (par exemple le cas de Marie).

Freud hésite : « On n'ose pas [...] l'appeler un fantasme "sadique" », car « vers l'origine tous les caractères avec lesquels nous sommes accoutumés à bâtir nos distinctions ont tendance à s'estomper [...] pas à coup sûr sexuel, pas même sadique, mais pourtant la matière d'où doivent sortir l'un et l'autre » (*ibid.*, p. 227). *Vers l'origine toutes les distinctions s'estompent il n'y a qu'une matière indifférenciée*, un « trait primaire de perversion » (*ibid.*, p. 221), le polymorphisme de la sexualité infantile, sans « primat », génital, ou prégénital phallique, seulement une combinatoire où la différence entre genres *semble* l'emporter sur la différence entre sexes : la petite fille qui se représente des garçons battus rompt « facilement » (*ibid.*, p. 231) avec son « rôle féminin » et laisse libre cours à son « complexe de virilité », sans que cela « s'explique [...] par une quelconque concurrence des sexes ». Elle peut néanmoins aussi être vue comme un « enfant [...] devenu masochiste » (*ibid.*, p. 229). Les genres changent plus vite que les identités sexuées ? Un enfant est battu/on bat un enfant repose sur Je/Tu/Il/Nous/Eux/On : qui ici est vraiment le sujet, l'objet ? D'abord, qui est le/la battu(e) : ni un garçon ni une fille, mais le sujet œdipien dans la relation au père. Qui bat ? Structurellement le père, phénoménologiquement les maîtres à l'école ; un « on », quiconque, peut se tenir à cette place, et même pas : l'enfant *est* battu par la puissance de sa propre pulsionnalité autoérotique.

Le *tourniquet* activité/passivité se délaye en un schème d'action inhibé : « Qui était l'enfant battu ? L'auteur du fantasme lui-même ou un autre enfant ? Était-ce toujours le même enfant ou était-il indifférent que ce fût souvent un autre ? Qui était-ce qui battait l'enfant ? [...] réponse timide : je n'en sais pas plus ; un enfant est battu » (*ibid.*, p. 221). La pauvreté de la réponse est à la mesure de la misère autoérotique où renâcle à se reconnaître le sujet, ce qui objecte à faire porter l'interprétation là où « quelque chose [...] d'une manière remarquable, demeure impossible à déterminer, comme si la chose était indifférente » (*ibid.*, p. 224). *Indifférents*, le sujet et l'objet, le masculin et le féminin ? La bisexualité psychique acquiesce à toutes les métamorphoses : « Les filles changent de sexe entre la seconde et la troisième phase du développement en se fantasmant en garçons » (*ibid.*, p. 236), tandis que des hommes « adoptent régulièrement des rôles de femmes autrement dit leur masochisme coïncide avec une position féminine » (*ibid.*, p. 237). Les filles *changent de sexe en fantasmant*, des hommes « dans leurs fantasmes masochistes comme dans les mises en scène qui en permettent la réalisation » *adoptent une position psychique* qu'ils supposent féminine. Genre et polymorphie du sexuel vont de concert, il n'y a pas de précession du premier sur le second (contrairement à ce que dit Laplanche, 2003).

À propos d'une jeune homosexuelle Freud avance l'expression « restaurer sa pleine fonction bisexuelle » *Volle bisexuelle Funktion* (Freud, 1920a, p. 239). En quoi consiste une *pleine fonction bisexuelle* ? Même racine *Voll* (plein/pleine) que dans « pleine valeur de la femme » (Freud, 1910c, p. 121). « Sa chasteté génitale, s'il est permis de s'exprimer ainsi, était restée indemne » (Freud, 1920a, p. 241) : c'est donc qu'il existe une génitalité homosexuelle ? La femme qu'elle désirait avait quelque chose qui pouvait lui faire penser à son frère aîné ce qui unifiait les satisfactions homosexuelle et hétérosexuelle. La « pleine fonction bisexuelle » s'accomplit en ce cas psychiquement dans un amour homosexuel. La qualification de la bisexualité comme aussi « pleine » que la « valeur » de la femme diverge du monocentrisme phallique.

Le constat psychanalytique de la variabilité des positions psychiques dans le désir n'implique ni condamnation ni apologie alors que la notion de genre – entendue ici au sens que lui donnent les *genders studies*, au-delà des travaux précurseurs de R. Stoller et C. Chiland – valorise cette variabilité contre des normes jugées répressives. Certains courants au sein de la pensée du genre, par exemple *queer*, cherchent dans les pratiques les plus inédites de la sexualité des néo-identités singulières en dissidence avec les identités classiques. L'important serait d'inventer des gestes tant narcissiques qu'intersubjectifs susceptibles de procurer *le sentiment d'être unique en son genre*. Les fantasmes plurisexuels pourraient être agis sans dommages veut croire l'individu contemporain peu réceptif à l'interprétation de ses *actings* et désireux d'être l'auteur de ses normes.

Judith Butler suppose une mélancolie corollaire du potentiel homosexuel et rêve d'une société androgyne où l'anatomie sexuelle n'aurait rien à voir avec qui l'on est vraiment, ni avec qui et comment on fait l'amour (Rubin, Butler, 2001). L'exclusion de l'homosexualité, qui précéderait celle de l'inceste, déterminerait un sentiment mélancolique de perte (Butler, 1990). La seule façon de recouvrer ce qui a été perdu résiderait dans une visée paradoxale : le genre contre le sexe voire sans le sexe, et à l'inverse le sexe non assujetti au genre. Et si l'énoncé, qui « performe » librement le sexe selon Butler (une volition subjective que l'on pourrait toujours modifier), incarnait littéralement la perte dont il s'agit selon elle, demande avec justesse Laurence Kahn (Kahn, 2017, p. 48) : si tel est le cas il s'agirait d'une incorporation mélancolique dans un devenir fiction, simulacre, apparence, à jamais endeuillé.

Si l'analyste sait entendre, sous les chatoiements de la féminité, une exigence incomblable, la douleur d'exister, l'enfant solitaire, ses préconceptions changent. Côté féminité : ce que Freud tient pour une masculinité de la petite fille autoérotique devient l'illustration d'une féminité en herbe ; le bonheur d'être pénétrée correspond à une passivité active, mais pas à une castration ; prendre l'ascendant dans une séduction n'abolit pas la féminité, d'éventuels désirs lesbiens non plus. Côté masculinité : la sexualisation s'initie dans un hermaphrodisme psychique avec père et mère, entre conquête objectale et passivation ; parallèlement à l'identification au père, une identification plus inconsciente aux bienfaits maternels génère une assise complémentaire ; la jubilation phallique proprement masculine n'est nullement contradictoire avec des mouvements féminins, parfois empruntés aux femmes, mais qui, mêlés aux autoérotismes, sont transformés en une féminité spécifique aux hommes ; la rivalité corollaire des souhaits homosexuels ne génère pas forcément une paranoïa.

LES IDENTIFICATIONS ŒDIPIENNES

L'édification du moi-surmoi « réunit en lui, selon un enchaînement qui reste à élucider, des influences venant du ça aussi bien que du monde extérieur, et qui en quelque sorte est un modèle idéal pour ce que vise toute tendance du moi, à savoir la réconciliation de ses multiples allégeances » (Freud, 1924b, p. 285).

Le petit garçon « voudrait et devenir et être comme lui, venir à sa place en tous points […] il fait du père son idéal […] ce comportement n'a rien à voir avec une position passive ou féminine envers le père et envers l'homme en général, il est bien plutôt masculin par excellence » (Freud, 1921c, p. 42). Quelle est donc cette *place* ? Sur le mode d'une dénégation elle ne serait *pas* féminine, mais masculine par excellence, il faut ici comprendre : *masculine parce que féminine.* L'amour féminin (il faut supposer que l'enfant s'identifie alors à la mère) pour le père lui permet de bien percevoir et d'introjecter les qualités masculines de celui-ci et donc de renforcer sa propre partie masculine, par ailleurs ne pas avoir peur de se sentir féminin envers le père représente une épreuve virilisante. Le père est aussi un objet (et la mère fournit bien sûr elle aussi un modèle identificatoire subjectivant) de sorte que l'identification primaire est aussi une homosexualité primaire : « Il est facile d'énoncer en une formule la différence entre une telle identification au père et un choix d'objet portant sur le père. Dans le premier cas le père est ce qu'on voudrait être, dans le second ce qu'on voudrait avoir. Ce qui fait donc la différence, c'est que la liaison s'attaque au sujet ou à l'objet du moi. C'est pourquoi la première de ces liaisons est possible préalablement à tout choix d'objet sexuel. » Le lien à *un autre sujet, qui est un sujet autre* – pas un double, un même, pas exactement un semblable –, selon ma lecture de ce texte, dans le prolongement de R. Cahn (2016), introduit l'enfant au sens de sa propre singularité psychique.

Le moi et le ça

« Lorsque le complexe d'Œdipe tombe en ruines, l'investissement d'objet de la mère doit être abandonné [Freud parle ici du garçon, mais le propos vaut aussi pour la fille]. À sa place peuvent venir deux sortes de choses, soit une identification avec la mère, soit un renforcement de l'identification au père [...] l'issue de la situation œdipienne dans une identification au père ou à la mère paraît donc chez les deux sexes dépendre de la force relative des deux prédispositions sexuées. C'est là une des façons qu'a la bisexualité de s'immiscer dans les destins du complexe d'Œdipe [la bisexualité peut contrecarrer les identifications œdipiennes, elle est une force indépendante] [...] le complexe d'Œdipe dans sa forme plus complète, lequel est double positif et négatif, dépendant de la bisexualité originelle de l'enfant, c'est-à-dire que le garçon n'a pas seulement une position ambivalente envers le père et un choix d'objet tendre pour la mère, mais qu'il se comporte aussi simultanément comme une fille [bisexualité et Œdipe sont maintenant corollaires : aux deux courants libidinaux répondent deux géniteurs de sexe différent et quatre identifications, masculine et féminine du garçon et masculine et féminine de la fille, chacune avec sa spécificité] [...] C'est cette intervention de la bisexualité qui rend si difficile de percer à jour les rapports des choix d'objet et identifications primitifs et encore plus difficile de les décrire de façon saisissable [voilà le passage sans doute le plus important, la déconstruction freudienne des catégories sexuées manifestes n'est pas niée par la métapsychologie des identifications, au contraire elle la munit de son substrat, l'énergie toujours déplaçable de la bisexualité psychique] » (Freud, 1923b, p. 276-277).

L'axiome des quatre tendances de l'Œdipe fonde un nouveau concept : « un précipité dans le moi, lequel consiste en l'instauration de ces deux identifications susceptibles d'être accordée l'une à l'autre de quelque façon ». Ce *précipité dans le moi* fait écho à la façon dont, en voulant *être* comme le père, l'enfant rencontre *un sujet pour son moi* (*Subjekt das Ich*, 1920), mouvement psychique que l'on peut penser en termes d'identification subjectivante. En 1923, il s'agit désormais d'une *identification primaire bisexuée*. Actualité de Freud : une lecture méthodique atteste chez lui l'existence d'énoncés en phase avec les mouvements de pensée contemporains. Certes ils sont enchevêtrés à l'idéologie de son époque, mais même en ce cas ils gardent une valeur heuristique. Ainsi la théorie phallique correspond à une vérité localisée, mais qui ne doit pas être promue en dogme.

L'INCOMMENSURABLE, L'INCESTE ET LA MORT

Cette tension interne à la pensée freudienne s'accorde aux inquiétudes de la psychologie collective du XXIe siècle. *L'idéal* que représente l'équilibre, ou le compromis, comme on voudra, entre féminité et masculinité, relève sans doute d'une illusion toujours renaissante, mais, surtout, *trahit la tension érotique mortifère qu'il recouvre*, et c'est le plus saisissant du propos de 1923 – si évocateur des dysphories des économies libidinales d'aujourd'hui. Dans la satisfaction le ça « se débarrasse des porteurs saturés des tensions érotiques [...] d'où l'analogie de l'état succédant à la pleine satisfaction avec le mourir » (*ibid.*, p. 287). Éros entre en coalescence avec la pulsion de mort et génère un irreprésentable que le thème bisexuel occulte dans un type de fonctionnement que l'on pourrait qualifier d'« œdipien anti-œdipien [2] » : la signification d'ensemble est œdipienne, mais se voit fragilisée, et même attaquée, par des éléments sexuels infantiles intriqués à une régression mortifère. L'impact quantitatif désorganisateur des pulsions tant génitales que prégénitales au sein de l'objectalité accentue la régrédience aux états antérieurs – trouble adolescent actif chez l'adulte.

C'est avec la mère que l'on apprend à aimer sur le mode objectal, mais cette « liaison exclusive » (Freud, 1931b, p. 9) comporte en même temps une dimension narcissique – symbiotique. Un inceste primordial a lieu dès la naissance (Cabrol, 2019), ajoutons que la grossesse imprime chez la mère le sens d'une intimité particulière avec l'enfant. L'analyse après-coup dévoile un objet-absence : « Tout dans le domaine de cette première liaison à la mère m'est apparu difficile à saisir analytiquement, blanchi par les ans, pareil à une ombre, à peine susceptible d'être rendu à la vie, comme si cela avait succombé à un refoulement inexorable. » La métaphore, qui m'est venue en

2. Notion distincte de l'antœdipien (Racamier) et de l'anti-Œdipe (Deleuze).

lisant ce texte, d'une éclipse presque totale où les bords de l'astre restent dessinés autour de la masse centrale obscure, fait écho à l'hypothèse suivante : le désir incestueux est irreprésentable – *c'est-à-dire non représenté consciemment* – parce que son excès attaque la pensée, suscite le refoulement et parfois même un désir de disparaître si ce refoulement échoue, l'excès pulsionnel se renversant en mélancolie. Le fantasme d'inceste ne peut trouver comme inscription qu'une *abstraction sans contenu* dont la mort – abolition de la sexualité – fournit une figure, le fantôme « blanchi par les ans, pareil à une ombre, à peine susceptible d'être rendu à la vie » : cette évanescence appelle en réponse des représentations bisexuelles teintées de nostalgie. Lorsque Freud évoque l'inconnaissable de la sexuation (« ce qui fait la masculinité ou la féminité est un caractère inconnu que l'anatomie ne peut pas saisir » [Freud, 1933a]), il fait le constat que cet inconnaissable ne saurait se résoudre dans les thèmes de la bisexualité ou même de l'ambisexualité. La pensée freudienne tourne autour de l'impossibilité de définir la masculinité et la féminité de la même façon qu'elle s'approche du fantasme d'inceste pour aussitôt s'en éloigner : dans le ça n'existent que des pulsions dans un champ sensoriel informe.

L'oxymore pulsion-de-mort, contradiction dans les termes, représente l'objet « à peine susceptible d'être rendu à la vie », mourant/ressuscitant, *à peine encore un objet*. Dans sa passion œdipienne infantile – ce n'est pas encore le complexe d'Œdipe et encore moins « l'Œdipe » au sens contemporain d'une structuration en fait post-œdipienne – le sujet se sent empêché d'être tandis que l'objet échappe absolument. Ceci découle de ce que l'amour enfantin, « démesuré », est « incapable d'une pleine satisfaction », « sans but », « il est condamné à déboucher sur la déception » (Freud, 1931b, p. 16). Il se convertit (*Wendung*) au père en une difficile réorientation. « Si grande est l'avidité de la libido enfantine » (*ibid.*, p. 19) *qui toujours accuse l'objet de ne pas assez donner.* L'attachement à la mère, en sombrant, génère un mélange inextricable de haine et d'amour qui éclabousse tous les amours ultérieurs – ce que l'oscillation du désir entre objet féminin et objet masculin euphémise en un conflit moins dramatique. L'intensité de ce premier amour « peut à vrai dire être nommé incommensurable » (*ibid.*, p. 28) : la masse de l'objet primaire éclipsé dont le sujet fantasme les contours, devient *énigme* (le mot revient plusieurs fois dans la contribution de 1933 à propos de la féminité). C'est à l'aune de l'incommensurable que se mesurent l'efficience de la cure analytique, mais aussi les réactions thérapeutiques négatives : une force entraîne, ou s'oppose, captive de l'objet primaire encrypté que l'idéal de bisexualité psychique parvient mal à contenir : « La psychanalyse nous enseigne à nous en sortir avec une libido unique qui, il est vrai, connaît des buts, donc des modes de satisfaction, actifs et passifs. C'est dans cette opposition, et avant tout l'existence de tendances libidinales à buts passifs, qu'est inclus le reste du problème » (*op. cit.*, 1931, p. 25). *Le reste du problème*, l'« inassimilable (la chose) » (Freud, 1895b, p. 671), la prégnance passivante de l'objet sexuel maternel primaire. La rencontre avec ce que j'ai nommé le « sexuel maternel primaire » commence tragiquement dans une difficulté à penser clairement quelque chose qui est sensoriellement éprouvé, la différence entre le corps sexué de l'infans et celui de sa mère. D'abord la passion, puis la tentation mélancolique, imposent à l'analyste d'aménager un accès à l'érotisme maternel sur un mode pas trop excitant *dans* le transfert – cette illusion, destinée à être dissoute, d'égaler l'incommensurable. L'oscillation régulière, en séance, entre le féminin et le masculin à la fois exprime, recouvre et tempère les traces mnésiques émotionnelles afférentes à cette passion originelle : elle l'exprime parce qu'elle penche toujours d'un côté plus que de l'autre et déséquilibre donc, elle tempère parce qu'elle constitue un minimum d'articulation symbolique. À cet égard l'écoute analytique, sise dans l'intervalle masculin/féminin sous la clef de voûte imaginée de leur réunion, relève, plus en profondeur, d'un au-delà du principe de plaisir, position psychique que le psychanalyste tend spontanément à refuser.

Un troisième terme, la pulsion de mort, est appelé à la rescousse pour élucider l'écart entre l'idéal bisexuel et la castration : « Il est connu qu'il y a eu à toutes les époques et qu'il y a encore des êtres qui peuvent prendre comme objets sexuels des personnes du même sexe comme de l'autre sexe, sans que l'une des deux orientations porte préjudice à l'autre. Nous nommons ces gens des bisexuels, nous prenons acte de leur existence sans beaucoup nous étonner » (Freud, 1937c, p. 259) quoique « le cas [...] le plus fréquent » soit « un état de conflit excluant toute conciliation » en particulier parce qu'« il n'y a pas de plus grand danger pour la fonction hétérosexuelle d'un homme que sa perturbation par l'homosexualité latente ». L'angoisse de castration suffit-elle à rendre compte de la contradiction entre disposition bisexuelle et crainte de l'homosexualité ? Non, elle doit « être ramenée [...] à l'intervention d'une part d'agression libre » (*ibid.*, p. 260), à un antagonisme avec « l'autre » à l'état pur, jusqu'à « défaire tous ces alliages et dissocier les unes des autres les particules originaires des éléments » (*ibid.*, p. 261). Cette conjoncture est corollaire de « la possibilité que la "fixation originaire" à la mère ne soit pas surmontée » (*ibid.*, p. 231)

C'est à partir de la relation des filles à leurs mères que Freud construit son hypothèse sur l'incommensurabilité de l'amour primordial entre « retrait du sein » et « refusement oral » (Freud, 1933a, p. 206). Sa mère est morte un an plus tôt. De son deuil il parle peu, mais son texte montre que tout enfant, qu'il soit garçon ou fille, est condamné à vivre un mélange de perte de l'objet et de découverte de son altérité infinie. Le psychanalyste peut aider l'analysant à renoncer à la facture hallucinatoire de ses objets infantiles s'il se décolle d'une écoute trop adhésive aux représentations sexuelles – pour ne pas prendre l'image comme totalité pleine dans une névrose de contre-transfert. Dans le film *L'Empire des sens* d'Oshima (1976) les protagonistes outrepassent la séparation originaire des sexes : lors d'un ultime coït, la femme châtre l'homme pour magnifier son pénis qu'elle emporte. Faut-il considérer l'amour ou la solitude absolue de l'un(e) avec l'autre dans cette étreinte où la rage physique dénote une incestualité des âmes ? Les regards, perdus, divergent, l'union la plus intense comporte la désunion absolue, et seule la mort peut interrompre l'obsession qui en résulte, de faire hallucinatoirement coïncider les personnes réelles et les objets internes incestueux.

Le destin, que j'ai nommé « œdipien anti-œdipien », Œdipe déformé, où la génitalité est subvertie par le sexuel infantile désespérément attaché à l'objet primaire qui échappe, de sorte que le désir incestueux objectal ne se distingue plus de l'incestuel narcissique, ce destin n'est pas rare, en particulier à l'adolescence avec sa bisexualité psychique trop autoérotique. L'organisation œdipienne se résorbe, mais la prégnance bisexuelle autoérotique, certes déréalisante (Chervet, 2018), constitue un cran d'arrêt à la débâcle parce qu'elle articule un dualisme signifiant. On peut accompagner et interpréter l'Œdipe devenu anti-œdipien – et ainsi contenir et parfois même liquider les potentialités psychotiques – si l'on parvient à entendre dans l'intervalle masculin-féminin les ravages d'un échec du principe de plaisir.

La labilité de la bisexualité psychique affaiblit l'interprétation : l'analyste hésite entre se taire, interpréter les revirements entre homosexualité et bisexualité ou chercher un lieu autre d'où intervenir – à la série sexuelle correspond le sériel des interprétations. Série sexuelle : le harcèlement mutuel dans un couple sert de rempart contre ce qui est perçu comme un risque d'échange excessif entre masculinité et féminité ; une patiente évoque la rencontre de son couple hétérosexuel avec un autre couple, et la reconnaissance mutuelle de leur féminité entre les deux femmes ; un patient n'ayant connu que des hommes découvre l'hétérosexualité dans le désarroi : « C'est tout de même autre chose, mais ça continue à m'exciter plus avec les hommes » ; un bisexuel heureux avec sa compagne séduit régulièrement des hommes hétérosexuels et jubile de les dominer : plaisir satisfaisant d'un côté, jouissance de la transgression ailleurs, sa seconde vie ne semble rien soustraire à la qualité de la première. Ces bisexualités relèvent d'un Œdipe où aucune solution, hétérosexuelle ou homosexuelle, ne s'impose, de sorte que l'analyste abandonne les représentations-but bisexuées.

La cure peut se voir entravée lorsque ce sont surtout les formes prégénitales de la bisexualité qui se développent du fait des conflits avec les objets primaires (Bokanowski, 1997, p. 117). On peut penser aux vœux de Dora envers Mme K, que Freud qualifie de gynécophiles autant qu'homosexuels (Freud, 1905b, p. 90) sur fond d'effacement d'une mère déprimée. Certain(e)s patient(e)s homosexuel(le)s redoutent que l'analyse, en les ramenant vers l'hétérosexualité, les confronte à leur immense appétit objectal bisexuel d'origine œdipienne. *La symétrie bisexuelle est l'effet imaginaire d'un triangle originaire pas systématiquement structuré, où les souhaits incestueux attaquent le moi et ses représentations identificatoires : la bisexualité est à la fois une disposition originaire qui participe de cette perturbation parce qu'elle affole les orientations et ce qui la contient par sa dimension classificatoire rassurante.* L'incestualité dont il s'agit s'exprime dans cette fascination narcissique prégénitale dont parle Racamier (1995), mais ne s'y réduit pas : elle relève foncièrement de l'Œdipe au sens freudien, dont l'excès génère des décrochages narcissiques mortifères de sorte que les désirs œdipiens régressent en excitabilité prégénitale. La bisexualité, parce qu'elle réunit les deux logiques des identifications œdipienne et narcissique (Chabert, 2015, p. 88), comporte une tendance à se dissiper dans la confusion psychotique : le travail analytique doit donc traiter les mouvements d'indifférenciation avec l'objet primaire. La régressivité extinctive des pulsions livre à une passivation bisexuelle face à la scène primitive : un autoérotisme essentiellement psychique dissimule alors les souhaits œdipiens aux dépens de la sexualité d'objet (Chervet, *op. cit.*). La bisexualité psychique favorise la tendance régressive, mais constitue aussi un cran d'arrêt à ce mouvement parce qu'elle articule un dualisme signifiant. Les failles du refoulement originaire suscitent des clivages qui traitent mal une excitation projetée régressivement sur les objets primaires (Balendrade, 2019). Les cassures dans le rythme de la pulsion qui génèrent des dérèglements mortifères sont aussi des cassures de la communication entre l'enfant et ses parents (Suarez-Labat, 2019 ; de Vriendt-Goldman, 2019). « Le malaise du sevrage humain est la source du désir de mort » (Lacan, 1938, p. 40). L'enfant expulsé de sa place par un puîné se perd lui-même autant qu'il perd l'objet : « La non-violence du suicide primordial engendre la violence du meurtre imaginaire du frère …] Le sujet …] ne fait que consommer ainsi la perte de l'objet maternel. »

VERTIGES DE L'AMOUR

Louis Aragon, ou A., comme il signe souvent, aima-t-il à ce point Elsa Triolet, a-t-il vraiment « cru » au communisme, était-il bisexuel, homosexuel ou hétérosexuel recourant à l'homosexualité dans un moment de crise (après la mort d'Elsa) ?

Une impérieuse nécessité oblige Pierre, dans *Les Voyageurs de l'impériale* (Aragon, 1942), à quitter métier, domicile, femme et enfants pour disparaître, de ville en ville, de bars en casinos, d'inconnues en inconnues – alors qu'il vient enfin d'aimer et d'être aimé comme il en rêvait depuis toujours : la scène d'amour avec Blanche évolue d'une sensualité charnelle heureuse dans l'accomplissement mutuel de la féminité de la femme et de la masculinité de l'homme, vers un face à face en miroir où le déchirement et les reproches ne tardent pas à se faire jour. Aragon dépeint l'amant presque identifié à sa maîtresse, puis un dégagement d'urgence face à une confusion archaïque – se résolvant en un « tu es un monstre » lorsque le jeu bisexuel ne suffit plus à contenir la montée d'un irreprésentable anéantissant. Louis Aragon s'est efficacement organisé contre cette occurrence, qu'il a connue à plusieurs reprises – croyant voir sa propre tombe pendant la Première Guerre mondiale, lors de sa tentative de suicide après la destruction partielle du manuscrit de *La Défense de l'infini*, sans compter mille incidents psychiques plus inaperçus – en se drapant dans le très grand amour pour Elsa et une fidélité de commande au parti communiste.

« Ils étaient étendus l'un contre l'autre, nus et lassés, sans façon, sans désir, et ils parlaient comme dans ces rêves où l'on s'enfonce avec le monde à travers un nuage de coton.

Si les seins n'étaient plus très jeunes, à trente-quatre ans, Blanche avait cette nature de la peau que Pierre aimait [...] il s'appuyait sur elle, remontée sur l'oreiller [...] Elle lui caressait doucement l'épaule, comme à une bête familière [...] Elle lui passait la main sur la nuque, Pierre remua la tête comme un chat, et gonfla cette nuque aux cheveux ras sous les doigts électriques [...] ces deux corps nus, enlacés, curieux l'un de l'autre, mordus de cette même étrange passion qu'ils n'eussent jamais éprouvée ni l'un ni l'autre pour un homme trop beau, pour une femme trop jeune, le goût trouble de leurs imperfections [...] "C'est moi qui commence à mourir dans ton cœur moins jeune". Elle [...] le regarde avec une intensité singulière, de tout près. De si près qu'elle devait le voir double. "Monstre, dit-elle, voilà donc vraiment comment tu es" » (Aragon, 1942, p. 660-663). *Elle le regarde de si près qu'elle voit un double monstrueux*. Cette révélation de l'en deçà du spéculaire et de la différence des sexes prolonge un sentiment de défaite narcissique et une tentation homosexuelle : « Dans le bain Pierre songeait [...] la peau moins jeune, le ventre qui commençait à se marquer [...] Les hommes [...] les femmes, Pierre les voyait toujours nues, les imaginait bien. Mais les hommes, c'est répugnant [...] » (*ibid.*, p. 626). Le fils de Pierre, adolescent, fait une expérience tout aussi vertigineuse en explorant la montagne : « Soudain on était tout en haut, on dominait l'autre versant qui tombait à pic sur un monde extraordinaire et inatteignable [...] Le paysage qu'on découvrait de là hantait Pascal, et le hanta toute sa vie, comme ces choses desquelles on ne se souvient plus si on les a rêvées ou vues. Il avait pris une sorte de sens symbolique, sans que Pascal pût en rien s'en formuler le symbole. Un peu comme si, parvenu au sommet de la montagne, on avait atteint le bord du monde visible, et qu'au-delà eussent débuté les fantasmagories [...] idée [...] que toute chose avait son rebord sur l'abîme [...] [il] sentait s'effondrer sous lui l'écorce légère des apparences [...], suspendu à l'étrange balcon de la réalité » (*ibid.*, p. 556-558) ; « au-dessus du vide attirant », il résistait à « se précipiter vers la mort » et « prenait la violence à ses limites » (*ibid.*, p. 559) en la transformant en épopée et en symbolisant l'éprouvé physique de l'infini quand tout peut basculer au sommet. Trente-deux ans après, Elsa, disparue en 1970, n'est plus là, l'engagement communiste guère plus, *ça* remonte : « Cette vie à la fin des fins qu'on ne m'en casse plus les oreilles, qu'on ne me raconte plus combien elle a été magnifique, qu'on ne me bassine plus de ma légende. Cette vie comme un jeu terrible où j'ai perdu. Que j'ai gâchée de fond en comble » (Aragon, 1972, p. 899). L'habituelle exaltation pour la femme idéale n'étant plus possible, une rencontre joyeuse avec un camionneur des halles répond à cet abattement : « Dans quelle aventure je me jetais, où j'allais terminer ma nuit [...] j'essayais [...] d'effacer en moi ce sentiment de *l'abîme*, dont j'ai parlé, à l'aide d'un plaisir [...] "Voyons, grand-père, qu'est-ce que tu fais là sur cette route ? [...] un peu plus et je l'écrasais ! [...] Il ne pouvait pas comprendre, évidemment, que c'était de ça que je riais, de ça précisément » (*ibid.*, p. 904-905). A. monte dans le camion, « le coussin y avait gardé la forme de mes fesses », une active passivité libidineuse se substitue au vertige qui l'attirait sous les roues du camion, chute dans une jouissance de soumission si excessive qu'elle risque de mener au trépas.

A. grandit auprès d'une grand-mère qui passe pour sa mère adoptive, de trois jeunes femmes que l'on présente comme ses sœurs, mais dont l'aînée, Marguerite, est sa mère – une mère sœur qu'il ne peut jamais appeler « maman » – et d'un frère qui en réalité est son oncle : il se dit amoureux de Madeleine, l'une des sœurs de Marguerite, tandis qu'il déteste l'autre. On lui apprend la vérité sur sa naissance en 1918 alors qu'il se trouve soldat face à une mort possible : ce collapsus fonde une subjectivité morcelée. Né le 3 octobre 1897 d'une liaison adultère secrète de Marguerite Toucas, 24 ans, célibataire, et de l'ex-député et préfet de police, marié, 57 ans, Louis Andrieux. Affabulation extravagante, « l'enfant est présenté comme un orphelin, né à Madrid de deux parents désormais disparus, recueilli et adopté par celle qui est en réalité sa grand-mère maternelle » (Forest, 2015, p. 19). Y croit-il ? « Je me souviens, je m'imagine », dans *Le Mentir-vrai*, explicite un trouble à la fois subi et construit : « Ça déforme les mots. Et quand je crois me regarder, je m'imagine [...] Je crois me souvenir, je m'invente » (Aragon, 1964, p. 1323). Il s'était montré plus explicite dans *Le Roman inachevé* (Aragon, 1956) : « Cet enfant toujours effaré / le fantôme de ma jeunesse / [...] / Mon double ignorant et crédule » (*ibid.*, p. 16-17) « Marguerite Madeleine et Marie / La première est triste à quoi songe-t-elle » *(ibid.*, p. 35). À cette mélancolie fait écho l'épisode où il croit voir sa propre tombe sur un champ de bataille en 1918 : « Fosses fraiches et croix nouvelles / [...] / À l'ombre d'une croix de bois / À huit cents mètres de Couvrelles / Quel est celui qu'on prend pour moi » (*ibid.*, p. 69), « Si c'était moi, si j'étais mort / Mensonge illusion moi-même et toute mon histoire après / Tout ceci n'était que l'enfer qui jongle devant son miroir / Je suis mort en août mille neuf cent dix-huit sur ce coin de terroir » (*ibid.*, p. 70). S'il se survit à lui-même depuis trente-huit ans n'est-ce pas d'être né à une place falsifiée ? À moins qu'après-coup un sentiment permanent de truquage consécutif à une bisexualité mal assumée se soit rationalisé dans une dramatisation rétrospective : « Moi qui me traîne et m'éparpille / Et mon ombre se déshabille / Dans les bras semblables des filles » *(ibid.*, p. 73) – quel adolescent des années soixante ne se souvient de ces vers chantés par Léo Ferré avec un trémolo dans la voix qui en brouille le message dans un sentimentalisme piteux : « Sur le canapé du bordel / Je venais m'allonger près d'elle / Dans les hoquets du pianola ». La nostalgie adolescente de l'infantile, son accès difficile à la génitalité recouvrent ici une *structure mélancolique* de l'enfance projetée en une *affectivité bisexuelle* massive.

Alfred, dans *La Mise à mort*, ne voit plus son image dans le miroir et craint que sa femme s'en aperçoive. Bien sûr ceci renvoie à la petite enfance de l'auteur : que pouvait-il lire dans les regards de sa mère qu'on lui présentait comme sa sœur et de sa grand-mère qu'on lui présentait comme sa mère ? Il devinait sans savoir. « Qui eût jamais pu croire que quand il regardait la glace, il regardait la glace et pas lui ? » avec son « regard perdu » (Aragon, 1965, p. 3). *L'objet du désir* d'Alfred et d'Ant(h)oine – le h signifiant une hésitation, cet Ant(h)oine est un double inventé par une jalousie morbide – c'est Fougère, chanteuse célèbre, mais tout autant ce miroir qui l'oblige à ne voir que son rival. A. (Alfred/Anthoine) se voit femme en Fougère : « comme s'il n'y avait partout que des miroirs, où je n'ai image que de toi » (Aragon, 1965, p. 24). Inavouable autoportrait, sensible jusque dans la voix de Léo Ferré qui féminise à outrance le texte d'Aragon. Un ami pousse Alfred devant un Miroir Brot à trois volets qui permet de se voir sous trois angles simultanément : « Je ne m'y étais pas regardé : la *dame* et moi [...] "Et bien, regarde-toi s'écria-t-il [...] "Tourne-toi un peu » (*ibid.*, p. 65). Bi, trisexualité : « Tant que je n'étais pas arrivé à différencier mes trois images, tant que je n'avais pas compris qu'il y avait en moi trois états [...] ils dormaient [...] comme chez l'impubère les éléments de la sexualité » (*ibid.*, p. 77). Aragon/Alfred/Ant(h)oine est un homme dédoublé et même détriplé. *Il fait hystériquement l'homme tout en s'imprégnant de l'altérité féminine.* « Elle aura ainsi par le jeu qu'elle invente séparé en moi non pas le criminel du philanthrope, mais le personnage qu'elle voit d'un œil critique, Alfred, celui que je suis vraiment [...] de l'idée qu'elle se fait de moi pour m'aimer, ou plus exactement l'aimer : Anthoine » (*ibid.*, p. 353). Le drame narcissique de la jalousie, est aussi un drame ontologique, dès lors que la dualité originaire mère/enfant – avec sa potentialité symbiotique – l'emporte sur la dualité femme/homme. Les reflets sans fin qu'un miroir Brot détermine, rendent sensible, une tendance au morcellement qui reste contenue : « De l'existence de deux pensées qui se confrontent nait au minimum une troisième pensée [...] si je commence à faire jouer les charnières entre les trois images le jeu démultiplie chacune [...] tentation [...] de devenir une forêt d'hommes » (*ibid.*, p. 354). Le miroir à trois volets devient un panoptique. Il va falloir aller jusqu'au bout : tuer Anthoine et fracasser d'un coup de poing le miroir.

Aragon, médecin de formation, s'amuse à parodier un psychiatre analyste, moyennant quoi il avance une idée intéressante : dans un certain type de trouble spéculaire c'est la discordance non pas entre le sujet et l'image, mais entre un reflet simple et le reflet de ce reflet (« entre A' et A" ») – variation de la série bisexuelle immobilisée sur de l'identique – qui est en cause, dans un champ qui reste celui de l'Œdipe : « Les rapports des reflets entre eux [surtout A' et A"] pouvaient [...] ne pas dépasser les simples rapports familiaux, de l'inceste à l'indifférence » (*ibid.*, p. 104). Le phénomène de renvoi à l'infini des images entre deux miroirs situés l'un en face de l'autre suggère, *de l'inceste à l'indifférence*, un irreprésentable, une déréalisation accompagnée de microclivages multiples lorsque les désirs incestueux, inacceptables, échouent en représentations trop abstraites où insiste un désir de disparaître.

ŒDIPES DÉFORMÉS

Trois fragments de cure pour illustrer quelques modalités d'intervention du psychanalyste confronté aux stigmates des objets incestueux primaires, et argumenter l'hypothèse selon laquelle les régressions sont désorganisatrices *en fonction du coefficient de déséquilibre de la bisexualité* comme telle par rapport aux identifications œdipiennes. L'envahissement de la génitalité par le polymorphisme pervers, facilité par la faiblesse de l'organisation œdipienne, vaut ici par lui-même, l'érotisation mettant en échec la symbolisation. Le triangle œdipien est submergé par une menace de recouvrement de l'un des pôles de l'oscillation bisexuelle par l'autre. J'ai évoqué « L'Œdipe déformé des patients d'aujourd'hui » (Richard, 2012), j'ajoute maintenant : distordu, et même carrément tordu – on pourrait dire : un Œdipe en état limite, un Œdipe anti-œdipien. Les resurgissements d'un Œdipe boiteux enfoui sous les symptomatologies narcissiques éclairent une situation où la prégénitalité amorce la série œdipienne : en se laissant utiliser comme objet au sens winnicottien l'analyste permet à l'analysant d'y progresser. L'issue surmoïque d'une bonne intériorisation des objets parentaux désexualisés et d'un renoncement à la passion pour la mère excluant le père aussi bien qu'à l'amour pour le père rejetant la mère, compromise, reste souhaitée malgré le sentiment qu'il y a en cette matière beaucoup d'appelés et peu d'élus.

Stéphane revendique une polysexualité. D'un côté des relations « classiques » avec des femmes, de l'autre des relations « libertines » avec des femmes et des hommes. Il isole prudemment les deux espaces, mais le clivage n'est pas vraiment constitué. Engagé dans l'analyse, il renonce à sa seconde vie pour conforter une vie de couple, il envisage une paternité, lui qui a eu un père catastrophique. Les rencontres masochistes furtives correspondaient à un besoin de se sentir exister sensoriellement dans des états proches de la dépersonnalisation. Un souvenir d'adolescence en atteste. Stéphane erre, seul, exalté, la nuit, dans les rues de Paris, la perception des immeubles et des éclairages est portée au carré ; épuisé, il s'approche d'une zone d'effondrement interne, c'est alors que lui vient l'idée d'une possible rencontre homosexuelle. La préférence pour sa relation hétérosexuelle avec sa compagne ne va pas de soi. Il joue à des jeux érotiques sur internet avec des inconnus – toujours en prenant la précaution de ne pas dévoiler son visage. Mais une fois, une impulsion l'amène à se montrer entièrement. Pris d'angoisse panique, il se ressaisit lorsque je lui dis qu'il s'agissait donc d'être entièrement lui-même. Il me répond que son visage, il le savait, ne correspondait pas à l'image féminisée qu'il s'évertuait à donner de lui dans les exhibitions, il était soulagé d'avoir levé cette méprise.

Cela ne va plus avec sa compagne, ils n'arrivent plus à faire l'amour, et il y a ce projet d'enfant, il se sent aussi disqualifié que son père qui déserta le foyer en laissant femme et enfants sans le sou. Il croyait avoir dépassé cette blessure ainsi que ses fantasmes homosexuels, et voilà que tout revient, à quoi sert cette analyse, malgré les avancées dans sa vie professionnelle et sa capacité nouvelle à vivre en couple ? *Il va alors agir en parole dans le transfert, puis symboliser, en séance, ses vœux homosexuels dirigés vers le père.* Il commence par la description d'une sexualité « de surface » qu'il imagine avec un homme croisé sur son lieu de travail, continue par l'évocation de l'actuelle difficulté à pénétrer sa compagne, poursuit sur son « connard » de père, revient à l'amant imaginé : « Je serais allongé sur le dos totalement offert il pourrait me pénétrer analement, quel bonheur. » Un peu sidéré, je pense : il est là allongé sur le divan, je suis derrière lui, le transfert se métamorphose en invitation. Je choisis de dire :

« Dans votre désir, vous faites de votre père absent défaillant un homme présent et puissant.

– Je sens bien qu'il y a de cela, je voulais que *vous* me le disiez.

– Comme si c'était donc moi ce partenaire, dans nos échanges de parole.

– C'est apaisant de savoir cela. Maintenant j'imagine que je suis au-dessus, je fais le mouvement, je joue le rôle de la femme.

– Ne le surjouez-vous pas pour protéger votre partenaire imaginé ?

– Ça expliquerait peut-être mes difficultés sexuelles avec ma compagne. Mon vieux père je le déteste moins tout d'un coup. Je le protège, comme vous dites de mon partenaire imaginé. *Vous* seriez là, tel un vieux père dans son rocking-chair.

– Rocking-chair ?

– Rock'n'roll, la chair, hériter des vieux baskets d'un mort ce serait comme un doudou. »

Un agir de parole dans le transfert a noué un vœu homosexuel à un mouvement dirigé vers le père *pour* l'instituer comme autre *sujet* – c'est ce qui n'aboutit pas dans le cas de Bob que je rapporte un peu plus loin. Stéphane va au-delà de l'ordinaire oscillation de la bisexualité *psychique*, l'acte est néanmoins contenu, et symbolisé en possession d'un père *mis à mort* dont il hérite un « doudou », une tendresse parentale qui est aussi maternelle. Dans cette séquence j'ai intégré *la fonction paternelle dans la bisexualité psychique*, en une « réceptivité active » (Van Lysebeth-Ledent, 1999, p. 61) qui réunit rêverie accueillante maternelle et interprétation pénétrante paternelle. Ces deux modalités s'articulent dans ce que l'on pourrait appeler une *génitalité psychique de l'acte analytique* (ce que je dis à Stéphane de sa relation à son père), correspondant à ce que j'ai évoqué (Richard, 2015) comme « point de croisement élevé » entre les associativités du patient et de l'analyste en séance – selon un *sériel* des types d'interprétation en fonction de la *série* féminin/masculin : « Du simple murmure d'accompagnement où le langage se fait musique plutôt que parole, aux interprétations proprement dites [...] en passant par la répétition en miroir des propos du patient » (Van Lysebeth-Ledent, p. 63) – pour exorciser la collusion maternelle et l'agressivité paternelle, la séduction subliminale duelle ou l'abus à trop insister dans une lancée interprétative. Je crois que c'est ce qui, parallèlement à l'évitement d'une interprétation trop directe de sa féminité, a permis à Stéphane de s'approprier son moi-enfant bisexué aimé par ses deux parents.

Christian David valorise dans le même sens un « régénérateur [...] travail de bisexualisation pour le patient » (David, 1975, p. 701) à condition que le psychanalyste soit capable de créer à l'intérieur de lui-même une « réplique » (*ibid.*, p. 702) de l'autre sexe, « second foyer de son écoute » en phase avec la bisexualité du patient. Le souhait de pratiquer l'analyse, souvent issu d'un besoin de réparer l'objet, ne vient-il pas aussi satisfaire psychiquement chez l'analyste une « pleine fonction bisexuelle » (*Volle bisexuelle Funktion*, Freud, 1920, p. 239) ? Il s'agit, me semble-t-il, d'*autoérotisme* psychique plus que de bisexualité psychique : l'écoute construit une infinité de combinaisons à partir du duo masculin/féminin.

Marie, 30 ans : « J'ai enfin l'impression de tenir quelque chose depuis votre remarque la dernière fois sur un vide intérieur. J'ai pensé à la dépression chronique de ma mère allongée dans le noir les week-ends, elle qui parle avec légèreté de sexualité. J'ai aussi pensé à mon père fatigué quand il monte un escalier, je ne supporte pas. Et j'ai rêvé de vous : je viens à ma séance, en route avec mon compagnon je vois au travers d'une vitre floutée une femme attirante qui a des gros seins refaits, je suis troublée, mon ami va vers elle, je me sens abandonnée, suis-je "bi" ?

– "Refaits" ?

– Je me laisse "refaire", avoir par ces seins qui cachent du vide, peut-être cette grossesse que j'ai en tête et qui ne vient pas. »

Je ne me suis pas laissé guider par le repérage des multiples places où le transfert me localisait, il me semblait plus important de trouver dans l'interstice d'un mot un accès à autre chose que le roman de ses expériences amoureuses dont Marie me livrait régulièrement le feuilleton. « Je n'en ai aucun souvenir, mais ça a eu lieu, avec cet homme âgé de la famille, ma mère me l'a dit. Seule image : le bord de ma culotte de petite fille. C'est l'origine de ma précocité intellectuelle et sexuelle, je me comporte comme un garçon, je drague, je peux être violente à imposer mon désir. Étrangement j'ai la hantise du jour où cet homme va mourir, une partie de moi disparaîtra aussi, que je voudrais garder. Je sais, je parle trop vite et avec trop d'aisance de tout cela, devez-vous penser.

– Votre voix là devient plus grave, s'enroue.

– Comme celle d'un garçon qui mue ? Quand j'arrive je vous serre la main très fort, vous tenez bon, ma violence s'atténue, je suis masculine sauf au lit tout à fait une nana. Suis-je désinvolte avec le sexe ? Je fais peur aux hommes, du coup pour arriver avec eux à mes fins, je me fais plus douce.

– Votre violence s'atténue quand vous me serrez la main.

– Ici je suis en paix, comme quand on médite au cimetière près d'une tombe ; j'ai rêvé que je "pensais comme un garçon", je n'avais plus mes papiers d'identité donc "la preuve de rien", je pleure, ce chagrin est depuis si longtemps en moi, il faut que je fasse sans ces papiers, je me déshabille devant un homme séduisant, apparaît une petite fille avec de grands yeux étranges, sûrement moi lors de cette histoire traumatique, je me dis "ne mélangeons pas tout" et me rhabille, je renonce à quelque chose, peut-être au rapport privilégié avec mon père qui a tout fait pour ne jamais me décevoir, ce que je reporte probablement sur vous.

– Ces yeux "étranges" ?

– J'interprète, mais il reste des énigmes, c'est le chagrin qui compte, je crois qu'il y a aussi un passage où je me sens coupable de m'en sortir en abandonnant des filles violées ; j'ai la clef, j'ouvre la porte, mes yeux étranges sont "écarquillés" sur une scène sexuelle qui suscite en moi un trouble sadique et j'aime cette excitation même si elle n'efface pas mes larmes. »

Long silence :

« À quoi pensez-vous ?

– Au personnage du film *Danish girl*, un des premiers transsexuels, je comprends son drame, il voulait être opéré pour éprouver qu'il/elle avait un vagin. »

Intervenir sur le mouvement transférentiel où elle se déshabille devant un homme séduisant aurait été inutile puisqu'elle se ravise (« ne mélangeons pas tout ») l'ayant interprété elle-même dans le rêve ; l'oscillation des représentations bisexuelles se serait stabilisée, empêchant l'advenue de la série inquiétante initiée par le soulignement de l'étrange, où s'épousent le chagrin, l'excitation et une confusion concernant la différence des sexes et des générations, en une condensation laissant en suspens l'irreprésentable d'une sauvagerie incestueuse. Il ne s'agissait pas d'interpréter les contenus d'un

« matériel » post-traumatique, mais de mettre cet irreprésentable, dont l'affect est l'indice, au service du processus. Marie, pourtant organisée dans une problématique névrotico-normale, comprend avec une empathie presque mélancolique le besoin désespéré du transsexuel *Danish girl* de sentir ce que c'est d'avoir un vagin, elle élabore son sentiment d'être une femme autour de l'opacité d'une séduction sexuelle infantile, métamorphosée en sens de l'intimité.

« C'est amusant de jouer ce que l'on n'est pas, l'ultrasexuelle, avec plaisir, mais dans le sentiment vertigineux d'aller trop loin. En fait j'adore que ma mère m'offre pour mon anniversaire un gâteau avec des bougies. M'imaginez-vous capable d'être une mère, moi qui suis la proie d'accès de violence ? Vous n'attendez rien de moi, mais justement c'est un défi que de parvenir à me faire attendre par vous, si je ne venais plus par exemple, mais je serai triste en ce cas, et voilà, j'ai besoin de ma mère au téléphone qui déverse sans fin ses confidences de femme oubliant qu'elle est ma mère c'est insupportable, je la soutiens connaissant ses tendances suicidaires

– Vous avez besoin de lui parler elle a besoin de vous parler et vous aimeriez que je participe à ce système

– J'ai pu vérifier que je n'y parvenais pas. »

J'interviens avec une prudence à la mesure de sa précipitation à se livrer à l'auto-analyse de ses positions psychiques bisexuelles et incestueuses, prêtant le flanc à mes éventuelles projections pour vérifier qu'elles ne viennent pas et, alors, faire un pas de plus. Il fallait que je sois là, en prenant plaisir à l'écouter, mais pas trop, dès lors que mes interventions s'adressent à son intelligence post-traumatique. Marie témoigne de l'énigme d'un vide intérieur, d'une amnésie portant sur une sexualité incestueuse prégénitale dont réchappe le souvenir fragmentaire du bord de sa culotte de petite fille – gravité d'un événement opaque qui imprègne le développement ultérieur et mobilise les capacités autoérotiques à suturer les plaies d'une féminité émergente en construisant un *système dysharmonique d'identifications bisexuées où le féminin et le masculin entrent en collision selon les lignes déformantes des clivages post-traumatiques* – le trauma ayant morcelé l'unité bisexuée du moi dès lors qu'intrusion et pénétration n'y sont pas distinguables. Marie se tient du côté féminin avec des affleurements hystériques bien subjectivés, corrélativement à un sentiment de vide et à une sympathie pour le transsexuel qui veut avoir un vagin (*Danish girl*).

Il fallut commencer par une période de face à face parce que le visage est le lieu, par ses si subtiles variations, du jeu bisexuel, et, plus profondément, le miroir insu des remugles incestuels inconscients. Le visage n'est-il pas par excellence ce dont on se demande d'emblée s'il est celui d'un homme ou d'une femme avant de savoir de qui il s'agit ?

L'autoprésentation consciente de Marie, sa *théorie traumatique bisexuelle d'elle-même* – que l'on retrouve dans le cas de Catherine – correspondait à un *affolement de la bisexualité induit par le trauma infantile autant qu'il le voile*, et lui permettait de se décoller de l'identification à l'agresseur. Celle-ci commençait à laisser place à une parole associative, moins excitée par une *abstraction sans contenu* – ce qui s'était passé, ou pas, dans la scène sexuelle supposée de l'enfance, jusqu'à quel point. Une autre scène sort de l'amnésie infantile : elle cherchait, en se plaçant sous l'angle adéquat entre deux miroirs, à voir ce qu'on ne perçoit habituellement pas de soi-même – elle savait qui elle était et n'avait jamais douté d'être une femme grâce à un père qui avait toujours tenu sa fonction.

Un travail analytique en face à face avait permis à Bob de s'approprier l'histoire d'une vie intérieure infantile grâce à laquelle il s'était construit malgré la psychose de sa mère, qui l'avait élevé seule, à la suite du divorce des parents. À partir de ses nombreux souvenirs, de ses rêves – qui témoignaient d'un fonctionnement plutôt névrotique – en liaison avec les éléments de sa vie actuelle homosexuelle et créative – il est un artiste reconnu – j'avais pu lui proposer des constructions, qu'il recevait positivement, sur la façon qu'il avait eu de sauver son sentiment d'exister face aux tentatives maternelles de lui imposer une symbiose (manifeste dans des projections et des interversions pronominales de genre), en s'octroyant une personnalité singulière dotée de systèmes défensifs complexes. Mais il restait fermé aux interprétations portant sur l'absence du père. Il se voulait ailleurs que dans la masculinité ou la féminité, se proclamait *queer*, se travestissant parfois en miroir ironique de la symbiose qu'avait échoué à lui imposer sa mère. L'homosexualité primaire féminine avec la mère ne recouvrait-elle pas son besoin homosexuel masculin d'un père ? Il semblait en relation bisexuelle avec lui-même dans son espace psychique intérieur, mais aussi dans ses mises en scène, à la fois drôles et mélancoliques. Bob s'en prend à son père et proclame que dorénavant il refusera d'être identifié comme homme. Il me révèle un épisode où il recherchait le plus grand nombre possible de partenaires avec un sentiment d'être ailleurs, décalé, libre de jouer, distancié, ceci ou cela, créant « un double de lui-même à l'intérieur de lui-même, mais différent » dit-il. Nostalgique de cette modalité il voudrait, en proie à une érotisation débordante, la basculer dans une extériorité scandaleuse. Tout est interprétable de ses différents types de désir homosexuel, sauf celui qui est dirigé vers son père et vers l'analyste – la problématique œdipienne n'est pas utilisable entre la psychose maternelle et l'absence paternelle. Faut-il ici parler de solution perverse, et ce mot a-t-il encore un sens ?

Winnicott dans « Clivage des éléments masculins et féminins chez l'homme et chez la femme » (Winnicott, 1966) parle de la « bisexualité des analyses » (*ibid.*, p. 301) plutôt que de celle des patients, d'« éléments » masculins et féminins, de sa sensibilité à « l'élément non masculin » (il n'écrit pas : féminin) de l'un de ses analysants. On connaît la suite : « Je lui dis "Je suis en train d'écouter une fille. Je sais parfaitement que vous êtes un homme. » Il se situe dans une alliance masculine de bon sens. Si le patient va mieux est-ce parce que lui est épargnée la confrontation à la *Kastrationlust* dont parle Freud, ou est-ce parce qu'il est heureux, comme il l'affirme, que l'« élément féminin » soit reconnu ? Une folie identitaire peut cacher une folie plus pulsionnelle : Winnicott intervient dans un sens qui renforce le refoulement de celle-ci : un environnement fou a falsifié le sentiment d'identité sexuée. Il a tout de même l'audace de parler à partir de ce qu'il suppose être la folie de la mère du patient qui le désirait fille : « S'il y a quelqu'un de fou, c'est moi » (*ibid.*, p. 303). Il ajoute : « *Mais la fille à laquelle je m'adressais, elle, ne veut pas que l'homme soit libéré* » (*ibid.*, p. 304) et réussit alors à ce que son intervention soit entendue comme provenant *d'un autre lieu* que celui qui était trop attendu, celui de l'objet transféré. Aurais-je dû adresser une phrase de ce type à Bob ? Peut-être. Mais ce patient, comme je l'ai dit, avait conçu un système autrement plus compliqué que fille/homme.

L'omniprésente question psychosexuelle empêche de concevoir que l'on est certes masculin/féminin, mais aussi « enfant de », « petit enfant de » dans la verticalité généalogique. On se souvient des débats autour de la parentalité homosexuelle : ne risquait-elle pas d'affaiblir l'adossement à des lignées clairement établies ? Bob se désinscrit d'une parentalité père absent/mère folle pour exister dans un auto-engendrement psychique : sa revendication portait plus, au fond, sur la filiation que sur l'identité de genre, celle-ci exprimant celle-là. La prévalence manifeste de la bisexualité empêche de suffisamment tenir compte de l'historicité généalogique, sise en surplomb des psychés individuelles. Stéphane et Marie se considèrent comme « fils de » et « fille de ». Bob souffre à cet égard d'un coefficient d'incertitude, malgré son savoir sur son sexe anatomique, tant la mère manipula grammaticalement et syntaxiquement la nomination dans un contexte où un travail de bisexualisation psychique interne – qui pouvait faire penser à une « névrotisation » – suppléait à l'absence paternelle. En analyse, on est régulièrement *surpris* par l'ouverture d'une clairière où le paysage converge vers un *horizon* au-delà de l'expérience vécue renforcée par le « présentisme de l'époque ». Une fois cet horizon en vue, la dépendance pulsionnelle à la sauvagerie incestuelle, à bon droit irreprésentée, ainsi que la confusion archaïque entre le sujet et l'objet, diminuent. Le principe généalogique transcende la pulsionnalité informe du ça.

CATHERINE

Green dit, à propos du chiasme hystérie/états limites, qui se parcourt dans les deux sens comme sur une bande de Mœbius : « L'analyste se sent lui-même pris dans une relation où les rapports en miroir ne sont pas internalisés par le patient, mais se situent en fonction d'une surface réfléchissante placée en dehors de lui. L'analyste éprouve alors la confusion que masque la sexualisation » (Green, 1975, p. 66). J'ai souvent eu avec la patiente que j'ai nommée Catherine cette impression d'être plus une surface réfléchissante ou une pure fonction symbolisante qu'un objet de transfert, là où les objets œdipiens infantiles continuaient à générer une sexualisation qui recouvrait une confusion. J'étais, m'affirmait-elle, le « gardien de son âme », qui la protégeait d'un père séducteur et d'une mère qui lui avait imposé trop de proximité physique. Très tôt Catherine s'était sentie mal aimée par une mère qui pourvoyait mal à ses besoins en particulier alimentaires, d'où une anorexie de l'adolescence ; très tôt, aussi, elle avait conçu que cette mère, au fond, était une enfant perdue face à ses tâches d'adulte. L'*Hilflosigkeit* était des deux côtés, obligeant l'analyste à tenir compte d'une attente de bonne réponse après-coup à l'enfant *et* de réparation de la mère, tout en étant attentif à une subjectivation douloureuse. Leurré par un transfert dirigé vers le « bon » père qu'elle n'avait pas eu ou vers une pure figure tierce, j'ai en fait incarné pendant des années son objet homosexuel primaire. La factualité du corps d'homme de l'analyste interdisait la collusion à l'identique des autoérotismes prégénitaux fille/mère. Cette idéalisation désexualisait un « peau à peau » (les souvenirs de la nudité de sa mère dans la salle de bains, l'eczéma réactionnel, le jeu avec une « robe léopard » moulante commune) au risque d'une analyse interminable. Un transfert de base positif s'était d'emblée établi, qui m'a fait m'interroger sur ce qu'il recouvrait de crainte dans le prolongement de la capture par le sexuel maternel primaire, déplacée sur un homme en position de sollicitude parentale, tiercéisante par rapport à la dualité primitive – ce qui suscitait chez moi une perte des repérages contre-transférentiels habituellement sollicités par un transfert paternel ou maternel. Une sorte d'accoutumance régressive à un lien incestueux sans désir facilitait en séance un dépôt projectif de ses états corporels et mentaux les plus malades. J'ai constaté quelque chose du même ordre avec des analysantes dépitées par une première analyse avec des analystes femmes qui s'étaient refusées à se laisser ainsi utiliser. Elles trouvaient dans mon accueil qui se voulait être celui d'une masculinité généreuse, la possibilité d'accomplir un vœu dirigé vers l'imago maternelle archaïque. Avec Ferenczi on pourrait dire que le dévouement maternel de l'analyste restituait un amour primaire qui avait fait défaut. L'objet de l'utilisation de l'objet au sens winnicottien a-t-il un sexe ? Pour déjouer les identifications projectives, je me tenais en retrait ; je compris ensuite qu'il fallait persévérer dans le travail interprétatif, parce que l'incestuel narcissique masquait l'incestueux œdipien d'une *hystérie bisexuelle massive.*

Pendant longtemps, la quête de sa féminité et le questionnement de la masculinité de ses amants, la tentation de l'homosexualité féminine ou d'un repli narcissique indépendant, occultèrent la transaction primitive entre sa corporéité propre et les incorporats du sexuel maternel primaire (« incommensurable » dit Freud). Pour s'en libérer, elle les installait en moi, quitte à afficher un déficit de féminité là où la mère affichait une hyperféminité, puis construisit une féminité seconde différente.

Ce collage tenace, dans le transfert, au sexuel maternel incommensurable, devint analysable à partir d'un *dégoût à me sentir pris dans une confusion entre les sensations régressives* qu'évoquait la patiente *et mes propres éprouvés.* Ce jour-là elle avait parlé d'une crise de vomissement, accompagnée de diarrhées, et j'avais été surpris, non par mon malaise, mais par une culpabilité ; s'impose à moi la construction suivante : je m'identifiais au plaisir coupable d'une mère qui ne sait pas dire non à une connivence prégénitale avec son enfant, se laisse entraîner et entraîne dans des jouissances partielles à la frontière des fonctions vitales et de l'émergence du sexuel, dans un magma sensoriel informe, un marais intestinal. Le dégoût était l'équivalent d'un *non* que la mère de Catherine n'avait pas signifié. Le contre-transfert est mis à rude épreuve : je me suis parfois dit que ma condition masculine risquait de fausser mon jugement sur la part de responsabilité respective de son père et de sa mère, puis je me sens attaqué en tant qu'homme, à d'autres moments je ressens une sollicitude maternelle inquiète, jusqu'à la reconnaissance du lieu transférentiel le plus profond – sous couvert du neutre, la sexualité sensorielle primaire avec la mère. Depuis le commencement, il y avait eu à chaque séance un moment où je me ressaisissais, presque physiquement, en un sursaut révolté contre une érotisation narcissique entremêlée à des symptômes somatiques. Catherine m'amenait là où ses parents n'avaient pas su se tenir. La culpabilité inconsciente des patients se déplace du côté de l'analyste parce qu'il est le garant du cadre. Je restais silencieux, paralysé par ce qui d'elle monte en moi, un magma imaginé d'humeurs, de nourriture, d'excréments, jusqu'à concevoir des fluides placentaires qui nettoyaient et purifiaient tout. Présent et absent, comme son frère mort-né juste avant sa naissance, sans visage et sans corps, virtuelle version masculine d'elle-même, point aveugle de sa subjectivation : elle voyait le bien-fondé de cette reconstitution historique, mais sans y mettre d'affect. Quelque chose change, je suis moins atteint par sa haine mêlée de désir pour les hommes, pour son père dont elle avait rêvé, au début de l'analyse, qu'elle lui laissait sur le pénis des traces de morsures. Une sexualité imaginaire d'objets partiels avec la mère et génitale avec le père effrayait Catherine et compliquait sa vie amoureuse – ainsi ses tentatives d'en réunir les courants dans des jeux où elle féminisait ses amants jusqu'à la rencontre avec son compagnon, perçu comme un double masculin. J'interromps une fois au bout de trente minutes au lieu des quarante-cinq habituelles et ne m'en rends compte que plus tard : je n'avais pas, je crois, supporté son récit de séduction narcissique de son compagnon où elle s'était dépeinte comme totalement triomphante. Je voulais bien écouter sa bisexualité de plus en plus psychique, mais supportais mal les précipités narcissiques où celle-ci avortait. Elle avait fait un lapsus, *une* au lieu de *un* et rapporté un rêve où il était question de la place vide « du mort » comme occasion d'avoir rien que pour elle une place double. La bisexualisation enveloppait le tombeau du frère et générait un autoérotisme psychique. Je l'écoute désormais autrement. Grâce à quoi elle se dégage de l'imago parentale bisexuée totalitaire (Denis, 2013a), chez cette patiente désarticulée entre un pôle sexuel maternel finalement excusable et un pôle sexuel paternel honni, hormis quelques souvenirs aimants. Dans ce complexe d'Œdipe mal formé, les passions pour le père et pour la mère sont exclusives l'une de l'autre, ni l'hétérosexualité ni l'homosexualité ne s'imposent, mais pas non plus une euphorie transgenre. La rancune envers l'objet qui ne procure pas ce qui est attendu – une satisfaction pulsionnelle suffisante dans l'approximation de l'énigme de la qualité de l'orgasme de l'autre – déchire l'imago bisexuelle entre du masculin et du féminin essentialisés, loin de ce *verbe moyen réfléchi* dont parle Freud comme un au-delà heureux des retournements sans fin de l'activité en passivité et inversement, où le sujet accède à la *complexité* des échanges entre féminité et masculinité.

Catherine, piégée par la *crudité d'un fantasme non fantasmable* orienté vers sa mère lui interdisant le libre exercice de sa bisexualité psychique, se plaint de ne pas avoir de représentations érotiques, mais des hantises incestueuses s'expriment crûment dans ses rêves, où elles côtoient des images effrayantes de corps morts – ultime protection contre ses vœux œdipiens infantiles, tandis que l'obsession de corps démembrés et pourrissants dressait un barrage complémentaire, associé à un fragment de son histoire : un frère mort-né juste avant sa naissance, frère sans visage et sans corps, virtuelle version masculine d'elle-même : bébé entre les mains de sa mère, elle n'avait pu lui présenter le sexe de ce garçon disparu.

Cauchemar : un homme sauvage, de ses bras coupés ne restent que des moignons pourrissants, vit dans les arbres.

« Mais comment fait-il pour survivre ainsi ?

– Peut-être vous arrive-t-il de vous demander comment *vous* parvenez à survivre.

– Je suis dans le rêve à côté de ce type très sale, ce sale type comme mon père avec ses magazines pornos, mais on dirait aussi un zombie, ce frère mort-né dont je n'ai aucune image, puis une scène où je monte sur un cheval de bois dans un manège pour enfants, je tourne, je tourne, jusqu'au vertige et la nausée. La veille j'avais vomi en même temps que j'avais la diarrhée, je me vidais des deux côtés jusqu'à un épuisement calmant, comme lorsque j'avais eu une "douleur exquise" disait le médecin à la suite d'une chute » (c'est alors qu'avait commencé à m'envahir le dégoût dont j'ai parlé plus haut).

Autre rêve : elle est nue dans un placard dont la porte s'ouvre, « on » peut la voir, une foule, des hommes des femmes on ne sait pas, son trouble la dérange. Je pouvais revenir sur l'épisode d'enfance où sa mère l'avait surprise en train de se masturber et tout interrompu : l'éclairer à nouveau raviverait la meurtrissure. Je dis :

« Sortir du placard.

– Ah, oui, sortir du placard après avoir été "mise au placard". J'ai pu vous parler de mes vomissements et diarrhées, voilà ce qui était au placard, comme les souvenirs de l'époque où, hospitalisée, je subissais des intromissions dans le sexe à la suite d'une infection, ma mère venait de temps en temps, je me souviens quand elle repartait.

– La porte du placard s'ouvre, votre mère est là. »

Interprétant à partir de l'*absence* de la mère, je m'interdis le *lieu* où les parents outragent leur fille, et où le rêve, à moi adressé, voudrait me situer. La séance s'oriente vers un souvenir de vacances sans ses parents chez une grand-mère, elle était heureuse seule dans une vaste chambre, lisait, pensait, s'imaginait devenir un jour écrivaine. L'autoérotisme n'était pas infesté par l'intrusion d'autrui.

Une métaphore montre la voie : elle a rêvé d'un coffre-fort où serait enfermée son enfance sacrifiée, mais aussi un trésor de fantasmes et de récits. « Il faudrait parvenir à l'ouvrir par l'analyse, mais quel est le chiffre, où est la clef ?

– Oui, qui détient la clef du coffre ?

– Bien sûr, je me souviens de cette séance où vous m'aviez dit “votre mère a la clef de vos orgasmes”. »

L'associativité accomplit le parcours régrédient qui va de l'amour ambivalent pour le père jusqu'au phallus maternel, idéalisé à la mesure de l'amour maternel manquant.

Cercle vicieux : le préjudice subi légitime le ressentiment et l'immobilisme, la justesse reconnue et subjectivée des interprétations ne suffit pas au changement. Une *haine* va devoir être entendue avant de céder, *la tendresse homosexuelle envers la mère* prenant alors le dessus corollairement à l'*engagement dans une vie de couple hétérosexuel.* La haine dont il s'agit, ravageante, est celle de Catherine, incommensurable à la possible haine de contre-transfert, tout au plus exaspération à se sentir insuffisamment aidant.

J'avais renoncé depuis longtemps à quelque représentation que ce soit d'un but pour ce traitement, hormis le souci d'un mieux-être authentique pour elle, en écho de la découverte, séance après séance, d'un lieu psychique intime blessé, l'enfant, mais aussi le féminin, en elle. Cette disponibilité répond à une remise en cause indéfinie, la patiente ne s'arrêtant à aucune des positions conquises : l'hypothèse d'une psychose compensée fut contredite par les manifestations d'une créativité psychique bisexuée, puis celle d'un état limite – Catherine craignait que l'analyse l'intruse – et d'une grande hystérie – tant la question sexuelle et l'expressivité somatique sont importantes – furent relativisées. Elle se « névrotisait » tout en revenant par intermittence aux fonctionnements anciens (ruptures amoureuses violentes, cauchemars, somatisations et épisodes dépressifs) : elle intègre les interprétations, mais ne les « ressent » pas sensoriellement, c'est-à-dire là où il y a confusion avec la mère. Ce qui était constant, c'était l'exigence subjective d' « être une femme ». Je me trouvais chaque fois dans la disposition d'esprit d'accompagner la perspective nouvelle – une homosexualité acceptée, un narcissisme culturellement créatif – pour l'abandonner, décalé par rapport à ce qu'elle cherchait déjà de nouveau.

Elle évoque la jalousie de son père lorsque sa mère se conduisait de façon aguicheuse. Un ou une séducteur/séductrice, qui est le/la plus à incriminer et à aimer ? Destinataire de sa parole, je suis situé à toutes les places du fantasme *et* à aucune. Les avancées de la bisexualisation psychique œdipienne pourraient faire oublier un fond infantile ravagé. « Hospitalisée, je finissais par penser que ma mère ne reviendrait pas, pourtant elle venait toujours. Allez voir le film *Inside*, vous comprendrez ce que je ressens : en Amérique du Sud, une fille enferme son père, un ancien nazi, regarde derrière une glace sans tain sa détresse dans un capharnaüm de vieilles conserves, il sait qu'il va mourir seul, elle venge les morts, mais alors elle aussi est prisonnière. » Dans une crypte, l'objet tortionnaire torturé, survit « inside » le moi de Catherine : le frère mort-né, le père œdipien, la mère séductrice, et, surtout, son moi le plus intime, prisonnier d'une hallucination dissociative, que son discours bisexuel contre-investit : « Capharnaüm » est le mot qu'elle emploie pour évoquer le désordre chronique de son appartement. La bisexualité psychique déployait ses volutes baroques, ce fond devenait plus accessible : en enveloppant sa psyché d'une couche psychique supplémentaire, la bisexualisation générait *l'autoérotisme manquant*. La patiente regarde « inside » des objets détruits, et les revitalise en leur octroyant une figurabilité. Ce que je lui interprète en des mots imagés évocateurs de fonctionnements corporels. Elle adhère à ma construction et amène des souvenirs d'enfance inédits, ce qui conforte l'hypothèse d'une incorporation d'un « crime » incestueux mortifère : la patiente subit, en miroir, le même sort que celui de l'imago parentale bisexuée fichée en elle de façon immuable, suscitant des bouffées régulières de haine impuissante.

« Ma mère revenait *toujours,* mais il y avait *toujours* un moment où je n'en étais pas sûre, vous avez raison, je devrais m'éloigner plus encore des sensations si incisives de mon enfance.

– Incisives ?

– Ah, oui ! Ce rêve où le pénis de mon père porte *mes* traces de morsure, c'est moi qui suis incisive pas ma mère, et lui "mordu", amoureux. J'ai rêvé d'un patriarche qui m'a élue dans le clan comme son amante préférée, en forêt la nuit je n'ai plus peur, il faut faire rituellement un tour complet, un cercle tout rond, un O, je suis à plat ventre soumise sans sensation d'infériorité. »

Elle associe sur un souvenir d'enfance où on lui avait percé les oreilles pour qu'elle puisse porter des boucles, puis sur son vieux vélo de marque Lejeune sur lequel elle s'assied et qu'elle libère de son cadenas avec sa « petite clef ». Le coffre-fort, la crypte s'ouvrent, une sexualité féminine passive est enfin admise, étayée sur un « vieux jeune ». Elle revient, le visage triste, je pense aux effondrements anciens. Elle formule « je roucoule », inquiet j'ai mal (ou bien) entendu, et croyant reprendre son propos je dis « coule ? » à quoi elle réagit « coule, croule : roucoule ! Tout va mieux avec mon ami, il me dit que je suis une mangeuse d'hommes, "incisive" disait-on. Je me souviens, mon père jouait le soir lorsque j'étais couchée à s'approcher de mes pieds avec un coupe-ongles, je craignais d'avoir mal, rusais et me plaignais du coup il arrêtait gentiment, nous rions ensemble. Dans la douche, il me mettait un gant sur les yeux pour que le savon ne me pique pas. Ce sont de bons souvenirs, dire qu'il a fallu tout ce temps pour les retrouver… » Le complexe paternel étant suffisamment élaboré, la symbiose primitive va pouvoir être traitée.

Au moment où je ressens en moi *son* dégoût pour les matières qui collent le bébé à la mère (placenta, fèces, aliments), elle s'engage, parallèlement à une vie de couple hétérosexuel stabilisée, dans une relation de paroles et de contacts corporels soignants avec sa mère malade, lui donnant ce que celle-ci ne lui avait pas donné. Cet été-là, elle avait trouvé la formule d'un partage : la journée elle s'occupait de sa mère et satisfaisait son besoin de fusion affective avec elle, tandis qu'en soirée elle se promenait avec son compagnon au bord de la mer puis faisait l'amour avec lui.

Une quinzaine d'années plus tôt Catherine était venue demander une cure analytique alors qu'elle souhaitait se débarrasser d'un eczéma handicapant rebelle à tous les traitements ainsi que pour surmonter des difficultés relationnelles intenses. Elle rapporte que lorsqu'elle était enfant, ses parents se promenaient souvent nus à la maison et se vantaient de leurs conquêtes sexuelles respectives. Un jour, alors qu'elle était déjà pubère, sa mère lui demanda de se présenter en sous-vêtements devant son père, elle en conserve le sentiment contrasté d'une désérotisation ayant lieu au moment même du trouble. Il y avait pire : une hospitalisation pour une infection urinaire avec des soins vécus comme des actes sadiques, le souvenir du sexe de sa mère dans la salle de bains. La massivité des faits n'abolit pas le fantasme : elle lisait en cachette les magazines pornos de son père, inventant des rituels masturbatoires compliqués, et les catalogues de *La Redoute* de sa mère, surtout les pages sur les sous-vêtements de femmes, « *les deux m'excitaient autant l'un que l'autre* ». Ne parvenant pas à contenir la tension qui l'habite, elle sort danser en solitaire la nuit, ce qui apaise l'eczéma *qu'elle impute à sa mère* qui, selon le récit familial, souffrait d'une infection vaginale en cause dans le drame d'un frère mort-né juste avant sa naissance – *mais aussi à son père* aux mains baladeuses et aux propos ambigus. L'eczéma, « relation d'objet allergique » selon Pierre Marty (1958) dans le prolongement de Maurice Bouvet sur la distance à l'objet comme distance du moi à lui-même, constitue une formation défensive mise en échec par l'intensité pulsionnelle, jouissance du prurit et douleur.

L'échec répétitif de ses relations avec les hommes l'oriente vers une liaison homosexuelle où elle connaît un plaisir plus satisfaisant. Épouvantée par le souvenir de sa mère dans la salle de bain, elle rompt, contredisant l'idéal platonicien d'un genre féminin originaire dont il suffirait de rapprocher les parties séparées – la patiente *savait trop* que c'eût été la solution logique. Elle avait essayé des systèmes où le genre semblait supplanter le sexe. D'abord une démultiplication des amants qui réifie et disqualifie le masculin. Puis la fréquentation d'homosexuels qui imitent les filles, dansant d'une façon qu'elle trouve plus féminine que ce dont serait capable, selon elle, quelque femme que ce soit, alors qu'ils ont aussi le bénéfice d'être des garçons. Adolescente elle s'imaginait avoir des relations sexuelles avec des femmes avec une agressivité qu'elle supposait celle des garçons, mais acceptait mal cette modalité de désir. Catherine variait de la désexualisation dans la somatisation et l'excitation indifférenciée en processus primaires à tous les genres sexués : femme qui aime l'homme, femme qui aime la femme, femme identifiée à un homme qui aime l'homme, femme identifiée à la partie féminine de l'homme, femme identifiée à l'homme qui aime la femme.

Cette condensation du symptôme bisexuel croit pouvoir *concilier* en une *consonance* harmonieuse, pour reprendre les mots de Platon, la persistante envie du masculin, une identification hyperféminine qui ne passe pas par la mère, mais par un artefact – une « féminité » de garçon renvoyant en miroir à la femme mieux qu'elle – et une identification viriliste. Elle va devoir se mettre en quête d'autre chose, après une intervention où je lui rappelle ce qu'elle avait confié lors des premiers entretiens : adolescente elle s'imaginait avoir des relations sexuelles avec des femmes avec une agressivité qu'elle supposait celle des garçons. Son jeu avec des genres pluriels et complexes camouflait un phallicisme pubertaire – identification à son « dieu cruel » – qu'elle acceptait mal : cette dissonance adolescente la ramenait aux souvenirs d'enfance où la féminité de sa mère lui semblait inégalable tandis qu'elle-même se voyait taxée par son entourage de « garçon manqué ».

Elle fait le récit d'un rêve où elle rend visite à un génie prisonnier dans une bouteille, comme celui des *Mille et Une Nuits*, il revit grâce à elle et reprend espoir, mais elle a trop besoin de lui et peur de le perdre, survient un sentiment dépressif. Elle montre alors du doigt les moulures du plafond de la pièce où je la reçois et ajoute que ce « génie » est incrusté dans les frises et les moulures, qu'il habite les lieux. Je lui dis que ce rêve représente l'idée qu'elle se fait de notre relation, nous aurions mutuellement trop besoin l'un de l'autre, et en m'enfermant dans cette bouteille qu'elle ouvre et ferme à son gré, elle contrôle cet excès tout en se prémunissant contre mon absence. Elle réfléchit longuement, puis parle de sa peur d'être abandonnée, il n'y a qu'avec sa grand-mère paternelle qu'elle y échappe. Dans les séances suivantes, on peut entendre l'onde de choc, la lame de fond de l'apparition de la figure de ce « génie » magiquement incrusté dans les murs de mon bureau. Un génie serait bien sûr capable de la guérir de son eczéma et d'exaucer ses vœux les plus chers, mais c'est alors qu'un « dieu cruel » se substitue à lui : son père est un tyran, misogyne quoique aimant, qui veut la voir célibataire, n'admirant que lui !

Le mot « pourri » qu'elle emploie à propos de la peau eczémateuse, le ton écœuré et comme hypnotisé avec lequel il est proféré, la rupture dans le rythme de la parole qui le suit, mettent sur la voie : le pourri c'est son frère mort-né en elle, mais pas vraiment intériorisé. Cette interprétation éveille son intérêt, elle rêve « un personnage qui pourrait être mon frère maintient physiquement avec fermeté, l'immobilisant complètement, un autre homme qui me fait penser à mon père, qui me désire et ne peut rien tenter ». Je me contente d'un « vous souhaitez que je sois ce frère qui vous sauvegarde », l'interprétation non énoncée « vous craignez et désirez que je sois ce père désirant » fera souterrainement son œuvre, tant il est vrai que *l'interprétation latente* est aussi efficiente que celle qui est donnée. Ce minimalisme était sollicité par la forme du rêve qui prouve qu'elle a intégré que je représentais les deux parties clivées, le frère aidant et le père terrifiant, et choisi de refouler, au sens littéral, celui-ci. Le désir du rêve consiste aussi à renforcer les refoulements salvateurs. « Si votre écoute devient distraite et lointaine, je tombe dans un gouffre – une tombe dans un gouffre – mon frère mort-né ? En tout cas il y a des zones mortes en train de se revitaliser. » Catherine cherchait à chaque séance un point de croisement avec ma pensée (Richard, 2015). Une fois ce point atteint, son discours était moins tendu. Il m'arriva à l'inverse d'avoir l'impression d'avoir « mal entendu », d'avoir pris un mot pour un autre, d'avoir raté le début d'une séquence de sorte que je ne savais plus si elle parlait de son père ou d'un amant, puis je reconnaissais que j'avais bien entendu, oui elle parlait de son père. De même, telle pensée diffluente que je pouvais avoir anticipait un propos qu'elle allait tenir un peu après. Elle utilisait mes défaillances pour en faire une surface d'inscription de ses traces mnésiques. C'est comme incidemment que je me rends compte que son eczéma et sa dépression ont disparu, sans qu'elle en parle directement, comme s'il était avisé de n'y pas prêter, du moins en apparence, trop de considération – tandis que le questionnement bisexuel s'accentue.

Reste la voie sublimatoire, qui étayera une capacité à vivre une relation durable. Elle voit près de chez moi dans la vitrine d'un magasin une couverture, qu'elle acquiert aussitôt, dont le tissu lui semble de la qualité « indéfinissable par les seuls mots » qu'elle cherchait depuis longtemps. Libérée de la compulsion à arracher sa peau ressentie comme celle d'une autre, enveloppée confortablement dans ce qui unifie la sexuelle robe léopard avec un objet transitionnel apaisant, elle s'allonge sur son canapé et écrit pendant des heures des histoires d'amour, mais aussi des histoires drôles, avec humour sur les hommes, les femmes, le féminisme. Ici le narcissisme, en mettant la bisexualité *psychique* au service de la création (Duparc, 2008), contribue à défaire l'assujettissement à des imagos devenues anachroniques. Les antagonismes de genre trop marqués – presque des simulacres comme chez Schreber – ainsi que l'incompatibilité entre l'amour pour la mère et l'hainamoration pour le père deviennent moins dissonants, elle trouve un début d'harmonie.

L'ADOLESCENT FOUDROYÉ

Au cours de la psychothérapie psychanalytique d'Alexandre, 16 ans, survient un trouble subjectal où l'angoisse de castration, indistincte d'une angoisse de néantisation, a pu être analysée comme une réplique d'un lien infantile sexuel *et* symbiotique avec la mère qui n'était jusqu'alors perceptible qu'indirectement dans une sensation de vide, des dérobades face aux relations amoureuses et un recours au cannabis.

Je ne vais pas coucher avec ma mère, s'exclame-t-il, plus sur le mode d'un refus d'une situation duelle infantilisante que sur celui d'une horreur face à un souhait réel. « Je me vois dans vingt ans le type resté vivre avec sa grosse mère. » Il balbutie, rougit, baisse les yeux, je l'interroge du regard.

« Ma mère n'est pas grosse, pourquoi ai-je dit cela ?

– Grosse quoi ? »

Silence. Gêne à avoir trahi un mouvement pulsionnel transgressif, une sexualité salace, universellement inadmissible, que les mœurs soient libres ou pas.

T'as éjac mec, lui glisse à l'oreille une fille séduisante assise sur ses genoux dans le métro, qui éclate de rire et prend ses copines présentes comme témoin de l'excitation non maîtrisée, puérile, du garçon. Il plonge, *foudroyé*, dans une honte profonde, regarde son pantalon pour vérifier si c'est vrai, un doute subsiste, il pense qu'il n'a pas éjaculé. Un peu plus tard en classe il cache son corps sous de gros pulls, il « sue comme un porc », panique, il faudra le retirer du lycée. Il vérifie son pantalon en permanence. La nuit il est convaincu qu'on le voit au travers des rideaux tirés, le jour dans la rue que tout le monde l'observe.

Je m'attache à reconstituer patiemment, détail après détail, *un fil sexuel qui affleurait dans les mots* d'Alexandre.

« Je transpire comme un gros porc, j'ai toujours l'impression d'être mouillé.

– Vous “mouillez”.

– Quoi, comme une fille ? »

Il rapporte alors l'épisode où une fille séduisante assise sur ses genoux lui glisse à l'oreille « *T'as éjac mec* » et éclate de rire. Je lui dis « vous vous êtes senti violé dans votre intimité quand elle s'est moquée de vous – ça me fait penser à ma mère qui me faisait “les gros yeux“ lorsque j'étais petit, elle approchait son visage du mien, j'avais l'impression d'être complètement envahi, de mourir [il imite la mimique de sa mère et tend son visage vers le mien] – Avec cette fille dans le métro vous vous êtes retrouvé comme un petit devant sa maman plus forte que lui… ».

Alexandre va mieux, ne délire plus. L'interprétation juste de la réalité historique contrecarre la prolifération imaginaire délirante parce qu'elle restitue une vérité plus simple, l'angoisse de castration et l'appréhension à avancer dans l'initiation amoureuse adolescente. On a toujours intérêt à intervenir à partir du terrain solide de la bisexualité psychique corrélative de l'angoisse de castration, même si on a affaire, comme c'est le cas ici, à la sauvagerie de la problématique incestueuse archaïque : l'excitation pour la « grosse mère » entraîne une résurgence de la relation spéculaire infantile. L'image du visage de la mère s'imprime sur celui de son rejeton. Il rejoue mimétiquement cela avec moi, manifestant une volonté d'être acteur autonome. L'approche du visage de sa mère vers le sien résume les incestes oral, narcissique et génital : Je = Elle, parce qu'Elle veut mon Je.

LA BISEXUALITÉ PSYCHIQUE DANS LA CULTURE

La culture inclut le thème de la bisexualité psychique comme une essence psychophilosophique. On pourrait en déduire que la psychanalyse ne devrait pas lui accorder trop de crédit. Mon point de vue sera plutôt le suivant : les productions de la culture utilisent des pans entiers de la psychanalyse puis passent sous silence cette importation, ce qui prouve son succès, mais aussi une banalisation. Ce destin résulte de ce que j'ai appelé « le surmoi perverti » (Richard, 2017) de la culture contemporaine. Que faire, comment répondre ? Est-il possible de persévérer dans notre spécificité tout en ouvrant un espace pour la psychanalyse dans la cité ?

Les discours sur le genre suscitent – parfois même chez les analystes – une excitation paradoxale puisque ces discours visent surtout la représentation, pour soi-même et pour autrui, là où la pulsion selon la psychanalyse vise le plaisir et l'objet. Le partage entre le licite et l'illicite a plus changé dans la forme que sur le fond : la répression sociale porte sur des attitudes jadis tolérées et autorise au contraire des sexualités autrefois réprouvées. On allait à la découverte des plaisirs, on revendique désormais la transgression comme légitime, de sorte que la perversion à force d'être partout, n'est nulle part. On a l'impression que prédomine un autoérotisme avec l'autre, un narcissisme polyérotique, tandis que les *gender studies* s'égarent dans un idéalisme de la conscience. La culture contemporaine sombre dans la paranoïa et la célébration des identités *là où n'existent en fait que des sentiments d'identité* – c'est ce que Freud découvre, on serait avisés de s'en souvenir, lorsqu'il conclut que les essences du féminin et du masculin échappent. Mais d'un autre côté cette culture puise dans le polymorphisme sexuel d'origine infantile pour fabriquer des idéaux esthétiques spectaculaires étrangement accolés à une morale victimaire et à des discours humanistes sur le multiple et l'altérité. Derrière ce clivage propre à l'actuel malaise dans la culture (Richard, 2011a), le refoulement antisexuel est toujours actif, avec des défenses autant destructrices que jadis, mais plus difficiles à cerner. L'élaboration culturelle de la sexualité, même quand elle est capable de réfléchir à sa propre action, produit des distorsions que seule la psychanalyse peut éclairer. En ces temps de théories approximatives et hâtives, il n'est pas inutile de prendre le temps de se laisser imprégner par la double obédience féminine et masculine de l'humain, en ne cédant ni au chantage répressif du nouveau refoulement moderne ni aux bévues de la nostalgie.

François Richard
19 rue de Rochechouart
75009 Paris
richard-franc@wanadoo.fr

RÉFÉRENCES BIBLIOGRAPHIQUES

Abensour L., L'ombre du maternel, *Revue française de psychanalyse*, t. LXXV, n° 5, 2011.

Abraham N., Torok M., L'Enfant majuscule et l'unité duelle, *L'Écorce et le Noyau*, Paris, Aubier-Flammarion, 1978.

André J., *Aux origines féminines de la sexualité*, Paris, Puf, 1995.

Aragon L., Les voyageurs de l'impériale, *Œuvres romanesques complètes II*, Paris, Gallimard, « La Pléiade », 2000 [1942].

Aragon L., *Le Roman inachevé,* Paris, Gallimard, « Poésie », 1966 [1956].
Aragon L., Le mentir-vrai, *Œuvres romanesques complètes,* IV, Paris, Gallimard, « La Pléiade », 2012 [1964].
Aragon L., La mise à mort, *Œuvres romanesques complètes V,* Paris, Gallimard, « La Pléiade », 2012 [1965].
Aragon L., La Valse des adieux, *Œuvres romanesques complètes V,* Paris, Gallimard, « La Pléiade », 2012 [1972].
Balendrade H., Transfert de la bisexualité dans la cure, : de la résistance à la médiation, *Revue française de psychanalyse,* t. LXXXIII, n° 5, 2019.
Bergeret J. et coll., *L'Érotisme narcissique : Homosexualité et homoérotisme,* Paris, Dunod, 1999.
Bokanowski T., La bisexualité au travail dans la cure (à propos du « féminin » chez l'homme), *in* A. Fine, D. Le Beuf, A. Le Guen (Dir.), *Bisexualité,* Paris, Puf, « Monographies de la Revue française de psychanalyse », 1997.
Botella C., Botella S., *La Figurabilité psychique,* Paris/Neuchâtel, Delachaux & Niestlé, 2001.
Brusset B., *Psychanalyse du lien,* Paris, Puf, 2005.
Butler J., *Trouble dans le genre,* Paris, La Découverte, 1990.
Butler J., *Humain inhumain,* Paris, Éditions Amsterdam, 2005.
Butler J., *Les Corps qui tombent,* Paris, Éditions Amsterdam, 2009.
Cabrol G., Au cœur de la bisexualité psychique, le fantasme d'inceste primordial, *Bulletin de la SPP 2019/2,* 2019.
Cahn R., *Le Sujet dans la psychanalyse aujourd'hui,* Paris, Puf, 2016.
Chabert C., *La Jeune Fille et le Psychanalyste,* Paris, Dunod, 2015.
Chervet B., Autoérotisme, bisexualité et éprouvés sensoriels, *Revue française de psychanalyse,* t. LXXXII, n° 3, 2018.
Chodorow N.J., Les homosexualités comme formation de compromis : la complexité théorique et clinique d'une description et d'une compréhension des homosexualités, *Revue française de psychanalyse,* t. LXVII, n° 1, 2003.
David C., La bisexualité psychique. Éléments d'une réévaluation, *Revue française de psychanalyse,* t. XXXIX, n° 5-6, 1975.
De Vriendt Goldman C., Couleurs originaires du masculin et du féminin, *Revue française de psychanalyse,* t. LXXXIII, vol. 5, 2019.
Denis P., *De l'exaltation,* Paris, Puf, 2013a.
Denis P., Narcissisme polyérotique, *Le Carnet Psy,* n° 174, 2013b.
Diatkine G., Homosexualité féminine et homosexualité primaire, *Revue française de psychanalyse,* t. LXXIX, n° 3, 2015.
Duparc F., H. D & Freud : créativité artistique et psychanalytique, *Bulletin du Groupe lyonnais de psychanalyse,* n° 63, 2008.
Forest Ph., *Aragon,* Paris, Gallimard, 2015.
Freud S. (1895 *a*), *Lettres à W. Fliess 1887-1904,* Édition complète, Paris, Puf, 1981.
Freud S. (1895 *b*), Projet d'une psychologie, in *Lettres à W. Fliess 1887-1904,* Édition complète, Paris, Puf, 1981.

Freud S. (1900 *a*), *L'Interprétation des rêves*, Paris, Puf, 1967.
Freud S. (1905 *a*) *Trois Essais sur la théorie sexuelle*, Paris, Gallimard, 1987.
Freud S. (1905 *b*) Dora, fragment d'une analyse d'hystérie, *Cinq Psychanalyses*, Paris, Puf, 1970.
Freud S. (1908 *b*) Les fantasmes hystériques et leur relation à la bisexualité, *Névrose, Psychose et Perversion*, Paris, Puf, 1973.
Freud S. (1910 *c*), *Un souvenir d'enfance de Léonard de Vinci*, trad. fr. J. Altounian, A. Bourguignon, P. Cotet, A. Rauzy, Paris, Gallimard, 1987 ; *OCF.P*, X, 1993 ; *GW*, VIII.
Freud S. (1911) Remarques psychanalytiques sur un cas de paranoïa (Dementia paranoides) décrit sous forme autobiographique, *OCF.P*, X, Paris, Puf, 1993.
Freud S. (1912 *f*), Discussion sur l'onanisme, *Résultats, Idées, Problèmes*, I, trad. fr. J. Altounian, Paris, Puf, 1984 ; *OCF.P*, XI, 1998 ; *GW*, VIII.
Freud S. (1914 *c*), « Pour introduire le narcissisme », *La Vie sexuelle*, trad. fr. J. Laplanche, Paris, Puf, 1969 ; *OCF.P*, XII, 2005 ; *GW*, X.
Freud S. (1914 *e*), Présentation de la « grande performance » dans le rêve, trad. fr. A. Rauzy, *OCF.P*, XII, 2005 ; *GW*, Nachtragsband, 1987.
Freud S. (1915 *f*), Communication d'un cas de paranoïa en contradiction avec la théorie psychanalytique, *Névrose, Psychose et Perversion,* trad. fr. D. Guérineau, Paris, Puf, 1978 ; *OCF.P*, XIII, 1988 ; *GW*, X.
Freud S. (1915 *c*), Pulsion et destin des pulsions, *Métapsychologie*, trad. fr. J. Laplanche et J.-B. Pontalis, Paris, Gallimard, 1968 ; *OCF.P*, XIII, 1988 ; *GW*, X.
Freud S. (1916-1917 *a* [1915-1917]), *Conférences d'introduction à la psychanalyse*, trad. fr. F. Cambon, Paris, Gallimard, 1999 ; *OCF.P*, XIV, 2000 ; *GW*, XI.
Freud S. (1919 *e*), « Un enfant est battu » : contribution à la connaissance de la genèse des perversions sexuelles, *Névrose, Psychose et Perversion*, trad. fr. D. Guérineau, Paris, Puf, 1973 ; *OCF.P*, XV, 1996 ; *GW*, XII.
Freud S. (1920 *a*), De la psychogenèse d'un cas d'homosexualité féminine, *Névrose, Psychose et Perversion*, trad. fr. D. Guérineau, Paris, Puf, 1973 ; *OCF.P*, XV, 1996 ; *GW*, XII.
Freud S. (1921 *c*), Psychologie collective et analyse du Moi, *Essais de psychanalyse*, Paris, Payot, 1972 ; *OCF.P*, XVI, 1991 ; *GW*, XIII.
Freud S. (1923 *b*), Le Moi et le Ça, *Essai de psychanalyse,* trad. fr. J. Laplanche, Paris, Payot, 1981 ; *OCF.P*, XVI, 1991 ; *GW*, XIII.
Freud S. (1923 *e*), L'organisation génitale infantile, *La Vie sexuelle*, trad. fr. J. Laplanche, Paris, Puf, 1969 ; *OCF.P*, XVI, 1991 ; *GW*, XIII.
Freud S. (1924 *b* [1923]), Névrose et psychose, *Névrose, Psychose et Perversion,* trad. fr. D. Guérineau, Paris, Puf, 1973 ; *OCF.P*, XVII, 1992 ; *GW*, XIII.
Freud S. (1931 *b*), Sur la sexualité féminine, *La Vie sexuelle*, trad. fr. D. Berger, J. Laplanche, Paris, Puf, 1969 ; *OCF.P*, XIX, 1995 ; *GW*, XIV.
Freud S. (1933 *a* [1932]), La féminité, « XXXIIIe conférence », *Nouvelles Conférences d'introduction à la psychanalyse*, trad. fr. M. R. Zeitlin, Paris, Gallimard, 1984 ; *OCF.P*, XIX, 1995 ; *GW*, XV.

Freud S. (1937 *c*), L'analyse avec fin et l'analyse sans fin, *Résultats, Idées, Problèmes*, II, trad. fr. J. Altounian, A. Bourguignon, P. Cotet et A. Rauzy, Paris, Puf, 1985 ; *GW*, XVI.
Freud S. (1938 *b*) Résultats, idées, problèmes, *Résultats, Idées, Problèmes*, Paris, Puf, 1985.
Gensel G., *Neuf Lettres sur la dissonance sexuelle*, Paris, Gallimard, 2017.
Godfrind J., *Comment la féminité vient aux femmes*, Paris, Puf, 2001.
Green A., Le genre neutre, *Nouvelle Revue de Psychanalyse*, n° 7, 1973.
Green A., La sexualisation et son économie, *Propédeutique* (*la métapsychologie revisitée*), Seyssel, Champ Vallon, « L'Or d'Atalante », 1995 [1975].
Green A., *Le Travail du négatif*, Paris, Éditions de Minuit, 1993a.
Horney K., *La Psychologie de la femme*, Paris, Payot, 1969 [1922].
Janneau A., D'une menace récurrente de la différence dans l'univers psychotique, *Revue française de psychanalyse*, t. LXXXIII, vol. 5, 2019.
Jones E., Le développement précoce de la sexualité féminine, *Théorie et Pratique de la psychanalyse*, Paris, Payot, 1969 [1927].
Kahn L., Quel genre de nature ?, *in* J. André, *Quel genre de sexe ?*, Paris, Puf, 2017.
Kestemberg E., « Astrid » ou homosexualité, identité, adolescence, *L'Adolescence à vif*, Paris, Puf, 1999 [1984].
Kristeva J., La reliance, ou de l'érotisme maternel, *Revue française de psychanalyse*, t. LXXV, n° 5, 2011.
Ladenson E., *Proust lesbien*, Paris, EPEL, 2004.
Lacan J., Les complexes familiaux dans la formation de l'individu, *Autres écrits*, Paris, Éditions du Seuil, 2001 [1938].
Lacan J., Variantes de la cure-type, *Écrits,* Paris, Éditions du Seuil, 1966 [1955].
Lacan J., la logique du fantasme, *Autres Écrits*, Paris, Éditions du Seuil, 2001 [1966-1967].
Lacan J., L'Etourdit, *Autres écrits*, Paris, Éditions du Seuil, 2001 [1973].
Lacan J., Séminaire du 21 Janvier 1975, *R.S.I, Le Séminaire XXII*, Paris, Éditions du Seuil, 1975.
Laplanche J., Le genre, le sexe, le sexual, *Sur la théorie de la séduction, Libres cahiers pour la psychanalyse*, Paris, In Press, 2003.
Laufer E. et Laufer M., *Adolescence et Rupture du développement*, Paris, Puf, 1989.
Marty P., La relation d'objet allergique, *Revue française de psychanalyse*, t. XXII, n° 1, 1958.
Millet C., *La Vie sexuelle de Catherine M.*, Paris, Seuil, 2002.
Millet C., *Jour de souffrance*, Paris, Flammarion, 2008.
Millet C., *Une enfance de rêve*, Paris, Flammarion, 2014.
Oshima N., *L'Empire des sens*, Film, 1976.
Ovide, *Les Métamorphoses*, Paris, Garnier, 1966.
Parat H., *Sein de femme, Sein de mère*, Paris, Puf, 2006.
Penot B., *La Passion du sujet freudien*, Toulouse, Érès, 2001.
Platon, *Le Banquet*, *Œuvres complètes t. 1*, Paris, Gallimard, « La Pléiade », 1950.

Polanski R., *La Vénus à la fourrure*, film, 2013.
Pragier G. et S., *Repenser la psychanalyse avec les sciences*, Paris, Puf, 2007.
Proust M., *À la recherche du temps perdu*, t. 1, 2 et 3, Paris, Gallimard, 1954 [1913-1922].
Proust M., *Contre Sainte Beuve*, Paris, Gallimard, 1954, [1910].
Racamier P.-C., *L'Inceste et l'Incestuel*, Paris, Dunod, 2010 [1995].
Richard F., Un remord de Proust, *Adolescence*, 20, 4, 2002.
Richard F., *L'Actuel malaise dans la culture*, Paris, Éditions de l'Olivier, « penser/rêver », 2011a.
Richard F., *La Rencontre psychanalytique*, Paris, Dunod, 2011b.
Richard F., L'Œdipe déformé des patients d'aujourd'hui, *Revue française de psychanalyse*, t. XXXIV, n° 5, 2012.
Richard F., La pensée du psychanalyste dans la cure : le travail avec les états limites, *in* E. Emmanuelli, F. Nayrou (dir.), *La Pensée. Approche psychanalytique*, Paris, Puf, « Monographies et débats de psychanalyse », 2015.
Richard F., Le Surmoi perverti, *Revue française de psychanalyse*, t. LXXXI, n° 2, 2017.
Rivière J., La féminité en tant que mascarade, *Féminité Mascarade*, Études réunies par M.-C. Hamon, Paris, Éditions du Seuil, 1994 [1929].
Robert F., Introduction à S. Freud, *Lettres à Wilhelm Fliess 1887-1904*, Paris, Puf, 1996.
Roussillon R., *Le Jeu et l'Entre je(u)*, Paris, Puf, 2008.
Rubin G., Butler J., *Marché aux sexes*, Paris, EPEL, 2001.
Schaeffer J., Bisexualité et différence des sexes dans la cure, *Topique*, n° 78, 2002.
Sollers Ph., « Femmes… » Le Secret, Entretien avec Ruth Menahem, *Revue française de psychanalyse*, t. LVIII, n° 1, 1994.
Suarez-Labat H., Décorporation et perte de la bisexualité commune : lorsque l'enfant paraît, *Revue française de psychanalyse*, t. LXXXIII, n° 5, 2019.
Van Lysebeth-Ledent M., Les positions masculine et féminine du contre-transfert, *Revue belge de psychanalyse*, n° 34, 1999.
Winnicott D.W., Clivage des éléments masculins et féminins chez l'homme et chez la femme, *Nouvelle Revue de Psychanalyse*, 1973, n° 7, 1966.

Discussion du rapport de François Richard

Jacques André*

Depuis plusieurs années, Sandra vit une relation amoureuse avec un homme. Auparavant, c'est plus souvent avec une femme qu'elle partageait amour et sexualité. Une amie l'interroge : « Alors tu es quoi ? Hétéro, homo, bisexuelle ? » Quelques secondes de perplexité… « Je suis monosexuelle, je n'aime qu'une personne à la fois. » À l'humour, Sandra ajoute la critique, celle de l'étiquette, qui fige ce qui précisément échappe à la définition étroite et restrictive. Homosexualité, hétérosexualité, bisexualité, ces mots ont sans doute eu un jour leur valeur heuristique, ils ne sont pas loin aujourd'hui d'être devenus l'inverse, des prêts-à-penser qui ferment les questions plutôt que de maintenir ouverte l'énigme. L'*homos*-sexualité n'est pas toujours le désir du même, l'*heteros*-sexualité le désir de l'autre, quant à la *bi*-sexualité elle nomme la présence psychique de deux sexes, mais lesquels ? S'il y a un mot dont la psychanalyse a troublé la définition, c'est bien *sexe*, à l'image de la bouche de l'anorexique, de l'anus de l'obsessionnel ou du gros orteil du fétichiste. Sans aller jusqu'à soutenir que chacun voit le pénis ou la vulve à sa porte, il reste que ni l'un ni l'autre ne sont accessibles hors le filtre de la représentation et sa charge de fantasme. Le plus ancien message, celui des figures rupestres, nous apprend que la vulve est un bison et le pénis un cheval. Le symbolisme a l'âge du langage articulé, l'homme est condamné à la représentation même s'il rêve d'un « irreprésentable ».

Depuis le rapport en 1975 de Christian David, qu'est-ce qui a changé ? Au moins la pratique. Quelques sexualités sont sorties du placard, parfois pour s'allonger sur le divan. Notre expérience transférentielle des analysants « bisexuels », hommes ou femmes, s'est sensiblement étoffée au fil de ces dernières années. Les femmes les premières, les pionnières, pour elles qui

* Psychanalyste, membre de l'Association Psychanalytique de France, directeur de la « Petite bibliothèque de psychanalyse » aux Puf.

peuvent se permettre depuis toujours de partager à deux la même salle de bain, la barrière qui interdit d'aller au-delà de cette intime promiscuité est moins haute à franchir que pour les hommes. Mais le monde change, à l'aune de mon expérience la figure la plus récente est celle d'un homme hétérosexuel qui s'offre un moment sexuel avec un autre homme, le plus souvent à l'occasion d'un débordement festif, à moins que ce ne soit via un service tarifé ou une rencontre *tinder-grindr*. Peut-on inférer du changement dans la pratique un changement dans la théorie ? Qu'est-ce que les bisexualités agies nous apprennent des bisexualités psychiques sous-jacentes ? Les deux rapports de François Richard et Jean-Michel Lévy proposent davantage des variations à partir de la trame freudienne qu'ils n'en bouleversent l'édifice. Ce qui n'empêche pas les écarts avec les hypothèses de Freud.

Le rapport de François Richard suit une multiplicité de pistes, impossible en si peu de temps de rendre justice à sa diversité. Je partage sa prudence, celle de conserver à la bisexualité « une certaine incomplétude de définition » qui, au fond, justifie d'écrire « bisexualités » au pluriel plutôt qu'au singulier. Je m'en tiendrai à la discussion de la thèse centrale. Aux origines de la vie psycho-sexuelle un inceste sauvage et mortifère, dont les protagonistes sont la mère et le tout jeune enfant… C'est une première difficulté : si l'on enclot nos commencements dans une confusion à ce point chargée de destructivité, par quel miracle pourrait-on en sortir, et si l'on en sort – dans quel état ? Ce qui conduit au deuxième versant de la thèse : la bisexualité serait précisément une issue, une différenciation qui permettrait à l'enfant d'échapper à l'enfer. Au *Un* de l'inceste, succèderait le *trois* de la bisexualité. *Trois* comme sur la scène primitive et dans les passions œdipiennes, puisque la bisexualité rassemble un enfant qui à la fois désire et s'identifie aux premiers objets, mère et père. Du désordre à l'ordre, la bisexualité aurait la faculté de permettre le passage. D'un côté elle participe à la sauvagerie pulsionnelle en rendant folle l'orientation sexuelle, de l'autre elle la refoule en comptant les sexes plutôt qu'en les confondant. Refouler, occulter, recouvrir la sauvagerie sexuelle primitive… on a le sentiment, à la lecture du rapport de François Richard que ce deuxième versant l'emporte sensiblement sur le premier quand il s'agit de cerner ce que bisexualité veut psychiquement dire. Jusqu'à imposer la question topique : fille du refoulement, la bisexualité serait-elle plus du côté du moi que du ça, plus du côté de l'identification que du désir ?

Un premier écart avec le point de vue de François Richard concerne la notion « d'irreprésentable ». En deux mots ce qui a pris quelques siècles de philosophie… De la même façon que l'impensable est le moteur de la pensée, l'irreprésentable est le cœur de la représentation. Le propre de celle-ci est de toujours manquer ce qu'elle vise, le mot n'est pas la chose, sauf quand on est psychotique. En d'autres termes, c'est à la représentation, à son manque constitutif, que l'on doit l'idée d'un irreprésentable, et non l'inverse. Toute quête de l'origine est menacée par l'aporie et la tentation mythologique, par exemple celle de situer à l'origine du monde un inceste primordial, un Irreprésentable. Une tentation, malgré les nuances, à laquelle me semble-t-il le rapport n'échappe pas, contaminé par l'épidémie de « primaire » qui s'est emparée de la psychanalyse française depuis un certain nombre d'années. Difficile de ne pas voir dans cette prolifération du « primaire » une formation réactionnelle au tout-langage proposé par Lacan. Si la bisexualité « donne un début de représentation » à l'inceste primitif, c'est bien qu'il est représentable. « Représentation ratée » si l'on veut, sauf que la réunion de ces deux mots est un pléonasme.

L'entrée dans le dédale de l'expérience clinique ne manque pas de brouiller une généralité à laquelle la théorie est condamnée. Mais la théorie, pour être infirme, n'en est pas moins nécessaire. Deux scènes freudiennes sont particulièrement sollicitées par François Richard, la première date de 1905 et des *Trois Essais,* celle d'une mère qui « prend clairement son enfant comme substitut d'un objet sexuel à part entière » ; la seconde nous renvoie aux années trente, à la civilisation mino-mycénienne, entre mère et fille. D'une scène à l'autre, le féminin ajoute un supplément d'énigme. Le mot « bisexualité » est faussement symétrique, chaque sexe est certes un *autre* pour l'autre, mais au concours de l'altérité le féminin l'emporte sans coup férir. L'un, le sexe féminin, est obscur, l'autre, le phallus, est évident. Le phallus est ce réverbère au pied duquel on cherche ses clés, non parce qu'on est sûr de les avoir perdues là, mais parce que là au moins il fait clair.

L'abandon de la théorie de la séduction, celle du père pervers de l'hystérique, permet paradoxalement à Freud d'envisager une séduction générique, celle de la mère des premiers soins et des premières amours. Le sexuel infantile est d'abord de son côté, elle qui « fait don » inconscient à l'enfant de « sentiments issus de sa propre vie sexuelle ». À la série freudienne : « caresser, embrasser, bercer » on pourrait tout aussi bien ajouter « allaiter ». Chloé est la jeune mère d'un bébé-garçon. Elle fait un rêve, d'abord à l'image de la réalité, elle allaite avec tout le plaisir qu'elle y prend et qu'elle y donne. Quand, soudain, à l'image du téton se surimpose celle du gland, provoquant l'angoisse et le réveil. Qu'enfourne-t-elle dans la bouche de l'enfant quand elle y introduit le sein ? La bisexualité inconsciente de la mère est partie prenante de la scène. Qu'est-ce que l'enfant en incorpore ? Assurément pas un fantasme de fellation. Ça c'est pour plus tard. Quelque chose s'inscrit, on ne sait pas quoi, à la fois une épine dans la chair et un appel à la représentation. Bien avant que le moi de l'enfant lui permette de *s'identifier,* il est identifié par l'inconscient des êtres proches. C'est particulièrement sensible lorsque le sexe psychique imposé par l'inconscient parental dément le sexe anatomique. L'anatomie *imaginaire*, c'est le destin.

Cette première rencontre psycho-sexuelle est nécessairement incestueuse, mais pas seulement. Le « sauvage et le mortifère » n'existent jamais seuls, sauf pathologie lourde. D'abord parce que le refoulement permet à la mère de vivre comme « pur amour » sa tendresse débordante. Ensuite parce que les gestes sont équivoques, caresser ne fait pas qu'exciter, c'est aussi par cette expérience que se construit le moi-peau. « L'inceste sauvage et mortifère », on ne le souhaite à personne. Freud précise à propos de cette scène sexuelle première qu'elle « dote » l'enfant d'une énergie pulsionnelle sans laquelle rien de grand, éthique ou psychique, ne se fait dans la vie. Une scène pour la vie donc, pas pour la destruction et la mort. Certes une telle expérience dépasse les capacités de métabolisation du jeune enfant, elle est ainsi à la source de l'inconscient et du conflit psychique, mais elle mêle liaison et déliaison, plasticité et fixation.

La deuxième scène freudienne concerne aussi les premiers temps, elle réunit la mère et la fille. Les mots de Freud sont beaux et célèbres : « Pénétrer (quel verbe !) dans la période antérieure, préœdipienne, de la fille cause un effet de surprise comme, dans un autre domaine, la mise à découvert de la culture mino-mycénienne derrière la culture grecque. Tout le domaine de cette première liaison à la mère m'est apparu difficile à saisir analytiquement, blanchi par les ans, pareil à une ombre, à peine susceptible d'être rendu à la vie » (Freud, 1931b, p. 10). Quelle nécessité y a-t-il ici de commenter ce passage du point de vue de la pulsion de mort, comme le fait François Richard ? Les deux textes sur la féminité datent de 1931 et 1933, en pleine deuxième topique. Il est d'autant plus remarquable que l'on n'y trouve nulle référence ni à Éros ni à la pulsion de mort. Seul le sexuel infantile, version première topique, est mis à l'ouvrage. Pour interpréter l'enfouissement de la période de Minos, nul besoin d'imaginer une relation mère-fille entre mort et abolition de la sexualité (ce qui bien sûr est toujours possible, non plus en général, mais au gré mélancolique de telle vie singulière), mais plutôt l'inverse, une intensité fantasmatique violente et dévorante, et pourquoi pas « sauvage », qui appelle, ce sont les mots de Freud, « un refoulement inexorable ».

Freud ajoute une précision essentielle concernant la difficulté de l'approche analytique : « En analyse avec moi », dit-il, les femmes ont toujours la possibilité de « se réfugier » dans la « liaison au père » (*ibid.*, p. 10).

De quel côté surgit le plus vif de la résistance ? Le transfert des patientes a bon dos de la part de celui qui confiait, à qui voulait l'entendre, qu'il n'aimait pas être la mère dans le transfert. En invoquant le refus du féminin (une envie du pénis qui ne lâche pas chez la femme, un refus de la passivité vis-à-vis d'un autre homme chez l'analysant) comme butée principielle de l'analyse, Freud fait-il autre chose qu'ériger en théorie générale les modalités singulières de sa résistance contre-transférentielle ? Sa réticence à suivre Dora sur la voie transférentielle de l'homosexualité féminine, comme plus tard sa surdité à la « jeune homosexuelle » précipiteront l'interruption de la cure. Ce n'est pas un hasard si l'article sur le refus du féminin, « L'analyse finie et l'analyse infinie », est en quelque sorte dédié au patient de Freud, Sandor Ferenczi, celui-là même dont la cure échoua sur le contre-transfert de l'analyste confronté au trop de désir de passivité de la part de son patient. Les deux homosexualités féminine et masculine imposent à Freud une mise en acte du féminin auquel il se refuse. La forme violente et paranoïde prise par les deux ruptures avec Fliess et Jung n'y est sans doute pas indifférente.

La résistance de Freud met inversement en lumière la position focale de la bisexualité psychique dans le travail de l'analyste. Être l'analyste d'une femme exige d'un homme de pouvoir quitter l'Acropole et s'embarquer pour le voyage à Knossos. Après tout, on a découvert pas mal de choses sur Minos et Mycènes, deux civilisations passionnantes. La plasticité bisexuelle est sans nul doute une des conditions de l'exercice de la méthode, celle qui laisse flotter l'attention, *a fortiori* quand on a perdu la boussole et que l'on ne sait plus si la terre est ronde ou plate.

Ce lien profond entre bisexualité et plasticité (à noter que « plasticité » est à peu près le seul mot que Freud évoque quand il cherche à préciser ce que « santé psychique » veut dire) explique l'association fréquente et pertinente entre création artistique et bisexualité. Mais c'est une tout autre affaire que d'*identifier* bisexualité et plasticité. On est évidemment loin du compte. Deux brèves images cliniques de ces hommes hétérosexuels précédemment évoqués, qui prennent la liberté (ou la contrainte) d'un moment sexuel avec un autre homme. Mathieu est un fidèle du « plus général des rabaissements ». Une sexualité réduite à trois fois rien avec la Madone, la mère de ses enfants, et des maîtresses qu'il bouscule et insulte, quand bien même c'est dans un jeu consenti par sa partenaire. Une fois par mois, en s'aidant d'une prise de coke, il a recours au service tarifé d'un homme qui le maltraite et le sodomise. Le rabaissement, c'est par là que ça passe, ce sexe bisexuel qu'est l'anus. À isoler la notion de bisexualité, on risque d'oublier le fantasme qui lui donne corps et vie psychiques, fantasme dans le scénario duquel elle est toujours prise, éventuellement jusqu'au carcan de la perversion.

Julien a pour le sexe féminin autant de passion que de terreur. Quand il veut s'accorder un moment de pause, il traîne dans un bar ou « match » sur *Tinder*, c'est tellement plus paisible de se laisser passivement draguer par un homme que de conquérir une femme. La bisexualité chez Julien épouse le repli narcissique et dépressif, quand il est au creux de la vague, c'est à l'autofellation qu'il s'en remet, privilège de la jeunesse et de la souplesse.

La psychanalyse nous dispense de l'idéologie. La bisexualité est-elle plasticité et liberté ou fixité et contrainte ? Ça dépend… S'émancipe-t-elle de l'angoisse de castration ou s'y soumet-elle ? Disons qu'elle la réécrit : ce n'est plus « il n'y a qu'un seul sexe, on l'a ou pas » ; mais, « pourquoi un seul sexe et pas les deux ! »

L'apport le plus fécond du rapport de François Richard, à mon sens, concerne le versant identificatoire de la bisexualité, celui qui contribue à la construction du moi. La bisexualité se joue de la variante binaire de la différence des sexes, par contre elle cultive leur dualité et installe au cœur de la vie psychosexuelle une double hétérosexualité. Idée insupportable à Judith Butler qui rêve d'une scène psychique *homos*, ne devant rien au sexe *autre.* La face organisatrice de la bisexualité, susceptible d'une double approche, psychanalytique et anthropologique, nous est sans doute devenue beaucoup sensible depuis qu'une idéologie *trans* et *queer* nourrit le fantasme d'une sexualité qui aurait largué toutes les amarres.

Jacques André
46 rue Vavin
75006
andre.jac@orange.fr

RÉFÉRENCES BIBLIOGRAPHIQUES

Freud (1905 *d*), Trois essais sur la théorie sexuelle, *OCF.P*, VI, 2006.
Freud (1931 *b*), De la sexualité féminine, *OCF.P*, XIX, 1995.
Freud (1937 *c*), L'analyse finie et l'analyse infinie, *OCF.P*, XX, 2010.

Disposition bisexuelle et incestualité sauvage mortifère : quelques questions

Monique SELZ*

La lecture du rapport de François Richard (2019) m'a semblé très ardue. Pour initier la discussion dans un atelier portant sur ce rapport, j'ai présenté les principales questions que ce travail m'a posées. C'est son hypothèse centrale, soit « l'idée d'une disposition bisexuelle originaire qui *recouvre l'irreprésentable d'une incestualité sauvage mortifère* » (Richard, 2019, p. 74), qui m'a conduite à interroger chaque terme de celle-ci. En effet, associer ainsi la bisexualité avec l'inceste et la mort m'a d'entrée de jeu posé problème.

Il importe de préciser que cette hypothèse n'est pas à entendre dans une perspective de généralisation, mais comme une proposition issue de son expérience clinique, notamment dans le cas d'Alexandre (*ibid.*, p. 100-102) et celui de Catherine (*ibid.*, p. 87-100).

Et, pour commencer, comment est introduite cette notion de disposition bisexuelle originaire, et comment Freud la propose-t-il ? Sur ce point, Jean-Michel Lévy a rappelé, dans son rapport (2019), que le terme de bisexualité a été introduit par Fliess, qui a même accusé Freud de lui avoir « volé » ce concept…

Donc, très tôt dans son parcours, Freud parle de la disposition bisexuelle originaire. Mais s'il ne l'a jamais remise en cause, il est néanmoins jusqu'à la fin resté très embarrassé avec cette notion. Le saut, qui va de la bisexualité biologique, matérialisée dans la vie sexuelle adulte, à la bisexualité psychique, soit ce passage d'un registre à l'autre, n'a jamais été bien explicité. Et si, comme l'écrit Freud à propos de la disposition bisexuelle originelle biologique de l'œuf puis du fœtus, « Il était tentant de transférer cette conception au domaine psychique » (Richard, *op. cit.*, p. 49), Richard

* Psychiatre, psychanalyste (membre de l'APF), psychodramatiste, formatrice en psychodrame.

remarque que « ce transfert – fondateur – du biologique au psychique initie une chaîne sans fin de transferts, déplacements et condensations, *dans les "séries complémentaires" du champ bisexuel, jusqu'aux transferts à l'œuvre dans la séance* » (*ibid.*, p. 50). Or il ne va pas de soi de superposer ainsi bisexualité biologique originaire et bisexualité psychique. Je pense que la disposition psychique, dans sa constitution originaire, n'est pas indépendante de celle de la mère et de celle du père. Même si, avant tout choix d'objet et avant toute orientation, cette disposition peut concorder « avec ce qui sera défini ultérieurement comme "réservoir" de libido narcissique – réédition de la situation originaire où le moi du bébé s'entremêle à celui de la mère tout en s'en séparant en un érotisme primitif » (*ibid.*, p. 50), comme Richard le souligne.

Mais de quelle bisexualité est-il question ? Il en existe en effet plusieurs, et il n'est pas toujours possible de savoir de quoi on parle. Comme le dit Freud, « l'être humain a deux objets sexuels originels : lui-même et la femme qui lui donne des soins » (*ibid.*, p. 64). On peut donc considérer que la première bisexualité est celle qui relie la mère et son enfant, ainsi que celle qui associe les deux types de désir, narcissique et objectal.

Cependant, peut-on parler d'une bisexualité psychique à l'origine ? Celle qui est présente pour l'enfant dès la naissance et celle du polymorphisme du sexuel infantile ne sont pas du tout ou pas seulement psychiques. De même, celle de la mère, lors de la naissance de son enfant, n'est pas purement psychique. Par la suite, celle de l'Œdipe qui repose sur les identifications et celle qui vient perturber la sortie de l'Œdipe, à l'adolescence, ne sont pas non plus seulement psychiques. Notons que le fantasme masturbatoire de l'adolescent est fait de bisexualité.

Et si, d'entrée de jeu, le terme de bisexualité expose à « l'illusion d'une totalité sans manque » et risque de « sous-estimer l'angoisse de castration et la prégnance du féminin archaïque » (*ibid.*, p. 39), il reste que la notion de bisexualité garde une certaine incomplétude de définition. Richard, mais c'est vrai aussi dans le texte freudien (par exemple quand Freud parle des êtres bisexuels, il fait référence alors à un comportement plus qu'à une disposition psychique), ne précise pas toujours dans quel registre se situe la bisexualité dont il parle. Cette ambiguïté apparaît dès le titre donné à son rapport, mais aussi dans son hypothèse centrale et dans toute la grande première partie de son travail. Il remarque d'ailleurs que, chez Freud, « les mots "masculinité" et "féminité", mais aussi "pulsion" et "excitation" apparaissent comme posés sur de l'insaisissable : la théorie sexuelle produit des concepts affectés de négativité » (*ibid.*, p .41). Et dans les exemples cliniques qu'il présente, la distinction n'apparaît pas toujours clairement entre bisexualité psychique et bisexualité agie.

Par contre, la citation de Green : « Ce n'est pas le sexe de l'autre qui se représente dans la bisexualité, mais l'idée que l'on se fait du sexe de l'autre du point de vue de son propre sexe et de ce que ce propre sexe lit dans le regard que le sexe de l'autre porte sur lui » (Green, 1975, p. 60-61) m'a semblé être une façon très intéressante d'aborder la bisexualité psychique.

Ainsi, il importe, même si elles sont intimement liées et donc toujours difficiles à différencier, de distinguer réalité psychique, réalité matérielle, réalité historique, réalité sociétale.

Associer la bisexualité à l'incestualité sauvage mortifère ne va pas pour moi de soi. Quel est l'incestuel dont il est question dans son hypothèse centrale ? C'est, dit-il, dès la naissance, la passion pour la mère, à la fois objet de besoin et objet d'amour et de haine. Les pulsions infantiles, qui prennent forme progressivement, sont vouées à l'excès et à l'échec, car elles ne peuvent s'emparer de l'objet. Et il peut arriver que celles-ci continuent de courir dans l'adulte, toute sa vie.

Mais l'inceste primordial, qui se produit au moment de la naissance, est d'abord inscrit dans la psyché de la mère. Et l'identification primaire à la mère, de ce fait, se produit pour la fille *et* pour le garçon.

À ce propos, on peut interroger la question de l'homosexualité primaire. Différents termes ont été proposés pour parler sans doute d'une même chose : l'autoérotisme avec l'autre dans les échanges Freud-Fliess, l'homosexualité narcissique, l'homosexualité primaire chez Évelyne Kestemberg, l'homo-sensualité primitive, l'auto-sensualité primaire chez Roussillon. La diversité de ces termes ne vient-elle pas signaler la complexité de définir de quoi on parle ? On a pu voir, d'ailleurs, au cours du congrès, que ce terme de « primaire » n'était pas simple à employer et pouvait prêter à confusion.

Pour en revenir à la question de l'incestuel, j'ai trouvé très intéressant ce qu'en a écrit Guy Cabrol, dans sa communication préalable (2019, p. 63-68). Après avoir rappelé la proposition véritablement révolutionnaire de Freud, qui est celle de l'articulation du sexuel, du bisexuel et de l'inconscient au fondement du sujet, il écrit : « Le fantasme d'inceste primordial qui, de fait, s'est agi et s'est actualisé dès et à la naissance, à l'aube de la vie de l'infans, suite à la césure de la naissance », est avivé dans et par les soins prodigués. Le vécu de complétude que peuvent induire ces soins est inévitablement perturbé par divers « vécus traumatiques de frustration, d'intrusion et de plénitudes énigmatiques, entre Éros et Thanatos, dans une succession de coups en attente d'après coup, en attente de symbolisation primaire ».

L'incestuel est également présent dans l'Œdipe : la bisexualité correspondrait-elle au conflit œdipien entre l'amour pour la mère et l'amour pour le père, chacun réclamant une passion unique ? Ce serait lors d'une distorsion de l'Œdipe, soit lorsque la traversée de l'Œdipe est entravée ou détournée, que, écrit Richard, « la pulsionnalité incestueuse entre en coalescence avec la pulsion de mort », exposant à un type de fonctionnement qu'il qualifie d'« œdipien-anti-œdipien » (Richard, *op. cit.*, p. 73). Le récit du cas de Catherine est particulièrement explicite sur ce point.

Mais quel est cet irreprésentable dont il parle ? Serait-ce l'angoisse de castration, l'archaïque, la scène primitive, le désir incestueux, l'origine, ou peut-être plus directement la mort ? Est-ce que la bisexualité faciliterait la représentation de l'irreprésentable, ou bien au contraire viendrait-elle la masquer, voire l'empêcher. Il précise alors un peu plus son hypothèse : « *Un désir incestueux irreprésentable est recouvert par les représentations bisexuelles,* parce que l'excès du fantasme d'inceste ne peut trouver comme inscription qu'une *abstraction sans contenu* » (*ibid.*, p. 74). S'agit-il de dire que le désir incestueux est inhérent à la bisexualité psychique ?

Le sexuel maternel primaire va prendre de plus en plus de place dans l'élaboration freudienne, précise Richard. De quoi s'agit-il ? C'est, dit-il, principalement le sensoriel, avec l'émergence auto-érotique de la mère, qui n'est pas forcément que fantasmée, soit purement psychique. Et c'est autour de cette notion que vient se situer le danger du mortifère. Il reprend, à ce propos le passage de Freud : « Tout dans le domaine de cette première liaison à la mère m'est apparu difficile à saisir analytiquement, blanchi par les ans, pareil à une ombre, à peine susceptible d'être rendu à la vie, comme si cela avait succombé à un refoulement particulièrement inexorable » (*ibid.*, p. 75). C'est là qu'il propose cette figuration de l'éclipse presque totale de l'objet primaire, que j'ai trouvée très représentative de cette présence persistante du maternel. L'objet primaire et le désir incestueux sont toujours là, même s'ils ont perdu de leur intensité. Les restes de l'attachement à la mère « génèrent un mélange inextricable de haine et d'amour qui éclabousse tous les amours ultérieurs – ce que l'oscillation du désir entre objet féminin et objet masculin euphémise en un conflit moins dramatique ». Alors on saisit le caractère incommensurable de ce premier amour, qui fait référence à la passion première pour la mère, à la distance entre cette mère géante et toute-puissante et l'enfant. Il manifeste l'écart entre la pulsion infantile sans but et la pulsion de l'adulte. Incommensurable reste la masse de l'objet primaire, même éclipsé.

Dans le contexte du tout début de la vie, l'enjeu pour l'enfant sera d'apprivoiser ce maternel sauvage aux potentialités mortifères, intimement lié au féminin. Ainsi, le mortifère risque de se manifester dans les oscillations de liaison et déliaison entre le maternel sauvage et le féminin.

Enfin, un aspect du rapport tout à fait essentiel, peut-être son point d'intérêt premier, concerne la bisexualité dans la cure. C'est le contre-transfert, comme le signale Green, qui permet le mieux de distinguer entre les bisexualités œdipiennes et préœdipiennes.

Dès l'introduction, Richard a noté l'importance des positions psychiques de l'analyste, qui écoute les variations des positions psychiques du patient à partir des siennes propres, ce qui expose au risque du caractère potentiellement tronqué de l'écoute de l'analyste.

L'analyste comme surface réfléchissante plus que comme objet de transfert, la confusion, le dégoût… toutes ces manifestations viennent signaler le contexte d'une dissociation entre pré-génitalité et génitalité, comme on le constate dans le cas de Catherine.

C'est Christian David qui valorisait un « régénérateur travail de bisexualisation pour le patient » et la nécessité, pour l'analyste, d'être capable de créer à l'intérieur de lui-même une « réplique » de l'autre sexe, « second foyer de son écoute ». Il rappelait par ailleurs que « la bisexualité, c'est là un des paradoxes, source d'étrangeté, se donne aussi comme accès à l'étranger » (*ibid.*, p. 81). Il considérait que cet accès à l'étrange, l'étrangéreté, en soi, en l'autre et entre l'un et l'autre est une condition de la conduite de cure. L'émergence, dans la cure, de formes primaires de la bisexualité peut entraîner un certain vacillement des limites du moi et risque de provoquer des angoisses importantes avec confusion entre dedans et dehors. Ainsi, l'analyse met à l'épreuve l'identité psychosexuelle de l'analysant et peut, en même temps, être une stimulation de sa bisexualité psychique.

Et, concernant la position de l'analyste dans le transfert, Michèle Van Lysebeth-Ledent écrit : « En position maternelle, le travail analytique fait essentiellement office de contenant et aide ainsi l'analysant à développer ses propres activités de contention. Tandis qu'en position paternelle, le travail interprétatif est davantage vécu comme un contenu pénétrant et parfois même effractant, que l'analysant doit accepter de recevoir en lui pour s'en trouver fécondé » (Van Lysebezth-Ledent, 1999, p. 58). Mais la perte des repères contre-transférentiels habituels sollicités par un transfert paternel ou maternel peut être le signe que l'on se trouve en présence d'une dissociation entre pré-génitalité et génitalité, comme ce fut le cas chez Catherine. À noter que Richard considère que « la factualité » de son « corps d'homme » l'a sans doute protégé « contre la collusion à l'identique des auto-érotismes psychiques prégénitaux fille/mère », mais ne l'a pas empêché d'incarner l'objet homosexuel maternel primaire.

Enfin, on doit aussi considérer que la bisexualité peut permettre d'échapper à une régression effrayante, mortifère, de même que certaines fixations orales ou anales peuvent être des défenses contre une désorganisation mortifère.

Pour conclure, il me semble que ces interrogations persistent et n'ont pas vraiment trouvé de réponses au cours du congrès, et j'ai un peu regretté qu'elles n'aient pas été plus discutées au cours de l'atelier qui a cependant été très animé, notamment à propos de ce qui touche à la problématique trans-sexuelle face à laquelle le risque est la fascination qu'elle produit, limitant alors considérablement toute possibilité d'analyse.

Monique Selz
21 rue Castagnary
75015 Paris
monique.selz@gmail.com

RÉFÉRENCES BIBLIOGRAPHIQUES

Green A., La sexualisation et son économie, *Propédeutique (la métaphysique revisitée)*, Seyssel, Champ-Vallon, « L'Or d'Atalante », 1995, p. 51-68 [1975].

Lévy J.-M., Ombres et lumières de la bisexualité, Rapport, *Bulletin de la Société Psychanalytique de Paris*, 2019.

Richard F., La bisexualité, l'inceste et la mort, Rapport, *Bulletin de la Société Psychanalytique de Paris*, 2019.

Van Lysebeth-Ledent M., Les positions masculine et féminine du contre-transfert, *Revue belge de psychanalyse*, n° 34, 1999.

Rapport de Jean-Michel Lévy et discussions

Ombres et lumières de la bisexualité

Jean-Michel Lévy*

DES LUMIÈRES À L'OMBRE

À l'aube de la psychanalyse, après qu'il eut mis en évidence une bisexualité psychique à l'œuvre chez tout être humain, Freud attendait tout particulièrement les « autres lumières » (Freud, 1887-1904, p. 386) que celle-ci promettait à sa science. Mais son espérance fut déçue, car, au fil de l'avancée théorique et des difficultés rencontrées dans la pratique, lesdites lumières avaient perdu de leur intensité, elles n'éclairaient plus de nouvelles zones des ténèbres et elles les avaient même rejointes. L'apport tant espéré se révélait finalement décevant, ce que Freud exprime notamment dans le *Malaise dans la culture* lorsqu'il s'y plaint du manque de connexion entre la bisexualité et la théorie des pulsions : « La doctrine de la bisexualité demeure encore dans une grande obscurité, et nous ne pouvons en psychanalyse que ressentir comme une grave perturbation le fait qu'elle n'ait pas encore trouvé de connexion avec la doctrine des pulsions » (Freud, 1930a, p. 293). Et puis son insatisfaction théorico-pratique se manifestera jusque dans *L'Analyse finie et analyse infinie* où l'empêchement majeur de la terminaison d'une analyse sera mis au compte d'un refus du féminin, à savoir le refus de la passivité chez l'homme et l'envie du pénis pour la femme. C'est la théorie infantile de la castration qui fonderait ce « roc » du refus que Freud ramène *in fine* au roc d'origine, le roc biologique de la sexuation. Si la bisexualité

* Analyste titulaire APF.

psychique n'éclaire pas l'impasse, il ne reste alors qu'à attendre les « lumières » du biologique.

Qu'est-ce qui fait que la bisexualité psychique en soit ainsi venue à se dérober, à retourner dans l'ombre ? Une bisexualité pourtant dégagée de celle de Fliess, mais qui semble pourtant y faire parfois retour. Une bisexualité qui tout au long de l'œuvre de Freud apparaît comme une chose étrange (étrangère ?) qui ne s'intègre jamais parfaitement dans le corpus théorique, qui résiste à l'assimilation complète, qui l'excède toujours, peut-être comme un reflet de sa position dans la psyché. On sait qu'une difficulté théorique peut être alimentée par plusieurs sources, et combien le refoulement, inévitablement toujours présent dans la théorie, peut empêcher la pensée. La théorisation, comme toute secondarisation, œuvre toujours à un affadissement, dû à la résistance du moi, de la société, face à l'étrangeté, l'étrangèreté de la découverte, afin de pouvoir faciliter son assimilation. Je pense que ce sont les effets d'une telle réduction qui se font sentir dans ces embarras de la pratique évoqués par Freud, ainsi dans la question du rapport entre analyse infinie et bisexualité. Il nous faut reprendre la question.

Si la bisexualité humaine est d'abord un fait biologique, un donné d'emblée, la bisexualité psychique, en revanche, se constitue au gré des identifications et des choix d'objet des deux sexes. L'identité sexuée provient d'abord de la nomination du genre par l'autre. C'est la découverte perceptive de la différence des sexes qui, secondairement, rend nécessaire pour l'enfant un travail psychique afin de s'assurer de son identité ainsi confrontée à un nouveau paramètre. Alors, psychiquement, est-on bien fille ou garçon, ou les deux ? La bisexualité est souvent entendue comme le symptôme du non renoncement à une complétude narcissique, « être deux, ne faire qu'un », elle serait la marque d'un déni de la différence des sexes, quand pourtant celle-ci est prise dans une première théorisation qui est davantage la reconnaissance d'une différence… *de* sexe que d'une véritable différence *des* sexes. Reconnaître que l'autre n'est pas castré, mais différemment sexué, peut ainsi échouer sur le roc de la théorie de la castration qui maintient la croyance en l'existence d'un seul sexe et qui peut participer de la stase d'une analyse. Cette résistance de l'analysant, que sert-elle ? Et, du côté de l'analyste, qu'en est-il ? Sa théorie psychanalytique de la castration participe-t-elle aussi de la résistance à l'analyse, en lui offrant une rationalisation défensive, une « légalité », à ce qui relève davantage de l'intime de son contre-transfert ?

Je soutiendrai l'hypothèse que les apories freudiennes théorico-cliniques proviennent d'une esquive que facilite cette version de la castration qui est exclusive de la bisexualité. Une esquive que l'on retrouvera aussi dans la question de la considération de l'homosexualité dans la formation des analystes. J'interrogerai donc cette version de la castration exclusive de la bisexualité qui, même si elle s'avère efficacement symboligène, peut favoriser une idéalisation délétère de « la » différence fondée sur une binarité qui exclut et qui inévitablement hiérarchise : un ou zéro. Paradoxalement, la différence fondée sur cette seule marque peut ainsi aller dans le sens de ce qui est reproché à la bisexualité, la défense d'une unité qui se conforte en rejetant le différent. En effet, cette reconnaissance de l'autre par la marque d'une différence hiérarchisante peut ainsi servir à la protection du moi idéal, y compris par le recours à la déconsidération, le mépris de l'autre, éventuellement grâce à l'exercice d'une domination sur lui ou même par sa destruction. Je pense donc qu'il convient de sortir de l'exclusive de la castration, de rouvrir l'interrogation sur le rapport entre bisexualité et différence des sexes et d'établir une connexion par la considération dynamique de leur opposition, au sein de la dualité « différence des sexes et bisexualité ». Nous pourrons ainsi envisager cette autre étape psychique nécessaire à une reconnaissance de la différence *des* sexes qui ouvre à une plus grande acceptation de l'autre comme différent. Et je pense que ce mouvement psychique passe par la reconnaissance de sa propre bisexualité, en permettant ainsi d'assumer la complexité de ses identifications et de ses choix d'objets au lieu du maintien pérenne de leur refoulement. Je soulignerai pour la possibilité de ce mouvement dans la cure le rôle essentiel qu'y jouent les fantasmes et tout particulièrement celui de la scène primitive et ses réélaborations. Dans l'analyse ce mouvement ne saurait s'effectuer que si l'analyste est en mesure de repérer et non pas d'esquiver, éventuellement en connivence avec son analysant, les différents transferts qu'impose la bisexualité.

Nobody is perfect !

On se souvient du film de Billy Wilder, *Certains l'aiment chaud*, où, au temps de la prohibition, deux musiciens qui cherchaient à fuir la pègre se travestissaient en femmes afin de pouvoir se faire engager dans une troupe féminine en partance pour la Floride, et où, ce faisant, *ils* allaient rencontrer l'expérience de la séduction masculine vis-à-vis d'*elles*. Ainsi le milliardaire Osgood allait-il s'éprendre de Daphné (Jack Lemon). Une relation s'engage ainsi entre eux, mais au moment où le riche prétendant effectue sa demande en mariage, Daphné cherche à s'y dérober en énumérant tous les défauts dont elle se prétend affectée en espérant que ceux-ci pourront constituer autant d'empêchements à leur union. Mais Osgood les réfute un à un et Daphné lui soumet alors un dernier argument pour qu'il renonce enfin à elle en lui révélant qu'*elle* est un homme. Ce à quoi son prétendant lui rétorque : « *Nobody is perfect* ! » Peu importe au milliardaire que l'objet de son amour ne soit pas du sexe qu'il affiche, peut-être le sait-il déjà, peut-être est-ce la bisexualité qui l'attire, peut-être est-ce l'un et l'autre qu'il désire. Retenons qu'au-delà de la problématique singulière de son désir il énonce une vérité à la portée générale, personne n'est parfait, ni la femme, ni l'homme, ni l'homme/femme (ou la femme/homme).

La perfection relève de l'illusion de la théorie phallique infantile. Une théorie moniste de la différence des sexes s'articulant avec la castration et qui s'est retrouvée prise pour la théorie analytique elle-même. À partir de là, pour la psychanalyse, pour Freud, les difficultés conceptuelles et pratiques vont se développer et culminer dans le sentiment d'aporie que suscite le roc d'origine d'*Analyse finie et analyse infinie*, un roc biologique sur lequel viendrait buter l'analyse et sa possible terminaison. Mais où est donc passée la bisexualité psychique dégagée par la psychanalyse ? Déjà, sept ans auparavant, dans le *Malaise dans la culture,* Freud se plaignait de demeurer dans le noir, dans le *dark* : « La doctrine de la bisexualité demeure encore dans une grande obscurité, et nous ne pouvons en psychanalyse que ressentir comme une grave perturbation le fait qu'elle n'ait pas encore trouvé de connexion avec la doctrine des pulsions » (Freud, 1930a, p. 293). Près de quatre-vingt-dix ans plus tard y voit-on plus clair ?

BISEXUALITÉ PSYCHIQUE ET PULSIONS : LA CONNEXION PERDUE

Pour affronter cette difficulté de la connexion de la bisexualité avec la théorie des pulsions, nous allons revenir à l'*Au-delà du principe de plaisir*. La réélaboration de la théorie des pulsions s'avérait nécessaire du fait de l'introduction du narcissisme, celui-ci questionnant le dualisme pulsionnel « pulsions d'autoconservation/pulsions sexuelles ». Les pulsions du moi étant ainsi libidinalisées, Freud en vient même à se demander, dans l'*au-delà*, s'il existe d'autres pulsions que sexuelles. Une nouvelle conceptualisation des pulsions qui était aussi devenue indispensable pour prendre en compte l'énigme de la compulsion de répétition. Celle-ci, ramenant en permanence du désagréable, ouvrait sur un au-delà de ce principe de plaisir qui était censé régir l'appareil psychique. Et pour Freud, c'est l'action de la pulsion de mort qui rend compte de cette répétition. Dans *L'Au-delà*, il évoquait cette difficulté à « mettre en évidence pour la pulsion sexuelle ce caractère de répétition qui nous a mis sur la piste de la pulsion de mort » (Freud, 1920g, p. 330). Mais pour autant, devons-nous penser que la répétition n'a rien à voir avec la pulsion sexuelle ? Freud lui-même persiste et, pour chercher le phénomène de répétition qu'il pressent à l'œuvre dans la pulsion sexuelle, il se tourne vers les cellules germinales de la reproduction sexuée qui répéteraient une scène des débuts de la vie organique, une scène originaire, celle de la copulation fortuite de deux protistes. Mais pour comprendre non seulement l'apparition de la reproduction sexuée, mais aussi la provenance des pulsions sexuelles, ce recours à la biologie apparaît scientifiquement encore insuffisant à Freud et il se tourne alors vers le mythe d'Aristophane qui fait dériver une pulsion du besoin de réinstaurer un état antérieur. Dans le mythe, les corps étaient tout autres à l'origine. Tout dans ces êtres humains était double. Il y avait des *individus* (des *indivis*) de trois sexes, masculin-masculin, féminin-féminin et masculin-féminin. Les dieux les divisèrent pour les punir de leur arrogance et de leur volonté de toute-puissance. De cette division est issue la désirance de se rejoindre. « Devons-nous alors », se demande Freud, « à l'invite du philosophe-poète risquer l'hypothèse que la substance vivante, au moment où elle prit vie, fut déchirée en *petites particules*, qui depuis lors aspirent à leur réunion de par les pulsions sexuelles ? » (Freud, 1920g, p. 332).

Freud déplorait le manque de connexion entre bisexualité et théorie des pulsions, mais ne devons-nous pas concevoir la bisexualité *psychique* comme étant la *chose même* qui offre effectivement une connexion aux pulsions ? La bisexualité ouvre à la désirance (*Sensucht*) d'un retour en offrant une liaison aux pulsions sexuelles. Ce mythe de la bisexualité originaire fournit une représentation de la scène primitive : il met en scène deux personnes unies puis séparées et désirant s'unir à nouveau. Ce fantasme peut présenter différents ordonnancements, son temps ne se réduit pas à la chronologie. Tout comme on le voit dans la toile de Fragonard, *Le verrou*, où l'on peut imaginer que la scène sexuelle va se produire, ou encore, comme le propose Daniel Arasse, qu'elle a déjà eu lieu. Partant d'un lit défait, d'une porte qu'on ouvre ou qu'on ferme, chacun se représentera la scène sexuelle qu'il veut. Ainsi, à travers le jeu de l'union et de la désunion, le mythe d'Aristophane comme le fantasme de scène primitive offrent une figuration à la pulsion dans une dramatisation qui se poursuit à travers le procès œdipien, via ses différentes identifications et divers choix d'objets.

Bisexualité et coupure ont partie liée. La subjectivation de l'être humain procède d'une division, non pas seulement corporelle, mais d'une division psychique de l'*individu*. Un être qui est aussi fondamentalement divisé de façon interne et au sein duquel tout n'est pas lié par l'Éros unifiant qui lui fait tendre les bras vers sa moitié perdue, hétéro ou homosexuelle : de la division originaire subsistent des *petites particules* du sexuel infantile, particules issues du dépôt d'éléments de la bisexualité inconsciente parentale, traces en quête de sens, premières ébauches de formes en plein ou en creux. Sur le modèle du sexuel-présexuel freudien on pourrait parler ici d'une prébisexualité, c'est-à-dire une bisexualité en quête de représentation, qui ne prendra véritablement sens de bisexualité que dans l'après-coup de la découverte de la différence des sexes.

LA BISEXUALITÉ À L'ÉPREUVE DE L'INDIFFÉRENCE DES SEXES

Genre et bisexualité

De nos jours, particulièrement sous l'influence des théories du genre dans notre culture, la bisexualité psychique semble bientôt devoir être reléguée au rang d'une vieillerie à dépasser : obsolète, elle ne servirait en fait qu'à maintenir la norme hétérosexuelle et préserver la domination masculine. Certains courants de pensée la ravalent ainsi à un choix, à une option parmi tant d'autres « possibles » de l'identité sexuelle, celui de se désigner comme bisexuel. Une confusion s'opère quant à ce qui détermine l'identité sexuelle, car, en effet, la position sexuée et l'objet ne se distinguent plus. Pourtant on peut être bisexuel tout en définissant son identité comme homme ou comme femme, l'objet, lui, pouvant osciller, d'un sexe à l'autre. Ainsi, même si bien sûr elle y participe, *la bisexualité transcende la question de l'identité sexuée, sexuelle, et elle demeure présente quel que soit le sexe ou le genre assigné, assumé.*

Les théories du genre visent une émancipation des stéréotypes de genre, qui enferment l'individu dans une identité fixe. Il s'agit de déconstruire le genre, voire de le dissoudre pour, censément, ouvrir à une liberté totale concernant son identité sexuelle. La détermination identitaire subie est remise en question au profit d'une invention de soi, fluide et singulière. La singularisation ouvre la voie à l'idée d'une identité sexuelle variée, variable, une par humain, allant du neutre aux divers « trans… » ou « poly… », polysexuel, polygender, toute la polymorphie sexuelle pouvant être envisagée. Haro sur la binarité, sur les dichotomies homme/femme, masculin/féminin, hétéro/homo, c'est, sous l'auto-désignation, la voie de l'autodétermination. Les attaques semblent porter sur le genre et ses stéréotypes (ceux-ci ne peuvent-ils évoluer, se modifier ?), mais elles concernent tout autant la sexuation que la bisexualité psychique. En effet, ce mouvement qui vise à neutraliser le genre, masculin ou féminin, afin de « choisir » son identité sexuée, sexuelle, attaque en même temps toute référence au corps et au fantasme. La psychanalyse a montré la place prépondérante des fantasmes et des identifications à des adultes, toujours porteurs de la bisexualité, dans la constitution puis l'assomption de l'identité sexuelle. C'est-à-dire qu'elle a indiqué tout le flou et la singularité de la question pour tout homme et pour toute femme : la bisexualité (identifications et choix d'objet) est inhérente à tous les êtres humains et elle rencontre la difficulté d'un rapport complexe avec la physiologie, l'anatomie sexuée et le genre. La bisexualité ne saurait disparaître dès lors qu'une position, une identité sexuelle, un choix d'objet sont marqués et assumés par une personne, que ce soit dans l'hétérosexualité ou dans l'homosexualité ou dans tous les « trans... » possibles, la question complexe du rapport à l'autre sexe, en dehors de soi et en soi, reste toujours de mise.

Être du genre masculin, être du genre féminin : mais qu'est ce qui définit masculin et féminin, à quoi se réfèrent-ils ? Toujours dans le *Malaise dans la culture*, interrogeant le caractère du masculin et du féminin, Freud nous dit que l'anatomie peut le mettre en évidence, mais pas la psychologie (Freud, 1930a, p. 292). Et puis il va se reprocher ensuite d'avoir fait coïncider « bien trop à la légère l'activité avec la masculinité, la passivité avec la féminité... » (*ibid.*, p. 293). Pulsionnellement, l'affaire est effectivement complexe, car, si la pulsion est, par nature, toujours active, elle peut avoir un but passif, et pour les hommes et pour les femmes. Une libido dite masculine, quand justement il semble bien difficile de pouvoir sexuer ou genrer la pulsion... Mais une pulsion qui est néanmoins « activité » répondant à une passivité originaire, celle de l'enfant des deux sexes, une activité initiée par l'excitation que suscite l'implantation en lui du sexuel de l'adulte. À l'origine de la psyché, la passivité pour les deux sexes [1] (Laplanche, 1987).

Masculin et féminin relèvent d'un autre lieu que celui de la seule anatomie, ce qui, après Freud, fut particulièrement conceptualisé à partir des problématiques des troubles de l'identité sexuelle et qu'il convient de rajouter à la complexité bio-anatomico-psychique de la bisexualité : la question du genre. Depuis les travaux de Robert Stoller, la théorie du genre, ou plus exactement les théories du genre ont connu une expansion massive à partir des travaux de philosophes et de sociologues, non sans rapport avec la

1. Je renvoie à la passivité essentielle de l'enfant telle que Jean Laplanche la postule dans le cadre de sa théorie de la séduction généralisée.

« cause homosexuelle ». L'audience de ces théories s'est de plus en plus élargie, la question du genre devenant référentielle dans les débats actuels de société où les tenants de l'exclusivité du fonctionnement marital hétérosexuel viennent farouchement s'opposer à ce qui leur semble détruire la structure symbolique de référence, voire être contre « nature ». Loin de cette position normative, partagée par certains psychanalystes, où la famille ne saurait connaître une autre forme que la structure nucléaire d'un Œdipe réduit à une caricature bien affadie, je pense néanmoins, au-delà de la positivité d'une libéralisation des mœurs et d'une reconnaissance élargie des différences humaines, qu'il est important d'interroger cette production théorique et aussi de se demander ce que son assimilation sociale entraîne en même temps comme refoulement.

Si l'extraterrestre convoqué par Freud dans les « théories sexuelles infantiles » (Freud, 1908c, p. 229) revenait aujourd'hui sur notre planète, il serait probablement surpris, en découvrant le « genre neutre » sur un certain nombre de passeports, d'y trouver ainsi la mention d'un troisième « sexe » et, s'il se connectait à notre internet et qu'il ouvrait un compte sur un réseau social, de pouvoir choisir (au jour où j'écris) entre soixante-et-onze identités sexuelles au Royaume-Uni. Une confusion s'opère entre genre et identité sexuelle, entre identité sexuée et choix d'objet, celui-ci pouvant même « fonder » celle-là. On peut donc « choisir » son identité sexuelle, et dans cette « liberté » il se pourrait bien que ce soit l'inconscient qui en pâtisse, à savoir que l'on tente une fois de plus de s'en débarrasser. Dans un monde où on peut croire que l'on *se* donne son identité, où « je » n'est plus un autre, où « je » serait « moi » sans conflit, ce que viserait la nomination la plus exacte de son identité à partir de ses propres désirs, nul besoin de s'interroger sur un quelconque déterminisme inconscient. Pourtant, comme le dit Olivia Chaumont, transsexuelle, « la transidentité ne se choisit pas. Elle se subit » (Chaumont, 2017). Comme si l'on pouvait s'affranchir aussi facilement de l'identité que nous subissons depuis notre naissance, et même avant celle-ci. En effet, même si on pense que l'on peut librement choisir son identité sexuelle, on reste pourtant soumis à toute la force, toute l'effectivité d'un déterminisme inconscient. Un jour, dans une louable intention consciente, une mère me dit ainsi qu'elle soutiendrait, quel qu'il soit, le choix de son enfant en proie à un trouble de son identité sexuée, et ce faisant, elle me fit alors involontairement part de ses propres désirs en précisant : « Que ce soit l'un ou l'autre, l'un après l'autre, ou l'un *et* l'autre. »

Le trouble du genre, celui qui peut engendrer une discordance tragique entre sa conviction identitaire et son corps sexué, peut faire chavirer celui qui l'éprouve entre l'angoisse et la jouissance d'être les deux sexes dans une scène primitive permanente. Un patient me disait ainsi : « Depuis que je leur ai parlé de ça – son trouble identitaire – j'ai tout le temps mes deux parents sur le dos. » Dans ce trouble, c'est toute la question de l'assignation du genre qui s'ouvre, une assignation dont Jean Laplanche a dégagé la dimension inconsciente : en effet, l'assignation de genre donnée à la naissance par le *socius*, le médecin, les parents, se trouve inévitablement compromise par l'inconscient parental et, de ce fait, elle pourra se révéler plus ou moins problématique à assumer pour l'enfant (Laplanche, 2000-2006, p. 153-193). Une mère peut reconnaître consciemment et dire qu'elle a un garçon et le traiter fantasmatiquement comme une fille, *idem* du côté du père. En principe, la découverte de la différence des sexes puis la puberté mettent à l'épreuve le genre assigné et dans la plupart des cas, quand il n'y a pas d'opposition majeure entre le sexe et le genre, le sujet peut alors vraiment symboliser ce dernier dans une identité sexuelle relativement assurée. Il en va tout autrement quand les désaccords entre les différents lieux, physiologiques, anatomiques, psychiques, ou en chacun d'entre eux, sont trop marqués. Karinne Gueniche montre bien dans sa clinique avec des patients porteurs d'une indétermination anatomique quant au sexe, d'une ambiguïté, comme les hermaphrodites, combien ce défaut de repérage dans leur corps entraîne de difficultés pour leur reconnaissance identitaire. En effet, celle-ci passe par la reconnaissance initiale de leur sexe (c'est une fille ou c'est un garçon) par le *socius*, les parents, mais aussi les médecins, pour pouvoir bénéficier d'une nomination identitaire, pour naître pleinement et ne pas demeurer dans les limbes de la sexuation. K. Gueniche soutient même que la bisexualité psychique n'est possible que lorsque le sujet n'a aucun doute quant à son appartenance à un sexe (Gueniche, 2015, p. 55-75). L'assignation concerne le genre, mais elle trouve un fondement dans la perception de la sexuation.

No body, it's perfect

Quelques années après les premiers travaux du psychologue John Money, Stoller interroge à son tour l'identité de genre et ses fondements. Pour celui-ci, l'identité de genre constitue une part de l'identité d'une personne, elle est issue d'une appropriation subjective de l'appartenance à un sexe et elle s'effectue sur un mode exclusif, un sexe et pas l'autre. L'identité de genre se constitue sur la base d'une première assignation du sexe qui s'effectue à la naissance grâce à une nomination par l'autre, par l'adulte :

fille ou garçon. Une binarité se trouve ainsi mise en jeu que l'enfant retrouvera lorsqu'il sera lui-même confronté à la découverte de la différence des sexes et à l'élaboration psychique de celle-ci. Cette dimension de l'identité de genre est essentiellement située par Stoller à un niveau psychologique et social à travers un rôle, le « rôle de genre », que cette assignation détermine culturellement. Mais Stoller évoque un autre niveau, qu'il décrit comme plus profond, celui du noyau de l'identité de genre. Ce noyau résulte de l'action de différents facteurs que je résume ici : une « force biologique », issue de la vie fœtale et d'origine génétique, l'assignation du sexe à la naissance, « l'empiètement » des attitudes des parents quant au sexe de leur enfant avec des phénomènes « biopsychiques » provenant des modifications du cerveau du bébé par la façon dont les parents s'occupent de lui, et enfin le moi corporel en développement avec les sensations issues en particulier des organes génitaux qui participent pour le bébé de la définition psychique de son sexe et confirment pour lui les convictions parentales portant sur son sexe (Stoller, 1989, p. 29-52). On voit donc que pour Stoller le noyau constitutif de l'identité de genre relève d'une complexité de facteurs et pas seulement du seul registre « symbolique » de l'assignation. Une complexité factorielle à laquelle Judith Butler opposera sa vision essentiellement « symbolique » de la question de l'identité de genre. Celle-ci, issue de l'assignation, est inscrite dans le symbolique et s'effectue grâce à l'action performative du discours. En fait pour Butler il s'agit de « dénaturaliser le genre » (Kahn, 2017, p. 38), et ainsi c'est bien le trouble qui s'introduit dans le genre et plus seulement le trouble de genre. Butler peut ainsi rêver « d'une liberté conquise qui permettrait de s'émanciper de la première assignation de genre » (André, 2017, p. 26). S'engouffrant dans cette voie, certains la radicalisent actuellement en *choisissant* de ne pas assigner le sexe de leur enfant à sa naissance et en pensant ainsi laisser à celui-ci un *libre choix*. Comme cela peut être le cas pour le choix d'une religion non imposée par les parents qui laissent à leur enfant devenu mature la possibilité de se déterminer « tout seul », en *conscience*, pour celle-ci ou celle-là ou pour aucune. Il faudrait donc ne pas assigner, en maintenant ainsi l'enfant dans les limbes de sa sexuation, pour ne pas imposer ce qui peut être formulé à partir de la constatation anatomique, mais dont on sait qu'elle pourrait entrer en contradiction avec la conviction d'appartenance à un sexe. Une liberté ainsi offerte qui se soutiendrait d'un respect de l'autre et de son choix, une « liberté » qui, au-delà de ses généreuses intentions, doit pourtant être soumise à questionnement. En effet, la décision de ne pas nommer le sexe, au-delà de ses motivations conscientes, est évidemment soutenue par des motivations inconscientes. Quelque chose s'agit à l'insu des parents : l'enfant est neutre, ni l'un ni l'autre, ou l'un et l'autre. La question de leur propre rapport à la bisexualité s'agit dans la relation à l'enfant, avec aussi la question de l'évitement du conflit que le jeu identificatoire entraînera pourtant, inévitablement.

Interrogeant ce « rêve » de Butler d'une émancipation du genre assigné, Laurence Kahn se demande si un autre désir n'est pas présent en même temps, « celui de s'émanciper de l'impact si complexe, du réel qu'est le sexe anatomique… » (Kahn, 2017, p. 48). Ce pourquoi Butler recourt autant à la notion de structure symbolique, pour elle seule référente de l'instauration de la différence des sexes à travers le rapport au Phallus. Reste sur le bas-côté tout référent anatomique ou identificatoire puisque c'est « la définition même du corps qui produit le corps que simultanément cette définition recouvre » (Butler, 2009, p. 42). Cette « matérialisation » est épinglée par L. Kahn à travers la pratique citationnelle du sexe pratiquée par Butler qui vise à matérialiser le genre en sexe. Et, en effet, le performatif à l'œuvre ne crée ici rien de matériel, car comment pourrait-il bien créer la sexuation des corps ? Avec cette théorie on semble ainsi se rapprocher de la force créatrice du verbe divin.

Quant au désir d'émancipation, il pourrait bien aussi être porteur d'un autre désir, celui d'une a-conflictualité qui permettrait de passer sans ambages d'un sexe à l'autre. Ainsi, Gail Rubin peut-elle souhaiter *in fine* que « l'anatomie sexuelle n'[ait] rien à voir avec ce que l'on est, ce que l'on fait, ni avec qui [ou "avec quoi" [2]] on fait l'amour » (Rubin, Butler, 2001). Ainsi s'effectuerait une dénaturalisation de l'identité sexuelle et le rêve d'un libre exercice de la sexualité polymorphe se réaliserait. Un mouvement se prétendant bien plus radical et libérateur, émancipateur, que celui initié par la psychanalyse décrite comme conservatrice et garante d'une doctrine visant à garantir la domination hétérosexuelle. Judith Butler critique ainsi le discours de Freud sur la bisexualité en lui adressant le reproche de ne toujours parler en fait que d'hétérosexualité, puisqu'il dit que la part féminine désire un objet masculin et la part masculine un objet féminin : comment peut-on donner le nom de bisexualité à deux désirs hétérosexuels ? (Butler, 2001, p. 26). Je reviendrai sur cette formulation freudienne qui d'un côté délaisse bien la complexité bisexuelle, comme par exemple cette « homosexualité » où la part féminine d'un homme peut désirer une femme, mais qui, en même temps, maintient la bisexualité au sein même de l'homosexualité, puisque la part féminine d'un *homme* désire un *homme*. L'autre sexe est toujours présent, y compris dans l'homosexualité.

2. Entre crochets, un rajout judicieux de J. André qui reprenait cette citation.

En fait, il semble que les critiques issues des *gender studies* en soient rapidement venues à se figer en une véritable idéologie, « celle de transformer cette polymorphie [sexuelle] en une liberté de multiplier les sexes bien au-delà de deux » (André, 2017, p. 28). Le libre exercice de cette polymorphie qui constituerait l'idéal réalisé de la libération sexuelle et identitaire, non plus réduit ni contraint par des normes sociales, est pourtant loin d'être a-conflictuel et cela parce que cette polymorphie, par essence même, vient menacer ce qui est partie constituante de l'identité, à savoir l'unification opérée par le narcissisme. Aucune libération sexuelle, au sens de la permissivité et de la levée de la répression sociale, ne saurait suffire à éradiquer l'angoisse. L'idée qu'un autre sexe ne soit aucunement présent, même fantasmatiquement, sur la scène de l'homosexualité (tout comme sur celle de l'hétérosexualité le même sexe) relève de la même croyance, qui refoule ou dénie la conflictualité psychique, en l'occurrence celle provoquée par les inévitables choix d'objets et les identifications à des figures différemment sexuées. Dans *Sodome et Gomorrhe*, Proust est saisi par la troublante ressemblance entre le baron de Charlus et sa mère, et il écrit : « Les fils n'ayant pas toujours la ressemblance paternelle, même sans être invertis [3] et en recherchant des femmes [...] consomment dans leur visage la profanation de leur mère » (Proust, 1921, p. 349).

En réalité, la radicalité « révolutionnaire » des théories du genre, porteuses d'un désir de reconnaissance sociale des homosexualités et des transsexualités, est en même temps porteuse d'un courant bien plus réactionnaire, celui qui consiste à penser que l'on est toujours le maître dans sa maison psychique. Or, c'est précisément ce que la psychanalyse a elle-même révolutionnairement dénoncé, en dévoilant la conflictualisation inhérente à la psyché, inévitable du fait du refoulement nécessaire pour contenir l'intense excitation provenant du sexuel infantile, le *sexual* comme le nomme Laplanche (Laplanche, 2000-2006). Ce sexuel-là se laisse bien peu traiter par le social, et l'idée d'une totale libération sexuelle qui s'effectuerait sans conflit témoigne surtout du fantasme d'une omnipotence moïque. En revanche, pour la psychanalyse ce serait plutôt le conflit à tous les étages (Freud, 1923b, p. 282) [4], un conflit qui peut ouvrir à une *Aufhebung*, à un dépassement que rend possible et profitable à la psyché la reconnaissance des désirs en jeu et en conflit et non pas leur déni. Mais les théories du genre ont néanmoins ce mérite de nous pousser à réinterroger les apories et les

3. Charlus est homosexuel !

4. Comme dans le tableau de la bataille des Huns par Kaulbach auquel se réfère Freud dans *Le Moi et le Ça*.

autocritiques freudiennes précédemment évoquées à propos de la bisexualité. La bisexualité demeure un aiguillon pour la pensée.

PSYCHANALYSE ET BISEXUALITÉ

Les origines

La bisexualité est présente dès l'aube de la psychanalyse. Elle est d'abord théorisée par Fliess avant que Freud ne la *détourne* au profit de sa propre théorisation. Avant cela, dans le cadre de leur relation passionnée, elle occupait leurs échanges intellectuels, mais elle empruntait aussi les chemins transférentiels en actualisant pour Freud quantité de matériel pour son autoanalyse. Le rêve princeps de l'injection faite à Irma en témoigne (Freud, 1900a, p. 141-156). Dans la réalité clinique, opératoire, Fliess a obturé le conduit nasal d'Emma en y oubliant de la gaze, et Freud lui en tient rigueur, mais peut-être pas seulement de cette erreur technique. Cet oubli pris dans le transfert à Fliess et à Emma ne ravive-t-il pas fantasmatiquement chez le fumeur de cigares ce qui encombre la sphère orale ? Même si le rêve qui survient peut témoigner d'un déplacement du bas vers le haut, il peut néanmoins réaliser aussi un désir de fellation, mais en usant d'une figuration morbide. Freud rêve donc d'une gorge contenant une tache blanche, une image bisexuelle pouvant évoquer du pus ou une perte blanche autant que du sperme, tout comme l'« odeur de riquiqui », de poisson pourri de la triméthylamine de l'injection peut renvoyer au sperme ou aux menstrues. Une gorge seulement référée à la femme, à Irma, que Freud pénètre jusqu'au bout du visible et du supportable. Au-delà, on n'y voit plus, c'est le *dark continent*. Les impasses de Freud, ses limites à pouvoir penser davantage la bisexualité, tiennent-elles au fait que, comme nombre d'auteurs l'ont déjà souligné, la question de la femme, de la féminité s'est avérée pour lui (il le reconnaît volontiers) si obscure, si énigmatique ? Mais après tout l'énigme n'est pas négative, l'énigme est ce qui maintient une question ouverte et on sait combien la théorie-réponse, tout comme l'abus interprétatif de l'analyste, peut s'avérer être une fermeture à la psyché, à l'inconscient.

La bisexualité est donc d'abord partagée au sein de la relation Freud-Fliess et dans leurs recherches en commun, dans une grande complicité [5] et

5. « *Bi-Bi* » était le petit nom affectueux utilisé entre eux pour nommer la bisexualité : bi et bi…

dans l'excitation, mais elle devient ensuite le motif explicite qui mettra un terme définitif à leur relation lorsque Fliess reprochera à Freud de se prévaloir auprès de ses élèves d'un concept dont il est, lui, le père. C'est l'affaire du plagiat de Weininger, avec la question de la revendication de la paternité du concept de bisexualité. Mais bien avant *l'affaire*, Freud ne considérait déjà plus la bisexualité à l'aune des idées de Fliess. La divergence sur la place de la bisexualité dans le mécanisme du refoulement s'était avérée décisive. Dans sa lettre du 4 janvier 1898, Freud reconnaît à Fliess, et avec enthousiasme, l'apport de celui-ci : « [...] j'ai été littéralement transporté par l'accent mis sur la bisexualité [...] » (Freud, 1887-1904, p. 371). Mais c'est pour mieux critiquer ensuite le rôle que Fliess accorde à l'intrication bisexualité/bilatéralité et contester l'idée que le refoulement concerne le sexe opposé au sien. Plus tard, dans les *Trois Essais*, à propos de la bisexualité, on voit le souci de Freud de distinguer ce qui appartient à *l'un* et à *l'autre*, ainsi dans une note ajoutée en 1910 (Freud, 1905d, p. 76), il utilise pour désigner la « bisexualité » de Fliess le terme de *Zweigeschlechtigkeit* c'est-à-dire de *double sexuation*. Pour la psychanalyse l'importance d'une bisexualité « élargie » (pour paraphraser Jean Laplanche) dans la psyché humaine devient incontournable, se dégageant du pur biologique, du physiologique, mais en ne niant pas ce substrat, ainsi Freud peut-il déclarer dans le *Malaise dans la culture* : « La sexuation est un fait biologique qui, bien que d'une extraordinaire significativité pour la vie d'âme, est psychologiquement difficile à saisir » (Freud, 1930, p. 292) ; tellement difficile que Freud redonnera à certains moments de sa pensée une importance renouvelée à cette double sexuation aux dépens de la bisexualité psychique, ainsi quand il fait abusivement recours au biologique jusqu'au roc d'origine, puis au phylogénétique, et cela aux dépens de ce qui constitue l'essence même du champ de la psychanalyse, cette étrange réalité que constitue la réalité psychique.

Quant aux fondements biologiques de la sexuation, dès les années 1920 on s'était rendu compte que les hormones mâles pouvaient avoir des effets féminisants et les hormones femelles des effets masculinisants et donc que, quel que soit son sexe, l'on sécrétait une certaine quantité d'hormones du sexe opposé. L'idée que virilité ou féminité (femellité) soient des états endocriniens clairement définis fut balayée par les travaux sur les hormones stéroïdiennes. Enfin, on découvrit que le cortex surrénalien est une source extragonadique d'androgènes ou d'œstrogènes. Le biologique est un lieu bisexuel, l'intersexuel y est même possible.

De l'aube de la psychanalyse et de la bisexualité pour Freud, passons maintenant au « crépuscule », celui de *L'analyse finie et l'analyse infinie* (Freud, 1937c), là où se rencontre ce qui constituerait pour l'un et l'autre sexe un indépassable dans l'analyse, ce fait de pouvoir buter sans fin, audelà du « roc » de la castration, sur le roc de la sexuation.

Quand arrive le temps de la découverte de sexes différents avec les questions que celle-ci suscite, c'est la castration qui s'impose comme *l'explication* de cette différence pour l'enfant et qui s'impose également dans la théorie psychanalytique, sous une forme complexifiée, celle du complexe de castration. Quelle est son action, quel est son rôle vis-à-vis de la bisexualité ? Lui porte-t-elle un coup fatal en distinguant les deux sexes uniquement par la présence ou l'absence de l'organe mâle ?

C'est la différence *des* sexes qui permet de pleinement réaliser, de symboliser la présence de deux sexes, et pas d'un seul. Cette reconnaissance peut justement faire exister psychiquement la bisexualité, grâce à l'autre sexe que l'on reconnaît en soi et au dehors de soi. Auparavant, et cela peut durer, son identité sexuelle ou celle de l'objet n'entrent pas autant en ligne de compte, le sexuel pervers polymorphe se soucie peu du sexe d'un objet partiel.

La castration, différence des sexes ou différence de sexe ?

Comment arrive-t-on à la conviction d'une identité sexuée ? Il y a d'abord, nous dit Freud, une différence, que l'on pourrait dire des genres, une différence entre les hommes et les femmes perçue par l'enfant, mais non conceptualisée [6] (Freud, 1923e, p. 306). La perception de la différence des sexes offre une possibilité pour l'enfant d'opérer une conceptualisation en recourant d'abord à une théorie sexuelle infantile : il n'y a qu'un seul sexe. Cette théorie est-elle vouée à perdurer éternellement ? Dans son rapport au CPLR de 1975 sur la bisexualité psychique, Christian David écrivait : « La castration apparaît comme un fantasme structurant dont le destin est de *s'effacer* au profit de la reconnaissance du vagin et de la féminité, de la *véritable différence des sexes* » [Je souligne] (David, 1975, p. 776).

Ainsi, né d'une angoisse narcissique du garçon, ce royaume d'un seul sexe, de l'Un, trouverait un répondant chez la fille à travers son « manque » de pénis traduit par elle comme un défaut narcissique majeur et suscitant une envie durable. Un royaume qui prospère sous l'égide de la croyance infantile, de la théorie de Hans et Sigmund. Ce modèle de compréhension infantile devient même un pilier de la théorie psychanalytique : le complexe

6. « Le petit garçon perçoit certainement la différence entre hommes et femmes, mais il n'a pas tout d'abord l'occasion de la mettre en rapport avec une diversité de leurs organes génitaux. »

de castration. Celui-ci offre en effet une extraordinaire potentialité d'ouverture et de symbolisation, mais il est aussi porteur d'un danger intrinsèque, celui de l'exclusive binaire, et il ne peut prétendre à l'exhaustivité. Comme le faisait déjà remarquer Christian David, la théorie de la bisexualité psychique ne saurait s'y épuiser : « La thèse de Freud touchant à la bisexualité psychique infantile repose sur sa subordination radicale à la primauté du pénis et du phallus, autrement dit au complexe de castration, qui lui est corrélatif et qui constitue ainsi l'axe du complexe d'Œdipe. Et c'est en quoi elle est insuffisante, partielle, insatisfaisante, bien que l'affirmation de l'Œdipe comme structure universelle de la double différence des sexes et des générations soit par ailleurs indiscutable » (*ibid.*, p. 775). C'est bien ce surinvestissement du pénis qui, pour Françoise Coblence, participe de ce roc biologique évoqué par Freud et qui laisse de côté toute l'importance de la relation maternelle où se situerait le premier temps de la transmission de la différence des sexes (Coblence, 2013, p. 21-36). Un premier temps que, de son côté, Jean-Luc Donnet a décrit comme une « féminisation primaire » enclavée et non subjectivable dans le moi quand la distinction est impossible entre la féminité de la mère et celle de l'enfant [7] (Donnet, 2010, p. 1502). Se situant dans la même zone, dans les termes de « l'homosexualité primaire », comme relevant de l'amour du même, Évelyne Kestenberg en décrit l'aspect dynamique. En effet, dans les échanges mère/enfant la première différence concerne la distinction de qualité entre les satisfactions propres et celles apportées par l'autre : « Cette différence de qualité vécue sensoriellement entraîne l'identification et/ou l'investissement objectal [...] tout le travail psychique de l'homosexualité est d'organiser l'altérité pour, à travers elle, conserver l'identité » (Kestenberg, 1984, p. 1-30). Il s'agit là d'un point très important qui désigne la différenciation possible, communément partagée par tous les humains, à partir de l'*homo*sexualité. Une ouverture à l'altérité, quand on a bien souvent tendance à réduire l'amour homosexuel à l'amour du même. Et cela concerne évidemment aussi les adultes. Quant à la dimension narcissique du choix d'objet, elle concerne également les hétérosexuels. Pour les deux, c'est donc une affaire de point de vue sur ce qui est le manifeste ou sur ce qui est le plus profond. Remarquons que cette *homo*sexualité, située en deçà de la différence des sexes, mais dans la relation à la mère, insiste sur le « même », et cela étant valable pour les deux sexes. Mais notons aussi qu'un père peut évidemment participer de cette relation primaire et

7. Jean-Luc Donnet interroge la biologisation freudienne du refus de la féminité : « Ainsi saisie au plus près de l'unité duelle, le refus de la féminité serait, pour une part, le symptôme après coup d'une féminisation primaire qui serait restée une enclave imagoïque non subjectivable dans le moi. »

éventuellement y occuper une place princeps. Freud le souligne, « père et mère, avant la connaissance sûre de la différence des sexes, du manque de pénis, ne se voient pas attribuer valeur distincte » (Freud, 1923b, p. 275). On peut ici remarquer dans cette note combien Freud fait s'équivaloir différence *des* sexes et connaissance du manque *d'un* sexe, le pénis.

Mais cet enfant, l'*infans*, qui évolue d'abord dans ce registre de l'indifférenciation des sexes, peut-il vraiment n'être aucunement affecté par le sexe et la bisexualité psychique de l'adulte, de ce *Nebenmensch*, cet être secourable qui prend soin de lui ? Car les soins que celui-ci lui prodigue sont aussi le vecteur de ses désirs sexuels inconscients eux-mêmes en prise avec sa bisexualité. Il s'agit là d'une question vive puisque c'est bien là que s'initient les premiers investissements d'objet et s'effectuent les premières identifications, avec toute la force de leur empreinte psychique, les deux participant de la formation de l'identité sexuelle et inaugurant la psychogenèse qui conduira au choix d'objet « définitif ».

Mais revenons à la castration, car cette notion, ce « pilier » de la théorie psychanalytique a acquis une place dans la théorie psychanalytique, culminant notamment avec Lacan en France, qui aboutit à une vision par trop simplifiée, dans un binarisme structural stéréotypé, de ce qui constitue la diversité de la psychogenèse des choix d'objets amoureux. Une vision qui situe abusivement, contrairement à Freud, l'homosexualité comme relevant toujours de la perversion. Ce pilier théorique, comme tout pilier d'une construction, ne fait pas que soutenir et structurer, il peut en même temps dissimuler. Et c'est l'infantile qui peut rester ainsi dans son ombre, à « l'abri » d'une élaboration nécessaire. Car, comme l'écrit Catherine Chabert, « L'infantile est sexuel et le demeure, il ne se cantonne pas dans les zones les plus troublées de l'indifférenciation, il affronte inévitablement la différence et s'en accommode *plus ou moins* » (Chabert, 2015, p. 90). Le sexuel excède en effet, la vie durant, toute possibilité de son intégration complète dans « l'assomption » de la castration, de la différence des sexes. Alors, ce qui se trouve dérobé au regard par cette prégnance fascinante du phallus, jusque dans la théorie, peut-il être sans rapport avec l'interrogation ultime de Freud concernant ce point de butée qui entrave l'analyse : le « roc » de la castration ?

Anatomie de la castration

« L'anatomie c'est le destin », on sait combien Jean Laplanche a pu dénoncer cette célèbre formule tellement prise dans une confusion entre le biologique et l'anatomique. Une anatomie en jeu qui est ici fondamentalement soumise au leurre de la perception et qui s'avère n'être qu'une figure de l'illusion. En effet, il s'agit là d'une anatomie « populaire », perceptivo-fantasmatique et nullement scientifique, et qui, comme telle, peut perdurer psychiquement au-delà de toute acquisition d'un savoir médical. Ainsi le scientifique lui-même restera toujours soumis au trouble que provoque en lui le sujet, en témoigne ainsi le fait que la première description anatomique complète du clitoris ne date que de 1988. On voit à quel point ce qui touche à la sexualité est toujours une affaire minée par le sexuel infantile. « On ne voit rien » : partant du texte de Freud où celui-ci décrit le refoulement de l'olfactif dans ce passage qu'effectue l'homme à la station debout, Laplanche met l'accent sur le fait que cette position rend davantage perceptible l'un des deux sexes. Il s'agit donc là d'une perception erronée de la réalité de la différence *des* sexes qui, nous dit Laplanche, devient alors différence *de* sexe. Ce changement décisif de statut pour l'humain, le passage à la station debout, n'épuise pourtant pas la possibilité de perception du sexe féminin qui, pour l'enfant, trouve bien des lieux et d'autres positions (de la nurserie à la salle de bains, etc.) pour se réaliser. De fait, quelle que soit l'interprétation anthropologique que l'on se donne, celui qui ne veut pas voir un sexe féminin le scotomisera, et il pourra même aller jusqu'à y voir *l'absence d'autre chose*. Mais, aujourd'hui, l'anatomie n'est réellement plus le destin, puisqu'on peut modifier son corps et rendre celui-ci relativement « conforme » à l'identité sexuée que désire la psyché : « J'ai compris [...] que ce n'était pas à mon être de changer, mais à mon corps » (Chaumont, 2017).

Cette tendance sociale actuelle qui fait la part belle à la *conviction* de son identité sexuée, plus qu'à sa propre réalité bio-physiologico-anatomique, peut être considérée comme un refus ou un déni de ce que la nature a fait éclore et à ce titre elle peut être interprétée comme un refus de la reconnaissance de la réalité. Mais si elle peut parfois prendre, ou révéler, un aspect délirant, il n'en reste pas moins vrai qu'un tel noyau d'illusion est toujours présent, plus ou moins effectif, chez tout un chacun. À tel point que l'on peut ainsi dire après Freud que la réalité psychique sur laquelle s'ancre l'identité sexuée est le ressort le plus déterminant dans la conviction d'être celui-ci ou celle-là, et pourquoi pas ceci ou cela. Mais pourquoi ne penser qu'un seul sexe ? Cette contingence, relative, de la prééminence perceptive d'un sexe, le pénis, a ordonné le monde suivant une logique phallique, binaire, devenant le signifiant princeps de la symbolisation de présence/absence. Est-ce que cela obère pour autant toute autre possibilité de symbolisations, au pluriel ? Plus encore, comme en témoigne l'expérience singulière de chaque cure, est-ce que celles-ci ne sont pas nécessaires pour gagner en liberté psychique ?

Cette croyance généralisée à l'existence d'un seul sexe, due à la perception externe de la différence des sexes, avait été interrogée par les analystes contemporains de Freud, notamment par des femmes qui avaient porté leur attention sur la perception interne. On connaît le débat sur la connaissance précoce ou la méconnaissance du vagin. Quand découvre-t-on cette zone intérieure ? Freud parlait du silence des organes (expression empruntée à Claude Bernard), et de fait, ce sont bien l'excitation, la douleur et le plaisir qui rendent ceux-ci accessibles à la conscience. Il est fort douteux que le vagin ne se fasse remarquer par l'une ou l'autre de ces sensations bien avant la puberté. Le croire c'est retrouver l'effet d'aveuglement de l'anatomique et ses conséquences herméneutiques. L'organe visible c'est donc, pour la fille freudienne, le clitoris. On pourrait gloser sur cette « visibilité » bien démentie par l'ordinaire de la sexologie, mais la vision qui découpe la vulve, pour en faire saillir la partie la plus érectile est déjà commandée par ce qu'il faudrait voir et qui empêche de voir ce qui est. Et avec cette perception surinvestie du clitoris, comme pénis atrophié, ce qui est dissimulé, comme pour un iceberg, c'est la réalité de sa profondeur, de son intériorité et de ses *connexions*, les bulbes vestibulaires enserrant le vagin. Comment les excitations clitoridiennes, bien présentes chez les petites filles, pourraient alors n'avoir aucun effet sur l'érogénéité du vagin, ne produiraient aucune sensation, même diffuse, au niveau de celui-ci, attestant, sinon de sa connaissance, au sens le plus secondarisé, mais du moins de son existence sensorielle consciente ? Bien loin de souligner leur connexion intime, qui peut, au gré des refoulements, se distendre ou se défaire, Freud abonde même dans ce sens en arrivant lui-même à souhaiter cette relation d'exclusion qu'il estime nécessaire à « l'épanouissement de la féminité ». Et Freud détruit la connexion de la bisexualité, qui lie pourtant étroitement le clitoris et le vagin : « La masturbation au niveau du clitoris serait une activité masculine [...] l'épanouissement de la féminité aurait pour condition *l'élimination* [Je souligne] de la sexualité clitoridienne » (Freud, 1925j, p. 198). Ici, Freud généralise et ne précise pas qu'il s'agit là d'une sexualité clitoridienne qui serait exclusive de toute jouissance vaginale, ce qui, précisément, est bien la marque d'un refoulement. La sexualité féminine comporte les deux dimensions, celles de l'extériorité et de l'intériorité érogènes du corps, et si le rapport à l'interne est souvent le plus problématique, il n'en reste pas moins vrai que la connexion des deux est plutôt garante de l'accès à la féminité et à la jouissance.

J'évoquais les conséquences herméneutiques de l'aveuglement anatomique, la meilleure illustration récente de leur enracinement dans la psyché, y compris dans celle des analystes, m'en fut donnée récemment lorsque, à l'occasion d'une discussion entre collègues suivant une conférence, une analyste reprit de la conférence du jour l'image classique du sexe féminin comme blessure. Après deux autres interventions masculines sans réaction à ce propos, un troisième analyste homme fit remarquer que le sexe de la femme ne saurait pour lui se réduire, et fort heureusement, à cette figuration. Comme si le sexe de la femme ne saurait être identifié que par comparaison au sexe masculin, identifié par une absence ou comme la théorie infantile le propose, par un retranchement, par une castration. Ce qui se trouve mis en jeu c'est l'extraordinaire investissement narcissique du pénis qui se trouve chez le petit garçon mis en péril par le procès œdipien. Et si l'angoisse à son propos est si intense c'est que de quelque côté qu'il tourne son désir, la mère ou le père, la condition de réalisation du désir ou la sanction imaginée sera la même, il sera puni par là où il a péché : la castration comme punition s'il désire la mère, ou comme préalable s'il veut être aimé du père. Il faudra donc qu'il renonce et qu'il aille voir ailleurs… Quant à cet extraordinaire investissement narcissique du pénis, pourrait-il exister sans qu'il ne se réfère peu ou prou au désir parental ?

Les hommes en proie à un désir de changement de sexe ouvrent alors une interrogation sur la castration nécessaire à leur transformation : *quid* de l'angoisse de castration ? Comment un homme peut-il donc souhaiter être castré ? Serait-ce psychiquement en tant que femme, puisque c'est ainsi qu'*il* se pense, en tant qu'*elle*, femme souhaitant, et pourquoi pas, « assumant » sa castration ? On touche précisément ici aux soubassements narcissiques qui sont à la base du pilier phallique. Paradoxalement, le souhait d'une castration, pourtant risque narcissique majeur, peut viser une sauvegarde narcissique. Ce souhait peut résulter d'un appel non reconnu à une instance séparatrice, comme une tentative pour se dégager de l'impasse d'un narcissisme trop fragile, là où le sujet est trop dépendant de la présence permanente de l'autre afin de s'assurer d'en être toujours aimé, le tout baignant dans une amplitude dangereuse, celle d'une ambivalence bien mal tempérée.

La castration offre bien une solution de continuité, une ouverture permettant de s'extraire d'un Œdipe qui autrement s'éterniserait, mais la symbolisation libératrice n'est jamais garantie, et jamais exhaustive. L'angoisse de castration peut continuer à témoigner pour l'adulte du maintien d'une actualité inactuelle. Car si la castration permet de renoncer à l'objet pour sauver son intégrité narcissique en ouvrant au déplacement des investissements œdipiens sur d'autres objets, tout ne saurait fonctionner aussi « structuralement » et tout ne peut être symbolisé par la castration, devenue le signifiant majeur de la binarité, de la présence/absence. Une part importante de la psyché ne saurait s'y subsumer, et pour la fille et pour le garçon. Devenir une femme ou devenir un homme nécessite de pouvoir aussi composer avec cette donnée qu'est la passivité originelle de l'enfant face à la séduction de l'adulte. Il lui faut réagir, s'organiser face à cette excitation de l'autre qui devient ensuite source interne d'excitation, le sexuel infantile, et c'est pourquoi s'ouvre ici le royaume *des* fantasmes.

Fantasmatisation de la bisexualité

Il est un peintre auquel Freud ne se réfère jamais, Michelangelo Merisi, dit le Caravage. Et pourtant son exploration de l'humain se révèle à bien des égards tellement proche de celle de Freud. Ainsi son œuvre débute également par une mise en lumière de la bisexualité à travers des personnages sexuellement ambigus, peints dans des couleurs vives et gaies, mais qui sont vite troublées par ces regards qui traduisent l'angoisse ou même l'effroi : ainsi du jeune garçon mordu par un lézard jusqu'à cette extraordinaire tête de Méduse, censément reflétée sur le bouclier de Persée, mais qui est en fait un autoportrait. Dans ces tableaux, la bisexualité rencontre la différence des sexes via la castration et la question identificatoire. Et les décapitations se succèdent dans l'œuvre, des équivalents de la castration, mais pas seulement. Caravage traque le regard, la fenêtre de l'âme, pour le saisir dans ce moment de vertige où la jouissance côtoie l'effroi. On s'approche des couches profondes, l'usage du clair-obscur va laisser place à un contraste de plus en plus brutal entre l'arrière-plan qui s'assombrit jusqu'au noir (le ténébrisme) et la figure éclairée qui devient blafarde dans ses dernières toiles. La violence qui se manifeste dans ses tableaux reste toujours sur le fil qui sépare la mort et la petite mort. Nicolas Poussin aurait dit qu'il ne pouvait souffrir Caravage, que celui-ci était venu au monde pour détruire la peinture. Mais ce n'est pas la peinture que celui-ci détruit, seulement une certaine idée de la peinture. Ce qu'il cherche à représenter est du côté de l'obscurité du pulsionnel. La figure éclairée émerge du *dark* jusqu'à sa dernière toile où Sainte Ursule subit son martyre, transpercée par la flèche qu'un homme a tirée sur elle à bout portant. Le *dark*, c'est celui des femmes, du continent noir, mais aussi celui des couches profondes de la psyché, des endroits en mal de liaison, livrés aux pulsions de mort : « Là où la pulsion survient sans visée sexuelle y compris dans la rage de destruction la plus aveugle, on ne peut méconnaître que sa satisfaction est connectée à une jouissance narcissique extraordinairement élevée, du fait qu'elle fait voir au moi ses anciens souhaits de toute-puissance accomplis » (Freud, 1930a, p. 307-308). Mais cette hostilité sans objet repérable est envahissante et elle est aussi un danger pour le moi, car elle installe en lui « l'inconnu et l'informe, le pas encore représenté, l'écho du primitif » (Beetschen, 2003, p. 1475). C'est bien à cet endroit que se pose la question de la liaison, de la figuration de ce qui dans la psyché est du côté du pulsionnel le plus sauvage. La sauvagerie pulsionnelle peut trouver dans les figures de la bisexualité des possibilités de figuration et de symbolisation ouvrant au jeu complexe, externe et interne, de l'un et de l'autre. Mais la fantasmatisation bisexuelle peut se figer dans une représentation de toute-puissance, « être l'un et l'autre », et, sur un fond narcissique de perte impossible, empêcher toute assomption de la conflictualité vis-à-vis de « l'autre » et mener à une dérive mélancolique ou sadomasochiste. La sauvagerie pulsionnelle, celle des pulsions de mort, c'est ce à quoi était exposé Caravage et qu'il tentait de figurer dans la représentation de l'instant conflictuel majeur, entre vie et mort. La bisexualité lui avait fourni une représentation plus « heureuse » qui s'est vite lézardée, et le recours à la castration n'a pu suffire à lier, à symboliser tout ce qui surgissait de façon sauvage, il lui a fallu trouver d'autres figurations ; comme dans l'analyse, quand la sauvagerie destructrice peut se manifester dans le transfert et qu'elle doit trouver un mode de figuration qui la connecte au moi.

La castration n'est pas le seul fantasme qui offre à l'excitation une psychisation, par une figuration qui peut ouvrir à une symbolisation, on en connaît d'autres, communément partagés et dits originaires : le retour dans le sein maternel, la séduction, la scène primitive. Cette possibilité d'une diversité de symbolisations cesse-t-elle dès lors que le fantasme de castration a étendu son emprise, doté qu'il est d'un si bon *code*, son mode de symbolisation de la présence/absence englobant alors tous les précurseurs symbolisants de la perte de l'objet ? Pourtant, comme dans la fameuse image de Rome, celle que Freud utilise pour décrire les strates de la psyché, ces autres fantasmes ne disparaissent pas, et surtout, leur temporalité se conjugue aussi au présent. Ils sont constamment retravaillés dans la vie au profit du modelage de la ville entière. À méconnaître leur importance toujours actuelle dans la cure au profit exagéré, impérialiste, de celle « plus élevée » de la castration, donc du phallus, on laisse de côté une compréhension possible de ce qui se joue dans l'appellation « refus du féminin » pour les deux sexes. La castration, on le sait, rend effectivement aveugle, et parfois même sourd. Il ne peut rester alors devant soi qu'un roc. Serait-ce « un roc d'abîme », pour reprendre en partie le titre du livre d'Annie Le Brun consacré à Sade ? Se tenant à la porte du *dark continent*, le *fascinus* en est toujours ce qui le cache.

La découverte de la différence des sexes et la complexification psychique qui en découle viennent conflictualiser après-coup les premières identifications du sujet, elles qui portent la marque d'une bisexualité qui n'est pas encore pleinement reconnue. Le changement psychique pour l'enfant s'étaye sur la capacité de s'identifier « à » et plus seulement d'être identifié « par ». Et les identifications sont des compensatrices de la perte de l'objet. Mais, c'est d'abord de l'être dont il s'agit, avec le « je suis l'objet » initial, être l'objet idéal avant que la question de l'avoir ne se pose. L'identification porte donc d'abord sur *l'être*, avant que la différence des sexes et l'Œdipe ne fassent entrer en ligne de compte *l'avoi*r. Dans « Psychologie des masses et analyse du Moi », Freud écrit que « le père est [d'abord] ce qu'on voudrait être » secondairement suite à une inversion, un retournement dans l'Œdipe, « le père est ce que l'on voudrait avoir » (Freud, 1921c, p. 44). Le père est-il aussi ce qu'on voudrait être parce qu'il est l'objet du désir énigmatique de la mère auquel l'enfant cherche à s'identifier ? Une identification qui pourra s'effectuer à un trait de l'objet, parfois le plus « saillant ». C'est le *Vorbild* de l'identification de l'hystérique pris(e) dans la tragicomédie qui se joue entre l'avoir et l'être.

L'enjeu de la castration, sauver son sexe, peut entraîner un certain « renoncement » à des identifications, donc à une partie de son être fondamentalement bisexuel. Mais quand « l'être » se trouve ainsi trop menacé par la différence des sexes, alors c'est l'avoir qui pourra céder devant la nécessité d'une continuité de l'être. Paradoxe, celle-ci peut chercher à se réaliser au prix d'une coupure, fût-ce sur son corps propre. Sacrifier une partie pour conserver un *tout* même au prix d'une amputation. La castration non plus seulement comme angoisse, mais comme désir. Ainsi, banalement, les petits garçons peuvent jouer à faire disparaître et réapparaître leur sexe, avec un plaisir pris à jouer avec l'horreur de la castration (à la déjouer) et, dans le même temps, avec un plaisir pris à s'identifier à une fille, à la mère.

Matthieu ou le désir de castration

La bisexualité s'affichait d'emblée chez Matthieu. Dans son visage d'angelot, dans son allure gracile, mais pourtant Matthieu ne laissait planer aucun doute à son interlocuteur sur son genre, c'était un garçon. Il était venu me rencontrer à la suite d'une déclaration qu'il avait faite à sa mère en lui exprimant son souhait qu'*on* lui coupe le zizi et il avait précisé qu'ainsi il pourrait être une fille. Une différence des sexes qui était bien perçue sur le plan génital et accompagnée non pas d'une angoisse de castration, mais au contraire d'un *désir de castration*. Est-ce que son désir d'être une fille avait pu trouver avec la découverte de la différence des sexes son mode de réalisation ? Pourtant il ne doutait pas de son genre, mais il souhaitait être une fille. Il avait perçu la différence des sexes et compris que pour réaliser ce désir, son zizi était gênant, mais je me disais que, peut-être, son zizi pouvait le perturber aussi pour d'autres raisons, et qu'il y avait éventuellement quelque chose d'autre à couper. On sait bien que dans un rêve un couteau ne renvoie pas automatiquement et exclusivement à la castration, mais que si l'analyste se contente de cette interprétation univoque, d'ailleurs parfois proposée par l'analysant lui-même, cela risque de « couper court » à la poursuite des associations, donc tout simplement de renoncer à la méthode analytique elle-même.

L'univers familial révélait autour de Matthieu une grande présence maternelle et grand-maternelle, contrastant avec un père qui semblait plus lointain. Matthieu prenait plaisir à se déguiser en fille, c'est-à-dire en princesse. Sa grand-mère participait avec entrain à ces jeux, voire les encourageait quand sa mère disait en être lasse. Lors de notre première rencontre, avec ses parents, Matthieu était attentif, arborant un air malicieux et heureux. Les parents, quant à eux, étaient inquiets de son éventuelle transsexualité. Le jour où je reçus Matthieu seul, il manifesta une angoisse massive quand sa mère eut franchi la porte de mon bureau. Il se mit à pleurer en appelant maman, et une vague de désespoir l'envahit et ne cessa d'enfler, avec des sanglots, puis des hurlements. Je lui parlais, j'essayais de le rassurer. Rien n'y faisait et cela durait. Je le sentais néanmoins présent quand je croisais son regard, prêt à un contact. Cela me donna l'idée de lui proposer un *squiggle*. Les yeux embués, il regarda avec intérêt le premier trait que je traçai sur la feuille de papier puis il prit volontiers le crayon que je lui proposai et se mit à prolonger le dessin. Un contact s'était noué, de bon augure, compte tenu de l'intensité de ses manifestations d'angoisse au départ de sa mère. J'appris secondairement par les parents combien elles étaient fréquentes et problématiques.

Les filles, il disait donc vouloir en devenir une, mais il apparut que celle-ci devait relever d'une catégorie de filles qui ne court pas les rues : celle des princesses. Et de fait, lorsqu'il se déguisait, se travestissait, c'était pour être une princesse. Pendant des séances et des séances, inlassablement, Matthieu dessina des princesses vêtues de longues robes et arborant une longue chevelure. Il était à son affaire, le regard énamouré pour ses princesses, et je pensais à la phrase de Freud à propos de l'identification primaire, là où, « [...] aux primes origines, dans la phase orale primitive de l'individu, investissement d'objet et identification ne sont sans doute pas à différencier l'un de l'autre » (Freud, 1923, p. 272). Cette itération de ses séances finit par me peser : qu'en perçut-il, qu'en pensa-t-il ? C'est dans cette période qu'il évoqua alors de lui-même, pour la première fois dans sa cure, le « couper mon zizi ». Il le fit alors de façon enjouée, ludique, voulait-il me réveiller ? Il le dit, tout comme il dessinait, en paraissant se mouvoir dans un imaginaire, là où on peut effacer d'un coup de gomme et puis où on peut retrouver le trait initial, même si le dessin se transforme la première mouture n'est pas perdue, pas vraiment obsolète. De cet espace, en même temps, il m'adressait ses mots. À partir de ce moment, Matthieu se mit à traquer l'imperfection dans ses dessins, et il la trouvait régulièrement. Ceux-ci ne le ravissaient plus, même gommés, redessinés, il leur trouvait toujours un défaut. Les séances changèrent de physionomie, Matthieu était alors moins concentré sur les dessins qu'il réclamait toujours de faire, il devint agité, se tortillant sur son siège, gigotant et se touchant fréquemment le zizi. Dans ces moments en le voyant aussi excité génitalement, je pensais à sa demande de couper son zizi : ce désir de castration, était-ce aux fins d'éradiquer le danger d'une trop forte excitation ? Il se mit alors à demander quasi à chaque séance à aller aux toilettes. Une demande qui suivait souvent la période de gesticulation. Pour y trouver une décharge possible, une satisfaction urétrale, ou anale, car il précisait souvent que c'était pour la « grosse commission ». Dans cette période d'excitation transférentielle, peut-être née de mon insatisfaction évoquée précédemment, suite à laquelle il s'était mis à traquer le défaut, il relançait sa recherche portant sur l'objet du désir de l'autre : celui des femmes de la famille pour lui – il en connaissait déjà un petit bout à ce propos –, mais aussi et peut-être surtout, sur celui de son père. Fallait-il devenir une fille pour l'intéresser, pour le séduire, était-ce ce que son père attendait, lui demandait ? Était-ce aussi pour lui demander de couper une relation d'exclusivité à l'autre par trop excitante ? Les intermèdes des toilettes à cette période étaient des moments où il mettait en jeu une symbolisation de la séparation, si douloureuse pour lui. Et si les princesses restaient bien présentes, toujours marquées du sceau de l'idéalisation, elles étaient maintenant confrontées au problème de l'imperfection, du défaut. La représentation phallique se lézardait, une ouverture pouvait s'initier. Et un jour, alors que Matthieu avait, mécontent, froissé son dessin puis l'avait jeté dans la corbeille, je lui dis : « La princesse à la poubelle ! » Il me regarda et se mit à sourire. Et, dès lors, quand il jetait un dessin, il répétait gaiement et à l'envi « la princesse à la poubelle ! » J'appris ensuite que cette figure phallique, la princesse, pour lui pièce fondamentale du jeu d'investissements et d'identifications, trouvait dans l'histoire familiale un point d'ancrage : en effet, une fille d'une génération antérieure était morte et pour lui, s'identifier à cette petite princesse devenue l'objet d'une mélancolie pluri-générationnelle, c'était pouvoir s'assurer de la permanence d'une relation, d'une satisfaction édénique dont on sait quel peut en être le prix, une livre de chair. Pouvoir ainsi jeter enfin à la poubelle la princesse, cet objet d'amour et d'identification, c'était du même coup ouvrir à l'un et à l'autre, à la bisexualité psychique, et le « couper mon zizi » pouvait signifier le désir de quitter une identification par trop aliénante, celle d'être le phallus d'une femme ou encore d'être une fille-phallus. Son désir de castration me semble ainsi se rapprocher de celui du petit Hans, désir, pas simplement angoisse, désir que son père soit enfin l'agent d'une castration phallique entre sa mère et lui.

Nous allions cesser de nous rencontrer et la date de la dernière séance approchait. Matthieu y fit allusion et me dit qu'il avait une question à me poser. Il semblait un peu gêné aux entournures et, après avoir hésité, il finit par me demander : « Dis, Monsieur L, quand ce sera la dernière fois que je viendrai, est-ce que je pourrai m'asseoir dans ton fauteuil ? »

Le phallus fige, il obstrue le mouvement. Un trop de métaphore et un manque de métonymie, de dérivation, de déplacement. La prégnance de l'identification phallique pour les deux sexes les ramène à l'unique, à l'Un. La reconnaissance de l'un et de l'autre sexe ne saurait s'en tenir à la seule découverte perceptive de la différence des sexes. En effet il est nécessaire de conceptualiser celle-ci, qui est initialement différence de sexe, et cette opération va alors rencontrer inévitablement le rapport aux identifications aux deux sexes. Le travail psychique nécessaire pour reconnaître les deux sexes peut s'avérer pérennement problématique. En témoigne la femme qui combat le renoncement au phallus par le biais de son « inextinguible » envie du pénis, et qui se protège ainsi d'avoir à affronter, du même coup, un autre renoncement, identificatoire, qui, lui, mettrait alors trop dangereusement en jeu son narcissisme.

La castration, un désir de femme ?

On le sait, la castration a un agent, Matthieu le disait aussi en exprimant son désir qu'*on* lui coupe le zizi. Et si la castration est plus généralement vécue comme une menace, le « *on* » reste une vraie question, car de qui la menace émane-t-elle ? Freud reconnaît que c'est le plus souvent de la part des femmes qu'elle survient, de façon voilée et rarement directe (Freud,

1924d, p. 28). Mais elle se réfèrerait invariablement au père et l'on sait bien le succès planétaire qu'a pu connaître le « Au nom du père ». Sans nier l'efficacité symbolique de cette déclamation, on peut néanmoins ne pas se fermer toute autre possibilité de penser la *bisexualité de la castration*. La menace proférée par les femmes, Freud la décrit pourtant, on pourrait dire en leur nom propre, dans leur réaction à ce que l'on appelait les « mauvaises habitudes » de l'enfant, autrement dit, ses activités autoérotiques. L'effet excitant de celles-ci ravive leur propre sexuel infantile et les fantasmes afférents, et ainsi, ces femmes peuvent bien convoquer le père interdicteur et, dans le même temps, exprimer d'autres désirs.

On peut ainsi penser que le désir de Gaïa est présent dans la castration mythique d'Ouranos par leur fils Cronos. Si celle-ci s'effectue, c'est bien parce que celui-ci aide sa mère à tirer vengeance de son mari. Il castre ainsi son père avec la faucille que lui donne Gaïa. La mère émasculerait-elle son mari par procuration pour jouir tranquillement de son enfant phallus ? Cronos tentera bien de se détourner de cet inceste en épousant… sa sœur, Rhéa. Mais bien évidemment, le scénario « le fils chasse le père » doit se reproduire pour Cronos, lequel croit pourtant pouvoir déjouer la malédiction en dévorant tous ses enfants. On sait qu'il n'échappera pas à la ruse de Rhéa qui lui fera avaler une pierre à la place de son fils Zeus. Mais, pour ce même Zeus, la menace du fils se renouvelle quand Métis se trouve enceinte de lui. Pour s'en préserver, il avalera alors la mère avec l'enfant qu'elle porte et il accouchera ainsi lui-même d'Athéna, femme phallique à jamais vierge. Zeus devient ainsi modèle mythique de la bisexualité, voire d'une intersexualité que l'on observe dans la nature quand un animal, en fonction de la nécessité de l'adaptabilité, notamment pour la survie de son espèce, peut changer de sexe.

Ainsi, des femmes castrent les pères à l'aide de leurs fils. Et pour ceux-ci, se castrer peut parfois se révéler la solution ultime pour échapper à l'emprise du désir maternel ou paternel bisexuel. Et, comble de l'ironie, cette automutilation est porteuse d'une identification au père, toujours castré [8]. L'angoisse de castration, angoisse masculine par excellence, se trouve donc

8. Comme dans un autre exemple tiré de la mythologie où Adgitis, hermaphrodite, dont l'ambiguïté insupportable a conduit à sa castration par les dieux, a donné naissance à Attis (une conception à l'aide de son sexe coupé dont la semence s'est écoulée dans la terre mère). Celui-ci devenu homme rencontrera un jour son père, devenu donc « *elle* », une femme, et en sera aussitôt aimé. Cet amour incestueux fait horreur à Attis, qui devient fou et… qui s'émascule ! Comment échapper à une telle confusion des générations, des sexes, et à la violence de sa scène primitive ? Pour y échapper, il vaut mieux se castrer, ne plus être porteur du pénis, mais en demeurant ainsi dans une répétition infernale de sa scène primitive, en étant castré comme son père.

le plus souvent référée au père, comme la sanction du désir incestueux, nonobstant le fait que pour Freud ce soit le plus souvent des femmes qu'émane la menace. Ainsi, dans « L'Homme aux loups », Freud va jusqu'à en faire un héritage phylogénétique qui fige la question de la menace du côté des hommes : « [...] même dans les cas où la menace n'est pas rapportée au père, il existe un schéma phylogénétique qui veut que, *de toute façon* [je souligne], quel que soit celui qui le formule, c'est toujours en dernière analyse, au père que cette menace sera reportée » (Laplanche, 1980, p. 67). *De toute façon*, une mère ne saurait donc éprouver un désir de castrer son fils. Si Freud cherche toujours à éluder la dimension agressive de la mère envers son fils, il la reconnaît bien chez la femme envers l'homme, par le biais de la violence de son envie du pénis. Une envie qui, pour une mère, peut se trouver saturée par *son garçon porteur du phallus*. Néanmoins, la possession en propre du pénis par son fils ne manque pas de susciter chez sa mère, notamment à l'occasion de moments de déception ou d'insatisfaction dans leur relation, des sentiments ambivalents. Dans « Le tabou de la virginité », Freud pouvait dire que les hommes redoutent plus ou moins inconsciemment l'envie de pénis chez la femme, ce désir d'arrachement, ce désir de castration réparateur qui se trouve situé chez la femme. Laplanche, dans *Castration-Symbolisations*, insiste sur l'importance de cette dimension : « La loi de castration ne serait pas, ou pas seulement, véhiculée par les menaces ou bien héritée comme schème éternel, elle serait perçue et intériorisée à partir d'une perception de l'inconscient maternel et du propre complexe de castration présent chez la mère » (*ibid.*, p. 176). Ainsi la castration se présenterait d'abord dans la relation mère-fils avant de jouer son rôle dans le temps de l'Œdipe. Elle se situerait alors davantage dans le rapport de l'enfant à la féminité de sa mère et en fonction des modalités de celle-ci, acquérir une place plus ou moins significative dans la relation au père (*ibid.*, p. 176).

Freud butait sur une très difficile reconnaissance de l'ambivalence maternelle envers le fils. Et pourtant, il s'agit là d'une problématique décisive qui pourrait bien se cacher derrière le roc d'origine décrit comme le point de butée ultime pour l'analyse. Plusieurs analyses menées par Freud semblent bien avoir achoppé contre-transférentiellement sur la question de la haine dans le transfert maternel.

Bisexualité « oubliée » et fin d'analyse

Freud exprima à plusieurs reprises sa fantaisie d'une relation mère-fils qui serait dénuée d'ambivalence. Le même Freud qui, des années durant, fut hanté par l'angoisse de mourir avant sa mère, car il pensait que cela aurait immanquablement provoqué la mort de celle-ci (Lévy, 2010). Freud n'échappe pas à l'ambivalence, et sa mère chérie, comme toutes les mères, non plus. On peut d'ailleurs étouffer l'autre avec son amour. Il dit à Jones (lettre à Jones) son surprenant manque de douleur quand celle-ci décède, et… il n'assiste pas à l'enterrement de sa mère, *sa fille*, Anna, *le représente*. Freud ne peut rien dire de ce qui se passe en lui, dans les couches profondes, dans cette zone obscure du maternel et du féminin : « *There is no saying…* » (Freud, 1908-1939, p. 776) Un travail de deuil est-il possible ou seulement une dérive mélancolique ? Conrad Stein écrit : « Mais autant la lumière – autrement dit, la science – procède du deuil du père, autant la noire mélancolie est liée à la figure d'une mère, fondée, plus précisément, sur la haine indestructible [de la] mère » (Stein, 1987, p. 37).

Cet endroit esquivé, les couches profondes, est la source du reproche adressé par Ferenczi à son analyste. Si son analyse n'a pu être menée à son terme, c'est parce que Freud n'a pas suffisamment pris en compte la haine dans sa cure : je dirais plus précisément, la haine dans le transfert maternel (Lévy, 2014). Celui que Freud disait ne pas aimer : « Ça me surprend et me choque toujours un peu » (Doolittle, 1977, p. 65). Qu'est-ce qui le choque « un peu » dans l'idée d'être la mère, est-ce d'« être » ainsi une femme ? Une question œdipienne, mais pas seulement. N'est-ce pas aussi le risque de retrouver toute la question de la bisexualité dans son rapport intime à l'identité, dans un temps qui n'est pas encore celui de la différence des sexes, mais plutôt celui de la confusion des corps et des êtres dans l'homosexualité primaire entre mère et fille, mais aussi entre mère et fils ?

Si l'analyste refuse la place maternelle assignée par le transfert, alors persiste le « *there is no saying* » dans ces couches profondes où l'hostilité sauvage qui y règne demeurera privée d'ouverture à des symbolisations, laissant l'analysant face à l'affrontement à la mère primitive, à la mauvaise mère, c'est-à-dire à la brutalité de la pulsion.

LES IDENTIFICATIONS ET LE CONFLIT

De la menace de castration jusqu'au désir de castration œuvrant comme une solution pour échapper à la force d'attraction si menaçante du désir parental (la cure de Matthieu), ce procès, qui dans la plupart des cas se déroule psychiquement sans mettre en jeu la réalité corporelle, est traversé par la question de la bisexualité. En effet, les identifications y jouent un rôle essentiel, l'identification primaire est renforcée et complexifiée par les identifications ultérieures, moïques, qui pourront la conflictualiser. L'identification est une « moïfication » de l'objet, elle est conservatrice de l'objet, elle est compensatrice de la perte de l'objet (Florence, 1984). Mais quand la conflictualité liée aux choix se fait jour, on pourra alors constater les effets délétères dus à certains renoncements à l'objet lorsque ceux-ci ne peuvent s'effectuer que sur le mode mélancolique [9] (Chabert, 2015, p. 105). Il ne reste alors qu'à tenter de fuir l'excitation de l'autre dans un repli autarcique avec, de ce fait, le sadisme qui vient s'exprimer à l'encontre du moi quand l'attaque vise l'autre, et avec le danger que ce moment mélancolique se pérennise.

Le doute peut alors s'instaurer, mortifère, et renvoyer répétitivement au « choix impossible d'une identité sexuelle qui oblige à affronter à la fois le choix d'objet et les mouvements identificatoires » (*ibid.*, p. 175) : à sa façon, Léon y était confronté.

Le conflit identificatoire : Léon, comme une fille

Il avait peur de devoir toujours rester à la porte, comme le personnage de Kafka, dans sa nouvelle « Devant la loi », et pourtant, comme pour celui-ci, il tenait qu'à lui de la franchir. Et c'est bien là ce qui lui posait un sérieux problème. Sa femme, bien loin de verrouiller sa porte, n'hésitait pas à lui faire montre de son propre désir sexuel, et, justement, cela lui faisait terriblement peur. Léon, qui disait « adorer » les femmes, en être toujours entouré, en avait assez de ne pouvoir en jouir « comme un *vrai mec* » et était venu consulter un analyste, un homme. Il était l'enfant préféré de sa mère, une femme exigeante, qui lui répétait pendant son enfance que les filles réussissaient mieux scolairement que les garçons. Ce discours avait pesé sur ses études sur lesquelles s'était cristallisée une part de son conflit interne, celui qui le partageait douloureusement entre contredire sa mère et lui montrer qu'elle avait raison. Être une fille pour réussir et ainsi plaire à une mère

9. Chabert C., « Bisexualité : mélange ou différence des sexes ? », *op. cit.*, p. 105. Je renvoie ici aux travaux de Catherine Chabert, notamment à son hypothèse, dans « Bisexualité, mélange ou différence des sexes » qui postule que le moment mélancolique est une potentialité pour tout un chacun, et même que « toute cure mobilise un processus bâti sur ce modèle qu'[elle] appelle "moment mélancolique" : celui-ci est déterminé par la lutte contre la passivité, il témoigne du refus actif de reconnaître l'empreinte de l'autre (de l'analyste), d'accepter les modifications qu'elle implique. »

pour laquelle, justement, la réussite était un idéal de puissance, ou bien être un garçon impuissant, lui pourtant le préféré, censément parce qu'il était un garçon. Mais si fières qu'elles puissent être que leur fils possède ce qu'elles n'ont pas et ainsi de s'en satisfaire narcissiquement, de l'aimer follement, la moindre variation quant à cette exigence réparatrice pourra révéler toute l'ambivalence des mères envers leur fils, et ainsi l'expression de toute leur haine, n'en déplaise à Freud.

Alors, être un garçon ? Léon disait que cela aurait été plus simple s'il avait été une fille. D'ailleurs il avait toujours été un peu attiré par les hommes, ceux-ci le fascinaient, mais, dans la brève relation homosexuelle qu'il avait connue, il n'avait pas apprécié que son partenaire prenne tout en main. Cette histoire l'avait convaincu qu'il préférait les femmes. Avec lesquelles il retrouvait la même problématique. Être un homme, c'était pour lui une vraie bataille, il fallait toujours qu'il montre qu'il était un homme et c'est pour cela qu'il était autant entouré de filles. Il disait qu'il voyait que cette assomption de la virilité était aussi compliquée pour son père. Un père dont il soulignait le physique pourtant très masculin, un père dont il déplorait le peu de présence durant son enfance et son adolescence. Malgré toute cette charge bisexuelle ambivalente qui pesait sur sa scolarité, Léon avait néanmoins pu, dans une anxiété permanente, faire des études correctes et, aidé ensuite par le milieu aisé duquel il provenait, il avait pu accéder rapidement à une bonne « situation ». Une situation qui s'avérait en revanche beaucoup plus problématique sur le plan sexuel. Tant avec ses « conquêtes » de jeunesse ou plus récentes qu'avec sa femme, il souffrait de troubles de l'érection. Il insistait sur la force de son amour pour les femmes, pour leur sexe. Un sexe qu'il pouvait contempler longuement et cajoler oralement, ce dont on lui en faisait d'ailleurs compliment. Il avait dit le mot « con/quêtes », du con à la « quéquette », un terme dont il usait souvent dans un sens privatif, pour dire « rien du tout ». Conquête, c'était un mot qu'il aimait particulièrement, ce mot qui rassemblait des signifiants des deux sexes dans une condensation au cœur de sa problématique. Alors surtout ne pas dresser son pénis (phallus) de peur que la femme ne s'en saisisse, ne l'engloutisse et ne le castre. Ce qu'il avait effectivement ressenti face à l'attitude maternelle à son endroit.

Léon est de retour après une période de vacances. Il a rêvé : « Je fais l'amour avec une femme, elle a l'air d'avoir beaucoup de plaisir. Mon fils arrive alors. » Il commente tout de suite : « C'étaient *des retrouvailles, cette séance d'amour.* » Quelles retrouvailles dans l'analyse, pour l'analyse ! Rien de moins que ce rêve d'une scène primitive où je le voyais, comme le furet de Lacan, se déplaçant de l'un à l'autre, de l'un dans l'autre. Dans cette scène primitive c'est « elle » qui jouit quand « lui » se prive du plaisir, ou l'obtient par elle. Il en vint alors à évoquer ce fantasme qui le stimule érotiquement, à savoir quand il imagine sa femme dans les bras d'un autre. Il se soutient identificatoirement d'un autre pour faire jouir sa femme, il est puissant (il admire l'acteur de films pornographiques Rocco Siffredi) et, en même temps, il peut s'identifier à la femme qui a du plaisir. Il est aussi ce fils qui non seulement regarde, mais qui pénètre dans la scène : figuration des retrouvailles d'amour ? Les retrouvailles d'amour, c'était aussi, évidemment, la reprise des séances. Lors d'une séance ultérieure, il continue à parler de son fantasme, « sa femme dans les bras d'un autre », en insistant sur sa valeur d'excitation pour lui « vis-à-vis » de sa femme, mais je pense aussi certainement dans le transfert en séance au moment même où il l'énonce. Alors qu'il insiste sur cet aspect stimulant, de *la* voir avec un autre homme, il déclare alors, non pas « je *la* vois », mais « je *me* vois dans les bras d'un autre ». La jalousie se présente souvent comme le négatif de cette excitation bisexuelle, quand derrière le masque de la possessivité hétérosexuelle elle présentifie de façon permanente la scène primitive et elle exprime la dimension homosexuelle qui vient se manifester ici dans le transfert et dans son adresse à l'analyste.

À la séance suivante, Léon dit avoir récemment connu des jours difficiles avec deux femmes et il déclare : « Il doit y avoir un rapport.» Je me demande *in petto* avec quoi, avec son homosexualité ? Il parle alors du contrôle fis/cal qu'il vient de subir avec une inspectrice des impôts qui « y a regardé de près ». Je pense à sa mère. Il poursuit : « Finalement, ça s'est bien terminé. Je sais séduire les femmes qui ont du pouvoir. Mais ensuite, sexuellement je n'y arrive pas. C'est un truc très masculin le pouvoir. » Les femmes qui l'ont sont-elles forcément phalliques ? Il continue en disant avoir toujours du mal à prendre les choses en main et avoir peur de ce que demandent les femmes. Et puis il se met à parler de la vive dispute de la veille avec sa femme, ce qui n'arrive pas souvent, qui s'est bien terminée, il a pu trouver les bons mots pour sortir de la crise, car, dit-il alors : « Quand même, je ne suis pas *aussi con que ma bite* ! » Je reprends : « Votre bite, un con ? » Léon poursuit alors en décrivant sa femme comme très masculine, c'est son côté mec qui l'attire, mais, dit-il, « je redoute qu'elle ne me supplante », elle qui prend tant de choses en main. « Comme l'inspectrice, comme votre mère ? » Il me rétorque qu'il ne voit pas le rapport (il disait au début de la séance qu'il devait y avoir un rapport), et après un long silence il acquiesce et reconnaît que son côté petit garçon est bien en rapport avec ça, car sa mère prenait tout en main. Et il ajoute : « Je ne suis pas homme et pourtant je me sens bien plus homme que femme. » Il a envie et il a peur d'être supplanté, planté, laissé en plan ou pénétré agressivement. Peu de temps auparavant, Léon se plaignait de mon silence, il m'invitait à *couper* son discours, à ne pas hésiter à *lui rentrer dedans.* Peu après ces déclarations, il souhaita arrêter son analyse en disant qu'il ne pouvait pas aller plus loin. Ce qu'il fît quand même.

Léon est dépité, sa femme s'est montrée très active sexuellement et ça l'a *désarçonné*. Ce n'est pas lui « l'étalon ». Et il poursuit avec une question : « C'est le cavalier désarçonné ou c'est moi qui dois *le* chevaucher ? » Je lui dis, « chevaucher le cavalier ? », ce à quoi il répond en disant que parfois il arrive à jouir en *contournant* l'affaire et en sautant l'obstacle ! Dans le transfert, je suis l'homme qui le tient dans mes bras en même temps que la mère qui le désarçonne, le *dégarçonne.* Celle, trop pénétrante, qui fait trop intrusion dans son intimité, celle qu'il faut repousser pour devenir un homme au risque de perdre son amour. Les relations amoureuses de Léon étaient contraintes par des retrouvailles qui s'effectuaient inlassablement sous l'égide d'une scène primitive où ses identifications le heurtaient à la menace non seulement de la castration, mais de l'abandon. Ainsi pour lui, pas le temps d'assumer une identification sexuée qu'elle s'était déjà renversée, prise dans une ronde folle, dans une sorte de sabbat démoniaque ou dans un maelstrom [10], où il était l'un ou l'autre, l'un et l'autre. Cette image du cavalier et de sa monture, où l'on ne sait qui chevauche qui, se présentait comme la métaphore de sa bisexualité et du rapport que Léon voyait et ne voyait pas avec sa mère. Il choisissait toujours des femmes où ce rapport pouvait se rejouer à l'identique. Cette marque transférentielle vint alors se présenter utilement dans la cure quand Léon en vint à se plaindre de mon « abus d'autorité ». La question du paiement des séances manquées, dont il s'acquittait néanmoins intégralement, marqua le début de l'hostilité. Léon se rebellait contre ce qu'il vivait comme l'autorité phallique (les femmes de pouvoir) et il put enfin ne pas contourner l'obstacle, le conflit.

L'autoritarisme est phallique, on peut espérer que l'autorité puisse s'en dégager. Vers la fin de son analyse, Léon eut un jour ces mots : « l'autorité, c'est un compromis » ; passer de la « con/quête » au « con promis », c'était bien cela pour lui la promesse de trouvailles d'amour qui ne soient pas seulement des retrouvailles trop aliénantes.

10. Le « maelstrom » est un *trou noir* de l'océan.

Symbolisations de la bisexualité : la scène primitive

Dans l'analyse de Léon nous avons pu mesurer toute l'importance du fantasme de scène primitive, un fantasme que l'on peut retrouver réactivé dans toute cure, dans ce lieu qui ouvre à une possible reconnaissance et élaboration de sa bisexualité. La découverte de la différence des sexes vient questionner pour l'enfant l'assignation de son sexe, une assignation qui est inévitablement compromise par les souhaits inconscients des parents. On sait la place que tient alors la castration dans ce moment dominé par la théorie sexuelle infantile phallique. L'enjeu de l'élaboration psychique est toujours celui d'une liaison possible de l'excitation, et notamment à travers la fantasmatisation. Freud nous dit que la première question que se posent les enfants est « d'où viennent les enfants ? » Cette interrogation, « comment suis-je arrivé là ? », porte évidemment sur les origines et elle est prise dans la scène sexuelle qui la sous-tend. Apprenant que les parents lui ont donné la vie, l'enfant associe le « comment ? » à ces moments où ils sont ensemble sans lui, que font-ils en son absence, quel est donc ce commerce que les parents entretiennent ? Cette énigme est aussi pour l'enfant ouverture à une figuration du désir parental à travers une représentation symbolisante et il peut ainsi tenter de s'identifier dans cette scène fantasmatique à tout objet, partiel ou total, qui lui garantisse ainsi une pérennité de la relation, atténuant ainsi les expériences de la détresse et de la frustration dues aux absences et refus parentaux. Le fantasme de scène primitive est le fantasme par excellence (Lavie, 1997), l'endroit privilégié d'élaboration du commerce sexuel entre les parents auquel s'adjoint la question de la place que l'enfant fantasme y occuper et qui trouve à se réaliser grâce à l'identification. Ce fantasme n'est pas fixé une fois pour toutes à une seule version identificatoire, elle-même déjà potentiellement diverse. Il permet, au gré des époques, la vie durant, et particulièrement pendant une analyse, de passer d'une identification à une autre, de les cumuler, en suivant les méandres du procès œdipien. Identification au père, à la mère, aux deux, mais aussi au phallus qui est l'objet du désir maternel et l'instrument de la liaison parentale. Cette matrice fantasmatique est en lien avec les autres fantasmes dits « originaires ». Avec la « castration » qui lui apporte une dimension différenciatrice des premiers « parents combinés ». Avec la « séduction » qui est porteuse d'excitations et de la question du désir de l'autre. Avec le « retour dans le sein maternel » qui trouve dans l'identification au phallus un prolongement du rêve de ne plus être exclu définitivement de l'espace maternel puis de l'espace parental en étant le phallus entre eux deux. À ces fantasmes originaires il est bon, me semble-t-il, d'associer « un enfant est battu ». Dans un déplacement opéré sur la fratrie se maintient la question d'une jouissance dont l'enfant se trouve exclu et qu'il cherche à obtenir identificatoirement. Ce fantasme précise, zoome sur la dimension sadomasochiste inhérente à la scène primitive. La douleur d'être exclu est liée masochiquement avec un sens donné à l'entendu qui constitue de façon privilégiée la source matérielle du commerce sexuel parental. Gémissements, cris que l'enfant interprète dans le registre de la douleur, se référant à ses propres expériences de douleur et à leur liaison par le biais du masochisme, une expérience de la douleur qui se trouve réactivée par sa mise à l'écart du couple.

La scène primitive est donc le lieu de figuration ou du moins l'essai de se représenter ce qui apparaît comme l'insaisissable entre-deux cher à J.-B. Pontalis, l'entre-*eux*-deux, comme le souligne C. Chabert (Chabert, 2011). L'enfant cherche à voir pour savoir, ce qui fait surgir ici une figure mythique, celle de Tirésias, figure emblématique du passage entre les sexes, du changement de sexe et du savoir bisexuel. Et sur le plan identificatoire, dans la constitution de son mythe personnel, tout enfant se révèle peu ou prou un Tirésias en puissance. Dans l'une des versions du mythe, celui-ci est toujours constitué de plusieurs versions, Tirésias se rend coupable de voir sa mère, la nymphe Charido, se baignant nue avec la déesse Athéna, c'est-à-dire une scène homosexuelle. En rétorsion Athéna prive Tirésias de la vue, mais le dédommage en lui accordant le don de prophétie, voir et savoir. Une autre version de la scène primitive décrit Tirésias voyant un couple de serpents en train de s'accoupler sur le Cithéron, ce lieu sauvage qui échappe aux lois de la Cité, un lieu où les déesses sont nues et où toutes les femmes peuvent avoir accès, mais où tout regard masculin qui cherche à les épier, à percer leur mystère (le *dark continent*) en subira des conséquences fatales. Avec son « bâton », il cherche alors à séparer les reptiles, et il tue la femelle, suite à quoi il devient femme. Par identification à l'objet perdu ? Quel autre mécanisme psychique que l'identification pourrait donner à un individu d'un sexe la possibilité d'acquérir intimement un savoir sur l'autre sexe ? Tirésias est aveuglé pour avoir surpris jusqu'en lui-même le secret, les secrets, des femmes, ainsi leur jouissance supérieure à celle de l'homme – qu'il dévoile dans la célèbre querelle de Zeus et d'Héra –, mais aussi leur homosexualité. Plongé dans les ténèbres il devient alors voyant psychiquement.

« Ne plus voir », délaisser l'illusion perceptive pour voir autrement, pour entendre l'ailleurs, c'est aussi la proposition de la psychanalyse. Mais pour la soutenir l'analyste doit pouvoir lui aussi entretenir une relation ouverte à sa bisexualité afin d'offrir à l'analysant une véritable possibilité d'un transfert en creux [11] (Laplanche, 1987, p. 157-158), le faire bénéficier d'un lieu qui lui permette une reconnaissance de ses diverses tendances. Et, partant de celle-ci, de trouver un plus de liberté pour assumer ses choix.

Orlanda, comme un garçon

Dans sa cure, tout comme dans le roman de Virginia Woolf (*Orlando*), elle devint une femme. Comme dans la fiction, mais néanmoins à une différence près, celle de son sexe de départ, car cette analysante était, au début de l'aventure analytique, une femme qui se rêvait en homme. Et cette femme venait se plaindre de sa frigidité. Une femme au look androgyne, sombre, au regard intense, dont le corps était affligé d'une extrême tension. Durant son enfance de fille aux cheveux courts, elle adorait s'habiller en garçon et éprouvait un grand plaisir à ce qu'on la prenne effectivement pour tel. Dans sa cure, tout au long des séances, elle parlait inlassablement de sexe, de ses rencontres amoureuses et sexuelles et de son éternelle insatisfaction. Dans son discours se manifestaient une méfiance à mon égard et une intention séductrice. Je subissais patiemment le poids de la visée transférentielle inconnue, mais cette très grande excitation permanente commençait à me peser, je m'interrogeais sur ce qui motivait en elle un tel tourbillon. Le flot de ses évocations sexuelles me faisait penser à la prégnance d'un fantasme de scène primitive activé en permanence par une excitation contraignante et qui en même temps aurait pour elle une fonction rassurante, celle du maintien narcissique de tous les objets d'amour, objets auxquels elle semblait attachée de façon tellement crispée. Le fantasme de scène primitive devenait ainsi pour elle un garant contre la perte au prix d'une excitation ingérable qui s'échouait sur sa frigidité.

Les évocations de scène primitive se succédèrent dans la cure. Et ce fantasme ne cessa d'être présent, revisité, retravaillé pendant l'analyse. Dans des souvenirs d'enfance où se déroulaient les jeux enfantins du dimanche matin sur le lit parental où elle imaginait que *dans le même temps*, sous les

11. .« Le transfert en creux, c'est un creux qui vient se loger dans un autre creux. C'est la remise en jeu, en interrogation et en élaboration des messages énigmatiques de l'enfance, et ceci grâce à la situation elle-même, qui favorise ce retour et cette réélaboration de l'énigmatique. » Le transfert en plein et le transfert en creux sont deux aspects complémentaires, mais c'est seulement à partir du moment où un clivage apparaît au cœur des imagos ou des scènes transférées, à partir du moment où le couteau peut passer, que le transfert en plein pourra évoluer en transfert en creux, et s'élaborer. » L'essentiel, « c'est que le clivage et l'énigme puissent être conjointement élaborés dans les imagos infantiles et dans la relation à l'analyste. »

draps, ses parents jouaient à d'autres jeux. D'autres évocations encore de la vie sexuelle de ses parents, à travers leurs bruits, qui invariablement la ramenaient à une conception violente, sadomasochiste du coït. L'expression « tirer un coup » peut bien condenser son état d'esprit sur la chose. Et une scène d'accouchement se présenta alors en séance. Dans mon expérience analytique, cette fantaisie a toujours été évoquée par des femmes. Il s'agit d'un « souvenir conscient » de sa venue au monde et de la scène de l'accouchement dans son ensemble, racontée de façon dramatique sur le fond d'une mort possible pour la mère ou pour l'enfant [12]. Une scène où l'analysante est à la fois le bébé et la mère parturiente et où ne manque jamais d'apparaître une figure masculine, le père ou un substitut médecin. Une scène toujours racontée dans une très vive excitation et angoisse, une scène où tous les objets semblent permutables, tout comme les actions, sortir ou pénétrer. En fait, une scène primitive racontée à partir de son produit.

Sortir ou pénétrer, mais surtout ne pas être pénétrée. Dans ses rêves elle était l'homme. Et cela préservait son narcissisme au prix de l'insatisfaction sexuelle. Sa peur, mais aussi son désir d'être pénétrée se manifestèrent dans son analyse lorsqu'elle me fit un jour le reproche d'avoir ouvert la porte trop violemment. L'expression ambiguë « tirer un coup » se déclina alors partout : elle attaquait mon indifférence, mes refusements [13], ses mots devenaient des projectiles et elle se torturait psychiquement sur un mode sadomasochique. Mais que nous ayons pu survivre dans l'analyse à ses mouvements agressifs, ce qu'elle redoutait tellement vis-à-vis de sa mère dépressive, lui permit un dégagement de sa propension mélancolique. Mais qui ouvrait trop violemment la porte ? Bien sûr que l'analyste pénètre par l'interprétation, et cela constitue même l'une des sources de l'inhibition à interpréter. Dans cette porte ouverte « brutalement » il y avait son propre désir inconscient de me pénétrer violemment, mais également celui d'être pénétrée brutalement. Mais dans le fond, qui pénétrait qui ? Dans le transfert, j'étais le père œdipien, mais aussi bien la mère, j'étais une femme quand elle voulait me pénétrer. D'ailleurs, penser que je sois aussi une femme pour elle c'était pouvoir envisager avec le transfert homosexuel d'autres perspectives pour son analyse que celle de sa seule butée sur le roc de la castration, liée à son envie perpétuelle et irrépressible d'arracher le (mon) pénis, un organe qu'elle disait palper longuement chez son amant, dans une véritable fascination du

12. L'expression de la haine entre mère et fille s'avérant, dans ces cas, particulièrement problématique.

13. Dans les *OCF*, « Refusement » est le terme choisi pour la traduction de *Versagung* (antérieurement traduit par frustration). Il désigne la réponse négative de l'analyste, le refus qu'il oppose aux demandes de satisfaction pulsionnelle de l'analysant.

phallus. C'était aussi la possibilité de laisser émerger toute la dimension de son homosexualité qui se trouvait dissimulée derrière la revendication phallique. Et elle se mit à rêver de femmes entre elles, ce qui ramena dans la cure de nombreux souvenirs, comme les regards trop appuyés de sa mère sur son corps et les mots de celle-ci qui en valorisaient les parties charnues. Un jour, ce fut le souvenir de ses premières règles qui lui revint, et dans cette séance, en reprenant quelque chose de son discours, je lui dis : « Quand vous êtes devenue une femme. » Elle en fut surprise et commenta que l'on ne lui avait jamais dit ça. Son apparence se modifia, elle devint plus coquette, plus gaie, ses relations si heurtées avec tout son entourage semblaient plus fluides. Puis surgit en elle une question qui la déprima : mais comment être une femme à l'intérieur ? Une question qu'elle m'adressait. Elle rêva alors d'un corbeau… d'un corps beau, mais *dark*. Et elle redevint très agressive, toujours sur un mode sadomasochiste, tout tournait autour des coups et faire mal/se faire mal. Lors d'une fin de séance elle fit tomber quelque chose de son sac et en parut gênée. Elle le ramassa promptement et je ne pus jamais savoir ce dont il s'agissait. Quelques séances plus tard, elle discourait sur le bruit qu'elle avait entendu dans mon bureau juste après le départ de la patiente qui la précédait. Elle se demanda ce que j'avais bien pu cacher dans la corbeille à papier. Quel était cet objet qu'elle ne pouvait voir ? Elle associa alors sur l'objet qui était tombé de son sac et elle en conclut que c'était le sexe masculin qui tombait. Et qui, du même coup, découvrait un autre objet, un autre sexe ? Du corbeau à *ma* corbeille, une intériorité féminine se dessinait. Mais cet objet tombé du sac pouvait aussi être un objet anal, et le rêve d'anatomie qui survint ensuite montra tous les efforts de sa psyché pour se représenter l'intérieur du corps de la femme avec une autre voie que la seule voie anale.

La scène de « l'accouchement » revint en séance. Elle s'était toujours demandé pourquoi elle s'était présentée par le siège. Une nouvelle version apparut : ses parents faisaient l'amour, dans l'utérus maternel elle avait la tête du côté vagin et elle en avait assez que le sexe de son père lui donne des *coups* sur la tête, et elle avait dû alors avoir envie que ce soit sur ses fesses ou sur son sexe. Elle évoqua *ce plaisir pris au détriment de sa mère* et elle se compara immédiatement à un homme qui prend son plaisir au détriment de la femme, elle triomphait ainsi de sa mère en esquivant la rivalité entre femmes, mais aussi la dimension du plaisir « partagé » entre elles, en elle, un plaisir trouvé *au lieu même* du détriment, le lieu du préjudice maternel. Ce dont elle se défendait aussitôt par le biais de l'identification à l'homme. Mais ensuite, malicieusement, elle ajouta qu'il était grand temps pour elle d'arrêter de jouer les deux rôles.

L'analyse impose donc à l'analyste de pouvoir entendre d'une place étrange, ainsi pour un analyste homme lorsque l'on est une femme désirée par une analysante dans un transfert homosexuel. Freud a dit qu'il n'aimait pas être une mère dans le transfert, je rajouterai, non plus y être une femme. D'ailleurs l'usage de paternel ou maternel pour nommer le transfert tend parfois à trop le désexualiser, c'est-à-dire à refouler ce qui est précisément en question dans ce transfert, à savoir *les* transferts du sexuel infantile, même si bien sûr ceux-ci peuvent effectivement trouver leur origine dans la relation à la mère ou au père. Ainsi la trop grande personnification et massification des transferts, masculins et féminins, peut notamment servir à éluder la dimension bisexuelle de chacun des parents. C'est pourtant là, dans ces transferts, que l'on se rapproche des figures, ou même justement de ce qui ne s'est même pas encore constitué comme telles, du sexuel infantile. C'est le plus secret, c'est peut-être bien ce que Tirésias a voulu connaître au prix de la castration. L'analyste ne saurait s'y dérober.

LE PSYCHANALYSTE À L'ÉPREUVE DE LA BISEXUALITÉ

Roc et bisexualité

Dans *L'Analyse finie et l'Analyse infinie*, Freud bute donc sur un roc. Un « roc » de la castration ramené, *in fine*, au roc « biologique » de la bisexualité, c'est-à-dire de la sexuation. Toute voie pourrait donc être barrée pour l'analyse, pour sa fin, à cause de cette butée indépassable, ce roc au milieu du chemin. Je cite Freud : « On a souvent l'impression avec le désir de pénis et la protestation virile, de s'être frayé un passage à travers toute la stratification psychologique, jusqu'au "roc d'origine" et d'en avoir ainsi fini avec son travail. Il ne peut pas en être autrement, car, pour le psychisme, le biologique joue véritablement le rôle de roc d'origine sous-jacent. Le refus de la féminité ne peut évidemment rien être d'autre qu'un fait biologique, une part de cette grande énigme de la sexualité » (Freud, 1938, p. 55). Cet obstacle sur le chemin, le refus de la féminité, ainsi finalement biologisé, esquive alors tout questionnement portant sur ce qui se trouve mis en jeu transférentiellement, autrement dit, échoue sur le roc du contre-transfert.

Si un homme est trop sous l'emprise de l'angoisse de castration, il ressentira dangereusement son analyste homme, nous dit Freud, et c'est la peur de la passivité devant un homme qui constituera un irrémédiable empêchement à l'avancée de l'analyse et à sa fin. Notons que la bisexualité dans le transfert s'évapore ici devant le genre de l'analyste, pourtant un analyste homme est aussi potentiellement une femme dans le transfert. Et, pour un homme, la notion de passivité, souvent épinglée par Freud lui-même comme insatisfaisante dans la bipartition activité/masculin et passivité/féminin, ne renvoie pas seulement au père, à l'homme, ni à la castration : « [...] une position passive envers l'homme n'a pas toujours la signification d'une castration et [...] elle est indispensable dans de nombreuses relations de l'existence » (*ibid.*, p. 54). Tout enfant, garçon ou fille, vit une situation originaire de passivité vis-à-vis de l'adulte, et pour l'homme la peur de la passivité peut aussi bien se retrouver problématiquement dans la relation à une femme, y compris à une femme dans la relation transférentielle à un analyste homme, là où peut fonctionner une résistance par l'esquive. Enfin, un analysant qui demeure indéfiniment dans une analyse interminable par peur de la passivité vis-à-vis d'un homme fait pourtant montre en restant d'une énorme passivité, évidemment non dénuée d'ambivalence. Faisons encore un pas, ce blocage, ce roc, peut aussi, parfois, pérenniser dans l'analyse la réalisation d'un désir, comme celui d'être passivement une femme, un désir qui peut demeurer inconscient pour les deux protagonistes de la cure. Du côté de l'analyste, son propre empêchement interne à reconnaître pleinement la bisexualité en jeu dans le transfert peut entraîner une passivité interprétative, celle-ci étant l'expression de son contre-transfert. L'analyste peut avoir peur de pénétrer son analysant homme parce que cela met problématiquement en jeu son propre rapport à l'homosexualité, mais aussi parce qu'il peut ainsi *esquiver* la rencontre, toujours troublante, avec le désir d'un analysant homme se situant en position féminine et, de plus, dont l'objet de désir peut parfois être, lui aussi, féminin. Pourtant, c'est de l'analyse de cette/ces position(s) féminine(s) que peut se dégager l'enjeu sexuel se maintenant à l'identique dans la répétition et trop vite étranglé par la seule interprétation de la peur de la « castration paternelle ». Cette voie féminine pour l'homme ouvre ainsi au repérage de tout le jeu de désirs sexuels inconscients s'initiant dans la relation de l'enfant à des parents qui lui transmettent problématiquement leur rapport intime à la bisexualité, un insu en quête de sens qui vient se manifester dans la cure et qui peut se figer dans le roc.

C'est avec l'hystérie que la psychanalyse découvre la bisexualité psychique. En effet l'hystérie se présente comme le paradigme de la présence de la bisexualité psychique chez tout être humain. Dans « Les fantaisies hystériques et leur relation à la bisexualité », Freud souligne que le symptôme hystérique n'est pas seulement une formation de compromis entre une motion libidinale et une motion refoulante « mais qu'elle peut correspondre, en outre, à une union de deux fantaisies libidinales de caractère sexué opposé » (Freud, 1908a, p. 184). Une magnifique illustration clinique nous en est donnée grâce à la célèbre description de l'hystérique qui, d'un bras, tient bien serré son vêtement (en femme se protégeant) tandis que de l'autre bras elle tente (en s'identifiant à l'homme) d'arracher ledit vêtement. Le commentaire de Freud à propos du symptôme porteur de deux fantaisies libidinales de caractère sexué opposé me semble pouvoir être appliqué aussi à la relation transférentielle, et ainsi de considérer autrement les apories freudiennes d'*Analyse finie et Analyse infinie.*

L'esquive

Freud nous indique que l'analyste doit être *préparé* à ce que le symptôme ait une signification bisexuelle et que s'il l'ignore, s'il ne résout qu'une seule des significations sexuelles, le symptôme persistera. En effet, « le malade utilise ce moyen commode qui consiste, pendant l'analyse de l'une des significations sexuelles, à s'échapper continuellement par ses idées incidentes dans le domaine de la signification contraire, comme s'il se garait sur une voie adjacente » (*ibid.*, p. 186). Les propos de l'analyste se mettront alors à fonctionner comme un pauvre « prêche aux poissons » (Freud, 1937c) et ils pourront rencontrer en réponse chez l'analysant un « cause toujours ! » ou le « comme c'est intéressant ! » de la jeune homosexuelle. Parfois, pour peu qu'il connaisse seulement quelques rudiments conceptuels bien exportés dans la culture, l'analysant peut même en rajouter, en usant et abusant d'interprétations se référant à la castration, dans un ironique « en veux-tu, en voilà ! »

Se garer sur une voie adjacente, on pourrait appliquer ce même schéma au transfert et à l'analyse sans fin, « se garer sur une voie adjacente [...] et y rester sans fin », en les éclairant également de cette question de la bisexualité psychique qui est présente dans le symptôme. Lumière possible pour l'analyse si elle n'est pas trop tamisée par un contre-transfert de l'analyste qui entre trop en connivence avec la résistance de l'analysant, un contre-transfert du moment (inhérent à toute cure) ou celui, massif et pérenne, contre-transfert de base, et c'est plus problématique ; ainsi pour Freud et son « je n'aime pas être la mère dans le transfert ». Quid alors du transfert honni et de sa prise en compte dans la cure ? Laissé de côté, esquivé ?

Un transfert esquivé, cela implique le refoulement voire le déni, mais cela vise peut-être aussi quelque chose en particulier, comme d'échapper au risque encouru dans une reconnaissance trop menaçante narcissiquement de l'ambivalence vis-à-vis de l'objet d'amour : reste alors à esquiver le conflit, comme le montre l'analyse de « la jeune homosexuelle ».

Avec Dora, c'est seulement dans l'après-coup de la cure que Freud a pu prendre conscience de toute l'importance de la dimension homosexuelle qui n'avait pas trouvé sa pleine reconnaissance dans l'analyse. Mais avec la jeune homosexuelle, les deux courants, homosexuel et hétérosexuel, sont repérés. Il s'agit d'une jeune fille que Freud nous présente comme peu névrosée, et qui, en dépit de sa tentative de suicide, n'est nullement demandeuse d'une psychanalyse. En effet, ce sont ses parents qui sont les demandeurs, eux qui espèrent un retour à la norme. Dans des conditions de ce type, l'analyse *stricto sensu* est-elle d'emblée envisageable ? De nos jours, dans un tel contexte initial, d'autres voies de travail, y compris en commun, pourraient d'abord être proposées plutôt qu'une psychanalyse d'emblée pour la jeune fille, afin de rendre à César ce qui lui appartient et afin de pouvoir secondairement ouvrir à la potentialité d'une voie analytique si nécessaire et souhaitée. Mais pour elle il s'agit donc d'un traitement qui n'est pas souhaité, mais subi, et l'affaire se solde par une rupture. Bien sûr, le fait de rompre l'analyse pouvait être aussi la répétition du mouvement de déception et de l'intention vengeresse à l'égard du père, « coupable » d'avoir fait un nouvel enfant à sa mère, mais suivons ici le conseil freudien et n'oublions pas de considérer également l'autre grand courant transférentiel, maternel. Car la jeune homosexuelle n'est pas entrée en conflit ouvert avec Freud, et la rupture peut justement être un mode d'esquive. En l'occurrence, la répétition de l'esquive d'un conflit avec sa mère, celui-ci s'avérant bien trop dangereux narcissiquement pour la jeune homosexuelle, elle qui, pour fuir toute rivalité en devenant homosexuelle, avait très ostensiblement abandonné les hommes à sa mère, en « "l'*esquivant*" pour ainsi dire, elle ôtait du chemin quelque chose qui jusque-là avait été responsable de la malveillance de la mère » (Freud, 1920a, p. 248). Évidemment, les sources de cette « malveillance » auraient mérité une plus grande analyse. Le conseil que Freud donne aux parents est, s'il est possible, de faire poursuivre l'analyse auprès d'une femme. Freud sent bien quel avantage il y aurait à pouvoir analyser l'autre voie, celle où l'on peut se garer, celle que permet l'esquive, cette sorte de défense à laquelle, pour certaines personnes, Freud accorde même un rôle actif dans le choix de l'homosexualité. Freud donne ainsi des exemples cliniques d'une rivalité fraternelle ou paternelle impossible à affronter, en fonction, non pas seulement d'une seule cause ou angoisse (castration par exemple), mais comme le dit Freud, de motifs qui relèvent « de conditions psychiques très compliquées » (*ibid.*, p. 248). La question de l'altérité et le risque de la confusion qui sont ici présents font que le narcissisme joue certainement un rôle majeur dans cette esquive tellement radicale de la rivalité, du conflit, de la conflictualité psychiques, jusque dans le geste suicidaire comme retournement mélancolique.

Au cours d'une cure, l'analyste est évidemment confronté à l'esquive et tout comme dans le cas du symptôme il doit y être « préparé ». Préparé, c'est-à-dire, qu'il soit apte à pouvoir reconnaître et assumer les diverses positions transférentielles qu'impose la bisexualité. Préparé, ou comme Freud le dit pour que l'homme soit vraiment libre dans sa vie amoureuse, qu'il se soit « familiarisé avec la représentation de l'inceste avec la mère ou la sœur » (Freud, 1912d, p. 136). On pourrait alors y rajouter pour l'analyste, pour que celui-ci soit le plus libre possible dans l'analyse, qu'il connaisse également une familiarisation avec la représentation de l'inceste avec le père ou le frère. En somme, une familiarisation avec l'Œdipe, qui, dans la psyché est toujours complet et sexuellement sauvage. Il convient effectivement d'être préparé, par sa propre analyse, à cette coprésence psychique des deux voies, des voies non seulement parallèles, mais qui peuvent se chevaucher, s'entremêler ou s'écarter au maximum, refoulement oblige. Un refoulement du féminin qui est, selon Freud, nécessaire pour qu'un homme puisse assumer pleinement sa fonction sexuelle. On pourrait l'entendre comme une esquive freudienne de la bisexualité retrouvant alors des accents de la vieille théorie de Fliess, celle du refoulement de l'autre sexe, mais cela demeure néanmoins toujours insatisfaisant pour Freud. En effet il maintient jusqu'au terme de son œuvre sa réflexion sur la bisexualité à l'œuvre chez tout humain, jusqu'à ce qu'il échoue sur le fameux roc et en ayant précédemment évoqué tout son regret de l'absence de connexion avec la théorie des pulsions. Et pourtant, déjà en ce qui concerne l'objet, qui fait partie intégrante de celle-ci, la bisexualité est pourtant bien présente et ce tout au long de la vie : « Notre libido à tous balance normalement tout au long de la vie entre l'objet masculin et féminin » (Freud, 1920a, p. 247). Une libido qui, lorsqu'elle s'exprime pour l'homme sur un versant homosexuel, trouverait essentiellement sa satisfaction grâce à la sublimation et à la socialisation, ainsi dans l'exemple freudien de l'homme quittant son travail pour retrouver aussitôt, préférentiellement au foyer conjugal, les copains au café.

LE PSYCHANALYSTE ET L'HOMOSEXUALITÉ

Homosexualités dans la cure

L'homosexualité est plurielle. On parle volontiers aujourd'hui des homosexualités, tant, bien sûr, cette conduite sexuelle ne saurait suffire à en inférer aussitôt d'une structure, d'une organisation psychique de base quasi universelle. Freud avait déjà proposé divers schémas pour rendre compte d'un choix d'objet homosexuel, se fondant sur des identifications et sur un jeu psychique différents, allant du Léonard à la jeune homosexuelle, en passant par le président Schreber.

Aujourd'hui, il n'est pas rare d'entendre sur le divan des hommes hétérosexuels parler de relations homosexuelles qu'ils paraissent vivre dans une légèreté, une a-conflictualité qui semblait être jusqu'alors davantage dévolue aux femmes. Autrement dit, comme si l'angoisse de castration ne se manifestait pas à l'endroit où l'on pourrait imaginer qu'elle soit potentiellement la plus forte. Une angoisse de castration, qui, théoriquement, chez des patients névrosés devrait se trouver hyper mobilisée devant un acte homosexuel. Mais Freud y insiste à juste titre, la clinique a toujours raison, la théorie n'est qu'une fiction destinée à être remaniée en fonction des questions que pose la clinique. La présence chez Léon de l'angoisse de castration ne saurait être mise en doute, pourtant il avait pu, adulte, vivre une relation homosexuelle. Au-delà du clivage possible chez ce patient, d'une façon plus générale, on peut se demander si la reconnaissance de sa bisexualité psychique ne permet pas d'opérer un dégagement du phallique/castré et de l'angoisse afférente.

En partant d'une vision a priori moins psychanalytique, on peut aussi remarquer qu'en rejoignant *la situation des femmes*, elles exemptent de pénalisation ou bénéficiant d'un moindre opprobre pour leur homosexualité, des hommes névrosés s'autorisent, avec cette fin de la répression pénale, sociale, de l'homosexualité masculine, à vivre leur bisexualité, dans une balance de l'objet que Freud reconnaissait, mais dont il n'imaginait sûrement pas qu'elle puisse s'exercer aussi directement à travers une sexualité directe et pas seulement sublimée. Mais il convient de ne pas retomber dans la confusion entre l'exercice de la sexualité et le sexuel tel que la psychanalyse le découvre dans l'inconscient. On ne peut que constater les limites de l'effet de la diminution de la répression sociale concernant la sexualité, cet allègement, n'en déplaise à Michel Foucault, ne saurait à lui seul lever tous les refoulements. Quant à leur traitement, la sexualité et le sexuel sont à distinguer.

Mais si, avec Freud, on reconnaît bien ce mouvement de balancier qui se produit effectivement au niveau du choix d'objet, qu'en est-il du rapport de celui-ci à la position masculine ou féminine d'une personne, à son identité sexuée et à son identité sexuelle ? Dans « Psychogenèse d'un cas d'homosexualité féminine », Freud affirme que le caractère sexué et le choix d'objet ne se rencontrent pas en une relation stable. Mais il dit aussi que ce qui est le plus déterminant c'est la position psychique sexuée, féminine ou masculine, et le choix d'objet qui s'effectue en fonction de celle-ci, et cela même si cette position est non conforme avec l'anatomie. Relevons tout d'abord la radicalité de cette affirmation que *la position psychique sexuée est plus déterminante pour la vie sexuelle de l'humain que le corps sexué*. Freud illustre ensuite cette place décisive à travers le tragique de la discordance absolue entre l'âme et le corps. Ses mots pourraient émaner d'un transsexuel décrivant lui-même son drame intérieur, sa discordance : « Une âme féminine, qui de ce fait ne peut qu'aimer l'homme, échouée par malheur dans un corps masculin ou bien une âme masculine qui est irrésistiblement attirée par la femme, malheureusement bannie dans un corps féminin » (Freud, 1920a, p. 260). Mais relevons maintenant ce propos qu'une « âme féminine » ne peut qu'aimer l'homme, l'homosexualité, la bisexualité s'effacerait donc dans la transsexualité et la problématique transgenre, retrouvant alors cette relation stable entre caractère sexué et objet que Freud dit par ailleurs ne pas exister. Pourtant, dans ces problématiques, la situation par rapport à l'objet demeure plus complexe que cette idée freudienne d'une fixation inaltérable qui s'effectuerait invariablement entre l'objet irrémédiablement hétérosexuel vis-à-vis de la position psychique sexuée. On retrouve dans cette affirmation d'un objet unique hétérosexuel pour une âme féminine toute la force de l'esquive : car un homme peut bien se sentir une âme féminine, vouloir être une femme et, pour autant, vouloir aimer des femmes, dans une relation homosexuelle ou alors même, si l'on veut, *hétérhomosexuelle* : position sexuée et choix d'objet sont irrémédiablement infiltrés par la bisexualité.

Nous savons que le complexe de castration est un outil particulièrement efficace pour symboliser la différence des sexes, mais nous avons également remarqué combien cette opération peut s'avérer être le point de fixation d'une théorie sexuelle infantile, phallique : chaque être humain est porteur d'un pénis, et « perception » oblige, si certains humains en sont dépourvus c'est parce qu'on leur a coupé, arraché. La théorie de la castration reconnaît une différence, fondée sur un fantasme qui ne permet pas encore au sujet de reconnaître pleinement la différence des sexes, c'est-à-dire reconnaître qu'il y a deux sexes. L'usage du terme et même la théorisation de la castration gardent bien ancrée en eux la présence du fantasme. Ce qui pour nous est loin d'être dépourvu d'intérêt, car on ne doit pas oublier la *croyance* dont le terme même de « castration » est toujours porteur. L'expression consacrée du « déni de la castration » est paradigmatique du problème : à proprement parler, dénier la *castration* de la femme serait plutôt le signe d'une bonne santé mentale. On me dira que j'ergote et qu'évidemment « castration » inclut justement cette reconnaissance de la différence des sexes, qu'elle en est l'expression. Or, comme je l'ai déjà évoqué, castration et différence des sexes sont loin de se recouvrir. La castration est un premier pas dans l'élaboration psychique de la découverte de la différence des sexes, le pas suivant, restant possiblement entravé dans le « roc » de la castration, c'est la reconnaissance de l'autre sexe dans toute sa complexité, avec cette question singulière de l'externe et de l'interne, due à l'importance de l'intériorité spécifique du féminin. Mais une position qui concerne aussi l'homme, car lui-même a passivement connu la pénétration psychique de l'autre, des deux sexes. Son rapport à la sexualité, à la bisexualité, reste également marqué par ce qu'il aura pu en élaborer.

Une bisexualité psychique qui se fonde sur une confusion, celle de la mère et de l'enfant, celle aussi existant entre les premiers investissements d'objets, comme précurseurs du choix d'objet, et les identifications. Il est un temps, nous dit Freud, celui de l'identification primaire où « celle-ci ne paraît pas tout d'abord être le succès ou l'issue d'un investissement d'objet, elle est directe et immédiate et plus précoce que tout investissement d'objet » (Freud, 1923b, p. 275). Identification donc, mais d'abord celle *par* l'autre puis ensuite celles *à* l'objet, qui sont les pierres fondatrices de l'identité sexuelle. La coïncidence primitive s'amenuise au fil du développement de la psyché jusqu'au complexe d'Œdipe, et ce au profit d'une complexification du choix de l'objet, hétéro *et* homosexuel, puisque « tous les êtres humains sont capables du choix d'objet portant sur le même sexe et […] ils ont également effectué celui-ci dans l'inconscient » (Freud, 1905d, p. 78). Alors, la coïncidence entre l'identité sexuelle et l'orientation du choix d'objet relève-t-elle en définitive de la naïveté qu'évoque Proust dans *Sodome et Gomorrhe*, celle « de croire qu'un goût en exclut forcément un autre » ? (Proust, 1921, p. 312).

Dans *l'Analyse finie et l'Analyse infinie*, Freud réaffirme encore la bisexualité psychique comme un caractère humain universel. Tous les êtres humains « répartissent leur libido d'une manière soit manifeste soit latente sur des objets des deux sexes », mais seuls les bisexuels, se reconnaissant comme tels, échappent au « préjudice » (Freud, 1937c, p. 259) qui, pour les autres, vise une des orientations sexuelles. Le choix d'objet, pour Freud, « est le résultat d'un refoulement qui permet la restriction des élans vers un seul sexe » (*ibid.*, p. 239), le refoulement permet une séparation et un investissement non pollués par une motion pulsionnelle visant un objet de l'autre sexe. On le sait, pour Freud, si l'homme doit refouler sa part homosexuelle c'est pour qu'il puisse assurer en pleine puissance l'exercice d'une sexualité hétérosexuelle. En admettant cette nécessité d'un refoulement qui permet de condenser la charge d'excitation vers un seul objet, il n'en reste pas moins que l'acte sexuel est pourtant, dès 1899, considéré par Freud comme un événement impliquant toujours quatre personnes (Freud, 1887-1904, p. 462). Le scandale est là, qu'il s'agisse de l'hétérosexualité ou de l'homosexualité, l'autre sexe est toujours présent. La question de ce refoulement me semble devoir aussi être considérée par rapport aux enjeux narcissiques qui excèdent la seule question de la castration, ce dont peut témoigner la lourdeur de celui-ci lorsqu'il est maintenu au prix « d'énergiques contre-attitudes » (Freud, 1910c, p. 125), et on connaît, par exemple pour Léonard de Vinci, le prix d'une telle restriction sur le plan de la vie psychique et de la vie sexuelle. Freud ne cesse de se demander ce qui fait obstacle pour un hétérosexuel à un choix d'objet homosexuel manifeste, pourquoi l'on ne passe pas facilement de l'un à l'autre. Pour lui, l'amour de l'homme pour l'homme serait même plus satisfaisant parce qu'il réduirait la part d'*étrangeté* liée à l'autre sexe, et serait de plus dénué de la part de sadisme, ce « supplément » qui s'exercerait dans la relation homme/femme (Freud-Zweig, 2013, p. 53-59). L'objet n'aurait ainsi plus besoin d'être rabaissé dans la vie amoureuse, on assiste ici à un moment d'idéalisation du même, comme si le choix narcissique n'engendrait dans le miroir aucune agressivité, aucune destructivité, aucun sadomasochisme… L'argument de la survie de l'espèce intervenait également pour Freud, afin de justifier le refoulement des tendances homosexuelles, et cela afin que la sexualité se trouve bien mise au service de la conservation de l'espèce sous le primat d'un génital reproducteur. Mais la procréation se dégageant aujourd'hui de ce schème unique, et demain, à n'en pas douter, davantage encore grâce au clonage, on peut se questionner sur la pérennité et la nécessité pour l'espèce du refoulement « instinctuel » évoqué.

Mais revenons à ces énergiques contre-attitudes, garantes du refoulement, en les envisageant maintenant du côté de l'analyste, c'est-à-dire de son contre-transfert en jeu non seulement dans le cadre de la cure, mais aussi dans son écoute de candidats homosexuels à la formation analytique. En effet, nous le verrons, la fin de la discrimination officielle de l'homosexualité ne dit rien de la façon dont elle est singulièrement appréhendée par les psychanalystes. Certains auteurs nous mettent ainsi en garde sur ce qui ne serait aucunement une véritable réflexion sur le sujet, mais seulement un passage de la discrimination à une complaisance de surface et au respect d'un nouveau conformisme idéologique.

L'homosexualité et les psychanalystes

Un questionnement qui fut longtemps délaissé tant la considération de l'homosexualité dans la cure, mais aussi dans la formation des analystes, demeurait figée par des positions théoriques défensives, idéologiques. Pourtant Freud était à cet égard bien moins rigide que nombre d'analystes, qu'ils lui soient contemporains ou postérieurs. Sa position était claire. Ainsi, dans une lettre adressée à Jones en 1921, il dit explicitement à celui-ci que l'on ne saurait exclure des candidats à la formation analytique au seul motif de leur homosexualité. Il écrivait ainsi : « Nous avons le sentiment que de tels cas devraient dépendre de l'examen complet des autres qualités du candidat [14] » (Freud, 1908-1939, p. 187).

Ces questions se sont d'abord reposées à la psychanalyse sous l'effet d'une pression externe, ainsi aux USA, où c'est sous l'effet de la poussée sociale, qui obtint la reconnaissance par la société d'une sexualité qui se trouvait auparavant pathologisée et pénalisée, que l'admission de candidats « homosexuels » à la formation des analystes a pu être reconsidérée. Que l'on ne s'y méprenne pas, il ne s'agit pas là d'une question marginale, partielle, elle est porteuse d'une double question, majeure pour la formation des analystes, portant sur les qualités requises pour devenir psychanalyste et sur ce qui pourrait y faire obstacle de façon rédhibitoire. En répondant à des analystes berlinois qui doutaient de la capacité des homosexuels à appréhender complètement l'analyse, et conséquemment à pouvoir devenir analystes, Freud et Rank les mirent en garde contre l'établissement d'une loi générale alors que sont concernés différents types d'homosexualité et des mécanismes causaux différents (Apfelbaum, Kahn, 2017, p. 187). Si la perversion apparaît bien à l'horizon de ce qui peut constituer un empêchement à l'habilitation à une formation analytique, avec son risque d'une objectalisation perverse des analysants, celle-ci ne concerne pas moins les hétérosexuels que les homosexuels, toutes les sociétés psychanalytiques peuvent en

14. Cette lettre à Jones du 11 décembre 1921, *non publiée* initialement dans la correspondance Freud-Jones, répondait à une lettre de Jones portant sur la question de l'admission de candidats homosexuels à la formation analytique. Freud y exprime son désaccord avec la position de Jones. Voir à ce sujet : Apfelbaum L. et Kahn L.

témoigner. S'éloignant de la recherche métapsychologique freudienne et des prises de position qui l'accompagnaient, hostiles à toute pénalisation ou pathologisation de l'homosexualité, nombre d'analystes sont ainsi devenus les gardiens d'une norme sociale en dévoyant la position éthique que nécessite l'écoute analytique, en justifiant cette position par le recours abusif au déni de la castration et à l'homosexualité alors considérée comme une perversion. La bisexualité n'avait bonne presse qu'à la condition de la seule considération, de bon aloi, d'une nécessaire référence à une homosexualité latente, sublimée ou en mesure, en devoir, de l'être. On oublie parfois, y compris chez les analystes, que le *sexuel* est toujours un étranger, mais qu'il doive pour eux le rester, c'est une autre affaire.

Dans un article (Feldman, 2017) rendant compte d'une table ronde qui s'est tenue en 2001 à l'APsaA (American Psychoanalytic Association) une hypothèse fut émise quant à ce qui aurait motivé ce passage marqué des analystes vers la norme et sa préservation. Les psychanalystes européens émigrés aux USA, dans un souci d'intégration dans la société conventionnelle américaine (et en rejetant ainsi tout l'*étranger* ?), auraient ainsi récusé la notion de bisexualité constitutionnelle et par conséquent la dimension universelle de l'homosexualité. La psychanalyse devenait l'agent des normes sociales en vigueur, et ce à l'aide d'un discours pathologisant, pénalisant et même dit sadique. Notons tout de même que ce discours normatif des analystes européens, censément tenu pour leur intégration, n'avait pas attendu leur arrivée en Amérique pour se manifester, nous l'avons vu, à travers les restrictions à l'accès à la formation pour les homosexuels souhaitées par des analystes allemands ou gallois (Jones), et à travers la considération de l'homosexualité comme pathologique pour bon nombre d'analystes de tous pays d'Europe, y compris Lacan [15]. Le changement provoqué par la reconnaissance sociale des homosexuels entraîna des résolutions de non-discrimination, débutant en 1973 par celle de l'American Psychiatric Association, suivie du retrait de l'homosexualité du DSM. Dix-neuf ans plus tard ce fut le tour de l'American Psychoanalytic Association, puis celui de l'IPA dix ans après. Au sein des instituts de formation, et au fur et à mesure des *coming out* de certains de ses membres, y compris formateurs, un changement de considération des homosexuels s'opéra. L'homosexualité déclarée n'était

15. Susann Heenen-Wolff évoque dans « Bisexualité et homosexualité dans l'approche freudienne et postfreudienne » l'homophobie de Lacan, ainsi quand il parle, à propos du *Banquet* de Platon, de ces « vieilles tantes manquant de première fraicheur » (*Le Séminaire*, VIII, p. 161.), ou encore : « Que l'on ne vienne pas nous dire, sous prétexte que c'était une perversion reçue, approuvée, voire fêtée, que ce n'était pas une perversion. L'homosexualité n'en restait pas moins ce que c'est : une perversion » (*ibid.* p. 42-43).

plus un facteur discriminant d'emblée un candidat à la formation analytique. Le compte rendu de la table ronde montre bien comment, jusque-là, des candidats homosexuels avaient pu, en bénéficiant de la *connivence* de leur didacticien ou de leur superviseur, passer complètement sous silence la question de leur homosexualité. Le « complètement sous silence » fait ici un curieux écho à ce que disaient les Berlinois, un homosexuel ne peut appréhender complètement l'analyse ! Le contre-transfert, quand il nous tient, ce peut être un vrai roc. Le point aveugle, dû au refoulement. Ceci étant dit, on ne saurait également sous-estimer pour un analyste la dimension préconsciente/consciente mise en jeu dans la connivence qui répond à l'esquive, et qui peut pérenniser dangereusement un véritable jeu pervers dans l'analyse.

Silence donc, esquive et connivence pour fabriquer des « élèves modèles », puis des analystes en faux-self. Alors la question d'aujourd'hui, c'est comment la bisexualité et l'homosexualité sont appréhendées dans la métapsychologie, dans la pratique et dans la formation ? L'acceptation, somme toute imposée par les normes nouvelles de la non-discrimination, demeure-t-elle superficielle, politiquement correcte, à la manière d'un masque, voire même d'une mascarade ? Dans la table ronde évoquée, Kenneth Lewes mettait en garde contre la création d'un nouveau stéréotype psychanalytique de l'homosexuel, aujourd'hui « domestiqué » et analytiquement compatible, une fiction qui succèderait à celle du « paria », c'est-à-dire une construction normative pour les homosexuels fonctionnant comme critère d'entrée dans les instituts de formation, le « bon homosexuel validable ». On voit aussi dans sa dénonciation combien la notion même de critère relatif au choix d'objet, connoté négativement ou positivement ou considéré dans une neutralité « suspecte », continue à occuper le devant de la scène en délaissant l'interrogation métapsychologique et ses incidences dans la pratique. Le pari sur l'aptitude d'un candidat, homosexuel ou hétérosexuel, à mener des cures, n'est-ce pas envisager, à partir de la liberté psychique entendue, entrevue, sa capacité à travailler avec le(s) transfert(s), avec la bisexualité ?

En tant qu'analyste, on ne peut que s'efforcer de toujours lutter contre les préjugés qui viennent raboter ou effacer la singularité de chaque patient en le privant ainsi de l'écoute analytique qu'il est venu chercher, et pour un candidat à la formation, l'on se doit de l'évaluer, en suivant le précepte freudien, sur l'ensemble de ses qualités. Parmi ces qualités on peut penser que, tout comme pour un candidat hétérosexuel, la question de la fixité ou du jeu possible face à sa propre bisexualité psychique rende compte de la qualité nécessaire pour que l'analyste ne renforce pas le « roc » de la castration.

Pour illustrer ce jeu possible, j'aurai recours à un roman d'Honoré de Balzac, *Séraphîta*. L'action s'y déroule entre un fjord et la très haute montagne qui le surplombe. Le décor est planté, féminin et masculin, c'est un lieu de la bisexualité. Un couple de fiancés, Wilfried et Minna, rencontre en cet endroit un être étrange, énigmatique, Seraphîta, dont ils tombent tous les deux follement amoureux. Minna ne voit en cet être qu'un homme, Seraphîtüs, quand Wilfried n'y voit qu'une femme, Seraphîta, sans pouvoir réaliser consciemment l'importance de la part masculine de celle-ci. Cet être étrange vu comme un homme ou une femme selon le point de vue de chacun des fiancés va leur permettre de cheminer dans leur psyché. Je délaisserai ici toute la dimension mystique du roman pour m'attacher à sa description d'un type de relation entre Seraphîta-Seraphîtüs et chacun des fiancés qui s'avère bien proche de celui proposé par un analyste dans l'espace transférentiel de la cure. Et qui plus est, tout comme l'analyste, même si le fondement de leur position est différent, Seraphîta-Seraphîtüs se tient dans une posture de refusement à leur demande d'amour, ouvrant ainsi pour chacun un questionnement sur ce qui entrave leur vie psychique. Et dans leur relation avec cet être ils sont confrontés, dans des moments d'intense régression, à la question de leur bisexualité psychique, ainsi ce n'est que lorsque Seraphîta décrit leur monde en ruines, mais traversé de clartés inconnues que Wilfried peut entendre, pour la première fois, la voix d'homme de celle-ci. Après ce parcours éclairant leur bisexualité psychique, Wielfried et Minna sont devenus plus libres de désirer, de se désirer l'un l'autre, et pour nommer les fiancés, Balzac peut enfin écrire « *les amants* ». Mais, tout comme dans une analyse, il leur reste encore à supporter la mise en jeu de la haine afin de pouvoir perdre Seraphîta-Seraphîtüs, sinon leur nostalgie de la mère les conduira répétitivement vers la mystique, en échouant sans fin sur le roc de l'Un.

POSTAMBULE

J'ai interrogé l'hégémonie théorique de la castration quand elle se met à fonctionner comme la théorie infantile et qu'elle dessine une cartographie unisexe, celle de la logique phallique. L'un des deux sexes n'en serait un que par défaut, et l'élaboration et la symbolisation qu'offre la castration peut laisser dans l'ombre et faire obstacle à l'élaboration psychique du (des) transfert(s), des éléments du sexuel infantile ressortant des investissements d'objet et des identifications aux deux sexes. Le risque qu'elle induit, c'est celui de l'esquive, et d'échouer ainsi sur le roc « biologique » de la bisexualité, ce roc du contre-transfert de l'analyste. Un « roc de la bisexualité » qu'il nous faut aussi entendre comme lieu de manifestation de la pulsion – ce concept limite entre le psychique et le somatique. Dans *L'Analyse finie et l'Analyse infinie* Freud évoque le problème de la liquidation durable d'une revendication pulsionnelle et conclut qu'il ne s'agit pas de la faire disparaître, mais plutôt d'effectuer un domptage de la pulsion, c'est-à-dire que celle-ci devienne « accessible à toutes les influences exercées par les autres tendances dans le moi, qu'elle ne sui[ve] plus seulement ses propres voies menant à la satisfaction » (Freud, 1937c, p. 26). Se demandant comment une telle chose peut s'opérer, Freud appelle au secours la « sorcière métapsychologie » et il désigne le seul point de repère qu'il y trouve, *inestimable*, à savoir « celui qui se trouve dans *l'opposition entre processus primaire et processus secondaire* » (*ibid.*, p. 26). Et, bisexualité oblige, c'est en évoquant alors l'homosexualité de l'homme, en se demandant pourquoi « l'hétérosexualité d'un homme ne tolère aucune homosexualité et vice versa » (*ibid.*, p. 46) et pourquoi les deux orientations ne partagent pas régulièrement entre elles le montant disponible de libido, que Freud fait intervenir un élément nouveau qu'il nomme « l'inclination au conflit », indépendamment de la quantité de libido. Cette inclination au conflit qui survient de façon indépendante est alors référée à l'intervention d'une part d'agression libre. C'est l'action de la pulsion de mort qui est ici mise en exergue et elle est porteuse de la question de la mixtion ou de la démixtion des composantes pulsionnelles. L'absence de connexion de la bisexualité avec la théorie des pulsions du *Malaise dans la culture* trouverait ainsi à se résorber dans *L'Analyse finie et l'Analyse infinie*, et ce grâce à l'importance que Freud accorde à cette action de la pulsion de mort. Mais à condition que l'on n'entende pas celle-ci exclusivement du côté de la destruction, de la mort et du retour à l'inorganique. En effet, il convient de ne pas négliger que, de façon contradictoire à cette recherche d'un apaisement radical, elle impose aussi, en tant que pulsion sexuelle de mort [16] (Laplanche, 1999, p. 203), le régime économique du sexuel infantile. Un sexuel dont le propre est de se situer au-delà du

16. « Face au danger menaçant d'une victoire de l'Éros narcissique hégémonique, surgit – aussi bien dans la vie réelle que dans le développement de la pensée freudienne – un besoin impérieux de réaffirmer la pulsion sous sa forme la plus radicale : sous sa forme “démoniaque”, n'obéissant qu'au processus primaire et à la contrainte de la fantaisie. Dans cette perspective, la soi-disant pulsion de mort ne serait rien d'autre que la réinstauration du pôle indompté de la sexualité ; et s'il fallait encore parler d'une polarité, ce serait celle des *pulsions sexuelles* de mort et des *pulsions sexuelles* de vie. »

principe de plaisir, dans une recherche perpétuelle de tension et du maintien d'une excitation qui, si elle n'est pas suffisamment élaborée psychiquement dans le transfert, demeurant hors connexions, peut aussi faire perdurer indéfiniment l'analyse.

Jean-Michel Lévy
7 rue des Dames
75017 Paris
jeanmichel.levy@yahoo.fr

RÉFÉRENCES BIBLIOGRAPHIQUES

André J., *La Sexualité féminine*, Paris, Puf, 1994.
André J. (dir.), *Les Sexes indifférents*, Paris, Puf, « Petite Bibliothèque de Psychanalyse », 2005.
André J., *La Sexualité masculine*, Paris, Puf, 2013.
André J., « Quel genre de sexe ? », *Quel genre de sexe ?*, Paris, Puf, « Petite Bibliothèque de Psychanalyse », 2017.
André J., « L'homosexualité du psychanalyste », *L'Inconscient est politiquement incorrect*, Paris, Stock, 2018.
Apfelbaum L., Kahn L., « La situation de l'homosexualité dans la formation analytique (1973-2000) : Bibliographie commentée », *Association Psychanalytique de France 2017*, 2017.
Balzac H., *Seraphîta*, Paris, Pierre Jean Oswald, 1973.
Beetschen A. L'accomplissement et l'atteinte, *Revue française de psychanalyse*, t. LXVII, n° 5, 2003.
Butler J., *Humain, trop humain : le travail critique des normes – Entretiens*, Paris, Éditions Amsterdam, 2005.
Butler J., *Trouble dans le genre, Pour un féminisme de la subversion*, Paris, La Découverte, 2005.
Butler J., *Ces corps qui comptent*, Paris, Éditions Amsterdam, 2009.
Chabert C., *Féminin mélancolique*, Paris, Puf, « Petite Bibliothèque de Psychanalyse », 2003.
Chabert C., Entre-eux-deux, *L'Amour de la différence*, Paris, Puf, « Petite Bibliothèque de Psychanalyse », 2011.
Chabert C., Bisexualité : mélange ou différence des sexes ?, *La Jeune Fille et le Psychanalyste*, Paris, Dunod, 2015.
Coblence F., Psyché et la différence des sexes, *Le Corps de Psyché*, Paris, Puf, « Petite Bibliothèque de Psychanalyse », 2013.
Cournut-Janin M., *Féminin et Féminité*, Paris, Puf, « Épîtres », 1998.
David C., Les belles différences, *Nouvelle Revue de Psychanalyse*, n° 7, « Bisexualité et différence des sexes », 1973.

David C., La bisexualité psychique. Éléments d'une réévaluation, *Revue française de psychanalyse*, t. XXXIX, n° 5-6, 1975.

David C., *La Bisexualité psychique*, Paris, Payot, 1997.

Donnet J.-L., Freud et le refus de la féminité : Entre « roc du biologique » et contre-transfert, *Revue française de psychanalyse*, t. LXXIV, n° 5, 2010.

Doolittle H., *H. D.*, *Visage de Freud*, Paris, Denoël, 1977.

Feldman M. J., Être gay et devenir psychanalyste : trois générations, *La Liberté en psychanalyse*, APF 2017.

Ferenczi S., Masculin et féminin, *Thalassa. Psychanalyse des origines de la vie sexuelle*, Paris, Petite bibliothèque Payot, 1977.

Fliess W., Masculin et féminin, *Nouvelle Revue de Psychanalyse*, n° 7, « Bisexualité et différence des sexes », 1973.

Florence J., *L'Identification dans la théorie freudienne*, Bruxelles, Publications des Facultés universitaires Saint-Louis, 1984.

Freud S. (1887-1904), *Lettres à Wilhelm Fliess : 1887-1904*, Paris, Puf, Paris, 2006.

Freud S. (1900 *a*), L'interprétation du rêve, *OCF-P*, IV, 2004.

Freud S. (1905 *i*), Trois essais sur la théorie sexuelle, *OCF-P*, VI, 2006.

Freud S. (1905 *e*), Fragment d'une analyse d'hystérie, *OCF-P*, VI, 2006.

Freud S. (1908 *a*), Les fantaisies hystériques et leur relation à la bisexualité, *OCF-P*, VIII, 2007.

Freud S. (1908 *c*), Les théories sexuelles infantiles, *OCF-P*, VIII, 2007.

Freud S. (1910 *c*), Un souvenir d'enfance de Léonard de Vinci, *OCF-P* X, 1993

Freud S. (1911 *c*), Remarques psychanalytiques sur l'autobiographie d'un cas de paranoïa : dementia paranoides (le Président Schreber), *OCF-P* X, 1990.

Freud S. (1912 *b*) Sur la dynamique du transfert, *OCF-P*, *XI*, 1998.

Freud S. (1912 *d*), Du rabaissement généralisé de la vie amoureuse, *OCF-P*, XI, 1998.

Freud S. (1913 *f*), Le motif du choix des coffrets, *OCF-P*, XII, 2005.

Freud S. (1919 *e*), « Un enfant est battu » : contribution à la connaissance de la genèse des perversions sexuelles, *OCF-P*, *XV*, 1996.

Freud S. (1920 *a*), De la psychogenèse d'un cas d'homosexualité féminine, *OCF-P*, XV, 1996.

Freud S. (1921 *c*), Psychologie des masses et analyse du moi, *OCF*-P, XVI, 1991.

Freud S. (1923 *b*), Le moi et le ça, *OCF-P*, XVI, 1991.

Freud S. (1923 *e*), L'organisation génitale infantile, *OCF-P*, XVI, 1991.

Freud S. (1924 *d*), La disparition du complexe d'Œdipe, *OCF-P*, XVII, 1992.

Freud S. (1925 *j*), Quelques conséquences psychiques de la différence des sexes au niveau anatomique, *OCF-P*, XVII, 1992.

Freud S. (1930 *a* [1929]), Le malaise dans la culture, *OCF-P*, XVIII, 1994.

Freud S. (1931 *b*), Sur la sexualité féminine, *OCF-P*, XIX, 1995.

Freud S. (1937 *c*), L'analyse finie et l'analyse infinie, *OCF*-P, XX, 2010.

Freud S. (1940 *c* [1922]), La tête de Méduse, *OCF-P*, XVI, 1991.

Freud S., Ferenczi S., *Correspondance, 1920-1923, Les années douloureuses*, Paris, Calmann-Lévy, 2000.
Freud S., Jones E., *Correspondance complète, 1908-1939*, Paris, Puf, 1998.
Freud S., Zweig S., *Correspondance*, Paris, Payot et Rivages, 2013.
Green A., Le genre neutre, *Nouvelle Revue de Psychanalyse*, n° 7, « Bisexualité et différence des sexes », 1973.
Granoff W., *La Pensée et le Féminin*, Paris, Éditions de Minuit, 1976.
Gueniche K., La perversion est-elle anatomique ?, *in* J. André, C. Chabert et P. Guyomard (dir.) *La Perversion encore*, Paris, Paris, « Petite Bibliothèque de Psychanalyse », 2015.
Heenen-Wolff S., Bisexualité et homosexualité dans l'approche freudienne et post-freudienne, *Homosexualités et Stigmatisation*, Paris, Puf, « Souffrance et théorie », 2010.
Kafka F., Devant la loi, *Un artiste de la faim À la colonie pénitentiaire et autres récits*, Paris, Gallimard, « Folio », 2007.
Kahn L., Quel genre de nature ?, *in* J. André (dir.), *Quel genre de sexe ?*, Paris, Puf, « Petite Bibliothèque de Psychanalyse », 2017.
Kestenberg E., Astrid ou homosexualité, identité, adolescence, *Les Cahiers du Centre de Psychanalyse et de Psychothérapie*, n° 8, printemps 1984.
Lacan J., *Écrits*, Paris, Éditions du Seuil, « Le champ freudien », 1966.
Lacan J., La relation d'objet, *Le Séminaire Livre IV*, Paris, Éditions du Seuil, « Le Champ freudien », 1994.
Lacan J., Le transfert, *Le Séminaire Livre VIII*, Paris, Éditions du Seuil, « Le Champ freudien », 1991.
Laplanche J., Castration-Symbolisations, *Problématiques II*, Paris, Puf, 1980.
Laplanche J., *Nouveaux Fondements pour la psychanalyse*, Paris, Puf, 1987.
Laplanche J. La soi-disant pulsion de mort : une pulsion sexuelle, *Entre séduction et inspiration : l'homme*, Paris, Puf, « Quadrige », 1999.
Laplanche J., Le genre, le sexe, le sexual, *Sexual La sexualité élargie au sens freudien*, Paris, Puf « Quadrige », 2007 [2000-2006].
Laplanche J., Pontalis J.-B., *Fantasme originaire, Fantasmes des origines, Origine du fantasme*, Paris, Hachette, 1985 [1964].
Lattre S. de, Quelques réflexions métapsychologiques, *Association Psychanalytique de France 2017*, 2017.
Lavie J.-C., Excellence paradigmatique de la scène primitive, *L'Amour est un crime parfait*, Paris, Gallimard, « Tracés », 1997.
Le Brun A., *Soudain un bloc d'abîme, Sade*, Parizs, Gallimard, « Folio », 1993.
Lévy J.-M., L'inconnu de l'adresse, *Penser/rêver*, « La lettre à la mère », n° 18, 2010.
Lévy J.-M., Un accord dissonant, *L'Annuel de l'APF 2014*.
Margueritat D., Le phallus a-t-il un sexe ?, *Le Fait de l'analyse*, n° 2, « Moi », Paris, Éditions Autrement, 1997.
Proust M., *Sodome et Gomorrhe*, Paris, Gallimard, « Folio », 1972.
Rubin G. S., Butler J., *Marché au sexe*, Paris, EPEL, 2001.

Schaeffer J., *Le Refus du féminin*, Paris, Puf « Quadrige », 2013.
Stein C., *Les Érinyes d'une mère*, Paris, Calligrammes, 1987.
Stoller R.J., *Masculin ou Féminin ?*, Paris, Puf, « Le fil rouge », 1989.
Stoller R.J., Faits et hypothèses : un examen du concept freudien de bisexualité, *Nouvelle Revue de Psychanalyse*, n° 7, 1973.
Winnicott D.W., La haine dans le contre-transfert, *De la pédiatrie à la psychanalyse*, Paris Payot, « Petite bibliothèque Payot », 1980 [1947].
Winnicott D.W., Le contre-transfert, *De la pédiatrie à la psychanalyse*, Paris Payot, « Petite bibliothèque Payot », 1980 [1960].
Woolf V., *Orlando*, Paris, Le livre de poche, 1982.

Discussion du rapport de Jean-Michel Lévy : Lumière et ombre ?

Anne DEBURGE*

Le rapport de Jean-Michel Lévy est particulièrement agréable à lire, ses thèses sont nuancées et font actuellement largement consensus auprès d'une grande majorité de psychanalystes. En effet Jean-Michel Lévy traite essentiellement de la bisexualité psychique et de sa relation dans le transfert et le contre-transfert. Sur ce point Jean-Michel Lévy précise la nécessité d'une étape psychique qui passe par la reconnaissance « de notre propre bisexualité » et de son implication dans la cure. Cette approche rejoint tout à fait celle de Freud qui conçoit la bisexualité comme un en plus, grâce à la présence d'une certaine quantité de masculin et de féminin dans les deux sexes au terme d'un complexe d'Œdipe bien résolu. Du point de vue pulsionnel, un équilibre satisfaisant s'établit entre liaison/déliaison, qui permet aux pulsions de s'équilibrer. Dans ces cas, les passages à l'acte vers une bisexualité agie sont rares. Bien sûr il faut tenir compte de la curiosité de l'adolescence ou de certaines situations particulières, pensionnat, caserne, monastère, rites d'initiations spécifiques… Pour engager notre discussion un certain nombre de points peuvent être envisagés.

PLACE DU BIOLOGIQUE ET DU SOCIAL QUANT À L'ORIGINE DE LA SEXUALITÉ/ BISEXUALITÉ.

« Si la bisexualité humaine est d'abord un fait de nature, la bisexualité psychique se constitue au gré des identifications et des choix d'objets des

* Psychanalyste, membre titulaire formateur SPP, membre titulaire formateur IPSO. Psychiatre.

deux sexes » nous dit Jean-Michel Lévy. Certes la psychanalyse exclut le biologique et le social, mais elle y est cependant confrontée à travers la symbolisation et la perlaboration de la conflictualité intrapsychique et les modes d'expression des mouvements ou réaction transférentiels. Des liens entre la psychanalyse et les avancées de la neurobiologie, de la génétique et de l'épigénèse, peuvent être recherchés. Par ailleurs on connaît l'importance du poids de la culture sur notre identité, nos pensées conscientes et préconscientes et nos choix d'objet. Nous sommes étroitement dépendants de la vision actuelle sur ces orientations. Nous ne pouvons parler de la bisexualité, même psychique, qu'en fonction de l'actuel de notre culture et de nos connaissances sur notre socle biologique. La participation de personnalités scientifiques de renom à notre congrès témoigne d'un intérêt commun aux avancées de chacune de nos disciplines.

Un abord plus directement psychanalytique amène la question suivante :

COMMENT CONCILIER LA THÉORIE DES PULSIONS ET LA PLACE DE L'OBJET ?

Si l'on s'en tient à la bisexualité psychique, quelle origine donner aux identifications et au choix d'objets ? Quelle place donner aux désirs conscients et inconscients des parents [1], à l'assignation identitaire à la naissance ? Jean-Michel Lévy s'appuie tout particulièrement sur des théories qui donnent une large part à la séduction originaire. De ce point de vue l'origine de la sexualité/bisexualité serait exogène. Ainsi Jean Laplanche, discutant le lien entre étayage et séduction, a introduit la notion de séduction originelle en proposant que la sexualité « est implantée dans le petit d'homme à partir de l'univers parental, de ses structures, de ses significations et de ses fantasmes ». Il signale non seulement un déséquilibre entre enfant et adulte mais aussi la place de l'inconscient parental et la part de l'énigmatique tant pour les parents que pour l'enfant. L'auteur voit dans les restes non traduits, inconscients « les objets sources de la pulsion », source d'excitation interne.

1. Sur ce sujet, je voudrais revenir sur le classique « endormissement » de l'érogénéité du vagin de la petite fille par la mère. Les (relativement) récentes connaissances sur l'anatomie du clitoris et ses liens avec le vagin incitent à penser que la petite fille a une perception de son intériorité certainement plus précise que ce qu'elle en laisse paraître à son entourage. De plus je pense que l'érogénéité du pénis du petit garçon est tout autant refoulée par la mère. Ce que la mère exhibe c'est le phallus narcissique tout-puissant du petit garçon qu'elle cherche à s'approprier.

Alors, à partir de ces messages énigmatiques issus du conscient mais aussi de l'inconscient des parents ou compromis par l'inconscient de l'adulte, comment l'enfant « herméneute » va-t-il traduire et symboliser ces messages ? Pour notre sujet sur la bisexualité et ses éventuels achoppements cette question est importante. Quelle répercussion sur la plus ou moins bonne organisation de la bisexualité ?

Ainsi, tandis que Jean-Michel Lévy approfondissait l'histoire familiale transgénérationnelle, sa belle intervention à l'enfant Mathieu : « la princesse à la poubelle » a pu transférer la charge phallique qui pesait sur son zizi sur un signifié moins problématique dont Mathieu, petit herméneute, a pu se dégager.

LES CONTRADICTIONS ET LES CONFLITS INTERNES DE LA BISEXUALITÉ

Dans sa clinique Jean-Michel Lévy souligne à juste titre l'importance du complexe de castration et de la qualité de sa résolution. Elle s'appuie sur la théorie infantile de la phase phallique présente dans les deux sexes. Ce qui est valable dans l'approche des problématiques névrotiques dont ses vignettes cliniques ressortent. Cependant au cœur de l'Œdipe lui-même le conflit entre le désir et l'identification constitue une contradiction intrinsèque dramatique. Comment, en voulant gagner l'amour du parent hétérosexuel, ne pas prendre le risque de perdre l'autre, qui est précisément celui sur lequel le sujet s'appuie pour son identification ? Et vice-versa ? Comment passer de l'être à l'avoir ? Pour Catherine Chabert (2016), la bisexualité n'est pas une solution qui résoudrait la violence des conflits propre à la sexualité : elle proviendrait d'une double origine narcissique ou héritière du complexe d'Œdipe. Dans ce dernier cas, et ce serait le projet vers lequel s'oriente Jean-Michel Lévy à travers les cures qu'il nous rapporte, la capacité à atteindre la différence des sexes va permettre d'échapper à la confusion des sexes. Les identifications et choix d'objets qui en découlent vont permettre d'intégrer une certaine quantité de masculin et de féminin dans les deux sexes. Par contre, quand la dimension narcissique prédomine ne pas choisir apparaît comme moyen d'avoir les deux, dans le but d'échapper à la violence du conflit interne. Si Freud conçoit la bisexualité comme un en plus, on est souvent loin d'un long fleuve tranquille, d'un havre, selon André Beetschen (2016).

BISEXUALITÉ DANS LES DOMAINES NON NÉVROTIQUES

La psychose : pour Schreber, il existe deux interprétations de la castration : la transformation en femme par l'émasculation qui lui permet, suivant la volonté de Dieu, de devenir sa femme et d'enfanter une nouvelle race. Mais aussi une transformation qui peut être maléfique et œuvre du diable si elle livre son corps à la prostitution et à la déchéance. La paranoïa dont il souffre vise à l'anéantissement, au meurtre de l'âme sans doute parce qu'elle se confronte à deux identifications impossibles. Mais l'identification narcissique et meurtrière est aussi responsable du choix d'objet dans l'homosexualité ou la bisexualité. Ainsi les mécanismes de défense vont être tout autre en fonction de l'organisation psychique, le refoulement laissant la place à d'autres mécanismes tels que clivage, projection, répression, retournement sur la personne propre et, en ce qui nous concerne aujourd'hui, l'irruption de conduites bisexuelles peut devenir une solution agie à ce qui devient irreprésentable.

La clinique des états limites

Dans le cas de la névrose, la symbolisation par la castration et l'Œdipe transforme l'angoisse d'anéantissement portant sur l'être en une angoisse portant sur l'avoir comme on peut le repérer dans les vignettes cliniques de Jean-Michel Lévy[2].

Ainsi Léon, convaincu qu'il fallait être une femme pour avoir de la valeur auprès de sa mère, consulte pour pouvoir avoir, jouir des femmes, « comme un vrai mec ».

Quand l'Œdipe est mal structuré d'autres problématiques peuvent d'adjoindre : le risque de perdre la maîtrise, celles liées aux conflits entre l'activité et la passivité, ou encore entre l'amour et la haine. Bien sûr, comme les œdipiens, il faut compter sur l'état de passivation des enfants des deux sexes vis-à-vis de la mère mais il semble que dans les cas limites ce soit le risque fusionnel qui est le plus à redouter : une trop forte emprise gêne l'individualisation, haine et destructivité ont du mal à se déployer et sont souvent retournées contre le sujet lui-même allant parfois jusqu'à stopper

2. À propos de Léon et de la relation homosexuelle qu'il a vécue adulte, J.-M. Levy avance la possibilité d'un clivage pour la repousser et interroger l'angoisse de castration et son dégagement par la bisexualité psychique.

tout élan pulsionnel – évolution vers le genre neutre –. Mais aussi une trop forte fixation libidinale bloque l'évolution de l'enfant et du futur adulte dans un attachement sans fin à la mère, surtout si le père s'est, ou a été, isolé. Il faut aussi noter que les capacités nouvelles liées à la puberté vont donner, en après coup un éclat tout particulier à tous les aléas de vie antérieurs. C'est là que vont pouvoir se manifester de surprenantes modifications, déclaration de nouvelles identités, avec choix d'objets homoérotiques. Ce qui surprend parfois c'est le peu de réactions de la famille qui semble dire on l'a toujours su ! (voir le film *Girl*). Le risque majeur est celui de refusion avec la mère menaçant l'individuation. Seul le féminin sexuel de la femme qui sous-entend la présence d'un tiers amant va assurer la « désaliénation » à la mère. La reconnaissance de la femme dans la mère dans les deux sexes pourra instaurer une bisexualité harmonieuse, telle que Jean-Michel Lévy nous la propose.

POINT DE VUE THÉORICO-CLINIQUE ET CONSÉQUENCE SUR LA CONDUITE DE LA CURE

Jean-Michel Lévy qui est par ailleurs très attentif aux fantasmes originels, notamment à celui concernant la scène primitive, intervient souvent dans ces cures en fonction de la relation transféro-contre-transférentielle dans le présent de la séance.

N'y aurait-il pas un risque de reproduire l'effet de passivation qui s'était instauré entre la mère et l'enfant ? Une très forte présence de l'analyste risque d'empêcher la régression de se mettre en place et aussi de mettre à l'écart le tiers, l'objet de l'objet si la présence de l'analyste ne reste pas suffisamment en surplomb pour permettre à l'analysant de découvrir son fonctionnement inconscient au fur à mesure des progrès de la cure ?

Ainsi lors de l'analyse de Léon une certaine atmosphère ludique imprègne les séances rapportées, jeux de mot séducteurs, inversion des positions : qui de l'analyste ou du patient est le cavalier ou la monture ? Jusqu'à l'arrivée du conflit à propos du paiement des séances (le tiers ?). Mais là encore s'instaure un jeu transféro-contre-transférentiel sur les signifiés/signifiants entre les deux protagonistes de la cure comme le passage évoqué par le rapporteur de la con/quête au con/promis peut l'illustrer. Ceci pose la question du clivage du moi, comme d'ailleurs Jean-Michel Lévy se le demandera à un moment. Clivage qui, à l'instar du fétichisme, brouille l'accès à la différence des sexes.

André Green (1975, p. 906) distingue une bisexualité œdipienne et une bisexualité préœdipienne qu'il relie à la relation bisexuelle au sein. En bref, quand l'enfant s'empare du sein c'est lui qui devient actif et exerce une certaine emprise sur celui-ci, autrement c'est le sein qui se donne ou se retire. Là, dans ce « circuit oscillant » à l'intérieur d'un couple, on peut situer la matrice de la sexualisation et de la bisexualité. L'incidence clinique est importante.

Dans le cas d'une bisexualité œdipienne, le libre jeu entre satisfactions et défenses peut se dérouler harmonieusement et enrichir la cure. *Orlanda illustre bien cet avènement d'une bisexualité qui se tempère progressivement sur un fond manifestement hystérique marqué par une grande excitation et une forte agressivité. Le jeu de pénétration/être pénétré à propos de l'ouverture de la porte et des interprétations de l'analyste voit bien s'illustrer le conflit classique de la partie homme et de la partie femme de l'hystérique. La capacité de Jean-Michel Lévy à accepter de se faire ravir son pénis a permis à Orlanda une véritable évolution. Puis, la reconnaissance de son sexe par l'analyste qui porte un regard d'homme sur son corps l'amènera à lâcher son identification au pénis. Là le jeu soutenu par l'analyste Tirésias va délivrer Orlanda de ses renversements identitaires perpétuels.*

Mais dans le cas où la bisexualité reste bloquée à des formes préœdipiennes, la position contre-transférentielle peut être génératrice de confusion. Dans ce cas la sexualisation, en tant que surinvestissement du sexuel, peut être utilisée à des fins non sexuelles, anti-traumatiques, au secours d'un sentiment d'identité en difficulté. Là c'est toute la clinique du vide, du négatif, de la psychosomatique qui est à considérer. Le passage à l'acte bisexuel pouvant se présenter alors comme une solution ultime non dépourvue de risque.

Question sur la différence des sexes

Jean-Michel Lévy interroge la théorie psychanalytique de la castration (p. 115), qui servirait à protéger le moi idéal en rejetant le différent et ainsi manifesterait une « esquive » de la bisexualité. Il propose donc d'examiner une dualité « différence des sexes et bisexualité ». Il soutient que l'accès à la différence des sexes passe par la reconnaissance de sa propre bisexualité, particulièrement par le biais des fantasmes (scène primitive en particulier). Ainsi homosexualité et hétérosexualité se trouveraient sur le même plan. Mais alors qu'en est-il du clivage du moi ? Le « je sais bien mais quand même » que le fantasme de bisexualité peut servir à éluder ?

Jean-Michel Lévy conclut : « L'autre sexe est toujours présent, y compris dans l'homosexualité » (p. 124), bien qu'il vienne de parler du poids de l'assignation de genre par le sujet et le socius justifiant ainsi la présence de la bisexualité dans deux désirs homosexuels.

Certes fille et garçon ont un anus support de multiples fantasmes, dont celui de la mère phallique qui le pénètre, mais la petite fille a deux autres orifices, la vulve et le méat urinaire. « Comment la fille fait pipi demande un petit garçon de 4 ans qui commence à se poser la question de la différence des sexes, est-ce que c'est par les fesses ou a-t-elle un autre trou ? »

L'ACCUEIL DE CANDIDATS HOMOSEXUELS DANS LES SOCIÉTÉS PSYCHANALYTIQUES

Certes l'API, après l'avoir violemment combattue, est revenue complètement sur sa position de rejet, aidée par les travaux de Robert Stoller, le *coming out* de certains analystes et l'évolution de la société. La SPP, quant à elle, affirme considérer le candidat indépendamment de ses choix d'objets, si tant est qu'il en fasse mention, et ne s'intéresser qu'à ses qualités analytiques et à son fonctionnement mental. On peut cependant considérer qu'il s'agit là d'une esquive qui élude un questionnement de fond.

Évidemment c'est une vaste question qui nécessite un long débat. Dans le contexte du congrès l'abord de cette question par le biais de la bisexualité peut-il donner des solutions ?

A priori oui, les capacités contre-transférentielles bisexuelles de l'analyste devraient, indépendamment de son identité sexuée et de ses choix d'objets, lui permettre de s'identifier aux conflits narcissiques et identificatoires de son patient. Jean-Michel Lévy nous le démontrerait tout le long de son rapport. Mais c'est le transfert érotique qui va poser problème et la bisexualité contre-transférentielle risque d'être mise au service de l'esquive de la différence des sexes. Tant qu'il s'agit d'un conflit relevant du maternel ou du paternel le sexe réel de l'analyste ne pose pas de problème, mais comment, en tant que femme, le désir de séduction d'un homme à l'encontre d'un analyste homme peut-il être traité et vice-versa ? N'y a-t-il pas un risque que le patient perçoive l'analyste femme comme la mère phallique de ses constructions fantasmatiques, une mère qui attend de son fils qu'il soit son prolongement phallique ? Et de même comment un analyste homme ne risquerait-il pas de se positionner dans un contre-transfert paternel face à l'attirance passionnée d'une femme envers une autre femme et n'interprète, par exemple, un désir de castration à son égard ? Freud n'a-t-il pas, dans ce contexte, adressé Dora à une analyste femme ?

J'ai, en parlant d'Orlanda, souligné l'importance de la reconnaissance par un homme, l'analyste, de son devenir femme. Mais cette interprétation ne relève-t-elle pas plutôt d'un contre-transfert paternel ou parental qui pose ainsi l'interdit de l'inceste tant fusionnel maternel que paternel mais ne traite pas du désir transférentiel érotique de la patiente qui est laissée à elle-même sur ce plan ?

Ceci pose sans doute des limites de la bisexualité comme sésame de la psychanalyse : à l'opposé de la bisexualité prégénitale, Bernard Chervet, par exemple, nous invite à considérer que la véritable bisexualité se vit au sein du couple, au contact de la sensorialité, et de la sensualité de l'autre. Dans son approche, à l'inverse de Lacan, un véritable rapport sexuel peut s'instaurer. En effet, c'est sûrement au sein du couple que fantasmes, désirs et zones génitales peuvent se rejoindre au plus près. Maintenant, est-ce que l'identification de la femme à la sensualité/sensorialité de l'homme et vice-versa de l'homme par rapport à la femme leur permettra de ressentir pleinement le vécu de la sexualité de l'autre ?

Peut-être faut-il admettre les limites de l'utilisation de ce concept, mais sans s'en détourner.

Avant de nous séparer, je remercie beaucoup Jean-Michel Lévy pour son rapport riche et passionnant sur une problématique qui est loin d'être épuisée et qui va soulever beaucoup de questions.

Anne Deburge
29 rue du Colisée
75008 Paris
anne.deburge@orange.fr

RÉFÉRENCES BIBLIOGRAPHIQUES

Beetschen A., Les écueils du féminin dans les deux sexes, *Revue française de psychanalyse*, t. LXXX, n° 3, 2016.
Chabert C., Bisexualité et différence des sexes, *Filigrane*, 25, n° 1, 2016.
Green A., La sexualisation et son économie, *Revue française de psychanalyse*, t.° XXXIX, n°s 5-6, 1975.

Bisexualité psychique : dès le début ou après-coup ?

La bisexualité psychique, dès l'origine

Hélène PARAT*

Lors de notre congrès, pour la table ronde « Identités sexuelles et identifications, » les organisateurs nous avaient proposé une réflexion liminaire qui aurait dû aussi nous inciter à questionner la bisexualité psychique de sujets dont les parents seraient de même sexe… Mais de cela qu'aurais-je eu à dire ? Rien, strictement rien, dans la mesure où ma clinique ne m'a jamais fait rencontrer de tels sujets. Certains collègues, psychanalystes d'enfants, ont sûrement rencontré de telles situations, et dans vingt ou trente ans nos jeunes collègues auront à s'y confronter. Bien sûr comme citoyenne, je m'intéresse au mariage pour tous, aux problèmes de PMA, ou à la question du genre. Analyste, mon champ est autre, et très vite m'est apparu que je m'arrêtais aux premières phrases de leur proposition qui pointaient que l'avènement de la bisexualité psychique, en étayage sur le couple parental dans une famille nucléaire, va de soi. Mais cela va-t-il de soi ? Ce propos était à juste titre nuancé d'entrée de jeu par la référence aux fonctions bisexuelles des identifications, cette fonction essentielle dans l'avènement d'une bisexualisation créatrice comme la proposait Christian David. Mais rien ne me semble aller de soi. Et peut-être tenter quelques voies d'approche de cette question permet indirectement de proposer des pistes pour la question à laquelle je ne saurai répondre. Les deux rapports nous ont aussi confrontés, de manière heuristique, mais complexe et paradoxale, à la bisexualité originaire. Bisexualité originaire, mais je préfère dire bisexualité dès l'origine, pour ne pas m'arrêter sur un constitutionnel énigmatique.

* Psychanalyste SPP.

« Je suis le sein. » Cet aphorisme freudien revient à plusieurs moments du rapport de François Richard (2019), mais il faut citer l'ensemble de la phrase qui désigne bien l'indécidable premier entre identification et investissement : « Avoir et être chez l'enfant. L'enfant aime bien exprimer la relation d'objet par l'identification : je suis l'objet. L'avoir est ultérieur, retombe dans l'être après la perte d'objet. Modèle : sein. Le sein est un morceau de moi, je suis le sein. Plus tard seulement : je l'ai, c'est-à-dire je ne le suis pas [...] » (Freud, 1941 *f* [1921-1938], p. 287).

Qu'en est-il de ce sein, dès l'origine ? Jean Laplanche posait fort bien la question : « Le sein lui-même, organe apparemment naturel de la lactation, peut-on continuer de négliger dans la théorie analytique son investissement sexuel et inconscient majeur par la femme ? Peut-on supposer que cet investissement sexuel, qui peut être dit pervers au sens des *Trois Essais sur la sexualité*, n'est aperçu, soupçonné par le nourrisson comme source de cet obscur questionnement : que me veut-il, au-delà de m'allaiter, et, après tout, pourquoi veut-il m'allaiter ? » (Laplanche, 1987, p. 125). Je n'entrerai pas dans le débat théorique que cette citation de Laplanche pourrait entraîner, portant sur le rôle respectif de la pulsion et de l'objet, débat dans lequel André Green nous a permis de penser que seule l'articulation indissociable des deux était légitimement pensable.

Ce sein féminin/maternel, féminin *et* maternel, quand bien même serait-il un biberon donné par un *Nebenmensch*, est multiple, passif et actif, porteur dès l'origine d'une complexité que le masculin/féminin organise, et qui informe, met en forme, qualifie les potentialités de l'enfant, son sensoriel, ses protoreprésentations. Il s'agit de mises en forme premières, d'une symbolisation initiale, dans le registre travaillé par Didier Anzieu autour des signifiants formels et que René Roussillon a théorisé comme symbolisation primaire, symbolisation qui s'opère en présence du premier objet, et non en absence.

Freud écrivait : « La mère est, dans tous les sens du terme, active face à l'enfant ; même de l'allaitement, vous pouvez aussi bien dire : elle allaite l'enfant, que : elle se laisse téter par l'enfant » (Freud, 1933a [1932], p. 154). Elle se laisse téter... : activité passive, passivité active ? La mère est certes active, et cependant elle est renvoyée à une nécessaire passivité. Dans l'univers de l'oralité et de la bisexualité originaire, la confusion règne, les dichotomies tranchées ne peuvent se maintenir. Or, à donner tout son poids aux travaux de Frances Tustin et Geneviève Haag, qu'on ne peut réduire à l'ampleur de leurs recherches sur l'autisme, on peut affirmer que masculin et féminin sont des organisateurs premiers. Ainsi G. Haag écrit-elle dans « Racines précocissime de la détermination sexuelle ou la bisexualité dans la relation orale » : « L'expérience de l'interpénétration orale est le prototype de toutes les expériences sexuelles ultérieures » (Haag, 1983). Elle est là dans la ligne de Melanie Klein, mais elle s'en démarque nettement par ailleurs, car elle accorde tout son poids à la chair et aux sensations : par exemple, elle évoque solidité, tonicité du côté du masculin, ou le mouillé, le creux du côté du féminin. Ses exemples cliniques ultérieurs montrent comment, dans ses premiers balbutiements, l'enfant désigne tel objet ou telle expérience par « Papa », « Maman ». On peut certes penser que ces qualifications sont rétrospectives, mais si j'affirme que masculin et féminin sont des organisateurs premiers – le mot est de moi – c'est qu'ils correspondent aux premières symbolisations de l'enfant, portées par tous ses échanges avec la mère, en lien étroit et nécessaire avec les différentes formes de la bisexualité de celle-ci. On peut penser à ce qui est chez Bion l'articulation entre la rêverie maternelle et la formalisation contenant/contenu sous forme des symboles masculin et féminin.

Masculin et féminin organisent les premiers ressentis, ils proposent une binarité ordinatrice, face à la multiplicité et la complexité des vécus et des échanges. Ils participent à la transformation de l'excitation indifférenciée de l'enfant en pulsion. Ils proposent une première classification, dans un spectre de qualités variées ainsi symbolisées. Le bébé est structuraliste, pourrais-je dire humoristiquement, sur fond de ce génial probabiliste que nous permet d'appréhender le neuroscientifique Stanislas Dehaene. Que l'opposition masculin/féminin soit ensuite hiérarchisée, voir réductrice, en particulier dans le monisme phallique individuel, tout comme dans le social comme nous le montre Françoise Héritier, est une autre question.

Cette bisexualité dès l'origine est en étroite correspondance avec celle des objets premiers. Et, de celle-ci pourquoi ne reconnaître qu'une bisexualité des identifications secondaires, elle-même hypercomplexes, puisque le féminin d'une femme peut s'être développé en appui sur le féminin de son père, tout comme le masculin d'un homme s'être étayé sur le masculin de sa mère ? Dans la théorie analytique, le féminin ne cesse d'être interrogé, mais la constante confusion du masculin avec le phallique, tant cliniquement que théoriquement, demande à être travaillée autant que les complexités du féminin. Le phallique n'a-t-il pas émasculé le masculin ? Comme le maternel a refoulé le féminin dans la relation primaire…

« Quand la bouche rencontre le sein, elle rencontre et avale une première gorgée du monde », écrivait Piera Aulagnier (1975, p. 43). Certes cette bisexualité dès l'origine n'aura sa pleine valeur, pour reprendre cette expression freudienne, que lors des différents après-coups, en particulier l'après-coup œdipien, mais aussi adolescent, ou lors de la première rencontre érotique, qui permettront un jeu moins instable et une symbolisation plus contenante.

Cependant, elle est dès l'origine, et, pour nuancer un peu la réflexion de Richard, on ne peut la penser exclusivement en termes de défense contre un inceste mortifère, sauf à entendre défense dans son sens le plus large comme organisation, et à penser la nécessité de cette relation incestueuse première, qui est vitale, et donc à l'opposé d'une relation mortifère. Green (2002) qualifiait cette relation mère-enfant de nécessairement incestueuse. Donc une relation pleinement érotique, qui convoque tout le sexuel infantile de la mère, et qui demande un intense travail intérieur, pour permettre que cet incestueux premier puisse être déplacé, transformé, inhibé quant au but, un travail sous la dépendance de l'organisation œdipienne de la mère, qui seule permet de ne pas céder à la reviviscence d'émois prégénitaux et que j'ai définie comme « érotique maternelle ». Si j'ai proposé dans *Sein de femme, sein de mère,* en contrepoint – et en clin d'œil – au concept de « censure de l'amante », celui de censure de l'amant, c'est pour marquer la nécessité de penser une conjonction féminin/maternel qui intègre le masculin/paternel, et ne pas s'enfermer dans cet aphorisme de Michel Fain qui écrivait dans « Prélude à la vie fantasmatique » : « La femme et la mère resteront toujours des ennemies irréconciliables », heureusement plus tard nuancé dans *La Nuit, le Jour,* quand avec Denise Braunschweig (1975), ils théorisaient la censure de l'amante. Cette censure de l'amante dégage avant tout, du côté de l'enfant, l'identification à la mère et à son désir, source d'une première fantasmatisation et Sylvie Pons, dans « Intégrer la bisexualité, un travail d'altérité », a pu justement montrer comment cette « censure de l'amante » s'articule aux sources de la bisexualité psychique.

J'avais pu écrire, dans « L'érotique maternelle et l'interdit primaire de l'inceste » (2011) que cette belle expression de « censure de l'amante », désignant ce désinvestissement partiel de l'enfant pour que la mère puisse redevenir femme et se tourner vers l'objet amoureux, avait certes eu un succès mérité, mais que le bonheur de la formulation devait cependant inciter à la prudence théorique : sous couvert de cette formule plus complexe qu'elle n'y paraît, il serait en effet dommageable de radicaliser à nouveau une opposition entre mère et femme qui ne rend pas compte de la complexité des investissements d'une femme et du jeu difficile entre pulsions partielles et pulsions de registre œdipien : or cet aspect-là, la complexité de l'investissement fantasmatique de l'enfant, est laissé de côté dans la théorisation de « la censure de l'amante » au profit de l'enfant des vœux œdipiens, « l'enfant de la nuit ». Certes face à l'ampleur des reviviscences pulsionnelles mises en jeu dans la maternité, l'ancrage post-œdipien est nécessaire pour que la mère, par les modes de contrôle qu'elle propose, permette à l'enfant de transformer l'excitation incontrôlée en pulsions potentiellement capables d'inhibition quant au but, mais elle a fort à faire pour ne pas se laisser déborder par la réactualisation de pulsions prégénitales : celles-ci sont d'une grande intensité, et ce en écho à l'expression de la pulsionnalité du bébé, à sa séduction régressive. Ce prolongement à la « censure de l'amante », cette inflexion se veut complexifier et réévaluer le rôle de l'objet d'amour de la mère dans une telle configuration, prolonger celle-ci du côté de la femme/mère en soulignant la nécessité pour elle de cette « censure de l'amant ». La « censure de l'amant » désignerait ainsi le rôle majeur de l'amant, homme qui devenu père n'en maintient pas moins l'investissement érotique de sa compagne, pour qu'une mère ne se laisse pas glisser dans les délices prégénitaux vécus au contact de son enfant. Plus métapsychologiquement, la « censure de l'amant » témoignerait de l'organisation post-œdipienne parentale, dans sa fonction de pare-feu des attraits et des pièges de l'érotique maternelle. J'avais aussi souligné combien de la fonctionnalité de cette censure de l'amant dépend la possibilité d'instaurer un interdit primaire de l'inceste, un interdit maternel, source de symbolisation première de l'interdit œdipien proprement dit. Je me suis trouvée en parfait accord, même s'il a des formulations plus bioniennes que les miennes, avec l'approche de la bisexualité originaire d'un collègue suisse, Luc Magnenat, à la lecture de son remarquable prépublié « Note sur l'hétérosexualité en triple ».

Son titre semble implicitement faire référence au travail de Kestemberg sur l'homosexualité primaire et à ses prolongements par Roussillon sur l'homosexualité primaire en double, et l'article princeps de Kestemberg est référencé par nos deux rapporteurs. Mais souvenons-nous de l'hypothèse de base de sa démonstration :

« Il s'agit des *échanges amoureux premiers* entre un sujet et sa mère au travers de toute une série de contacts corporels intéressant le corps tout entier, notamment la peau, le regard, la voix » (Kestemberg, 1984, p. 713-714). Kestemberg propose une dialectique subtile entre investissements auto-érotiques et objectaux et souligne tout ce que doit cette oscillation de la mère entre narcissisme et objectalité au poids des relations agressives et libidinales à ses propres imagos. Elle dit aussi que « De la part de l'enfant, les échanges avec l'objet maternel – sans doute non connu comme tel – comportent une qualité distincte de ceux que l'enfant trouve en lui-même, en leur texture et dans les satisfactions ou frustrations dont ils sont porteurs » (*ibid.*, p. 714). La théorisation de l'homosexualité primaire ainsi développée est essentielle, et Kestemberg est une des premières à avoir si clairement insisté sur le lien érotique entre mère et enfant, mais le terme même prête à confusion : il est désormais quasi consacré, et proposer de le remplacer par celui de bisexualité primaire risquerait de compliquer encore nos échanges…, cependant il convient de penser, au sein de l'homosexualité primaire, cette bisexualité dès l'origine.

Hélène Parat
71 bis rue du Cardinal Lemoine
75005 Paris
helene.parat@orange.fr

RÉFÉRENCES BIBLIOGRAPHIQUES

Aulagnier P., *La Violence de l'interprétation*, Paris, Puf, 1975.

Freud S. (1933 *a* [1932]), *Nouvelles Conférences d'introduction à la psychanalyse*, Gallimard, Folio/Essais, 1984 ; *OCF.P*, XIX ; *GW*, XV.

Freud S. (1941 *f* [1921-1938]), Résultats, idées, problèmes, *Résultats, Idées, Problèmes,* II., Paris, Puf, 1984 ; *OCF.P*, XX, 2010 ; *GW*, XVII

Green A, La relation mère-enfant, nécessairement incestueuse, *in* J. André (dir.) *Incestes*, Paris, Puf, « Petite bibliothèque de psychanalyse », 2002.

Haag G., Racines précocissime de la détermination sexuelle ou la bisexualité dans la relation orale, *Textes du Centre Alfred Binet*, 2, 1983.

Kestemberg E., « Astrid » ou homosexualité, identité, adolescence, *Revue française de psychanalyse*, t. LXXIX, n° 3, 2011 [1975].

Laplanche J., *Nouveaux Fondements pour la psychanalyse*, Paris, Puf, 1990 [1987].

Magnenat L., Note sur l'hétérosexualité en triple, *Bulletin de la SPP*, 2019.

Parat H., *Sein de femme, Sein de mère*, Paris, Puf, 2006.

Parat H., L'érotique maternelle et l'interdit primaire de l'inceste, *Revue française de psychanalyse*, t. LXXIX, n° 3, 2011.

Le maternel primaire et la construction de l'intériorité

Luca QUAGELLI*

Dans son rapport, François Richard part de la célèbre définition freudienne de la mère comme « première séductrice » pour développer une conception du maternel qui met l'accent sur la nature incestueuse du lien premier.

Nul doute que la question des désirs incestueux et de leur élaboration constitue une dimension essentielle de tout travail analytique, et Richard le montre de façon convaincante à travers une élaboration théorique élégante et des vignettes cliniques tout aussi parlantes. Toutefois, après avoir lu attentivement son travail et avoir écouté avec intérêt sa présentation orale, je ne peux m'empêcher de ressentir un certain malaise à l'idée que le maternel archaïque soit *réduit* à la seule dimension incestueuse, sans reconnaître le rôle également essentiel qu'il joue dans la construction de l'appareil psychique subjectif.

À l'aube de la vie psychique, le nourrisson est totalement dépendant de son objet premier, mais il s'agit d'une dépendance tout à fait paradoxale, puisque l'*infans* ne peut en avoir aucune représentation, aussi bien consciente qu'inconsciente. C'est d'ailleurs pour cette raison que Winnicott a qualifié cet état originaire de « double dépendance ». En effet, au niveau du développement affectif primitif, le bébé et sa mère forment un tout indifférencié, un *set-up* dans lequel il n'y a qu'un corps et qu'une psyché pour deux. C'est en présence de sa mère, dans son corps à corps avec elle, que les sensations, les perceptions et les protoémotions brutes du bébé peuvent commencer à s'organiser et à se lier.

Faute de place, je ne peux pas m'étendre sur la complexité qui caractérise ce travail de symbolisation (primaire). J'en viendrai donc sans attendre

* Psychologue clinicien, PhD.

aux effets que celui-ci produit. Lorsque tout se passe bien, la fonction symbolisante de l'objet favorise l'édification d'une limite structurante entre le dedans et le dehors, entre soi et l'autre : de la sorte, la mère peut être prise « dans le cadre vide de l'hallucination négative, et [elle] devient la structure encadrante pour le sujet lui-même. Le sujet s'édifie là où l'investiture de l'objet a été consacrée au lieu de son investissement » (Green, 1983, p. 139). Autrement dit, l'objet peut être perdu au niveau de la perception, dans la mesure où, lorsqu'il s'absente du monde extérieur, l'enfant arrive à le retrouver à l'intérieur de lui, dans l'intimité de son monde interne.

De mon point de vue, c'est comme si, dans ce mouvement de double retournement pulsionnel qui permet l'ouverture d'un espace transitionnel interne pour jouer et pour rêver, la mère enveloppait symboliquement le vrai *Self* de l'enfant, en permettant que le sentiment d'exister puisse s'installer en lui de manière continue. L'enfant arrive ainsi, au bout d'un long travail psychique « en double », à se vivre comme étant un sujet doté d'une intériorité, d'un espace psychique qui lui est propre et qui est différent de l'espace psychique de l'autre. À mon sens, c'est bien ce sentiment d'avoir une *intériorité*, un contenant capable à la fois d'accueillir les idées et les affects les plus fous, et de protéger le sujet contre les excitations provenant de l'intérieur du corps comme du monde extérieur, qui constitue l'héritage essentiel du maternel premier. Bien que l'idée d'un féminin pur apulsionnel me paraisse discutable, je suis d'accord avec Winnicott lorsqu'il affirme qu'il y aurait une position féminine primitive, qui se caractérise par une modalité de rencontre de l'autre en tant qu'objet subjectif, et que c'est uniquement lorsque l'on peut s'approprier subjectivement cette position féminine qu'une modalité autre, plus masculine, de relation (impliquant de doter l'objet de la qualité de *non-moi*) peut se faire jour. Cette position féminine primitive existerait aussi bien chez les garçons que chez les filles et elle serait à la base de toute capacité d'être réceptif à l'autre, de s'ajuster à son état émotionnel sans que l'on ait l'impression que cela peut mettre en danger l'identité même du sujet.

Bien entendu, toute rencontre – y compris celle entre le nourrisson et son environnement premier, et même lorsque tout se passe bien – implique une part de non-rencontre. Cette part de non-rencontre est représentée par l'écart – immédiatement présent et inévitable – entre le plaisir de l'enfant et le plaisir de la mère. En poussant un peu les choses, on pourrait même penser que (une partie de) « l'écart entre le "trouvé" et le "créé" témoigne de la présence dans le "sein" d'un signifiant énigmatique qui potentiellement se réfère à la sexualité maternelle ou en préinscrit la trace de la future question » (Roussillon, 1991, p. 193). Cette énigme, qui est d'autant plus mystérieuse qu'elle est liée à un vécu qui est à la fois proche et radicalement différent des ressentis que l'enfant partage avec sa mère, peut s'inscrire dans l'inconscient autant comme un traumatisme désorganisateur que comme un objet-source qui pousse à symboliser. Pour que l'énigme devienne plaisir de l'énigme, plaisir de penser à l'énigme dans l'espoir (impossible) de le résoudre, ouvrant ainsi la voie à la capacité de se représenter l'objet absent comme étant présent ailleurs, avec un autre objet avec lequel il prend du plaisir, il faut toutefois que dans la rencontre originaire, il y ait eu une partie « non énigmatique », partageable de satisfaction.

C'est du moins ce que la clinique des souffrances narcissiques graves nous apprend. Dans mon expérience, le travail avec ces patients très malades consiste souvent – pendant un temps certes variable, mais généralement assez long – à essayer de (re)constituer un sentiment de continuité d'être que le lien premier ne semble pas avoir pu instaurer. À ce niveau très primitif de fonctionnement, l'analyste incarne l'objet d'une manière très particulière, que Balint a traduit par le mot « atmosphère ». Je trouve cette expression très juste, dans la mesure où l'analyste a souvent le sentiment d'être pris dans un tout indifférencié où l'essentiel de la communication ne passe pas par la parole, mais plutôt par les gestes, la prosodie, le rythme... Souvent, la prédominance de cette dimension non verbale s'avère être liée à la présence de traces anciennes, non représentationnelles, d'échecs de l'accordage qui n'ont jamais pu être ni nommés ni transformés. Si l'objet n'est pas suffisamment disponible sur le plan psychique, du fait de sa fragilité narcissique, de pertes récentes dans lesquelles il est lui-même absorbé, de secrets de famille qui entravent sa pensée..., le corps à corps premier s'avère être une expérience chaotique, imprévisible, qui détermine l'apparition d'angoisses d'anéantissement, de morcèlement, de dissolution. Par la suite, des défenses dites « primitives » (clivage, identification projective) s'activent pour confiner ces expériences terrorisantes dans des aires psychiques aussi délimitées que possible, mais le sujet accomplit ce processus au prix non négligeable de se couper d'une partie de lui-même et de sa subjectivité, si ce n'est de la possibilité d'investir sa pensée.

Bien que ces manifestations soient présentes de manière flagrante chez les patients psychotiques, on peut les retrouver également, de manière certes moins envahissante, mais du coup plus difficile à repérer, chez d'autres patients qui nous paraissent, de prime abord, moins gravement malades. C'est d'ailleurs plus particulièrement dans ces cas-là, lorsque nous avons l'impression que des expériences premières douloureuses ont pu partiellement se névrotiser, que nous pouvons parfois être pris au piège d'un matériel verbal évoquant – d'une manière qui est souvent *trop* transparente pour être vraie – la présence de fantasmes incestueux excitants, mais qui fait en réalité-écran à la problématique historique « originaire » du sujet, à savoir son impossibilité de se constituer une intériorité, ou de la préserver, face à un environnement dont les empiètements se sont avérés *trop* importants [1]. Dans des cas semblables, c'est comme si l'excitation liée à un *trop* de rapprochement avec la mère (ou le père)-analyste, protégeait le patient du contact avec une partie *trop* douloureuse de son vrai *Self*.

Une relecture du cas de Marie (Richard, 2019, p. 82-85) me permettra d'illustrer mes propos.

Nous faisons connaissance avec Marie au moment où, après avoir fait référence à une interprétation de l'analyste sur ce qu'elle appelle son « vide intérieur », elle associe sur une mère déprimée qui « parle avec légèreté de la sexualité ». Vient ensuite le récit d'un rêve : Marie est avec son compagnon, ils voient une femme avec des gros seins refaits, le compagnon va vers elle tandis que la patiente se sent abandonnée.

Richard intervient en pointant le mot « refaits » pour « trouver un accès à autre chose que le roman des expériences amoureuses », dont la patiente raconte régulièrement le feuilleton.

Association de la patiente : « Je me laisse refaire, avoir par ces seins qui cachent du vide. »

Bien évidemment, il est très hasardeux de se lancer dans un commentaire sans connaître la patiente ni l'histoire de son analyse. Toutefois, je me demande si on ne pourrait pas entendre le mot « refaits », qui me paraît effectivement essentiel, comme l'indice de la présence d'un faux *Self* excité qui cache l'abîme d'un vide narcissique (la dépression de la mère, la façon dont cela s'est inscrit à l'intérieur de la patiente). Dans ce sens, le compagnon du rêve pourrait représenter autant une partie de Marie (une partie voulant cacher à soi-même ce vide insupportable) que l'analyste, lequel, attiré par la sexualisation du discours manifeste, risquerait de passer à côté de l'expérience du vide.

Richard revient ensuite sur les débuts de la cure. Marie disait se comporter « comme un garçon, je drague ». Et elle rêvait de penser « comme un garçon » et d'avoir perdu ses papiers d'identité : « Je pleure, ce chagrin est depuis si longtemps en moi, il faut que je fasse sans ces papiers, je me déshabille devant un homme séduisant… »

De nouveau, il me semble que l'excitation vient combler un gouffre douloureux qu'il faut remettre à distance dès qu'un contact émotionnel

1. Bien évidemment, cette problématique ne concerne le plus souvent que certaines aires, certaines parties du psychisme du sujet, et non pas sa totalité.

pourrait se nouer. Dans ce sens, être (comme) un garçon serait peut-être une forme d'identification à l'agresseur, dans une sorte d'activité forcenée qui viendrait contrecarrer la passivation de l'inceste subi « avec cet homme âgé de la famille », et dont elle ne garde aucun souvenir hormis « le bord de [sa] culotte de petite fille ».

On peut se demander si ce qui fait trauma, dans ce genre de situations, est la dimension sexuelle de l'intrusion subie, ou bien plutôt le sentiment de viol psychique qui en découle. L'expérience de sentir son *intériorité* voler en éclats. Le discours manifeste sexualisé de la patiente risque de nous piéger, en nous amenant sur la voie d'une fantasmatisation d'allure névrotique, alors que cela est parfois un cache-misère ; une manière de cacher une misère bien plus primitive.

La patiente : « [...] c'est le chagrin qui compte... j'aime cette excitation même si elle n'efface pas mes larmes. »

L'excitation recouvre la douleur narcissique, même si elle ne l'efface pas. Elle tente de lier secondairement le trauma premier.

Après un silence, Marie associe sur le personnage du film *Danish Girl* : « Il voulait être opéré pour éprouver qu'il/elle avait un vagin. »

De nouveau, je me demande à quel niveau il faut l'entendre. Être opéré(e) (pénétré[e] ?) pour éprouver. Comme si l'excitation était la seule manière de se sentir encore vivante ? De ressentir quelque chose. Dans ce sens, avoir un vagin pourrait être pensé comme « avoir un intérieur » (un vrai *Self*, rempli de chagrin), tandis que « faire le garçon » serait plutôt une manière de « rester en surface » (faux *Self* excité). Le vrai *Self* cache une partie psychiquement morte : « une tombe », des « tendances suicidaires ».

La remarque sur laquelle Richard termine sa vignette clinique montre bien la différence des points de vue. Il écrit : « Il fallut commencer par une période de face à face parce que le visage est [...] le miroir insu des remugles incestuels inconscients. Le visage n'est-il pas par excellence ce dont on se demande d'emblée s'il est celui d'un homme ou d'une femme avant de savoir de qui il s'agit ? »

Je dirais, quant à moi, que le visage de l'autre, de la mère d'abord, joue bien d'autres fonctions avant qu'on puisse arriver à se poser cette question-là. Avant tout, il faut que le visage maternel puisse être un miroir.

S'il est vu lorsqu'il regarde, l'enfant se sent exister et cela lui permet de commencer à regarder créativement le monde qui l'entoure. Mais que se passe-t-il pour l'enfant dont l'environnement premier ne reflète que son propre état d'âme ou, pire encore, la rigidité de ses propres défenses ? Dans des cas semblables, les bébés regardent, mais ils ne se voient pas. Leur capacité créatrice commence à s'atrophier et le monde devient une chose à regarder, au lieu d'être une chose dans laquelle se regarder (Winnicott, 1967).

Autrement dit, le visage peut certes devenir « le miroir insu des remugles incestuels inconscients », mais cela est déjà l'aboutissement d'un travail psychique qui le constitue d'abord en tant que miroir désirant et symbolisant. C'est bien longtemps après que la question de savoir si c'est le visage d'un homme ou d'une femme commence à se poser. Au tout début, l'objet n'est qu'un objet subjectif, qui doit pouvoir se faire trouver exactement là où le bébé le crée. Si cela n'est pas possible, une cassure s'installe au fond de l'être, dont la sexualisation tente parfois une maîtrise secondaire, sans pour autant pouvoir la transformer. Dans ce genre de configurations psychiques, c'est bien à ce vécu de désespoir, de dis-continuité de l'être, qu'il me semble essentiel de donner forme et sens dans la cure, avant d'aborder toute question concernant les désirs incestueux inconscients.

Luca Quagelli
22 avenue Gallieni
92400 Courbevoie
lucaquagelli@hotmail.com

RÉFÉRENCES BIBLIOGRAPHIQUES

Green A., *Narcissisme de vie, Narcissisme de mort*, Paris, Les Éditions de Minuit, 1983.

Richard F., La bisexualité, l'inceste et la mort, *Bulletin de la SPP*, 1, 2019.

Roussillon R., *Paradoxes et Situations limites de la psychanalyse*, Paris, Puf, 2001 [1991].

Winnicott D.W., Le rôle de miroir de la mère et de la famille dans le développement de l'enfant, *Jeu et Réalité*, Paris, Gallimard, 2002 [1967].

La bisexualité psychique, un après-coup du choix d'objet

Bernard CHERVET*

Le terme de bisexualité désigne, au début des travaux de Freud une constellation clinique répertoriée par la toute nouvelle érotologie (Krafft-Ebing, 1886) et un axiome affirmant une bisexualité biologique constitutionnelle ayant valeur de fond originaire de la vie organique et psychique (Fliess, 1897).

Freud s'appuie sur cette fantaisie scientifique spéculative – véritable délire privé de Fliess – pour théoriser une bisexualité du psychisme qu'il met en corrélation avec tous les couples pulsionnels relevant du montage de la pulsion (actif-passif) et avec la double signification des symboles et des mots primitifs. Il attribue ainsi une plurivocité illimitée au terme de *bisexualité psychique*.

La première des significations issues de cet axiome concerne le refoulement impliqué dans le conflit défense-désir inconscient. Les symptômes hystériques sont qualifiés de bisexuels. Sur le modèle du thymus voué à disparaître avec la maturation, le destin de la part de bisexualité non accordée au sexe biologique succomberait au refoulement. Plus tard Freud libère (Freud, 1919c, 1937c) la bisexualité de ce destin sans renoncer à l'envisager constitutionnelle, affirmant qu'il est tout aussi naturel de naître bisexuel qu'avec deux yeux, tout comme le déclin du complexe d'Œdipe envers la chute des dents de lait. Il soumet donc la bisexualité psychique à une logique strictement physiologique.

Toutefois, une seconde signification fait très tôt intervenir le facteur historique par les identifications, celles œdipiennes et celle première aux parents de la préhistoire personnelle. Le couple paternel-maternel, inhérent

* Psychanalyste, Membre titulaire formateur, ancien président de la SPP, secrétaire scientifique du CPLF.

aux identifications narcissiques, rejoint les figures pulsionnelles de la bisexualité.

Une troisième signification apparaît avec la dualité pulsionnelle qui offre une corrélation apparente immédiate avec la bisexualité : Éros et sa libido bruyante masculine, la pulsion de mort muette et féminine (déjà esquissée dans « Le motif du choix des coffrets » [1913f]).

Mais l'entrée en scène du surmoi (Freud, 1923b) en tant qu'impératif à réaliser un travail psychique s'opposant à la tendance extinctive des deux pulsions élémentaires, convoque un nouveau couple : tendance extinctive des pulsions – impératif de retenue et d'inscription.

Dès lors, la signification métapsychologique du terme de bisexualité psychique se dédouble et renvoie tout autant au pôle pulsionnel qu'à l'ambivalence à réaliser un travail psychique. La bisexualité psychique s'applique dès lors à tous les concepts, et la métapsychologie tend à se sexualiser, ce que Freud refuse.

Ainsi, l'identification première fondatrice des processus psychiques, identification au père-parents de la préhistoire personnelle, est-elle porteuse de bisexualité. L'impératif processuel s'en retrouve primitivement bisexuel. Il sera renforcé par les identifications œdipiennes combinées issues des renoncements œdipiens. Dès 1899, Freud écrit s'habituer à considérer la scène sexuelle entre deux individus comme « un évènement impliquant quatre personnes », où s'ébattent donc les quatre personnages identificatoires de l'Œdipe ; la bête à deux dos est animée par une double bisexualité entremêlée.

Du point de vue du montage pulsionnel tout peut être conçu selon une symbolique sexuelle (pansexualisme) et être rattaché aux représentations de choses bisexuelles prototypiques que sont le *pénis creux* et le *vagin plein*. Les motions pulsionnelles sont masculines par leur poussée qui est en fait le résultat d'un travail de retenue et d'inscription, et féminines par leur tendance extinctive. Le travail psychique devient bisexuel, masculin par ses formations et féminin en tant qu'activité psychique régressive de la passivité. Un pas de plus sera nécessaire pour concevoir qu'il est en fait féminin par la régressivité extinctive qui l'occupe et le renoncement qu'elle exige. La résistance majeure du psychisme concerne ce travail de renoncement qui s'implique dans une nouvelle définition de la féminité. Dès lors le masochisme érogène peut être pensé féminin et la résistance au renoncement qui le fonde, une solution virile.

Contrairement à l'axiome du début, la bisexualité psychique se retrouve être le lieu de divers conflits qui pour s'élaborer vont se transposer sur une réalité externe perceptible, la différence anatomique des sexes. Le texte

« Quelques conséquences psychologiques de la différence anatomique entre les sexes » (1925j) laisse deviner cette étroite corrélation entre la conflictualité propre à la dualité pulsionnelle, l'ambivalence quant à réaliser un travail psychique, la différence sensorielle des sexes et la bisexualité psychique. La prise en compte de cette transposition permet de proposer une complexification du titre : « Quelques conséquences psychologiques de la dualité pulsionnelle et de l'ambivalence processuelle transposées sur la différence anatomique entre les sexes ». Sont alors reconnus par la perception du couple nanti-dépourvu les effets du conflit de renoncement.

Les Œdipes décrits par Freud dans « La destruction du complexe d'Œdipe » (1924d) sous les appellations d'Œdipe du garçon et d'Œdipe de la fille sont en fait deux voies de l'Œdipe, un *Œdipe-fille* et un *Œdipe-garçon* différenciés par l'engagement du renoncement. Elles existent toutes deux chez le garçon et chez la fille, et désignent deux rapports au surmoi, un refuge par obéissance dans le premier cas (masculin), un maintien par changement d'objet dans le second (féminin). Le conflit entre renoncer ou non aux investissements des objets œdipiens se retrouve dans les deux solutions dites « garçon » et « fille ». L'Œdipe-*garçon* précipite la voie du renoncement, l'Œdipe-*fille* refuse ce dernier.

La perception des bas-ventres garçon et fille entremêle la différence des organes génitaux *garçon-fille* (masculin-féminin) tous deux tangibles et représentables par la vue et le toucher – avec des différences temporelles quant à l'avènement des représentations de chose pénis et vagin –, et une autre différence porteuse du traumatique, celle entre *nanti et dépourvu*. Cette dernière requiert un travail psychique en deux temps, celui de l'après-coup, qui prend en compte l'ambivalence envers le renoncement et l'attraction régressive, envers la reconnaissance ou le déni de la castration. Ce travail s'exprime par les représentations, les affects et les sensations.

Ces deux différences sont imbriquées au sein de la *double différence des sexes*. Celle nanti-dépourvu se reconnaît dans deux perceptions (présence et absence de pénis) sur lesquelles peuvent se transposer respectivement l'impératif d'inscription qui fonde les investissements, et la tendance extinctive des pulsions qui est non représentable. Le dépourvu ne donne lieu à aucune trace et du fait de cette *trace manquante* l'extinctivité ne peut être qu'éprouvée et dénommée. Elle ne donne ni trace, ni représentation par lesquelles pourrait advenir un perceptif hallucinatoire en identité de perception.

La régressivité extinctive traumatique éveille la sidération qui combine un effroi et une retenue. Les sensations issues de cette dernière alimentent le masochisme érogène par conversion sensuelle. S'ensuivra également une théorie causale s'opposant à l'extinction, étayée sur les traces et représentations du nanti, selon laquelle le manque est le résultat d'un retranchement, d'une castration selon divers scénarii. Affect, sensualité et théorie se retrouvent étroitement imbriqués.

Le travail de l'après-coup en deux temps installe les éprouvés de manque en lieu et place de ceux traumatiques. Il permet après un détour régressif, le réinvestissement de la voie progrédiente avec la production d'une prime de désir ayant pour horizon l'objectalité.

Le conflit de renoncement qui habite la réalisation de ce procès fait résurgence dans l'œuvre de Freud à la fin de sa vie. Après avoir récusé la sexualisation du refoulement de la théorie de Fliess, il ouvre la bisexualité psychique et la féminité à de nouvelles significations. Il s'étonne du manque d'étonnement envers l'existence de sujets *bisexuels* qui font l'économie du choix d'objet sexuel exclusif. L'étonnement soulève une interrogation : pourquoi ne sommes-nous pas tous bisexuels ? Parce qu'il existe une inclination au conflit et une contrainte au choix d'objet, d'où un conflit entre ce qui est qualifié de masculin et de féminin. Le bloc idyllique de la bisexualité est rompu, seul le jeu fantasmatique auto-érotique offre une solution non conflictuelle qui comble un souhait de complétude narcissique.

« L'inclination au conflit » (1937c) s'avère plus fondamentale que la bisexualité psychique. Celle-ci est un après-coup du choix d'objet et appartient aux seuls autoérotismes. La significativité du *choix d'objet* en tant qu'accomplissement passe dès lors au premier plan, dissimulée jusque-là par l'axiome d'une bisexualité constitutionnelle. Freud fait dépendre cette inclination au conflit de la dualité pulsionnelle. En fait, si nous tenons compte de la tendance extinctive de toutes les pulsions, elle se joue au niveau du renoncement qui a pour objectif de *réduire* cette attraction régressive extinctive. Elle concerne le renoncement à l'extinction.

Cette inclination au conflit a été agie dès la naissance de la psychanalyse à propos de la bisexualité, entre Freud et Fliess, sur la paternité de cette notion, plus précisément sur un plagiat dont Fliess accuse Freud d'avoir été à l'origine. Elle s'est reportée ensuite au sein des polémiques concernant la notion de genre. L'enjeu du choix d'objet apparaît comme une matrice de polémiques agies. La mise à l'écart des conflits qui le concernent revient du dehors avec une extrême violence se portant sur les corps eux-mêmes ; la revendication contemporaine est que chacun puisse *être unique en son genre.*

Le renoncement au bloc de la bisexualité introduit une asymétrie entre masculin et féminin. Le terme féminin désigne dès lors, par le biais de l'expression « refus du féminin chez l'homme et chez la femme », la résistance la plus tenace, qualifiée de « roc du biologique ». Fait ainsi retour le biologique originaire, mais par une résistance empêchant l'avènement d'un fonctionnement psychique valant acceptation de l'impuissance à éliminer la réalité du dépourvu et l'éprouvé de manque qui en résulte. La théorie d'une bisexualité originaire était une tentative de satisfaire une aspiration de complétude et une esquive des éprouvés de manque, et la bisexualité psychique est nécessaire à leur élaboration. L'installation d'une « pleine fonction bisexuelle » fait partie du traitement de l'homosexualité (Freud, 1922b).

La littérature et la mythologie déploient cette lignée fantasmatique issue d'une appropriation du couple masculin-féminin, exprimant le souhait d'une complétude a-conflictuelle atteinte par la réunion des deux sexes, que cela soit par un hermaphrodisme solitaire ou avec un autre.

Les termes de bisexualité, de masculin et de féminin métaphorisent ainsi sous la plume de Freud, de nombreux contenus, fonctions et processus psychiques, leurs dénominations restant dépendantes des objets de la réalité perceptible sur lesquels ces modalités inconscientes se sont initialement transposées afin de pouvoir s'installer en tant que réalités psychiques.

Le processus de théorisation de Freud est exemplaire d'un déroulement selon l'après-coup. La fixation par l'axiome premier de la bisexualité biologique lui permet d'immobiliser la régressivité extinctive au « sans vie » (Freud, 1920g). Puis il réalise un long parcours d'élaboration psychique producteur de diverses notions métapsychologiques toutes reliées métaphoriquement à l'axiome de la bisexualité originaire. Enfin, renonçant à cette fixation inaugurale, il peut investir la question du choix d'objet.

La bisexualité trouve alors sa place en tant que réalité psychique des autoérotismes, et la féminité, une nouvelle définition. Le refus du féminin s'avère être le prototype de toute résistance, lié au déni de l'attraction régressive jusqu'à l'extinction ; résistance envers notre impuissance vis-à-vis de cette réalité et ambivalence envers le renoncement fondateur de l'économie libidinale. Une des conséquences de ce refus est la diminution de la sensibilité érogène, privée qu'elle est alors de toute régression sensuelle. Le terme masculin continue à qualifier l'investissement libidinal.

Une contrainte, celle de l'inclination au conflit, soutient le choix d'objet qui devient la visée attractrice latente pour le développement de la sexualité humaine. La bisexualité psychique n'est vraiment installée en tant que qualité des autoérotismes psychiques que dans l'après-coup de ce choix et de la rencontre de l'autre sexe, plus précisément de l'expérience faite par la sensorialité de la sensualité d'un objet de l'autre sexe, de la régression sensuelle de cet autre sexe qui nous manque ; expérience d'une double régression sensuelle préliminaire jusqu'au sexuel d'organe. C'est cette connaissance des régressions sensuelles entremêlées qui installe les frayages érogènes de la sensualité et participe à dessiner une carte de l'érogénéité singulière à chacun qui se modifie en cours d'analyse.

Les investissements sexuels d'organe accompagnent dès le début ceux de l'objet et sont contre-investis par les soins maternels-parentaux, par ces « autres » des processus psychiques (le *Nebenmensch*, l'*être-humain-proche*) qui s'offrent à l'enfant en tant que modèle identificatoire et que l'enfant utilisera selon ses propres aléas. Ces soins sont organisés comme un langage. C'est seulement l'inconscient processuel fait de réminiscences des processus psychiques, qui peut être conçu organisé comme un langage, l'inconscient de la pulsionnalité échappant à toute organisation. Ce contre-investissement parental installe une *bisensualité* qui dépend étroitement des soins et de l'éducation, et qui ne pourra suivre une resexualisation par régression sensuelle vers le sexuel d'organe qu'après l'installation de processus psychiques propres à l'enfant issus d'une série de renoncements incluant ceux de la résolution du complexe d'Œdipe ; donc seulement après la puberté.

Pour devenir une bisexualité psychique il manque encore l'expérience de la régression sensuelle vers le sexuel d'organe, ainsi que celle de l'autre sexe. La régression sensuelle se déroule à partir d'une bisensualité initiale qui atteint son aboutissement en tant que bisexualité psychique par la *connaissance* concrète, charnelle de la sensualité de l'objet de l'autre sexe, de la régression sensuelle de l'autre sexe, expérience qui exalte l'entrecroisement sensoriel des sensualités jusqu'à leur fusion bisexuelle. Dans de tels moments, la question d'être homme ou femme ou de tout autre genre ne se pose pas.

Bernard Chervet
16, rue Jacques Callot
75006 Paris
39, rue du Professeur Florence
69003 Lyon
bernard@chervet.fr

RÉFÉRENCES BIBLIOGRAPHIQUES

Fliess W., *Les Relations entre le nez et les organes génitaux féminins présentées selon leur signification biologique*, Paris, Seuil, 1977 [1897].

Freud S. (1919 *e*), « Un enfant est battu » : contribution à la connaissance de la genèse des perversions sexuelles, *OCF.P*, XV, 1996.

Freud S. (1920 *g*) Au-delà du principe de Plaisir, *OCF-P*, XV, 1996.

Freud S. (1922 *b* [1921]), De quelques mécanismes névrotiques dans la jalousie, la paranoïa et l'homosexualité, *OCF-P*, XVI, 1991.

Freud S. (1923b), Le moi et le ça, *OCF-P*, XVI, 1991.
Freud S. (1924 *c*), Le problème économique du masochisme, *OCF-P*, XVII, 1992.
Freud S. (1937 *c*), L'analyse finie et l'analyse infinie, *OCF-P*, XX, 2010.
Krafft-Ebing R. von, *Psychopathia Sexualis : Étude médico-légale à l'usage des médecins et des juristes*, Paris, Payot, 1969 [1886].

La bisexualité dans la cure

Thierry BOKANOWSKI*

Lorsque l'on est conduit, aujourd'hui, à employer le terme « bisexualité » en psychanalyse et dans la cure psychanalytique, que cherche-t-on à évoquer ? À quelles fonctions psychiques et représentatives ce terme renvoie-t-il ? À quelles références conceptuelles et aux déploiements de celles-ci conduit-il ?

C'est ici que l'on doit féliciter les deux rapporteurs qui, chacun selon son propre style, ont su subtilement aborder les horizons de ce thème, n'hésitant pas à interroger les questions auxquelles ce concept renvoie, tant sur le plan théorique (métapsychologie) que sur celui de son application, implicite comme explicite, en clinique psychanalytique.

Aussi, après avoir cherché à rappeler dans leur généralité et à la suite des rapporteurs, la diversité des incidences auxquelles l'usage du concept conduit, j'aborderai brièvement les questions soulevées en clinique psychanalytique par la bisexualité primaire, qui, à la faveur des potentialités régressives dans la cure, rendent parfois difficile une écoute transféro-contre-transférentielle, du fait d'un brouillage des repères identitaires qui peuvent, entre autres, intéresser la question de la position féminine dans les deux sexes.

GÉNÉRALITÉS : UN BREF TOUR D'HORIZON

Depuis les premières avancées freudiennes, il est clairement établi que le psychanalyste n'a pas affaire à la sexualité en tant que telle, mais toujours

* Membre Titulaire Honoraire de la Société Psychanalytique de Paris.

aux formes complexes que prennent ses représentations dans leur diversité et dans leur polysémie : on parle alors de « psychosexualité ».

Pour le psychanalyste, l'identité sexuelle et l'identité de genre, ainsi que le masculin et le féminin, s'ancrent, sur le plan des représentations, aux schémas et aux vécus corporels auxquels renvoient tant le sexe génétique que le sexe anatomique.

Si la bisexualité psychique, qui reflète les identifications du sujet, s'articule avec ses spécificités anatomiques et physiologiques propres, la fantasmatique inconsciente qui la régit conduit néanmoins à la qualifier de manière singulière.

C'est ainsi que la fantasmatique inconsciente d'un sujet, qui peut ne pas correspondre en tous points à la réalité de son sexe, est dépendante d'un certain nombre de facteurs constitutifs de son organisation, parmi lesquels on doit souligner l'importance de ses identifications à l'autre sexe.

Christian David a rappelé que le caractère composite de la bisexualité psychique renvoie non seulement à la complexité de ses identifications mais aussi « aux composantes bipolaires de sa fantasmatique érotique et plus largement affective, elle-même sous l'influence de la réalité sexuelle et de tous les éléments en jeu dans la formation et le fonctionnement de l'image du corps en tant que corps sexué, lieu des sources pulsionnelles » (David, 1992).

Rappelons par ailleurs que Freud confère à la bisexualité le rôle structurant fondamental du complexe d'Œdipe. Cependant il en conclut que les deux faces de l'Œdipe positif et négatif ne sont pas équivalentes. Sachant que le tableau complet, psychiquement déterminé, est marqué sur le plan conflictuel, le résultat final devient alors l'affaire d'un rapport de forces, qui modèlent les singularités d'une histoire (Freud, 1923b).

Autrement dit, tout au long de l'évolution de la problématique œdipienne, les différences liées au sexe anatomique, aux expériences corporelles ainsi qu'au vécu psychique (élaboration fantasmatique), ne cessent de se creuser entre les deux sexes. En ce qui concerne la bisexualité, son organisation chez l'enfant est liée à celle de la bisexualité de chacun des deux membres du couple parental.

Ainsi, être une petite fille ou être un petit garçon ne destine pas à vivre les mêmes expériences corporelles et psychiques. Si l'expérience et le fantasme sont irréductibles l'un à l'autre, il n'en reste pas moins vrai que l'expérience donne à la réalité psychique sa dimension de réalité vécue.

De ceci, il découle, logiquement, que le masculin chez la femme n'est pas de même nature que le masculin chez l'homme et que le féminin de l'homme n'est pas de même nature que le féminin de la femme. Cependant, ce qui est commun pour les deux, c'est le « refus du féminin » (Freud, 1937c) lequel a des conséquences différentes dans les deux sexes, puisqu'il affecte la femme dans le sexe qu'elle a, et l'homme dans le sexe qu'il n'a pas.

Classiquement, la cure devrait permettre l'apparition, le déploiement et la « resexualisation » de certains mouvements identificatoires anciens, qui se « rebisexualisent » dans la relation transférentielle sous-tendue par les relations imaginaires aux objets du passé.

Dans le cadre de son expression génitale, le travail psychique use naturellement des ressources de la bisexualité, tant à des fins défensives qu'à des fins de satisfaction. Ces deux mouvements alternent et se soutiennent réciproquement d'autant plus facilement que la bisexualité du sujet est en mesure de dialoguer dans une certaine harmonie avec les différentes instances qui président à son fonctionnement psychique.

Selon qu'il s'agit des identifications aux objets de même sexe que le sujet ou, au contraire, aux objets de l'autre sexe, leurs incidences sur le *narcissisme* et sur les *valences objectales* du sujet sont donc extrêmement différentes. Dès lors, la situation analytique constitue une mise à l'épreuve de la spécificité de l'identité psychosexuelle et, simultanément, une stimulation de la bisexualité psychique.

Ce double impact entraîne une exigence de travail au niveau de l'économie pulsionnelle : d'une part, une régression de l'indétermination psychosexuelle, d'autre part, une requalification identitaire ainsi qu'un assouplissement des investissements et des contre-investissements identificatoires (primaires et secondaires).

Du fait des *modalités régressives* qui lui sont liées (régression formelle, topique et temporelle), la cure peut ainsi avoir une *action déstructurante* qui entraîne des *résistances* difficiles à lever en ce qu'elles ne permettent pas toujours la mise en perspective d'une véritable élaboration, voire réélaboration, de la psychosexualité.

BISEXUALITÉ PRIMAIRE

Rappelons qu'il existe, dans le cadre des premiers liens avec la mère (homosexualité primaire incluant une féminisation primaire), une relation étroite entre l'émergence du désir, la genèse et le déploiement du fantasme, la constitution des objets internes et l'organisation des identifications qui, par étapes, vont venir constituer les composantes de la bisexualité psychique.

La bisexualité est, par ailleurs, d'autant plus internalisée qu'elle est en mesure d'intégrer à son propre fonctionnement les composantes primaires de la sexualité. Mais tel n'est pas toujours le cas. Les formes primaires de la bisexualité se développent parfois de manière trop importante du fait qu'elles sont prises dans une *relation conflictuelle* aux *objets primaires.* Elles ne permettent pas, alors, l'internalisation harmonieuse de la bisexualité ni, du même coup, la souplesse nécessaire à l'utilisation du jeu identificatoire dans son expression génitalisée (Bokanowski, 1997).

Lorsqu'elles apparaissent dans le matériel des séances, les formes primaires de la bisexualité sont généralement difficiles à déceler. Du fait qu'elles sont prises dans des *conflits narcissiques* qui témoignent à la fois de la *haine* et de *l'attachement tenaces* aux objets, elles se manifestent le plus souvent sous la forme de *vacillements des limites du moi.* Associées à une angoisse du vide, qui peut se transformer en angoisse « catastrophique », elles entraînent alors des confusions dans les rapports entre le dedans et le dehors, ainsi que des confusions au niveau des zones érogènes.

Dans ces moments, le discours manifeste du patient s'exprime par du « non-sexuel » qui menace de tout son poids le sentiment d'identité. Dans cette *confusion*, qui masque la sexualité infantile, il devient difficile de repérer la problématique du désir, et le contre-transfert de l'analyste est alors mis à rude épreuve.

Si, dans son écoute analytique et dans les modalités de son contre-transfert, l'analyste n'est pas suffisamment attentif aux modalités transférentielles liées aux expressions primaires de la bisexualité, la pierre d'achoppement de la cure liée au « roc » du « refus du féminin », peut aboutir, au mieux, à une réaction thérapeutique négative ou, au pire, à une analyse interminable.

LA QUESTION DE LA POSITION FÉMININE DANS LES DEUX SEXES

Composant à part entière et organisateur de la bisexualité psychique, élément central qui préside au destin du développement psycho-sexuel et libidinal de tout sujet, la *défense* envers le *féminin* qui entraîne une crainte de *passivation* se trouve être au cœur même du processus analytique.

En d'autres termes, le problème soulevé par Freud du « refus du féminin » renvoie à la *capacité* du *degré d'internalisation psychique du féminin* et de la *position féminine* dans les *deux sexes.*

Chez la fille, le *féminin primaire* est dû au fait qu'il *trouve ses racines dans la relation primaire à la mère* (homosexualité primaire). Le plaisir des échanges dans l'intimité corporelle de la mère et de son nourrisson est très précocement infiltré par l'investissement sexué dont l'enfant est l'objet ; elle prolonge et s'articule avec l'*homosexualité secondaire,* homosexualité génitale qui s'inscrit dans le versant œdipien.

La libido homosexuelle de la fille enrichit et stabilise son image narcissique. L'objet de l'investissement homosexuel est un objet total, la mère étant appréhendée dans sa dimension sexuée. L'attirance pour la mère/femme sexuée s'adresse à son psychisme mais aussi à son corps affectif et sensuel.

Ainsi, c'est bien à partir de son identification introjective au féminin maternel, laquelle sera le prélude de son identification ultérieure à la *féminité* génitale de sa mère, que se constituent, pour la fille, son identité à venir et son destin de femme. Dans ce même mouvement psychique, son « envie du pénis » peut se transformer en désir de recevoir celui-ci dans l'acte d'amour.

Quant au garçon, en voie de devenir homme, une question se pose : quand on parle de « féminin chez l'homme », *à quel féminin* fait-on allusion ?

S'agit-il du féminin mis en jeu par les modalités négatives et inverses du complexe d'Œdipe, liées aux positions psychiques du garçon par rapport à son père en fonction des modalités évolutives de son complexe de castration, et qui, dès lors, via la *passivité*, mettrait en avant un *féminin* de type *défensif* ?

Ou bien s'agit-il, comme chez la fille, du *féminin primaire* lié à l'*identification primaire au féminin maternel,* ce qui, pour nombre d'auteurs aujourd'hui, serait le seul véritable féminin ?

Voire encore, comme le propose Winnicott (1966), d'une partie d'un élément, dit « *féminin pur* » lequel se retrouverait, dans les deux sexes, comme résultante d'une identification primaire, et « *a-pulsionnelle* », au sein ?

En fait, quelles que soient les modalités psychiques prises par la *résistance au féminin* dans la relation analytique (homosexualité psychique, masochisme, etc.), il semble bien que le *refus du féminin,* s'origine chez le garçon, d'une part dans la nécessité de *répudier le féminin de la mère* par crainte de son *action passivante,* d'autre part dans la défense de l'internalisation des lieux du féminin (vagin) et du maternel (utérus).

En dehors de l'homosexualité psychique et de ses variantes défensives liées à l'aménagement de la bisexualité, l'autre destin du *refus du féminin* chez le garçon se retrouve dans le *masochisme,* dit *féminin,* du sujet dont une des illustrations se trouve chez Freud dans « Un enfant est battu » (1919 e).

La dynamique fantasmatique permet au sujet, dans ce cas, un aménagement des angoisses de castration en fonction de l'imago paternelle, de l'analité ainsi que des idéalisations phalliques, lors de la résolution du complexe d'Œdipe.

C'est le *lien incestueux* au père, ainsi que le besoin de refouler la représentation de la position féminine vis-à-vis de celui-ci (« mon père me bat, mon père m'aime »), qui en est le fantasme inconscient actif et central. Cette seconde phase du fantasme, laquelle doit être reconstruite, éclaire admirablement la position de l'enfant face à la *violence* paternelle, violence à la fois redoutée, admirée et enviée. C'est parce qu'il la convoite qu'il tente de se l'approprier sur un mode régressif.

La « situation caractéristique de la féminité », qui renvoie à « être castré, être-coïté ou enfanter » (« Le problème économique du masochisme », 1924), s'ouvre sur un fantasme d'appropriation par introjection d'un pénis paternel « incastrable » et tout-puissant. Néanmoins, on peut aussi voir dans le fantasme de l'enfant battu un avatar et la mise en forme d'un *fantasme originaire de séduction* d'un enfant par un adulte et, entre autres, *par la mère*.

Se vivant comme l'objet sexuel de celle-ci, participant pleinement, mais passivement, de sa jouissance dont il se sentirait alors l'instrument privilégié, le garçon aurait recours à ce fantasme pour *interposer le père comme tiers* afin de se dégager du gouffre de la *séduction primaire* par la mère, source de terreurs (fantasmes de fusion, d'engouffrement, d'engloutissement et d'anéantissement).

Cependant, face au risque pour son pénis, c'est-à-dire pour son *narcissisme*, qu'implique, pour le garçon, le maintien de la relation érotique passive vis-à-vis du père, le fantasme « mon père me bat » (c'est-à-dire « mon père m'aime ») se modifie en « c'est ma mère qui bat » (la troisième phase du fantasme de « Un enfant est battu »).

On doit ainsi rappeler que, pour le garçon, un *féminin* est aussi *ouvert par la mère* ; induit par la relation primaire à la mère il induit plusieurs modes de déclinaisons :

– d'une part, comme on vient de le voir, le latent du fantasme « mon père me bat » indique bien que, sous couvert d'être battu par le père, on retrouverait une unité avec la mère ;

– d'autre part le fantasme permet, par le biais de « l'introjection anale du pénis paternel » – sous couvert de « position caractéristique de la féminité » (« être castré, subir le coït ou accoucher ») –, un accès plus directement œdipien avec celle-ci.

Thierry Bokanowski
40, quai des Célestins
75004 Paris
thbokanow@gmail.com

RÉFÉRENCES BIBLIOGRAPHIQUES

Bokanowski T., La bisexualité en travail dans la cure, *in* A. Fine, D. L'Heureux-Lebeuf, A. Le Guen (dir.) *Bisexualité*, Paris, Puf, « Monographie de la Revue française de Psychanalyse », 1997.
David C., *La Bisexualité psychique. Essais psychanalytique*, Paris, Payot, 1992.
Freud S. (1919 *e*), Un enfant est battu, *OCF.P*, XV, 1996.
Freud S. (1923 *b*), Le moi et le ça, *OCF.P*, XVI, 1991.
Freud S. (1924 *c*), Le problème économique du masochisme, *OCF.P*, XVII, 1992.
Freud S. (1937 *c*), L'analyse finie et l'analyse infinie, *OCF.P*, XX, 2010.
Winnicott D.W., Clivage des éléments masculins et féminins chez l'homme et chez la femme, *Nouvelle Revue de Psychanalyse*, n° 7, Paris, Gallimard, 1966.

Langue et (bi)sexualité

Hélène HINZE*

Celui qui ne connaît pas les langues étrangères ne sait rien de sa propre langue.

Goethe.

Certains linguistes, dont Max Weinreich au siècle passé, soutenaient l'idée « qu'une langue est un dialecte avec une armée et une flotte », pour souligner qu'une langue ne peut être adoptée et propagée que par un état fort, puissant et déterminé. La langue est à la fois un objet et un lieu de conflits, un lieu où les pulsions font rage et où, à la surface, des défenses s'organisent.

La langue est d'abord maternelle. L'infans entre dans le langage par l'organe sexuel actif, la bouche et la zone orale ; les mots, il les goûte, les tète, les suce, les ingurgite, les avale. II en fait des postillons, des crachouillis, il les régurgite, les crache, les vomit... Il y met toute son énergie sensorielle, toute sa capacité hallucinatoire. Ce qu'il fait aux mots de la mère qu'il ne peut encore correctement reproduire, il le fait avec son corps et il le fait au corps de la mère, c'est de cette manière qu'il l'aime et la hait d'un amour et d'une haine dévorants, informes, incestueux. Les mots, les sons, deviennent le corps moi/maman et peut-être aussi et déjà, un corps étranger, entre moi et maman. Cette matière est plus malléable que la nourriture, elle reste toujours à disposition, l'infans se l'approprie. Et déjà, les mots le relient à l'autre en même temps qu'ils l'en séparent, comme le « NON », une des premières victoires du petit sur la toute-puissance qu'il prête aux grands. La conflictualité se met en place, s'organise.

Avec le primat de l'analité et la maîtrise de la musculature, le bébé découvre un autre univers, ses pulsions sadomasochistes s'exercent sur le corps inépuisable des mots proposés, donnés, offerts par la mère ; sur les mots chapardés, dérobés, arrachés, volés à la mère. De là son inlassable

* Psychologue clinicienne, psychanalyste en formation à l'APF.

curiosité pour les mots nouveaux, son désir irrépressible de se les approprier, de les faire siens, son étonnante compétence à entrer dans cette langue qui s'interpose entre lui et l'autre, qui en même temps contient l'espoir de continuer à s'unir à l'autre, la langue se constitue dès lors comme corps de désir dont la substance même échappera à tout jamais.

En allemand, le vocabulaire, c'est le *Wortschatz*, de *Wort*, le mot et *Schatz*, trésor ; littéralement le « trésor des mots ». Ce trésor, pour Freud, est associé au « trésor des souvenirs » oubliés qui renforcent et enrichissent le moi lorsqu'enfin ils sont admis dans la conscience. Ce qui est oublié aussi, c'est que la langue, à ses débuts, est charnelle et pulsionnelle. Elle ne dit pas seulement, elle est surchargée d'une énergie hallucinatoire, et comme le rêve elle cherche inlassablement à accomplir la motion de désir censurée.

C'est avec la découverte de la différence *de* sexe, comme l'a démontré Jean-Michel Lévy, que l'enfant entre dans l'univers cruel de la loi phallique : on l'a ou on ne l'a pas, on sait ou on ne sait pas. La langue devient instrument de pouvoir.

Et avec le refoulement de la sexualité infantile et l'amnésie infantile, vient le temps de l'apprentissage du bon usage de la langue avec la grammaire, l'orthographe et la conjugaison, véritables opérateurs de refoulement et de défense contre le retour des processus primaires. Mais comme tout ce qui est refoulé cherche sans cesse à refaire surface, on peut toutefois faire l'expérience des émergences sexuelles et bisexuelles dans le langage à partir, notamment, des constructions syntaxiques, ainsi qu'à partir de la traduction.

LES DISPOSITIFS GRAMMATICAUX

En français, il y a deux déterminants définis désignés comme « masculin » et « féminin ». Cet usage est enseigné depuis l'enfance, on n'a pas besoin d'y croire ou d'y adhérer, c'est comme cela et pas autrement. Comme le fétiche, c'est un prêt-à-penser, voire même un empêcheur à penser. Cet usage paraît logique et cohérent, sauf si on le compare avec une autre langue. Pourquoi LA table et LE soleil en français, alors qu'en allemand le soleil, *DIE Sonne,* est « féminin », et la table, *DER Tisch,* « masculin », et qu'en anglais la question du genre ne se pose pas immédiatement puisqu'il n'y a qu'un seul déterminant ?

Il ne s'agit donc pas là de différence sexuelle, mais d'une différence de genre arbitraire, une différence *de* sexe, une première théorisation de la différence des sexes, comme le propose Jean-Michel Lévy, les oppositions « masculin » et « féminin » ne recouvrant pas la différence homme/femme.

Examinons à présent le déterminant désignant « le nombre », ou l'article du pluriel ; là aussi plusieurs stratégies en fonction des langues : la plus intéressante est celle de l'allemand qui utilise pour le pluriel le même déterminant que pour le féminin, *DIE*. Si on fait remarquer à un allemand ou à un germaniste que *DIE* féminin et *DIE* pluriel, c'est le même mot ou la même chose, celui-ci rétorque immédiatement et avec force que non, ce sont deux articles différents, l'un au féminin et l'autre au pluriel ; ce n'est donc pas du tout la même chose. C'est cela, la force de l'usage qui installe une évidence et clôt tout questionnement. Alors, qu'est-ce que ce *DIE*, est-ce le moi-maman-monde archaïque qui réapparaît à la surface de la langue sans se faire remarquer, formellement adoubé par la grammaire et amenant sans bruit une prime de jouissance ? On retrouve ce même procédé en anglais, avec le déterminant *THE*, le même au singulier et au pluriel : *THE* table, *THE* tables ; la table, les tables. Les Anglais eux aussi sont abasourdis qu'on puisse imaginer que *the* et *the* sont identiques. Ne serait-ce pas un troisième genre, ni masculin, ni féminin, ni pluriel, ce déterminant qui contient tous les autres et qui, tel un caméléon, peut adopter toutes les apparences sans attirer l'attention ?

Ainsi, à l'intérieur même de ces défenses si compliquées qu'on n'a jamais fini d'en faire le tour se glissent des processus primaires si évidents qu'ils en sont aveuglants. C'est pour cela que les règles syntaxiques n'en finissent pas d'évoluer vers davantage de complexité, parce qu'elles échouent à endiguer ce qui en fait la matière même, la sexualité infantile, la chair de la langue, toujours vivace et vivante, et prête à se revivifier.

TRADUCTION ET BISEXUALITÉ

À partir de Wilhelm Jensen (1837-1911) : Gradiva, fantaisie pompéienne, 1903

Wilhelm Jensen dresse le portrait de Norbert Hanold, docteur en archéologie et professeur d'université, qui vit seul en compagnie de sa science et se suffit ainsi à lui-même. L'histoire débute au moment où le héros, qu'il n'identifie pas comme un jeune homme – ce qui l'assignerait à un sexe –, mais comme « un jeune archéologue », découvre un bas-relief représentant « une forme féminine en mouvement ». Il en fait faire un moulage qu'il accroche dans son cabinet de travail. Hanold se trouve embarrassé pour définir ce qu'elle est, mais aucune des acceptions sexuées proposées par la langue ne lui convient. Il s'en sort en lui trouvant un nom, Gradiva, du dieu Mars Gradivus, celle qui marche en avant. Gradiva, si elle est identifiée du côté du féminin – en opposition à masculin – a une particularité qui la distingue radicalement des « bonnes femmes » que Jensen fait apparaître ici et là dans son récit ; son incomparable démarche, qui la distingue entre toutes. Grâce à ce détail, Hanold peut en faire son double, et ainsi dans le monde prégénital où ils se meuvent, ils n'ont pas à se confronter à la différence *de* sexe et évitent tous deux la menace de la castration.

Obsédé par sa Gradiva, Hanold se lance à sa recherche, ce qui le conduit à Pompéi. Mais le voyage est gâché par des contrariétés de tous ordres ; entre autres les mouches et les jeunes mariés en voyage de noces qu'il exècre. Ce sombre envers omniprésent de sa recherche, c'est la réapparition de la menace de castration sous une forme régressive, parce que non liée, une irruption de colères et de rage contre l'expérience de son impuissance.

À Pompéi, il rencontre sa Gradiva, mais n'admet pas sa matérialité. C'est que, dans le monde phallique où il vit, la rencontre avec l'autre, et particulièrement avec l'autre sexe est une démarche périlleuse tant le risque est démesuré : tout gagner ou tout perdre. Mais il faut y aller et Hanold, une fois de plus, s'en tire bien. Poussé par une impulsion irraisonnée, il administre une vigoureuse claque sur la main de Zoé-Gradiva au prétexte d'en chasser une mouche. C'est seulement alors, en retrouvant les jeux brutaux et asexués de leur enfance commune oubliée, qu'ils se reconnaissent.

Le happy-end de la fin laisse sceptique, on peut imaginer Zoé dans son rôle de *femme mariée* et Hanold *en mari,* mais on comprend qu'il reste pour tous les deux un long chemin à parcourir pour accéder à une différence *des* sexes structurante. Norbert Hanold garçon *et* fille, c'est l'histoire d'un adolescent à la recherche de son orientation sexuelle, entre la perte de la jouissance enfantine d'être et d'avoir les deux sexes et un profit espéré et attendu, mais non encore advenu et par là même difficile à se représenter.

Là où Jean Bellemin-Noël, le traducteur, raconte une autre histoire que celle de Wilhelm Jensen, c'est quand il utilise indifféremment les termes de « femme », « jeune femme », « fille » et « jeune fille », là où Jensen se garde d'employer des dénominations sexuées, aussi bien pour Hanold que pour Gradiva-Zoé. Plus même, par les mots qu'il choisit, Jean Bellemin-Noël accentue la préciosité de l'apparition (traduit « le pied mince » – *schmale* –

par « le pied racé ») ; et à sa suite J.-B. Pontalis achèvera cette transformation en faisant de Gradiva « *la* jeune fille », incarnation de la grâce et de la féminité. Avant eux, Freud s'était déjà emparé de ce texte, il en a été le premier traducteur-interprète, en le remaniant en fonction de ses propres fantaisies et théories. Gradiva-Zoé interprétée par Freud devient la psychanalyste douée qui ramène Hanold le malade à la vie, ce qui ne l'empêche pas d'être aussi une chercheuse de mari.

On pressent que les incertitudes dans lesquelles se tient le héros, animé/inanimé, fille/garçon, ambiguïtés déroutantes, appellent chez le traducteur une réponse défensive étayée sur l'usage consensuel masculin/féminin. Les fantasmes sexuels inconscients de l'auteur sont perçus et entrent en conflit avec les fantasmes et expériences infantiles refoulées, faisant surgir de vives résistances. C'est à ce niveau que se joue la traduction : pour qu'ici le traducteur puisse restituer les divagations et délires de Hanold, il faudrait que son moi puisse admettre ses propres errements et impasses sexuelles, ainsi que ses propres désirs homosexuels. Mais le moi n'est pas toujours « un solide marcheur », comme l'écrivait Freud dans « Analyse finie et infinie » (Freud, 1937c, p. 39), et qui plus est : « Il n'y a pas de plus grand danger pour la fonction hétérosexuelle d'un homme que la perturbation par l'homosexualité latente » (*ibid.*, p. 46).

Le récit du traducteur s'apparente au récit du rêve, fait pour donner une couverture et une cohérence là où le rêve relève de l'informe, de fragments et surtout de désirs inavouables.

FÉMININ MATERNEL ET BISEXUALITÉ

Cette jeune femme attend son premier bébé. Dès le début de sa grossesse, elle apporte un rêve : « *Elle rêve qu'un voleur s'introduit dans sa maison.* » Le voleur, ce pourrait être ce bébé « qui est arrivé tout seul », bien qu'il soit désiré et attendu par elle et son compagnon. Mais les six premiers mois sont caractérisés par des complications qui lui font craindre pour la vie du bébé, elle traverse sa grossesse sous le coup d'une forte angoisse. En séance, je m'aperçois que son gros ventre lui paraît étrange au point qu'elle ne peut y poser les mains. Je pense au rêve et lui demande : « Comment appelle-t-on un voleur qui s'installe et fait partie de la famille ? » En réponse, elle est secouée d'un rire énorme et lâche dans un jet, entre deux hoquets : « Une petite sœur ! » Dans *Le Mot d'esprit et sa relation à l'inconscient*,

Freud note que le travail de refoulement imposé par la civilisation entraîne la perte très dure de jouissances primaires. « Le mot d'esprit [...] offre un moyen d'annuler rétroactivement le renoncement et de regagner ce qui a été perdu » (Freud, 1905c, p. 195, 196).

Cette petite sœur apparue quand elle avait quatre ans, elle l'a refusée dès le début, niant l'état de sa mère, refusant de toucher son ventre. Le voleur lui a pourtant pris et sa mère et sa chambre et ses jouets et ne lui a laissé d'autre choix que de se rapprocher de son père dont elle a emprunté la masculinité ; ses traits de caractère, sa force et même son métier. Mais sa féminité est restée en friche.

C'est en retrouvant les mots de chair de sa vérité pulsionnelle d'enfant détrôné que son féminin maternel se ranime et qu'elle devient accessible à plusieurs différences : *le* bébé asexué, à la fois fille et garçon, projection du voleur à éliminer, elle peut l'admettre enfin comme *son* bébé, dans une homosexualité structurante avec sa mère, via le transfert à l'analyste. Elle peut s'inscrire dans la lignée grand-mère, mère, fille et accueillir *sa* fille, dans *sa* maison, sans plus craindre les effets de ses désirs destructeurs contre *le* bébé. On s'aperçoit ici que les déterminants définis et indéfinis *le* et *un* sont utilisés pour signifier ce qui est extérieur et apte à servir de surface de projection, alors que le déterminant possessif désigne ce qui est à l'intérieur, comme dans le rêve : « *un* voleur s'introduit dans *sa* maison ».

C'est un agir de transfert qui permet à cette jeune femme de passer d'une période d'angoisse et de plaintes adressées à l'analyste dans un transfert homosexuel négatif – l'analyste lui impose le voleur –, à une période heureuse d'accomplissement de désir. Car qu'est-ce que le bonheur, écrivait Freud, sinon la réalisation d'un désir infantile ? Il restera à évoluer de la radicale ambivalence de l'enfance à la souplesse psychique qu'apporte la reconnaissance de la différence des sexes.

CONCLUSION

La langue de chair est forgée par les expériences érotiques de l'infans, à l'origine elle est accomplissement de désir hallucinatoire et son destin est de sombrer dans le refoulement avec l'amnésie infantile. Mais, à travers la langue d'usage qui lui sert de digue, elle ressurgit avec force à la surface, prenant des formes et des déguisements anodins. L'exercice complexe de la traduction mobilise les fantasmes sexuels et bisexuels du traducteur qui entrent en résonance et en conflit avec ceux de l'auteur, et son interprétation du texte s'apparente au récit du rêve fait pour en recouvrir les éléments perturbateurs.

Hélène Hinze
15 place Chavanelle
42000 Saint-Étienne
helene.hinze@orange.fr

RÉFÉRENCES BIBLIOGRAPHIQUES

Freud S. (1907 *a* [1906]), *Le Délire et les rêves dans la « Gradiva » de W. Jensen*, trad. fr. P. Arhex et R.-M. Zeitlin, précédé de *Gradiva, fantaisie pompéienne*, trad. fr. J. Bellemin-Noël, préface J.-B. Pontalis, Paris, Gallimard, 1986.

Freud S. (1905 *c*), *Le Mot d'esprit et sa relation à l'inconscient*, Paris, Gallimard, « Folio essais », 1992.

Freud S. (1937 *c*), Analyse finie et infinie, *OCF.P*, 2010.

Différence des sexes, identité et genres

Sexe et genre à l'ère de l'épigénétique

Claudine JUNIEN*

Les différences biologiques entre l'homme et la femme sont encore trop souvent sous-estimées en médecine et en recherche. En santé, la case « sexe » n'existe pas. Pas encore ? Certes, on a constaté depuis longtemps des différences liées au sexe (DLS), qu'il s'agisse de caractéristiques physiologiques, de l'âge d'apparition, de la sévérité ou de la prévalence de nombreuses maladies, de la réponse aux médicaments ou aux régimes, mais aussi de nos comportements. Pour autant, la biologie du sexe, sur laquelle reposent ces différences, a du mal à s'imposer en pratique médicale quotidienne. Au nom de l'égalité, mais au mépris des évidences scientifiques, on a longtemps évité, en France, de reconnaître les différences d'origine biologique. Si l'égalité en droit suppose une parfaite similitude de fait, toute différence pourrait apparaître comme une entorse au cadre égalitaire républicain.

Ainsi les hommes ont environ 20 % de plus de cancers que les femmes, ils souffrent trois fois plus de maladies du foie que les femmes ; ils meurent plus jeunes que les femmes, mais celles-ci souffrent plus souvent de maladies chroniques. Les hommes peuvent aussi mourir d'un cancer du sein. Ils se suicident deux à quatre fois plus que les femmes, mais celles-ci font deux fois plus de tentatives, ils meurent deux fois plus après une fracture de la hanche et 40 % de leurs fractures sont dues à un sous-diagnostic d'ostéoporose.

Les femmes, quant à elles, ont quatre fois plus de risques de mourir d'une maladie cardiovasculaire que d'un cancer du sein. L'infarctus est la première cause de mortalité chez les femmes avec 25 % de plus de décès

* Professeur de Génétique, UVSQ, Inra, BDR, Jouy en Josas. Membre correspondant de l'Académie de Médecine.

depuis dix ans. Les femmes représentent les 3/4 des malades d'Alzheimer ou d'une autre forme de démence. Elles sont trois fois plus touchées par la sclérose en plaques et l'arthrite rhumatoïde. Elles sont au moins deux fois plus victimes d'effets secondaires aux mêmes médicaments que les hommes. Elles sont deux fois plus sujettes à la dépression que les hommes. Celles qui fument ont 20 % de plus de cancers du poumon que les hommes à consommation et âge équivalents, mais elles résistent mieux à la chimiothérapie. Elles ont une fois et demie plus de risque d'AVC ou de maladie de Parkinson dans leur vie que les hommes. Elles sont plus touchées par les maladies auto-immunes, en particulier le lupus érythémateux dans 9 cas sur 10. Elles peuvent se contenter d'une demi-dose de vaccin pour la même production d'anticorps qu'une dose entière chez un homme du fait de leur plus grande réactivité immunitaire. Elles sont deux fois plus insomniaques que les hommes. Mais ce sont les femmes qui payent le prix fort pour le déni des différences biologiques entre les sexes avec une augmentation de leur mortalité par maladie cardiovasculaire. En 1979, on pouvait attribuer la différence de mortalité, où les hommes mourraient plus que les femmes, à la génétique, au style de vie, à des différences de prévention, de diagnostic, de traitement, de mortalité, et à des stéréotypes de genre. En 1997, on pouvait expliquer l'inversion des courbes de mortalité par cinquante ans de recherche clinique essentiellement sur les hommes et de données expérimentales essentiellement sur les mâles.

Ainsi en dépit de ces différences patentes, la *parité en recherche biomédicale n'est toujours pas atteinte*. Pour atteindre la parité en santé, la prise en compte des différences biologiques liées au sexe (DLS) entre l'homme et la femme s'impose. La santé adaptée à tous ne doit plus être unisexe, basée uniquement sur des études chez l'homme, mais différenciée et sexuée. Ainsi, depuis des années, les essais cliniques incluent, de façon générale, beaucoup moins de femmes que d'hommes, et les femmes font près de deux fois plus d'accidents secondaires liés aux médicaments que les hommes. Or, il existe depuis une dizaine d'années des sociétés savantes et des instituts de médecine dédiés où l'on étudie les mécanismes spécifiques sous-jacents aux différences sexuelles afin de développer de nouveaux médicaments en identifiant les meilleures cibles thérapeutiques pour l'un et l'autre sexe. C'est le cas aux USA, au Canada, en Israël et presque partout en Europe, en Hollande, en Suède, en Italie et en Allemagne, presque partout dans le monde… sauf en France, où le sexe des biologistes a mauvais genre.

QUE DIT LA SCIENCE ?

Pour autant, que représentent vraiment les DLS ? Dès la conception, sur 23 paires de chromosomes, avec une paire différente de chromosomes sexuels – XY, pour le mâle/garçon/homme et XX, pour une femelle/fille/femme – environ un tiers des gènes du mâle/garçon/homme et de la femelle/fille/femme s'expriment différemment dans tous leurs tissus. La paire de chromosomes sexuels, XX ou XY, dérive d'une banale paire de chromosomes qui remonte à 180 millions d'années. Le chromosome Y, le plus petit de tous, a en fait rétréci au cours de l'évolution. Les chromosomes ont évolué séparément et de concert au fil du temps sous diverses pressions, avantageant ou pénalisant un sexe aux dépens de l'autre par des mécanismes différents et selon l'ethnie.

Chacun d'entre nous est la résultante de deux composantes étroitement imbriquées, *le sexe et le genre* : d'une part, *le « sexe » génétique entièrement biologique*, basé sur la présence et/ou le nombre des chromosomes X et Y et, d'autre part, le « genre » qui provient d'injonctions sociales et culturelles auxquelles nous adhérons plus ou moins, mais qui s'inscrivent aussi, en partie, dans le biologique grâce à l'épigénétique. Sexe et genre sont étroitement imbriqués, mais quand il s'agit de les corriger ou de les effacer, il est indispensable de bien faire la distinction entre ce qui revient au « sexe » et au « genre ». Pour corriger des stéréotypes qui portent préjudice aux femmes ou aux hommes, il est indispensable d'identifier les origines et les mécanismes à la base des DLS. Depuis la conception, le terme *« sexe »* doit se référer uniquement aux caractéristiques chromosomiques, biologiques et physiologiques qui différencient la femelle/fille/femme du mâle/garçon/homme. Ces différences liées au sexe conditionnent, grâce au concours des hormones sexuelles, notre santé et nos susceptibilités à certaines maladies. Quoi qu'en disent les théories, de toutes sortes, sur le genre, notre véritable nature porte d'abord, à sa base et dès l'instant de notre conception, sur les marques biologiques indélébiles de notre génétique. Et ces différences biologiques vont se maintenir et s'orchestrer tout au long de la vie via des marques épigénétiques spécifiques du sexe.

Quant à la notion de « genre », elle ne peut faire son apparition qu'à partir de la naissance. Ce terme de « *genre* » devrait donc servir exclusivement à évoquer les rôles qui sont déterminés socialement. Le « genre », désigne des comportements et les rôles, les attributs différenciés, déterminés culturellement par le fait que la société, l'époque les considèrent comme appropriés au féminin ou au masculin, pour les garçons et les filles et pour les hommes et les femmes. Mais il faut prendre conscience qu'une partie des influences liées au genre subit un processus de biologisation, un genre de « solubilisation » dans le biologique, ce qui les rend impossibles à différencier des DLS liées au nombre et à la présence des chromosomes X et Y. Cette biologisation s'effectue grâce à la plasticité épigénétique par le biais d'un remodelage des marques épigénétiques dans le noyau de nos cellules et, grâce à la plasticité cérébrale, d'un remodelage permanent de notre cerveau selon nos apprentissages liés au genre. Ces remodelages sont non seulement relativement rapides, mais aussi potentiellement réversibles. Les influences du genre apposeront, par leurs empreintes, le sceau imposé ou recommandé par la société dans laquelle nous vivons, sans pour autant balayer les différences d'origine génétique, mais en s'y adjoignant par un processus épigénétique de « biologisation ». Ainsi, globalement, les différentes marques épigénétiques liées au sexe et au genre qui affectent l'ADN, et plus précisément les gènes, se traduisent par la modulation de l'expression de nos gènes qui touche environ 1/3 des gènes exprimés par chaque type cellulaire, mais ce tiers est en partie variable d'un type cellulaire à l'autre dès la mise en route du génome, lors du développement intra-utérin et au cours des différentes phases de la vie.

Sur un fond génétique différencié transposé très tôt dans des configurations épigénétiques sexuées – omniprésentes et fluctuantes au gré de l'environnement et avec l'âge – viendront se superposer les marques épigénétiques liées aux influences de notre société, de notre culture, de notre famille, et de nos pairs, donc de notre genre, de manière synergique ou antagoniste. Elles ne les remplacent pas ! Les deux types de configurations vont s'enchevêtrer de manière inextricable au niveau biologique. La diète, les rythmes biologiques, l'état psychologique, le stress, l'état socioéconomique, le niveau éducatif, les interactions sociales, les substances toxiques, les divers microbiotes, les agents infectieux, les thérapies classiques et alternatives, et même le sexe ou le genre du médecin ou de l'expérimentateur sont autant de facteurs environnementaux qui façonnent de surcroît les marques épigénétiques de façon réversible, éphémère, transitoire, ou pérenne.

LA RÉVOLUTION ÉPIGÉNÉTIQUE

Notre génome est stable, définitif et identique dans chacune de nos cellules. Pourtant, il ne s'exprime pas de la même façon dans le foie, le rein ou le cerveau… Sans compter des différences selon le contexte physiopathologique, le sexe ou l'âge. On sait aujourd'hui que cette incroyable plasticité de nos gènes dépend de marques épigénétiques qui peuvent, de plus, être spécifiques du sexe. Elles sont apposées sur certains gènes comme une sorte de mémoire pour se souvenir de son sexe, dès le début de la vie, pour moduler au bon moment, dans la bonne cellule, avec les bonnes hormones, l'expression de certains gènes.

L'épigénétique désigne l'étude des influences de l'environnement cellulaire ou physiologique sur l'expression de nos gènes. Pour que nos gènes puissent « s'exprimer » (fonctionner), il faut que l'ADN et des protéines, les histones, autour desquelles l'ADN s'enroule de façon plus ou moins compacte pour former la chromatine, comportent des marques spécifiques (que l'on appelle épigénétiques) d'activation ou de répression. Alors que la génétique renvoie à la forme écrite des gènes, l'épigénétique renvoie, elle, à leur lecture : un même gène pourra être lu différemment selon le tissu, selon le stade ou l'environnement ou certaines circonstances et selon le sexe.

L'INSÉPARABLE TRIO : GÉNÉTIQUE, ENVIRONNEMENT ET ÉPIGÉNÉTIQUE

Or il existe des marques épigénétiques spécifiques du sexe apposées sur certains gènes comme une sorte de mémoire sexuée, dès le début de la vie et tout au long de la vie. Ces marques modulent l'expression des gènes en fonction du sexe. Outre ces marques, d'autres facteurs comme des facteurs de transcription, parfois spécifiques du sexe, et les hormones mâles ou femelles elles aussi spécifiques du sexe, permettent d'activer ou d'inhiber un gène.

Sous l'influence de l'environnement physico-chimique ou socio-affectif, des modifications des marques se produisent et peuvent perdurer durant la vie de l'individu, voire être transmises à sa descendance. Et c'est seulement à partir de la naissance que les influences liées au genre et autres contraintes sociales pourront marquer nos gènes et laisser des empreintes conférant certaines dispositions à l'individu en fonction de son genre.

LA PREUVE PAR LA GÉNÉTIQUE

Dès 1905, Nettie Stevens, une chercheuse américaine, avait découvert le rôle du chromosome Y dans la détermination sexuelle. Sur un petit coléoptère du genre Tenebrio, elle avait repéré, chez les mâles, des cellules reproductrices avec deux chromosomes, soit un X, soit un Y, et dans les cellules reproductrices des femelles un seul X, invariablement ; elle en avait logiquement conclu que le sexe de la progéniture dépendait exclusivement des chromosomes paternels Y ou X… Une découverte longtemps considérée comme iconoclaste au nom d'une croyance, encore tenace, qui fit répudier tant de femmes, jugées « incapables » de donner naissance à un fils… Mais ce que plus personne ne conteste aujourd'hui… Où l'on se pose une autre question : avant même que le blastocyste (une centaine de cellules) ne s'implante dans l'utérus de la mère, comment le petit embryon mâle, avec sa croissance accélérée, se distingue-t-il déjà d'un petit embryon femelle ? Pourquoi, alors que les hormones sexuelles n'ont pas encore fait leur apparition ? Donc uniquement sur la base de leur constitution chromosomique.

Notre vision de la différenciation sexuelle est aujourd'hui en pleine mutation à la faveur des avancées scientifiques. Les 23 000 gènes de notre génome sont répartis sur 46 chromosomes soit 23 paires de chromosomes, dont une paire de chromosomes sexuels (XX pour une fille ou XY pour un garçon). Le chromosome Y est présent uniquement chez l'homme.

Or, le sexe biologique a trop longtemps été nié dans notre pays au profit de la primauté du genre, au nom de l'égalité des sexes alors que, rappelons-le, si la ressemblance, en termes de séquence d'ADN, entre deux hommes ou deux femmes est de 99,9 %, la ressemblance entre un homme et une femme n'est que de 98,5 %, du même ordre de grandeur qu'entre un humain et un chimpanzé, de même sexe…

Le séquençage du génome humain a permis de répertorier une centaine de gènes sur le chromosome Y qui s'expriment uniquement dans les cellules d'un mâle. Quant au chromosome X il contient environ 1 500 gènes. Chez la fille, on a longtemps cru que l'un des 2 chromosomes X était complètement inactivé au hasard dans toutes les cellules d'une femme. En fait environ 23 % (environ 350 gènes) échappent à cette inactivation et peuvent donc être exprimés en double dose dans des cellules XX alors que les cellules XY n'en expriment qu'une copie.

Ainsi les facteurs génétiques qui rendent compte des différences entre mâles et femelles sont précisément d'une part les gènes du chromosome Y qui s'expriment uniquement dans les cellules d'un mâle, et d'autre part les gènes de l'X qui échappent à l'inactivation de l'X et qui sont donc plus exprimés chez une femelle que chez un mâle.

En outre, du fait de leur origine ancestrale commune, il existe une grande homologie entre certains de ces gènes de l'X et ceux portés par le chromosome Y. Une trentaine de gènes de l'Y sont impliqués dans la régulation de l'expression des gènes portés par les autres chromosomes et des protéines et ont un gène homologue sur le chromosome X (les paralogues). En effet, certains gènes de l'X et de l'Y codent des enzymes spécifiques de la machinerie épigénétique qui s'expriment dès la mise en route du génome pour venir marquer certains gènes de leur sceau mâle, ou femelle, grâce à des marques épigénétiques spécifiques. Ces marques mâles – ou femelles – spécifiques permettent l'activation (ou l'inhibition) sélective grâce au concours d'un savant dosage d'hormones mâles ou d'hormones femelles.

Parce que toutes les cellules de l'embryon ont un sexe : XX pour les filles, XY pour les garçons, la différenciation sexuelle apparaît dès la conception, dès la première cellule, indifféremment du genre, bien avant la différenciation des gonades qui conditionne l'apparition des hormones, 7 à 8 semaines plus tard, au cours de fenêtres développementales, génétiques et hormonales, aboutissant à des différences anatomiques dans tout notre corps, au niveau du cœur, des vaisseaux sanguins, du cerveau, mais aussi du système immunitaire ou digestif…

Il en découle, sans pouvoir encore toujours l'expliquer que « les maladies aussi ont un sexe ». Ainsi, le retard mental, l'autisme, les tumeurs du cerveau et du pancréas, les accidents vasculaires cérébraux (AVC) ischémiques sont plus masculins, comme les conduites à risque, les addictions et la violence. En revanche, la maladie d'Alzheimer, l'anorexie et autres troubles alimentaires, la dépression, l'ostéoporose, les maladies auto-immunes (maladies thyroïdienne – Hashimoto, Basedow – sclérose en plaques, lupus, etc.) et certains cancers (thyroïde) touchent plus les femmes. Ainsi de nouvelles données scientifiques, largement validées, dont certaines datent tout de même de quelques décennies, bouleversent le schéma égalitariste et étayent un nouvel ordre au niveau cellulaire, attribuant de fait un sexe à toutes nos cellules, et ce depuis la conception.

DÈS LA CONCEPTION, LES DÉS SONT JETÉS…

N'en déplaise à Simone de Beauvoir, dès la conception, avec deux chromosomes XX et pas d'Y « on naît femme, et on le devient aussi… » Les différences sexuelles n'apparaissent donc pas uniquement avec l'arrivée, après la 8e semaine de gestation, des hormones sexuelles, en attendant qu'à partir de la naissance, les influences culturelles façonnent, de concert avec les hormones, notre genre. Il est bien connu que l'ablation hormonale ne parvient pas toujours à éliminer complètement les différences entre mâles et femelles, ni inversement la supplémentation hormonale à les recréer. Ces expériences démontrent que des facteurs génétiques de l'Y et de l'X ont outre des rôles activationnels – au même titre que les hormones – des rôles organisationnels aux conséquences irréversibles.

RECONNAÎTRE NOS DIFFÉRENCES : UNE QUESTION D'ÉCHELLE

Il est impossible, en termes absolus, de prouver qu'il n'y a aucune différence entre les sexes. De la même façon qu'une carte géographique donnera une précision différente selon le degré de grossissement, on peut rechercher des différences d'un point de vue grossier au niveau comportemental ou anatomique, ou bien, beaucoup plus fin, au niveau cellulaire et moléculaire, domaine de la génétique et de l'épigénétique.

C'est une des raisons pour lesquelles on constate une grande disparité dans les conclusions des études qui, en fait, dépendent du niveau d'investigation (grossissement), du nombre d'échantillons, des outils utilisés et en particulier statistiques pour mesurer les différences. De nombreuses DLS, biologiques, comportementales ou psychologiques, sont en effet bien établies. Au niveau moléculaire, les études de l'expression de milliers de gènes exprimés dans différents tissus ont permis de démontrer qu'en moyenne on observe une différence homme/femme ou mâle/femelle statistiquement significative du niveau d'expression, pour, environ 30 % des gènes exprimés dans tous nos tissus. Aucune cellule n'y échappe.

Il peut exister des variantes dans les voies empruntées par une cellule mâle ou une cellule femelle dans une situation particulière, tout en parvenant, ou non au même résultat. Mais les gènes montrant les différences d'expression n'appartiennent pas nécessairement aux mêmes voies métaboliques ou de signalisation. Par exemple, la femelle empruntera la face nord pour parvenir au sommet d'une montagne, alors que le mâle empruntera la face sud. On peut ainsi arriver à un résultat différent ou au même résultat, le sommet de la montagne, mais l'effort, le stress, les équipements nécessaires, le temps de parcours, les risques encourus, ou les paysages seront différents.

De plus, dans toutes nos cellules, ces DLS fluctuent : elles persistent, disparaissent, voire changent de direction au cours du temps. Enfin parallèlement, l'environnement intra-utérin, puis celui de l'enfant et de l'adulte viendront contribuer au formatage de notre épigénome pour conférer à l'individu son identité de femme ou d'homme.

DÉPASSER UNE VISION BINAIRE DU SEXE

S'il existe bien des différences statistiquement significatives (parfois modestes et spécifiques) entre hommes et femmes, ce n'est pas dire pour autant que chaque homme ou chaque femme correspond à un « type » particulier. En fonction du caractère étudié, les courbes de distribution pour les femmes chevauchent plus ou moins les courbes de distribution pour les hommes. La masculinité et la féminité ne se réduisent pas à un modèle binaire, mais correspondent à un continuum.

Par exemple, il est bien établi que les hommes sont en moyenne plus grands (taille + 10 %) que les femmes, mais cela n'est évidemment pas applicable à chaque homme et chaque femme en particulier et surtout une femme grande n'est pas nécessairement « masculine », et un homme petit n'est pas nécessairement « féminin ». La sourde inquiétude que toute différence est systématiquement en défaveur des femmes n'est pas justifiée non plus : les garçons sont plus touchés par le retard mental et sont en moyenne plus agressifs que les filles, par exemple. Si de nombreuses DLS, biologiques, comportementales ou psychologiques, sont en effet bien établies, il est important de dépasser une vision binaire des DLS.

Il est donc primordial de faire la distinction entre le « genre » et « sexe », alors que, depuis le début des années 1980, dans les publications scientifiques on assiste à l'inexorable ascension du terme « genre » aux dépens du terme « sexe ». Déconstruire les stéréotypes de genre révèlera les différences liées au sexe.

INTÉGRER LE SEXE ET LE GENRE DANS LA RECHERCHE EN SANTÉ

Il faut reconfigurer le *statu quo* des connaissances. Les modèles animaux sont susceptibles d'apporter des réponses parfois inaccessibles aux études épidémiologiques, cliniques ou anatomiques chez l'Homme. Ainsi les femelles sont souvent plus sensibles à la douleur, comme la femme. Mais, des données récentes montrent en outre que, dans des conditions expérimentales, l'exposition olfactive de rongeurs à des expérimentateurs hommes entraîne une inhibition de la douleur alors que ce n'est pas le cas avec des expérimentatrices et ce, chez les animaux comme chez l'Homme.

Une autre étude a montré que, en cas de lésions nerveuses, les voies de la douleur chez les souris sont différentes chez le mâle et chez la femelle : comme pour l'ascension de la montagne déjà mentionnée, le mâle utilise la microglie de la moelle épinière, alors que les femelles utilisent des cellules T du système immunitaire. On comprend mieux dès lors qu'en se réduisant à l'étude exclusive des mâles, on risque de passer à côté du mécanisme pertinent chez la femelle.

De plus, du fait de ces mécanismes différents, la recherche de cibles pharmacologiques peut s'avérer différente en fonction du sexe, car ce qui pourrait être protecteur pour l'un risquerait d'être délétère pour l'autre, d'où la nécessité d'une recherche thérapeutique différenciée. Mais, l'inclusion des femelles dans les études sur l'animal impose des surcoûts ; surtout, elle pourrait être entravée par la variabilité due au cycle de reproduction chez les femelles… même s'il a été démontré que la variabilité sur la plupart des traits étudiés était équivalente chez les femelles et les mâles !

Quant au surcoût, il serait bien de mettre dans la balance celui payé par les femmes victimes d'accidents liés à des effets secondaires qui aboutissent souvent au retrait du marché des médicaments incriminés. Environ 80 % des études chez l'animal n'incluent que des mâles et, de 1997 à 2000, sur 10 molécules retirées du marché, 8 l'ont été en raison d'effets secondaires chez des femmes. C'est pourquoi, aux États-Unis, le NIH (Institut National de la Santé) n'allouera plus désormais de financement aux études qui n'incluraient pas les deux sexes, qu'elles portent sur notre espèce ou sur d'autres animaux.

Plusieurs pays européens ont déjà adopté des politiques similaires, prenant ainsi au moins dix ans d'avance par rapport à la France où, sous prétexte d'anti-sexisme, on évite de reconnaître les différences liées au sexe, au mépris des évidences scientifiques et de l'intérêt de la santé des femmes… et des hommes.

UNE RECHERCHE ET UNE MÉDECINE SEXUELLEMENT PERSONNALISÉES

Si les femmes sont les principales victimes de ce déni, les hommes peuvent aussi en pâtir, lorsqu'ils souffrent de maladies que l'on pense, à tort, réservées aux femmes – la dépression et l'ostéoporose pour ne citer que les plus emblématiques.

Mais, on peut surtout se demander pourquoi cette nouvelle preuve scientifique concernant le cerveau a du mal à passer… Avant même la différenciation des gonades, les ébauches embryonnaires du cerveau vont former un socle, nécessairement sexué, sur lequel va s'élaborer notre cerveau au gré des influences environnementales et selon son patrimoine génétique avec soit des chromosomes XX soit des chromosomes XY. La construction cérébrale est donc, tout au long de la vie, sous une double influence génétique et environnementale.

Comment, dès lors, imaginer que les cellules souches sexuées destinées à former les ébauches embryonnaires du cerveau pourraient « perdre leur sexe » en deçà du cou, épargnant le cerveau de ces différences fille/garçon que l'on n'ose regarder en face ? Une revue critique et une prise de conscience des contraintes sociales liées au genre et de leur incorporation biologique devraient permettre de « mettre à plat » notre sexe biologique.

La crainte que toute différence de fait entre hommes et femmes puisse justifier une discrimination sexiste est une erreur : ce qui est naturel n'est pas nécessairement bon, et ce qui est biologique n'est pas inexorable, surtout on sait que les marques épigénétiques sont réversibles. C'est aux citoyens de décider des comportements et des modes d'organisation souhaitables de la société, y compris si cela doit aller à l'encontre de nos prédispositions biologiques. Il faudra alors veiller à ne pas céder à la tentation de hiérarchiser les mécanismes complexes impliqués, source potentielle de discriminations, toutes scientifiquement et médicalement injustifiées.

LE RETARD FRANÇAIS

La France a accumulé un retard considérable par rapport à d'autres pays européens (Allemagne, Hollande, Suède, Italie), au Canada, aux États-Unis ou encore en Israël, qui ont des sociétés savantes dédiées et des instituts de médecine de genre pratiquant la double approche basée sur le sexe et le genre, depuis une bonne dizaine d'années. Ce retard n'est pas sans rappeler la lenteur avec laquelle les femmes ont obtenu le droit de vote en France… en 1944, pour l'exercer en 1947.

Il a fallu attendre juin 2016 pour que l'Académie nationale de médecine organise une conférence de presse sur le sujet. L'alerte a été entendue par les médias, mais combien de patients.e.s osent demander à leur médecin un diagnostic et/ou un traitement sexué ? Combien de médecins s'intéressent-ils à une question dont ils n'ont jamais entendu parler sur les bancs de la Faculté et qui n'est pas sans leur paraître accessoire, voire entachée d'un féminisme sans rapport avec la science ?

Les différences biologiques doivent être prises en compte dès le stade de la recherche fondamentale et clinique et il faut d'urgence que l'enseignement de la médecine inclue une prise en compte transversale des DLS autres que celles liées à la reproduction.

Le coût humain et financier de cette ignorance, voire de cet aveuglement, est exorbitant ; il serait pourtant évitable à condition que les scientifiques et les médecins en prennent conscience pour alerter et agir en réparant enfin cette grave injustice médicale. Il est temps de rattraper plus de 10 ans de retard par rapport à nos voisins européens et de mettre en place une médecine différenciée dans l'intérêt même de la santé des femmes… et des hommes sans que la reconnaissance des différences scientifiques avérées justifie la moindre discrimination.

Claudine Junien
24 rue Jouvenet
75016 Paris
claudine.junien@inra.fr

RÉFÉRENCES BIBLIOGRAPHIQUES

Junien C, Gabory A, Attig L. Le Dimorphisme sexuel au XXIe siècle, *Med Sci*, 28, 2012.

Junien C, Panchenko, Pirola L, et coll., Le nouveau paradigme de l'origine développementale de la santé et des maladies (DOHaD), « Épigénétique, environnement : preuves et chaînons manquants », 32, 2016.

Junien C, Panchenko P, Fneich S Pirola L, Chriett S, Amarger V, Kaeffer B, Parnet P, Torrisani J, Bolaños Jimenez F, Jammes H, Gabory A., Épigénétique et réponses transgénérationnelles aux impacts de l'environnement Des faits aux lacunes, *Med Sci*, 32, 2016.

Rosnay J. de, D. Ornish C., Junien, D. Kayat, et P.H. Gouyon, *La Révolution épigénétique*, Paris, Albin Michel, 2018.

Œdipe sauvage, fantasme rassurant

Brindusa Orasanu*

Est-ce que toute théorie psychanalytique porte avec elle, virtuellement, une esquive face à une autre théorie possible qui n'est pas encore organisée ? Cette question résulte en quelque sorte des hypothèses des deux rapporteurs. François Richard soutient : « l'idée d'une disposition bisexuelle *originaire recouvre l'irreprésentable d'une incestualité sauvage mortifère* » (Richard, 2019, p. 40). Jean-Michel Lévy avance, pour sa part : « Les apories freudiennes théorico-cliniques proviennent d'une esquive que facilite cette version de la castration qui est exclusive de la bisexualité [qui suppose] la reconnaissance d'une véritable différence des sexes » (Lévy, 2019, p. 115).

Freud, par sa pensée, semble se diriger vers cette question – bien qu'il n'inclue pas la réflexion théorique de l'analyste – par ses remarques liées à l'importance générale de la conflictualité psychique, d'une part, et, de l'autre, à la manière dont, dans la cure psychanalytique, une certaine signification du matériel amené par le patient peut avoir comme but d'éviter une autre signification (Freud, 1908a, p. 186). Freud affirme ailleurs, d'une manière ou d'une autre, que la clarté d'une image, d'un souvenir ou d'un rêve est une caractéristique du travail du rêve qui consiste à laisser dans l'ombre d'autres éléments, par déplacement. Par analogie, on peut dire que, pendant la cure analytique, une certaine clarification laisse dans l'ombre d'autres éléments, ce qui fait que toute analyse est une exploration virtuellement sans fin (Orasanu, 2018, p. 85).

En avançant dans la même direction, on peut aussi se demander si toute théorie (sans exclure son utilité et viabilité clinique) ne couvre pas entièrement ou ne « dompte » pas l'irreprésentable d'une certaine sauvagerie pulsionnelle, irreprésentable dont le « reste » fait que le système théorique

* Psychanalyste, membre titulaire formateur SRP et maître de conférence en psychopathologie et psychanalyse à l'université Titu Maiorescu, Bucarest.

évolue continuellement, en spirale, en reprenant des thématiques qui semblaient épuisées et en les complétant avec d'autres perspectives. Peut-être est-ce justement cette modalité vivante d'enrichissement et de complexification de la pensée psychanalytique, nécessaire puisqu'elle est à la mesure de la complexité du psychisme humain, qui conduit à des affirmations de bilan théorique comme celle de Jacques André : dû à la référence à la pulsion, au polymorphisme de la sexualité infantile, à l'atemporalité et à l'effet d'*après-coup*, « le sexuel a perdu sa claire définition », et le sexuel est « une énigme face à laquelle le psychanalyste n'a pas le dernier mot » (André, 2017, p. 126).

Ce qui semble indomptable est le trouble que produit l'énigme du sexuel, en dépit de ce que l'on présente comme étant une émancipation sociale de la sexualité, et ceci éloigne la réflexion sur le sexuel des théories du genre. Un futur parent, mère ou père, à qui l'on pose la question de manière (non) naïve sur ce qu'il/elle souhaite le plus, un garçon ou une fille, répond : « Peu importe son sexe, l'important c'est que l'enfant soit en bonne santé. » L'espace d'un instant, la représentation inconsciente de la propre sexualité infantile fait que le sexuel apparaît, d'une manière tout aussi fraîche que jadis, comme une maladie et en même temps comme un luxe que l'on ne peut pas se permettre.

Tout en pensant à l'hypothèse de François Richard, je me suis rappelé un fragment analytique qui semble illustrer sa perspective. M.S. a associé, en analyse, autour de son passage d'une vie hétérosexuelle à une vie homosexuelle, dans laquelle il est resté. Aucun doute (manifeste ?) ne plane sur cette orientation, à condition que sa vie sexuelle présente reste secrète face au monde extérieur hétérosexuel. De ce monde supposé juge et à la fois innocent, s'est détaché progressivement la figure de sa mère, qui aurait été la plus choquée à l'annonce de la nouvelle. Afin de me faire comprendre l'ampleur de la réaction présupposée de la mère, il m'explique : « Ce serait comme un viol verbal. » Le problème ne serait pas le père, bien qu'il soit un homophobe convaincu, parce que M.S. le ferait fléchir, lui, en utilisant des ressources de tendresse et d'humour. Mais la mère doit être tenue en dehors de ce secteur de sa vie. En plein discours associatif, d'allure névrotique, sur le thème de l'homosexualité masculine, M.S. arrive, porté par l'élan de sa fantasmatique bisexuelle – car il s'imagine discuter tour à tour avec sa mère et avec son père – à un point culminant : le viol, qu'il présente seulement comme « verbal » et sous forme de métaphore, coupé de ses racines affectives, pulsionnelles et incestueuses. Pour lui, le désir incestueux le plus violent, celui qui peut être parlé, mais non pas pensé, a un caractère hétérosexuel. Dans un monde de « genre » hétérosexuel, son secret de « genre » homosexuel couvre un secret plus profond, celui de l'incestuel. Au cours d'une autre séance, M.S. me parle de son désir d'avoir une relation stable, du fait qu'il est à la recherche d'un homme et, par un lapsus, il s'entend dire « … à la recherche d'une femme ». De la même façon que sa mère est choquée dans le dialogue imaginaire en apprenant l'homosexualité de son fils, il est choqué lui-même d'apprendre sa propre hétérosexualité. Lui, qui est si désinhibé, si ouvert d'esprit, s'arrête confus, désorienté, triste : il a voulu dire « un homme » et ne sait pas pourquoi ça lui est sorti comme ça. Je me demande pourquoi il est, au fond, si bouleversé. Il me semble que, venant de son inconscient, le vieux fantasme du viol « verbal » fait à nouveau signe, se glissant d'une façon singulièrement stridente dans le calme de sa rêverie romantique.

François Richard souligne la manière dont des représentations bisexuelles « sans contenu » couvrent le désir incestueux irreprésentable et l'excès du fantasme de celui-ci, tandis que Jean-Michel Lévy remarque la difficulté de représenter la différence réelle des sexes. Peut-être que le « viol verbal » de M.S. renvoie aussi à la problématique relevée par Lévy, puisque la part de violence (l'excès) de la violence pulsionnelle tend, en soi, à ne pas prendre en considération l'altérité de l'objet du désir.

Apparemment de façon paradoxale, les deux hypothèses pourraient non seulement se compléter l'une l'autre, mais aussi se soutenir réciproquement. La clinique nous montre qu'une symétrie aconflictuelle des représentations de la bisexualité psychique se révèle tôt ou tard être une *mise en symétrie* qui aplatit, également, une tension conflictuelle produite par la possibilité de représenter la différence des sexes et leur altérité réciproque. Le « viol verbal » imaginé par M.S. condense autant « l'excès du fantasme d'inceste » (Richard, p. 39) et la « brutalité de la pulsion » (Lévy, p. 141) que le fantasme d'un acte d'annihilation de l'altérité sexuelle de l'objet maternel, qui est réduit à un objet utilitaire, *non-désirant*. Si pour M.S. les représentations sociales concernant la liberté du choix du genre et de la sexualité sont rassurantes, c'est parce que sa conflictualité inconsciente s'est déplacée avec tout son poids vers un secteur qui semblait banalisé, abandonné, celui du désir (pré ?) œdipien hétérosexuel, refoulé, mais enraciné dans le corps et dans l'histoire infantile. C'est comme si la bisexualité de M.S., y compris celle manifeste, transportait avec elle de multiples batailles, gagnées alternativement par un camp ou par l'autre : dans un corps d'homme se trouve une âme de femme, où se trouve une âme d'homme, où… Durant l'analyse, de multiples identifications œdipiennes produisent des rêves et des rêveries où M.S. se voit tantôt comme une fille, tantôt comme un garçon.

Dans un commentaire sur la théorie de Judith Butler sur l'identité de genre vue comme un produit du social performatif, Laurence Kahn montre que cette théorie des genres minimise la référence à la nature anatomique (Kahn, 2017, p. 50). On pourrait dire qu'apparaît une *décorporalisation du désir*, similaire à celle rencontrée dans les théories psychanalytiques qui minimisent la référence à la pulsion (Orasanu, 2002, p. 32). La marginalisation théorique est double : le sexe n'est pas « délivré » seulement du corps, mais aussi de l'*historicité*. L'historicité présuppose par définition une continuité dont l'importance a été marquée par Freud par l'expression *fil du désir*, un fil temporel (1908b, p. 38). Ainsi, la notion d'identité de genre acquiert une contradiction interne, au moins du point de vue psychanalytique, car l'identité, lorsqu'elle est utilisée comme concept (Federn, Winnicott et autres), a comme élément central la continuité dans le temps. D'autre part, la perte de la référence au corps et à la pulsion fait que le dialogue de la psychanalyse avec les théories de l'identité de genre attire, par endroit, le fantôme de la polémique de jadis sur la primauté de la pulsion versus la primauté de l'objet.

Dans la cure psychanalytique, remarque Jean-Michel Lévy, qui complète Freud, l'analyste doit être préparé non seulement aux significations bisexuelles possibles, mais également « aux diverses positions transférentielles qu'impose la bisexualité [et pour un] Œdipe qui, dans la psyché est toujours complet et sexuellement sauvage » et qui renvoie à la représentation de l'inceste avec la mère ou la sœur, le père ou le frère (p. 160).

Lévy souligne le long de son rapport que la différence des sexes signifie « reconnaître qu'il y a deux sexes », tandis que la théorie de la castration et le terme même de castration sont imprégnés de fantasme [1]. Il aborde également le problème du contre-transfert, l'analyste étant en permanence confronté à la tentation d'« effacer la singularité de chaque patient » (p. 168-169). Entre le fait d'être préparé pour un certain contenu, d'une part, et lutter contre la tentation de normativité dans la pensée, d'autre part, l'analyste se confronte à une certaine conflictualité contre-transférentielle et théorique, et à la difficulté d'être, comme le dit Bion, sans mémoire et désir.

Lévy nous rappelle que le sexuel infantile, ce « toujours étranger », est étroitement lié aux investissements d'objet et aux identifications aux deux sexes. Concernant la bisexualité, il renvoie à l'affirmation de Freud dans « Analyse finie et analyse infinie », sur l'intolérance réciproque entre l'hétérosexualité et l'homosexualité du même individu, intolérance attribuée à une

1. Nicolas Abraham et Maria Torok ont montré le rôle défensif du fantasme, de maintien du *status quo* narcissique et d'esquive de la processualité. On peut considérer que, au-delà de la personne de l'analyste, une théorie psychanalytique essaie de garder son propre *status quo* et de s'esquiver à sa propre modification.

inclination au conflit due à la pulsion de mort. La perspective freudienne est ici aussi complétée par celle de Jean Laplanche qui propose une nouvelle polarité, entre *pulsions sexuelles* de mort et *pulsions sexuelles* de vie (Lévy, p. 170).

À partir de l'« Œdipe complet » et de son côté sauvage d'incestualité, pourrait-on envisager une polarité entre pulsions bisexuelles de mort et pulsions bisexuelles de vie, avec leur polymorphisme infantile ? Parfois, dans la cure analytique, cette conflictualité polymorphe peut avoir des effets transférentiels ou même contre-transférentiels confusiogènes. Dans un tel moment de son analyse, M.P. trouve une solution temporaire de rassurance à travers la rêverie suivante. Après une période où les figures maternelle et paternelle étaient imaginées comme grandioses, toutes-puissantes et envahissantes dans l'amour et dans la haine, M.P. commence à se fantasmer soi-même comme grand, adulte, situé « enfin » sur le chemin lisse d'une évolution psychique, tandis que, « à sa gauche et à sa droite » se trouvent ses parents, avec un aspect adulte, mais petits comme des enfants, qu'il tient par la main. Ce fantasme conscient, récurrent, est apparu au milieu d'un tumulte associatif imprégné d'angoisse et d'excitation par rapport à des pratiques sexuelles polymorphes. D'autre part, le fantasme de l'inversion générationnelle contenait implicitement une désexualisation des figures parentales et leur mise en symétrie – à gauche et à droite – qui les transformait aussi, peut-être, en frères et sœurs cadets distribués de façon égale et sans indices d'individualité. Je me suis posé alors la question suivante : la problématique de la reconnaissance de la différence des sexes ne serait-elle pas *inséparable* de celle de la reconnaissance de la différence des générations, c'est-à-dire de son introduction dans le temps ?

En revenant à l'idée d'une incestualité mortifère, elle apparaît dans le roman *À la recherche du temps perdu* dans une phrase qui exprime plus que la conflictualité d'un désir œdipien. Il s'agit d'un soir de l'enfance du personnage proustien lorsque, soudainement et d'une manière complètement « arbitraire », le père avait permis à la mère de rester consoler son fils qui se trouvait, comme d'habitude, dans un état d'impuissance et de désespoir. Alors, le père « arbitraire » et « sans principes » leur permet de passer la nuit ensemble (Proust, 1913, p. 38). Et voici la phrase en question sur la nuit où l'enfant a retrouvé *trop* de sa mère, de sa présence physique : « C'était de cette soirée, où ma mère avait abdiqué, que datait, avec la mort lente de ma grand'mère, le déclin de ma volonté, de ma santé » (Proust, 1927, p. 349).

Brindusa Orasanu
Str Gh Dem Teodorescu 25, sect 3
030915 Bucarest
Roumanie
obrindusa@yahoo.com

RÉFÉRENCES BIBLIOGRAPHIQUES

André J., Foucault contre Freud, *Quel genre de sexe ?*, Paris, Puf, 2017.
Freud S. (1908 *a*), Les fantaisies hystériques et leur relation à la bisexualité, *OCF.P*, VIII, 2007.
Freud S. (1908 *b*), Le créateur littéraire et la fantaisie, *L'inquiétante Étrangeté et autres essais*, Paris, Gallimard, 1985.
Kahn L., Quel genre de nature ?, *in* J. André (dir.) *Quel genre de sexe ?*, Paris, Puf, 2017.
Lévy J.-M., Ombres et lumières de la bisexualité, Rapport, *Bulletin de la SPP*, 2019.
Orasanu B., *L'Identification projective. Les énigmes d'un concept*, Lille, ANRT, 2004 [2002].
Orasanu B., Complexe fraternel et dissymétrie. Emmy von N…, *Revue Belge de Psychanalyse*, ñ 72, 2018.
Proust M., *À la recherche du temps perdu, t. 1, Du côté de chez Swann*, Paris, Gallimard, 1988 [1913].
Proust M., *À la recherche du temps perdu, t. 6, Le Temps retrouvé*, Paris, Gallimard, 1999 [1927].
Richard F., La bisexualité, l'inceste et la mort, Rapport, *Bulletin de la SPP*, 2019.

Sexe et identité de genre

Paul Denis*

LE NOYAU D'IDENTITÉ DE GENRE SELON ROBERT J. STOLLER

Stoller définit une « identité de genre » et fonde son développement – être masculin ou féminin – sur ce qu'il appelle « le noyau de l'identité de genre », c'est-à-dire : « La conviction [pour un enfant] que l'assignation de son sexe a été anatomiquement et finalement psychologiquement correcte » et il ajoute que ce serait « le premier pas dans la progression vers l'identité de genre finale de l'individu ». Mais est-il légitime de parler de « conviction » à des stades très précoces de l'évolution du psychisme ? Une telle « conviction » n'est-elle pas plutôt le résultat de toute une évolution ?

Il affirme d'autre part quelque chose de curieux, à savoir que « l'identité de genre n'a aucune implication de rôle ou de relation d'objet » ; sans doute veut-il indiquer que l'identité de genre est indépendante du choix de l'objet sexuel. En effet, par exemple, une femme très « féminine » – de genre féminin – peut choisir un objet homosexuel ou hétérosexuel. En un sens la formule de Stoller se rapporte à la valeur narcissique de l'identité de genre.

Point essentiel : Stoller affirme comme une évidence que le premier élément du noyau de l'identité de genre tient au fait que « le garçon est fusionné à sa mère », de même pour la fille, ce qui « pose le canevas du sentiment de féminité du bébé ». Le garçon aurait ainsi en lui, dans son noyau d'identité de genre, un sentiment « d'état de femelle » source de bien des complications [1]. Mais pourquoi penser que mère et « femelle » sont

* Psychanalyste, membre titulaire formateur SPP, responsable scientifique du Colloque René Diatkine.

1. Stoller aborde ici un point qu'Évelyne Kestemberg, et moi-même à la demande de celle-ci, avons traité en termes d'homosexualité primaire.

synonymes dans l'esprit d'un bébé de quelques semaines ? Et la notion de « fusion » entre mère et enfant est une notion bien approximative. La mère est sans doute pour le bébé un élément constitutif de son psychisme, [2] mais pourquoi cette partie serait-elle immédiatement reconnue comme « femelle » ?

Femelle implique une connaissance de la différence des sexes, laquelle renvoie à une donnée anatomique. Le sexe est un fait, il est une réalité, qui ne sera pleinement reconnue que progressivement.

L'idée d'un « noyau d'identité de genre », irréductible et précocement établi, a été transmise à Stoller par la conviction des patients qu'il a pu observer, adultes en particulier. Conviction irrécusable, mais dont on peut se demander si elle n'est pas un effet d'après coup. La formule « j'ai une âme de femme dans un corps d'homme et cela a toujours été ainsi » – c'est mon esprit qui a raison contre mon anatomie –, ressemble beaucoup à une forme de fétichisme où l'idée du genre vient nier le sexe anatomique de la même manière que le fétiche vient nier l'absence de pénis chez la femme. Une telle fixation à un « genre » se produirait lors d'un moment traumatique, d'un moment de désorganisation psychique, pour le surmonter.

On peut constater que Stoller met sur le même plan l'identité de genre et l'identité anatomique. Or si la différence anatomique entre les sexes est absolue – on naît tout l'un ou tout l'autre, toutes les cellules de l'organisme sont indexées soit XY soit XX –, les différences de genre n'ont rien d'absolu. Les différences de genre sont d'abord qualitatives. Le genre est une donnée *relative.* On est plus ou moins viril ou virile, plus ou moins féminine ou efféminé, chaque homme porte en lui des identifications à sa mère, ou sœurs, à ses partenaires amoureuses ou sexuelles, et, réciproquement, chaque femme porte en elle des identifications à des personnages masculins, père, frères, amant de la mère, professeur… C'est un aspect de la bisexualité psychique laquelle est polymorphe.

Se déclarer globalement d'un « genre » indépendant de son sexe anatomique résulte d'un surinvestissement de ces éléments qualitatifs qui constituent le genre pour les fétichiser en déniant, refusant, réprimant, refoulant… les caractères de genre qui sont vécus comme adverses, à éliminer, et non comme aspects synergiques de l'identité.

2. Selon Freud il s'agirait d'identification primaire, l'identification étant selon lui la première forme du lien à l'objet.

LE GENRE EST D'ABORD QUALITATIF

Le genre, essentiellement qualitatif, admet la cohabitation de différentes nuances, tant pour les autres que pour soi-même.

Il faut distinguer deux temps dans la constitution des différentes dimensions du genre.

Dans un premier temps, les différences entre les deux parents, telles qu'elles sont perceptibles pour l'enfant, sont d'ordre qualitatives, le bébé vit une sexualité interpersonnelle « informe », indifférenciée quant au sexe. On peut la décrire comme une homosexualité primaire dans la mesure où, pour le psychisme de l'enfant, au début, sa sexualité serait semblable à celle de l'autre. La différence perçue entre les deux parents est alors analogue à celle qui distingue les *soft toys* des *hard toys.*

Dans cette sexualité « informe », indifférenciée quant au sexe, les différences de perception entre les hommes et les femmes, et singulièrement entre père et mère, relèvent seulement de qualités : ils n'ont pas la même odeur, ne vous prennent pas de la même façon dans leurs bras, les joues de l'un piquent, pas celles de l'autre, leur voix n'est pas la même, etc. Cette première distinction, par leurs qualités, entre les parents, définit un « genre » masculin ou féminin, lequel préexiste à la reconnaissance de leur différence anatomique. Et la reconnaissance anatomique ne suffit pas, car il s'agit d'abord d'une petite différence : c'est la compréhension que cette différence anatomique constitue, en fait, une différence de nature, radicale – et correspond à des fonctions sexuelles différentes, complémentaires, dans la procréation – qui constitue une révolution copernicienne dans l'esprit de l'enfant. La mère n'est une femme – femelle – que dans l'après coup de la reconnaissance de la différence des sexes, et c'est la même chose pour le père. C'est à partir de cette constatation de l'enfant que son identité sexuelle va prendre une direction fondée essentiellement sur le sexe et non sur le genre et qu'il se reconnaîtra mâle ou femelle. La construction des fantasmes sexuels – celui de « scène primitive » en particulier – prendra alors toute son ampleur.

GENRE ET BISEXUALITÉ PSYCHIQUE

L'informe de la sexualité du début commence donc à se différencier, d'abord sur un plan qualitatif, sur le plan du genre. La perception de la différence des genres précède celle de la différence des sexes. Et cette distinction par le genre se maintiendra parallèlement à la distinction par le sexe. Alors que l'on ne peut être à la fois mâle ou femelle, on peut être à la fois « masculin » et « féminin », dans son allure, sa démarche, sa voix, dans tel de ses comportements. Les adjectifs « masculin » et « féminin » peuvent s'appliquer à des personnes dont le sexe ne coïncide pas avec les qualités perçues. Il s'agit aussi de qualificatifs qui sont dépendants de la culture sociale d'une époque donnée. Le sexe est objectif, le genre est subjectif.

Qu'on le veuille ou non, la façon dont on s'adresse à un nourrisson ou à un enfant plus grand est sexuée, « genrée » dit-on aujourd'hui. Imaginer que l'on pourrait faire abstraction de la connaissance que l'on a du sexe d'un bébé par exemple, et plus encore de celui d'un enfant, est insensé. Nous percevons et nous nous adressons implicitement ou explicitement, consciemment, mais surtout inconsciemment à une future fille ou à un futur garçon. Et cette façon dont on s'adresse à lui participe de la construction de son identité. En admettant qu'il soit possible aux parents et adultes de ne donner aucune réponse différentielle de sexe à l'enfant, avec l'idée qu'il pourra ensuite choisir son sexe en toute liberté – que rien ne lui aurait été imposé –, on le placerait dans la même situation qu'un enfant à qui on ne parlerait pas en attendant qu'il choisisse la langue qu'il voudra parler. L'identité, qu'on la nomme identité sexuelle ou identité de genre, se construit dans un réseau de relations, lesquelles impliquent l'anticipation de sa sexualité future.

Genre et identité sont liés, genre et sexe le sont tout autant... Cependant tel parent, peut, de façon constante ou intermittente, de façon globale ou partielle, ou dans certaines circonstances, investir son enfant « à contre sexe », et soutenir chez lui, inconsciemment en général, tel ou tel aspect « masculin » ou « féminin ». L'identité de genre est liée à l'association chez l'enfant de l'investissement de son sexe anatomique – des formes de cet investissement – et du jeu des identifications à ses deux parents et aux rôles qu'il a adoptés en réponse aux attitudes « genrées » de ceux-ci.

Toute la difficulté vient du fait que l'inconscient ne renonce pas et que la bisexualité psychique, fondée sur des identifications aux deux parents, persistera alors même que la différence anatomique entre les sexes aura été perçue et que l'enfant se sera reconnu de sexe féminin ou masculin.

Ce que Freud décrit de « l'identification au père de la préhistoire personnelle » et de l'identification à la mère comme « première forme du lien à l'objet » recouvre *des identifications de genre.* Le plus apparent est que ces identifications sont polymorphes et ne sont pas organisées de façon univoque en un « noyau » qui déterminerait la suite de l'évolution. Nous nous écartons ici nettement de la conception de Stoller selon laquelle un « noyau de l'identité de genre » précocement établi va déterminer la suite. Nous pensons plus proche de la réalité clinique de considérer que le genre reste bivalent, et qu'il est une forme de la bisexualité psychique ; il n'y aurait pas de « noyau de l'identité de genre », mais un « complexe de genre », organisation psychique à deux foyers comme dans une ellipse, un foyer masculin et l'autre féminin : l'identité sexuelle prendra forme sur le fond de cette première élaboration psychique. Chaque enfant construit à sa manière son identité sexuelle, et fait cohabiter en lui à la fois sa bisexualité psychique, héritière de la distinction de genre, et l'investissement de la différence des sexes et de l'anatomie qui lui est imposée par la génétique.

LE DIVORCE ENTRE LE GENRE ET L'ANATOMIE

Comment comprendre l'adoption absolue par certains sujets d'une identité de genre en opposition avec leur sexe anatomique ? D'une certaine façon ces sujets assimilent la différence qualitative entre « masculin » et « féminin » à une différence sexuelle anatomique. Ou, en d'autres termes, ils font prévaloir la différence subjective sur la différence objective, une certaine « réalité psychique » prend le pas sur la réalité anatomique. Dans les situations les plus frappantes, ces sujets, comme on le sait, en arrivent à demander une « réassignation sexuelle » et une transformation chirurgicale de leur sexe.

Ce n'est que lorsque l'identité de genre s'est très intensément développée « à contre sexe », de façon anti-anatomique pourrait-on dire, que l'on voit apparaître des situations psychologiques qui s'expriment par une affirmation identitaire opposée au sexe anatomique. Faute d'avoir trouvé/créé un certain accord entre genre et sexe anatomique, le sujet se dit d'un sexe différent de celui-ci. On voit apparaître alors la volonté de faire plier l'anatomie et de la soumettre au genre. On peut considérer ces situations comme des échecs de l'élaboration de la bisexualité psychique. Si le délire se définit par la rupture du rapport à la réalité, par l'affirmation d'une néoréalité, il faut admettre la dimension délirante de la conviction d'être d'un autre sexe que celui de son propre corps. L'analogie avec l'hypocondrie, avec les formes graves d'anorexie mentale et surtout le lien à la mélancolie sont à considérer ; de ce point de vue les demandes de « réassignation chirurgicales » prennent la valeur d'une demande de mutilation, ou plutôt d'automutilation assistée.

Parce que des psychiatres désespérés devant l'état psychique de patients prétendant avoir une âme d'un sexe dans un corps de l'autre sexe, confrontés à leur malaise extrême, à l'idée d'un risque suicidaire, ont admis qu'une « réassignation » chirurgicale pourrait avoir une valeur protectrice, on en est arrivé à laisser penser à tout un chacun qu'il était possible de choisir son sexe, et même qu'il fallait anticiper l'exercice de ce « droit », retarder la puberté, ne pas infliger aux enfants de « stéréotypes » masculins ou féminins conformes à leur anatomie…

Un garçon qui dit vouloir être une fille ne sait pas ce que c'est que d'être une fille, et encore moins, ultérieurement, une femme ; il ne parle que de l'idée qu'il en a, et à ce moment-là de sa jeune existence. Il exprime ainsi d'abord un malaise par rapport à lui-même auquel il donne cette forme. Son vœu d'être une fille n'est que le contenu manifeste d'un mouvement psychique complexe – un symptôme –, qui ne peut être résolu chirurgicalement. Et un symptôme peut disparaître…

Présenter un changement médical de sexe comme possible et ordinaire, voire banal, est une démarche étrange. Mensonge ? Délire thaumaturgique ? On pourrait le penser. C'est d'abord, je pense, plus banalement, un déni des contradictions du fonctionnement psychique – personne ne veut jamais quoi que ce soit à cent pour cent, et l'inconscient est un tissu de contradictions ; et ensuite d'un autre déni qui porte sur la différence entre un sujet chirurgicalement « réassigné » et un sujet demeuré à son état anatomique d'origine ; négation d'une réalité qui s'opère selon le modèle « je sais bien, mais quand même » : je sais bien qu'une verge faite de peau et d'une côte flottante n'a que peu de rapport avec un pénis, que son érogénéité est sans rapport avec celle du modèle érectile et éjaculant que je cherche à copier, mais quand même… Il est aussi impossible de transformer un homme en femme et une femme en homme que de transformer un enfant trisomique en enfant normal. La chirurgie de réassignation consiste d'abord en une mutilation [3] et n'apporte ensuite qu'un simple déguisement corporel.

Le genre n'a pas besoin de se plier à l'anatomie. On peut être une femme masculine et un homme efféminé… Il faut laisser vivre à chacun sa bisexualité psychique…

Paul Denis
67 rue de Tocqueville
75017 Paris
paul.denis54@orange.fr

3. Faut-il rappeler que l'on condamne à juste titre l'excision ?

RÉFÉRENCES BIBLIOGRAPHIQUES

Stoller R.J., *Masculin ou Féminin ?*, Paris, Puf, 1989 [1985].

Identités – Sexualités

Christos ZERVIS*

Face au polymorphisme du sexuel de l'ère actuelle on risque, en tant que psychanalyste, de se sentir perplexe devant une clinique psychanalytique qui, apparemment, nécessite de nouveaux moyens de compréhension, ou d'une nouvelle manière d'utiliser le corpus théorico-pratique de Freud et de ses épigones.

Nous constatons que les identités sexuelles de nos patients se caractérisent par une incertitude et une fluidité de plus en plus croissantes, tandis que les pratiques sexuelles impliquent souvent des objets sexuels variables, à plusieurs aspects, partiels. En plus, des hésitations quant à l'identité sexuelle se manifestent à des âges de plus en plus précoces.

Quant au social et son éventuel rôle au supposé « dérèglement » actuel du symbolique, que fait-il dans cette direction ? Impose-t-il moins de règles symboliques structurantes ou est-ce le contraire, c'est-à-dire en imposant troop d'exigences de restriction pulsionnelle dans un contexte extrêmement complexe, compétitif et « libéral », et en offrant moins de contenance socio-affective, renforce-t-il les « drops out » des codes d'organisation psycho-sexuelle traditionnels, poussant ainsi le sujet de plus en plus vers la voie courte de la décharge pulsionnelle ?

Suivant cette ligne de pensée, dans le travail présent nous tentons d'étudier l'impact des structurations psychiques – faites grâce à des « langages » et des codes symboliques qui s'imposent par le social, via les parents et les proches, lors du développement psycho-sexuel – sur la constitution parallèle de l'identité sexuelle et de l'objet sexuel. Plus précisément, nous sommes amenés à reconnaître la constitution de l'objet sexuel à partir de

* Psychanalyste, membre de la SPP, membre titulaire formateur de la Société Psychanalytique Hellénique ; Psychiatre, pédopsychiatre, chef de service du Département de Psychiatrie pour Adolescents, Hôpital Gennimatas (Athènes).

clivages à l'intérieur de l'identité sexuelle à l'occasion de passages maturationnels.

LANGAGES ET CODES PULSIONNELS DU SOCIAL

Jean Laplanche, s'appuyant sur la fameuse lettre 52 de Freud à Fliess, écrit que l'homme, dans son évolution psychosexuelle, est constamment en train de traduire ce que l'autre lui adresse, dans le sens de codifier des messages qui comportent tant des signes qu'une adresse (Laplanche, 2001, p. 16). Il s'agit de passages d'un code à un autre et d'un code à travers l'autre.

S'interrogeant sur les types de traduction du message de l'autre, Laplanche soutient que Freud sous-entend différents langages, en précisant qu'il parle de « langages » d'une manière métaphorique seulement, n'impliquant pas nécessairement une aptitude intellectuelle de traiter les messages. Il y a des types de langage, comme l'affectif ou celui de l'image. Il s'agit en fait de langages pulsionnels ou des types de codes à l'intérieur du langage pulsionnel. Par exemple, le code de la castration, le code œdipien ou encore le code de l'attachement (*ibid.*, p. 14-15).

Le sujet doit se resituer chaque fois que s'impose un nouveau code de définition de soi, par exemple suivant l'âge. Le genre est acquis, il est assigné, implanté, mais il reste énigmatique jusqu'à l'âge de quinze mois. Le sexe, comme perception de la constitution anatomique sexuée, succède, comme opérateur symbolique apte à traduire symboliquement le genre : « Le genre précède le sexe, mais loin de l'organiser il est organisé par lui » (Laplanche, 2007, p. 215). Cela signifie que le sexe réarrange symboliquement les éléments concernant l'identité sexuelle selon un nouvel ordre. L'auto-érotique occupe ici d'office une place importante, avant l'affirmation de l'objectal. Le *sexual*, de son côté, est le résidu inconscient du refoulement/symbolisation du genre par le sexe.

Nous pouvons dire que l'adolescence aussi, avec la manifestation renforcée, bruyante, du pulsionnel sexuel génital, accompagné par les transformations corporelles pubertaires, qui prennent un aspect d'un renversement radical, constitue une nouvelle organisation/symbolisation pulsionnelle du genre par le sexe anatomique réaffirmé. La condition adolescente dispose en plus de la particularité pressante de permettre au jeune sujet de passer de la potentialité sexuelle génitale à l'effectivité sexuelle.

Il s'agit d'une nouvelle subjectivation-individuation (Blos, 1967), sexuée cette fois-ci. Ce passage physique et psychique représente un grand bouleversement narcissique et œdipien, ce qui explique les hésitations, très fréquentes lors de l'adolescence, vis-à-vis de la reconnaissance par soi-même de sa nature sexuelle et de son désir, avec, au moins dans un premier temps, une intensification de la simulation fantasmatique sur le terrain de l'auto-érotique. On pourrait dire, très schématiquement, que la conclusion de la problématique de l'adolescence conduit le plus souvent à trois issues possibles : confirmation de l'identité sexuelle déjà assignée ou « choisie » lors de la première enfance, son rejet et l'adoption du sexe génital opposé ou choix d'un autre, tiers sexe.

Chaque choix nécessairement produit des « rejets » pulsionnels non codifiables, c'est-à-dire du *sexual*, qui va alimenter l'objet-source de la pulsion, c'est-à-dire le ça (Laplanche, 2008, p. 239). En d'autres mots, on pourrait dire qu'il s'agit d'un autre moment où, après le passage par l'auto-érotique, doit se départager, pour une autre fois, mais dans ce cas d'une manière plus stable, l'identitaire de l'objectal.

Marie ou le rejet du féminin

Marie est convaincue dès le début de son adolescence que c'était par accident qu'elle est devenue anatomiquement fille, qu'au fond de son existence elle est un garçon.

Ses parents nous disent que jusqu'il y a peu de temps Marie était une fille très gaie, douce et coquette. Elle prenait beaucoup de plaisir à faire de la danse moderne. Elle était très câline avec ses proches et ses parents, spécialement avec son père. Mais tout cela a basculé brusquement à l'époque de ses premières règles.

Hormis le fait qu'elle a coupé ses cheveux très courts, comme un garçon, elle a commencé à porter également des vêtements correspondant à un adolescent de son âge, acquérant l'aspect extérieur d'un garçon.

Elle a arrêté la danse. Ses manières aussi semblent avoir changé récemment. Elle a adopté un style souvent sérieux, sobre, elle ne se détend pas ni ne rit facilement, elle ne se laisse pas aller facilement à des états émotionnels. Elle est avare de mots quand elle parle. En plus, elle refuse toute forme de contact physique, tant avec ses parents qu'avec ses amies : « C'est comme une sorte d'allergie de la peau » déclare-t-elle.

En même temps, elle est très attirée par une fille qui, par contre, est très féminine, expressive, sensible et douillette, qui n'hésite pas à faire valoir ses traits et ses attraits féminins et qui s'habille d'une manière analogue. Marie se dit « fascinée » par elle, adore la regarder et la toucher.

On peut supposer ici que le passage au « langage » pulsionnel de la féminité adolescente a été impossible pour Marie. L'intolérance extrême au contact physique semble traduire une défense vis-à-vis de l'excitation érogène de l'épiderme, perçue par elle comme une sensualité féminine dangereuse. La jouissance corporelle de la danse, des contacts physiques, interprétés probablement comme une « passivité » non permise, semble la renvoyer à un interdit identitaire, émanant d'un narcissisme qui a besoin d'une confirmation de son potentiel actif afin de s'assurer de sa cohésion, de sa délimitation et de la force du moi.

Mais ce qui est très intéressant est qu'en même temps elle semble avoir commencé à chercher chez l'objet de son désir les caractéristiques « féminines » qu'elle a condamnées chez elle. En d'autres termes, c'est comme si des éléments de sa personnalité infantile précédente qui, pour des raisons internes diverses, ne peuvent pas se traduire dans le nouveau code-langage de la sexualité féminine adulte, étaient refoulés/clivés et projetés sur l'objet sexuel choisi. Ce qui signifie que lors des passages symboliques/pulsionnels une partie de l'identitaire est susceptible de devenir objectal.

Katerina, une sexualité clivée

Katerina est en thérapie pour des crises d'anxiété, mais aussi pour des difficultés relationnelles. Son aspect physique, d'une féminité soulignée, fait contraste avec une expressivité mimique masculine.

Elle rapporte un rêve : « Je rencontre un ami. Nous avons beaucoup d'estime l'un pour l'autre. Il y a sa femme aussi. Je ressens des sentiments chaleureux pour lui. Mais je me retiens parce que je pense que sa femme sera jalouse. Juste après, je suis ailleurs et je suis en train de faire l'amour avec une femme très sexy, un peu pute. Je réalise que cette femme est mon double. C'est comme si j'avais des rapports sexuels avec moi-même.

Il semble qu'il s'agissait dans le rêve des deux morceaux de moi-même : une femme sexuellement provocante et un homme retenu et défensif. Dans la vie je suis une femme très retenue et je déteste les femmes séduisantes envers les hommes. »

Le cas de Katerina est trop complexe pour être présenté dans sa globalité ici. Nous pouvons pourtant apercevoir dans ce rêve le jeu inconscient dynamique des aspects de sa bisexualité, avec projection sur une autre femme – son double et objet de son désir homosexuel – des caractéristiques féminines qu'elle se refuse à elle-même dans son identité sexuelle manifeste. Une partie de l'identitaire devient temporairement objectal, sur un terrain représentationnel auto-érotique.

L'OBJECTAL COMME LA PARTIE CLIVÉE DE L'IDENTITAIRE APRÈS LE PASSAGE PAR L'AUTO-ÉROTISME

Tous les codes et les langages appliqués lors des passages maturationnels ont comme résultat des refoulements/clivages, avait dit, en somme, Freud (Freud, 1895, p. 156). « Termes et concepts sont des armes, armes de guerre, le genre contre le sexe, le sexe et le genre alliés contre, disons, le *sexual* » et « le *sexual* est le résidu inconscient du refoulement/symbolisation du genre par le sexe », ajoute Laplanche (2007, p. 202, 206).

Apparemment le résidu refoulé est d'abord ce qui ne peut pas être traduit dans un nouveau code/langage. Mais nous savons aussi que le même sort, celui du refoulement, est réservé à ce qui n'est pas choisi à l'intérieur du code même, le pôle non accepté, par exemple le féminin, quand le sujet a « choisi » le masculin, comme Freud l'avait admis, après maintes hésitations : « [c'est] le sexe opposé qui succombe au refoulement » (Freud, 1937c, p. 267). Le refoulement/clivage intervient quand la symbolisation imposée, comme toute symbolisation, déclenche un conflit, afin de rendre une prise de décision (identitaire ?) possible en court-circuitant le pôle représentationnel qui soulève des objections.

En fait, ce qu'on pourrait retenir ici est que l'objet de la pulsion provient de la partie exclue, refoulée ou clivée, des caractéristiques identitaires du moi. Ici le contenu de l'identitaire semble alimenter l'objectal, à travers le clivage et la projection. Le but devrait être de délimiter le soi de l'objet.

Freud justement écrit, qu'après le passage du narcissique à l'objectal, le moi « se comporte envers les investissements d'objet comme le corps d'un animalcule protoplasmique envers les pseudopodes qu'il a émis » (Freud, 1914c, p. 83). Apparemment, les pseudopodes ici ne sont pas des prolongements du corps moïque émis afin de « toucher » et investir les objets « externes ». Ils sont en même temps l'objet et le moi, les deux entrelacés d'une manière inextricable, en ce sens que l'objet est investi justement en tant que porteur d'un sens et d'une fonction indispensable à l'homéostasie du sujet. En même temps le sujet dissimule à sa conscience qu'une partie de son être est posée aux objets, esquive qui se justifie par le besoin moïque de délimiter un être supposé indépendant et autonome.

Il faut rappeler ici que l'investissement narcissique est reconnu par Freud en tant que dimension universelle de l'investissement libidinal (*ibid.*, p. 94). Le fait qu'il représente au fond une extension du moi explique probablement la douleur qui accompagne l'éventuelle perte des investissements narcissiques, comme s'il s'agissait d'une « amputation » moïque. Cela nous autorise-t-il à dire que le désir est le négatif de la perte ? Sommes-nous ramenés, d'une autre manière, à l'*androgyne* platonicien ?

Il s'agit ici du modèle freudien, où l'objectal vient après le narcissique, où l'autre est découvert dans un deuxième temps.

Le modèle que Laplanche propose, apparemment sensible lui-même, du fait de ses influences lacaniennes, au primat de l'autre, est l'inverse du précédent : ici l'autre est déjà là, avant la constitution du sujet. Le moi se construit sur une base de trop d'autreté. Paraphrasant Winnicott, Laplanche soutient que le but de la subjectivation n'est pas d'obtenir la première « *not me-possession* », mais plutôt la première « *me-possession* ». C'est-à-dire que nous sommes d'abord coperniciens avant de devenir ptoléméens (Laplanche, 2001, p. 16-17). Pourrait-on parler d'une subjectivation *per via di levare* ?

Selon cette approche, on pourrait dire que les pseudopodes narcissiques, que décrit Freud, ne sont plus des extensions moïques émises pour arriver à l'objectal, mais plutôt des liens-vestiges du complexe initial indifférencié, soi-même-autre, comme celui-ci a été désarticulé lors du passage vers la subjectivation.

Quoi qu'il en soit, qu'il soit d'abord narcissique ou entrelacement avec l'autre, il n'en demeure pas moins que, sur le plan de la répartition de l'investissement libidinal et des attributs symboliques, l'objectal constitue une « colonie » du narcissique, constituée par les résidus des symbolisations successives tout au long des étapes restructurantes de l'évolution psychosexuelle. La clinique psychanalytique nous montre que tous ces passages resymbolisants nécessitent d'une certaine régression à l'auto-érotisme, lieu par excellence du la répartition de l'identitaire d'avec l'objectal.

Christos Zervis
Marasli 17
1676 Athènes
Grèce
crzervis@otenet.gr

RÉFÉRENCES BIBLIOGRAPHIQUES

Blos P., The Second Individuation Process of Adolescence, *Psychoanal. St. Child*, 22, 1967.

Caruth C., Laplanche J., An Interview with Jean Laplanche, *Postmodern Culture*, vol. 11 n. 2, 2001.

Freud S. (1895), *La Naissance de la psychanalyse*, Paris, Puf, 2009.

Freud S. (1914 *c*), Pour introduire le narcissisme, *La Vie sexuelle*, Paris, Puf, 1969.

Freud S. (1937 *c*), L'analyse avec fin et l'analyse sans fin, *Résultats, Idées, Problèmes*, II, Paris, Puf, 1985.

Laplanche J., Gender, Sex, and the Sexual., *Stud. Gend. Sex,* 8, n. 2, 2007.

Laplanche J., *La Révolution copernicienne inachevée*, Paris, Puf, 2008.

La force d'éros
Genre et fluidité érotique dans une société d'« avant la sexualité »

Sandra BOEHRINGER*

L'invention de la notion de « bisexualité psychique [1] » marque une étape importante dans la réflexion de Sigmund Freud sur la sexualité. Dans le champ des sciences humaines, l'historicité de la *psychê* (celle de la psychanalyse n'est pas celle des anciens Grecs) et l'historicité de la sexualité et de son dispositif (la sexualité contemporaine n'est pas l'érotisme antique) ont fait l'objet de nombreuses études au cours du XXe siècle, dans le champ de la psychanalyse comme dans le champ historique et philosophique. Mais qu'en est-il, également, de cette binarité impliquée par le préfixe « bi » ? La polarité duelle de la sexualité fondée sur la croyance en deux sexes « biologiques » ne pourrait-elle faire l'objet d'une réflexion qui l'articulerait à l'historicité et à la fluidité des deux autres concepts impliqués dans la « bisexualité psychique » ?

L'approche de la notion de « bisexualité » dans une perspective d'anthropologie historique impliquant une comparaison raisonnée des cultures est un angle d'analyse qui peut se révéler précieux. Cet article, mené dans le champ de l'anthropologie de la Grèce ancienne, propose un court jalon de cette réflexion : une mise en perspective de l'éros du divin Platon à la lumière de la poésie mélique de l'époque grecque archaïque peut, en effet, réserver quelques surprises.

* Maîtresse de conférence en histoire grecque, agrégée de lettres classiques, université de Strasbourg.

1. C'est dans le dialogue épistémologique entre Wilhelm Fliess et Sigmund Freud au cours des années 1895 que cette notion apparaît.

L'ÉROTISME ANTIQUE DANS DES SOCIÉTÉS D'« AVANT LA SEXUALITÉ »

La sexualité n'est pas une donnée naturelle ni un invariant. « Il y a tout un champ d'historicité complexe et riche, écrit Michel Foucault, dans la manière dont l'individu est appelé à se reconnaître comme sujet moral de la conduite sexuelle » (Foucault 1984, p. 39). En Grèce comme à Rome, en effet, l'activité du sexe n'est pas perçue indépendamment des autres pratiques du corps. D'un point de vue social, ce ne sont pas les pratiques en elles-mêmes qui sont moralement évaluées (il n'y a pas, par exemple, d'interdiction de la sodomie), mais l'individu et sa pratique sexuelle, selon des critères associés de sexe, d'âge et de statut social (voir les études de Halperin, 1990 ; Winkler, 1990 ; Dupont et Éloi, 2001). Quant à la supposée vérité du sujet, elle ne réside pas dans ses désirs sexuels [2].

A fortiori, s'il n'y a pas de « dispositif de sexualité » porteur d'une vérité, il n'est pas possible d'identifier dans le monde antique l'équivalent des catégories sexuelles actuelles. Les Anciens, en effet, n'ont jamais élaboré ni pensé une catégorie homogène qui engloberait indistinctement hommes et femmes de tous milieux sociaux ayant pour unique caractéristique commune d'être attirés par les personnes du même sexe qu'eux – pas plus qu'ils ne lui ont opposé une catégorie qui engloberait hommes et femmes attirés par les personnes de l'autre sexe. Il n'existe ni hétérosexuels ni homosexuels, comme le laisse clairement entendre le titre de l'ouvrage de l'historien David Halperin, *Cent ans d'homosexualité et autres essais sur l'amour grec* (1990).

Ces configurations et les évaluations morales auxquelles elles donnent lieu changent au cours des siècles. On constate, par exemple, une importante valorisation de l'amour entre adultes et garçons en Grèce, à la différence de Rome où la relation avec un futur citoyen était interdite, mais où l'homoérotisme masculin restait très présent dans les représentations culturelles, l'idéalisation de la Grèce et dans les relations citoyens/affranchis ou citoyens/esclave (Dupont et Éloi, 2001). Ces nombreuses variations permettent ainsi de percevoir la dimension historique de catégorisations qui nous semblent être « naturelles ».

2. Pour une bibliographie des récents travaux et une description de ce paysage érotique grec et romain, voir Boehringer 2018.

L'ÉROS DE LA DIVINE SAPPHO

Sappho a vécu sur l'île de Lesbos en 600 avant notre ère. Elle n'est pas une « poétesse de l'amour » comme nous pourrions le dire en termes anachroniques, pris dans une époque où l'amour est affaire privée et intime. Dans une société où la séparation de l'âme et du corps n'existe pas, la poétesse évoque le *thumos*, une zone du corps qui subit l'effet d'éros. Éros est une force extérieure et parfois dévastatrice : « Éros a malmené mon cœur, comme le vent, dans les montagnes, s'abat sur les chênes [3] » (fr. 47).

Dans ses poèmes destinés à être chantés en public, voire performés de façon chorale (Calame, 1996), Sappho invente littéralement et musicalement une cartographie du corps qui fera date. Son poème le plus célèbre, repris par Louise Labé dans un de ses sonnets et par Racine dans *Phèdre*, présente les symptômes d'une personne frappée par éros :

Il me semble pareil aux dieux
l'homme quel qu'il soit
assis face à toi, qui, tout près,
entend tes douces paroles
et ton rire enchanteur

– et cela bouleverse en moi mon cœur ;
car un seul regard vers toi,
et je ne puis plus parler,
ma langue se brise, un feu subtil
se répand sous ma peau,
mes yeux ne voient plus,
mes oreilles bourdonnent,

une sueur glacée m'enveloppe,
un tremblement me saisit tout entière,
je suis plus verte que l'herbe,
et me sens près de mourir.
Mais il faut tout supporter, car…

Dans les configurations érotiques chantées par Sappho, éros fait de la personne amoureuse une victime, soumise à sa force, et la personne aimée

3. Traduction de Sandra Boehringer. Sauf mention contraire, les traductions des poètes archaïques sont de l'auteure.

devient souvent détentrice d'une forme de pouvoir sur celle qui la poursuit sous l'effet de cette force impérieuse qui la malmène. Cette sensation est décrite dans un poème de la poétesse découvert en 2014, le « Chant à Cypris » (trad. Boehringer et Calame) :

Comment ne pas éprouver, maintenant, un vertige, lancinant,
Ô Cypris, maîtresse, quelle que soit la personne qu'ici on aime ?
Comment ne pas vouloir sentir ses souffrances s'apaiser ?
Quelle est ton intention
à m'agiter et à me déchirer follement
par le désir qui rompt les genoux ?
[...] pas [...]
[...]

[...] toi, je veux [...]
[...] souffrir cela [...]
[...] quant à moi, je suis
consciente de cela.

La nausée et le vertige s'emparent de la personne qui chante, le corps devient lieu de traduction des émotions, où des symptômes paradoxaux se manifestent jusqu'à faire du *melos* (le chant) un moment de métamorphose. Et plus encore, ces effets d'éros sont chantés en public et par le groupe : c'est une performance, et non un poème lu dans une solitude et une intimité toute contemporaine, c'est un spectacle qui concerne l'ensemble du public.

Chez Sappho, dans la quasi-totalité des poèmes, le « je » est celui d'une femme, et la personne aimée est une femme. Et pourtant, le vocabulaire du corps est multiple : Sappho utilise souvent des formes épicènes et les effets produits par éros ne dépendent pas du sexe des amantes. L'étude du genre des protagonistes dans la poésie érotique de ce siècle laisse apparaître une réelle fluidité : on peut ainsi voir, chez le poète Théognis, une comparaison entre un beau jeune homme et la farouche Atalante ou, dans un poème de Sappho (le fr. 58, découvert en 2004), entre une femme aimée et le beau Tithon aimé d'Aurore. Quant au poète Anacréon, il se met en scène en amoureux transi d'un « garçon au regard de jeune fille » (fr. 360 P).

Force qui met en mouvement, élan qui meut et émeut, création de « zonage » du corps selon l'expression de Jean-Luc Nancy, hors de toute sexuation : cet éros préclassique s'inscrit dans une fluidité de genre, précédant l'idée même d'une quelconque binarité.

L'ÉROS DU DIVIN PLATON

Deux siècles plus tard, vers 380, Platon met en scène une soirée de banquet chez Agathon : on y décide de faire l'éloge d'éros. La structure du *Banquet* est une succession de discours dont l'ordre permet de comprendre la démonstration globale portée par le philosophe. Avant l'irruption enivrée d'Alcibiade amoureux et son célèbre discours sur l'agalma, Platon fait parler Socrate qui donne la voix à la prêtresse de Mantinée, Diotime. C'est le célèbre développement sur l'échelle de l'amour qui depuis l'amour des beaux corps mène à l'amour de la philosophie et à la contemplation des idées pures (Brisson, 1998).

Parmi l'ensemble de ces discours, celui du personnage d'Aristophane joue un rôle-clé, une étape dans l'économie de l'œuvre, qui prépare à la dissociation entre l'élan et l'objet de cet élan actée par Diotime. Aristophane, qui est, dans la réalité, un célèbre auteur de comédie athénien, raconte non pas un mythe grec, objet d'une croyance populaire, mais l'histoire loufoque des trois boules mâles, femelles et androgynes coupées en deux et recherchant leur moitié.

C'est à cette histoire que Freud se réfère lorsqu'il évoque « l'Érôs du divin Platon » pour développer sa réflexion sur la sexualité élargie dans sa nouvelle préface de 1920 aux *Trois Essais*. Il développe ainsi : « La plus belle illustration de la théorie populaire de la pulsion sexuelle est celle de la fable poétique de la séparation de l'être humain en deux moitiés – homme et femme – qui aspirent à s'unir à nouveau dans l'amour » (Freud 1905d, p. 38). C'est également l'hypothèse selon laquelle « une pulsion serait une poussée inhérente à l'organisme vivant vers le rétablissement d'un état antérieur » (Freud 1920g, p. 80) qui amène Freud à se référer à Platon et à reprendre le récit d'Aristophane dans « Au-delà du principe de plaisir ». Là, il y évoque explicitement la figure de l'être androgyne (Freud 1920g, p. 106-107).

Dans l'histoire burlesque mise en scène par Aristophane, la configuration est cependant un peu plus complexe : l'éros qui crée la quête des deux moitiés concerne non pas une attraction « hétérosexuelle », mais l'ensemble des parties coupées, mâles et femelles, des trois boules (mâles, femelles, androgyne). La boule « mixte » n'est qu'une des trois configurations possibles, comme le met en évidence ce schéma [4] :

4. Ce schéma est établi à partir du tableau élaboré par Luc Brisson (Brisson, 1973 [rééd. 1997]) et développé par Sandra Boehringer (2007, p. 91-120).

Antique nature	Nature humaine sans organes sexuels fonctionnels	Actuelle nature humaine avec organes sexuels		
		activité sexuelle (modalité)		activité non sexuelle
		de façon générale	de façon particulière	
être androgyne *to koinon* ou *to androgunon* (F, M.) ou (M. F.)	(homme)	*philogunaikes*	*moichoi*	*gamoi* (mariages)
	(femme)	*philandroi*	*moicheutriai*	*genesis* (génération)"
être femelle *to thêlu* (F. F.)	femme *ho dê nun gunaika kaloumen*	*pros tas gunaikas tetrammenai*	*hetairistriai*	×
être mâle *to arren* (M. M.)	homme (*eite andros*)	*ta arrena diôkousi*	(*anaischuntoi*) ×	*ta erga* (actions, œuvres) *ta politika* (action politique)

L'analyse de l'ensemble du discours d'Aristophane met en évidence des éléments essentiels : le critère commun qui distingue la façon dont les êtres sont mus n'est pas le sexe de l'être aimé, mais l'*intensité*. Chaque phrase décrivant la quête des moitiés issues de chaque boule primitive caractérise l'élan d'une force normale et l'élan intense : maris ou séducteurs de femmes, épouses ou séducteurs d'hommes, pour les êtres issus de la boule mixte ; *hetairistriai* (et non « lesbiennes » qui serait le terme contemporain pour décrire celles qui sont mues par une force normale également) pour les êtres issus de la boule femelle et, dans le cas des hommes qui recherchent intensément des moitiés d'hommes, Platon fait dire à Aristophane qu'il n'y a pas de terme (sauf un terme inapproprié et insultant, celui d'« impudiques »), impliquant qu'il est toujours « normal » de chercher intensément des hommes quand on est issu de cette boule et qu'on est destiné aux grandes actions : la politique et les belles œuvres.

Voici pour le versant étiologique de cette fable loufoque. Mais en ce qui concerne la dimension théorique, il apparaît qu'éros est ce qui met en mouvement des moitiés, quel que soit le sexe de la personne recherchée. L'étape platonicienne, qui préside à la succession des discours et qui mène au discours de

Diotime et à l'amour de la philosophie, consiste ici à dissocier l'élan de son objet, et ici, plus spécifiquement du sexe de l'être aimé. Platon fait dire à son personnage en conclusion : « Aussi est-ce au souhait de retrouver cette totalité, à sa recherche, que nous donnons le nom d'éros » (193a, trad. Brisson). L'éros d'Aristophane n'est ni simplement celui d'une attirance d'un homme pour une femme (l'élan des moitiés issues de la boule androgyne) ni l'éros platonicien décrit par Diotime. À quelle tradition cet éros se rattache-t-il ? À quoi se réfère Freud, alors, lorsqu'il se réfère à ce passage ?

DE L'ÉROS SAPHIQUE À LA PULSION FREUDIENNE, UNE GÉNÉALOGIE MÉCONNUE

Si l'on tient compte des distorsions dues au mode comique d'Aristophane mis en scène avec humour par Platon, les caractéristiques de l'éros évoqué sont les suivantes : force qui met en mouvement, quête, recherche, état de manque des êtres en quête ou en attente, état de désespoir, voire de dépérissement, dans la première partie de la fable. Soulignons que ces états sont absolument semblables chez les êtres issus des trois boules primitives, et que le sexe de la personne aimée ou qui est en quête de sa moitié n'est pas un critère pertinent pour créer des distinctions dans la nature d'éros.

Ces caractéristiques sont, sans conteste, celles de l'éros des poètes archaïques, des éléments d'un passé culturel et musical bien connu des Grecs, repris ici par Platon pour donner un support traditionnel à l'histoire d'Aristophane. Il n'est pas possible de développer ici combien Platon, malgré les critiques qu'il formule envers eux dans certains de ses discours, doit aux poètes qui le précèdent. Cette dette est clairement énoncée dans le *Phèdre* par le personnage de Socrate, en particulier sur les questions érotiques : il cite explicitement Sappho et Anacréon (235c-d) que son public connaît bien.

Ce à quoi se réfère Freud lorsqu'il cite le *Banquet* de Platon est le moment le plus fort de l'influence de la poésie archaïque sur la description de l'élan érotique par les sept, puis huit convives, qui s'expriment ce soir-là. En évoquant ce passage de l'œuvre de Platon, Freud privilégie certes une partie de l'histoire d'Aristophane, celle de la boule androgyne, mais conserve l'idée principale de cet élan sans objet, de l'effet produit, de ce mouvement : « La différence la plus marquante entre la vie amoureuse du monde antique et la nôtre réside sans doute dans le fait que les Anciens mettaient l'accent sur la pulsion elle-même, alors que nous la plaçons sur l'objet. Les Anciens célébraient la pulsion et étaient prêts à vénérer en son nom même un objet de valeur inférieure, alors que nous méprisons l'activité pulsionnelle en elle-même et ne l'excusons qu'en vertu des qualités que nous reconnaissons à l'objet » (Freud, 1905d, note ajoutée en 1910, p. 56-57).

Une autre généalogie se dessine donc : alors qu'il cite Platon, Freud s'appuie en réalité sur l'éros des poètes archaïques pour construire sa théorie de la pulsion. Au discours de Diotime-Socrate-Platon, Freud préfère le discours d'Aristophane. Nous voici alors face à une invention théorique qui doit moins aux catégorisations d'un conte philosophique imaginé par un auteur du IVe siècle, comme on le pense couramment, qu'à l'éros fluide des poétesses et des poètes des siècles précédents. De Sappho à Freud, voici un élan retrouvé.

Sandra Boehringer
Faculté des sciences historiques
Palais universitaire, Place de l'Université
67000 Strasbourg
s.boehringer@unistra.fr

RÉFÉRENCES BIBLIOGRAPHIQUES

Boehringer S., *L'Homosexualité féminine dans l'Antiquité grecque et romaine*, Paris, Les Belles Lettres, 2007.

Boehringer S., Sociétés anciennes : la Grèce et Rome, *in* Steinberg S. (dir.), *Une histoire de sexualités*, Paris, Puf, 2018, p. 15-91.

Brisson L., Bisexualité et médiation en Grèce ancienne, *Nouvelle Revue de Psychanalyse*, 7, « Bisexualité et différence des sexes », 1973, p. 27-48.

Brisson L., *Le Sexe incertain. Androgynie et hermaphrodisme dans l'Antiquité gréco-romaine*, Paris, Les Belles Lettres, 1997.

Brisson L., « Introduction au *Banquet* », *in* Platon, *Le Banquet*, trad. fr. L. Brisson, Paris, Flammarion, 1998, p. 11-78.

Calame C., *L'Éros dans la Grèce antique*, Paris, Belin, 2009 [1996].

Dupont F., Éloi T., *L'Érotisme masculin dans la Rome antique*, Paris, Belin, 2001.

Foucault M., *L'Usage des plaisirs*, Paris, Gallimard, 1984.

Freud S. (1905 *d*), *Trois Essais sur la théorie sexuelle*, trad. fr. P. Koeppel, Paris, Gallimard, 1987 ; *OCF.P*, VI, 2006 ; *GW*, V.

Freud S. (1920 *g*), Au delà du principe de plaisir, *Essais de psychanalyse*, trad. fr. J. Laplanche, J.-B. Pontalis, Paris, Payot, « Petite Bibliothèque », 1981 ; *OCF.P*, XV, 1996 ; *GW*, XIII.

Halperin D.M., *Cent Ans d'homosexualité et autres essais sur l'amour grec*, tr. fr. I. Châtelet, Paris, EPEL, 2000 [1990].

Halperin D.M., Winkler J.J., Zeitlin F.I. (dir.), *Bien avant la sexualité. L'expérience érotique en Grèce ancienne*, préface et tr. fr. S. Boehringer, Paris, EPEL, 2019 [1990].

Winkler J.J., *Désir et Contraintes en Grèce ancienne*, tr. fr. Boehringer S. et Picard N., Paris, EPEL, 2005 [1990].

Quelle pratique historienne ? De l'universel masculin à l'histoire du genre

Fabrice Virgili*

En questionnant « les limites des catégories du masculin, du féminin et du genre », le 79e CPLF s'inscrivait dans une actualité qui dépasse les cadres propres à chaque discipline. Parce que « le thème retenu est impliqué dans d'intenses polémiques » (Chervet et Aisenstein, 2019-1, p. 8), faisons un pas de côté pour s'en dégager et aborder le sujet dans un cadre scientifique et transdisciplinaire. Aussi, pour contribuer en historien à ces débats, permettre une discussion à travers nos disciplines respectives, sachant que les mêmes mots n'ont pas toujours le même sens, il importe de préciser les conditions de production de ce savoir, de ces concepts. De préciser ensuite quel est finalement l'objet de notre curiosité, le champ de nos recherches pour comprendre ce qu'apporte le concept de genre à l'intelligibilité du passé comme du présent.

En 1876, Sigmund Freud jeune étudiant avait été chargé d'une étude au centre d'expérimentation zoologique de Trieste, ville alors autrichienne, sur le sexe des anguilles qui influença sa réflexion sur la bisexualité (This, 2013, p. 131-136). L'anecdote est connue et rappelle combien le sexuel est au cœur de l'élaboration de la psychanalyse. La même année, à Paris cette fois, est fondée la *Revue historique* qui marque les débuts d'une nouvelle école historique, une approche méthodique qui prend appui sur une rigoureuse critique des sources. Ni son fondateur Gabriel Monod, ni Charles Seignobos (né en 1854, il est de la génération de Freud) qui incarne par la suite cette *méthode*, ne se sont intéressés, au cours de leurs études ou de leur carrière, à la sexualité des anguilles, ce que l'on peut comprendre, mais pas davantage à celles des hommes et des femmes des temps passés dont ils proposaient de renouveler l'étude.

* Directeur de recherche au CNRS-SIRICE.

La discipline historique fut d'abord une histoire du diplomatique et du militaire, plus largement une histoire politique où les femmes demeuraient invisibles à leurs auteurs, tous masculins.

Cette histoire affirmée universelle n'était qu'un demi-universel. Longtemps, l'élève qui apprenait qu'en 1848 fut proclamé le « Suffrage universel » découvrait un peu plus tard que le droit de vote « avait été accordé » aux femmes en 1944, soit près d'un siècle plus tard. Cet universel masculin était conforté par la discipline académique, dans une « université » reconnue qui comme son nom ne l'indique pas davantage était tout autant une demi « université ». « Métier d'hommes qui écrivent l'histoire des hommes, présentée comme universelle, tandis que les murs de la Sorbonne se couvrent de fresques féminines » (Duby et Perrot, 1991, t. 1, p. 14). Invisibilité des femmes qui ne change guère avec une nouvelle révolution historiographique. En fondant en 1929 la revue *Annales d'histoire économique et* sociale, Lucien Febvre et Marc Bloch promeuvent une histoire de la longue durée, économique et sociale, mais où les femmes demeurent toujours invisibles. Malgré quelques exceptions, le plus souvent d'auteur.e.s extra-universitaires et l'entrée extrêmement timide des premières femmes comme assistantes ou chargées de conférence à l'université, la situation ne bouge guère jusqu'aux années 1970. Il y a en effet à ce moment un changement de conjoncture historiographique, politique, et institutionnelle.

D'un point de vue historiographique, le champ de la discipline jusque-là partagé entre une histoire économique et sociale de la longue durée propre à l'École des Annales, et une histoire « événementielle » du triptyque politique-militaire-diplomatique se voit élargie. À partir de l'histoire économique et démographique ou de l'anthropologie historique de nouveaux objets, tels l'alimentation (Fernand Braudel), le corps (Pierre Goubert et Emmanuel Le Roy Ladurie), ou encore la famille (Georges Duby). Regroupé sous la dénomination d'histoire des mentalités, de ce foisonnement émerge une histoire des comportements sexuels (Jean-Louis Flandrin), de la sexualité. Philippe Ariès décrit bien ce glissement progressif de la démographie vers la sexualité : « Les historiens qui ont voulu démontrer la permanence de la contraception – même quand elle était peu utilisée – citent des auteurs ecclésiastiques. En réalité, leurs textes sont ambigus. Ils dénoncent bien des pratiques contre nature, mais celles-ci, qu'un lecteur de Playboy ou du Kamasoutra reconnaîtrait comme des positions classiques de l'*ars erotica*, apparaissent aux historiens démographes comme des méthodes contraceptives. Sans doute l'érotisme est-il bien stérile, sauf accident, mais on doit convenir que la stérilité n'en était pas le but recherché. On voit alors, de cette discussion d'origine démographique, naître une histoire de la sexualité qui en est aujourd'hui aux premiers défrichements » (Ariès, 1978, p. 182). Que ce soit ceux de Philippe Ariès, autodidacte et historien du dimanche (Ariès, 1980), comme il a pu se définir, ou du philosophe Michel Foucault (1976), ce sont les apports d'auteurs en marge de la discipline qui obligent les historiens « académiques » à élargir leur questionnement.

Questionnement également motivé d'un point de vue politique. Autant le mouvement féministe a, depuis le XVIIIe siècle, de nombreuses figures emblématiques et une longue histoire marquée entre autres par la lutte pour le droit de vote, autant l'apparition sur le devant de la scène du mouvement féministe dit de la deuxième vague peut être daté des années 1960-1970 et plus particulièrement en France de 1970 « année zéro des femmes ». Année zéro, car en réaction à la difficulté à prendre la parole au cours du moment 1968, un certain nombre de militantes s'organisent « sans les garçons ». Ces premières actions symboliques insistent sur la prise de parole des femmes, la nécessité de penser le privé comme politique, la volonté de rendre toutes les femmes, y compris celles du passé, enfin visibles. Le 26 août 1970, est déployée devant l'Arc de triomphe une banderole « il y a plus inconnu que le soldat inconnu : sa femme ». On retrouve cette exigence d'un passé revisité dans l'hymne des femmes écrit quelques mois plus tard : « *Nous qui sommes sans passé, les femmes / Nous qui n'avons pas d'histoire/ Depuis la nuit des temps, les femmes/ Nous sommes le continent noir* » (Virgili et Zancarini-Fournel, 2018, p. 160). Alors que l'on chante dans la rue et que le mouvement féministe se développe, les changements touchent également l'institution.

Bastion masculin, l'université voit en ses murs des étudiantes de plus en plus nombreuses, puis de jeunes enseignantes et chercheuses. Cependant, cette féminisation demeure très inégale du point de vue des statuts et les chaires restent pour l'essentiel masculines, le plafond de verre ne s'élevant que très lentement.

L'histoire des femmes est née de ce croisement. Elle bouscule les habitudes et les pratiques, questionne le rapport de l'historien ne à son sujet : une histoire des femmes faite par des femmes. Inscrits dans un premier temps dans une démarche militante, les sujets visent pour la plupart à démontrer l'oppression dont les femmes sont victimes, à préciser ce que sont les « rapports sociaux de sexe », qui sont le révélateur de la domination masculine. La volonté de rendre visibles les femmes comme actrices de l'histoire suscite de nombreux travaux parmi cette nouvelle génération d'étudiantes.

La dynamique est manifeste comme en témoigne la publication en 1991-1992 de la somme dirigée par le médiéviste George Duby et l'une des quatre premières historiennes contemporanéistes professeure des universités [1], Michelle Perrot. « Le titre *Histoire des femmes en Occident* est commode, et beau. Mais il faut récuser l'idée que les femmes seraient en elles-mêmes un objet d'histoire. C'est leur place, leur "condition", leurs rôles et leurs pouvoirs, leurs formes d'action, leur silence et leur parole que nous entendons scruter, la diversité de leurs représentations – déesse, Madone, Sorcière – que nous voulons saisir dans leur permanence et leurs changements. *Histoire résolument relationnelle* qui interroge la société tout entière et qui est, tout autant, histoire des hommes » (Duby et Perrot, 1991, vol. 2, 3, 4 et 5, p. 9).

HISTOIRE RÉSOLUMENT RELATIONNELLE REVENDIQUÉE

Une fois la place des femmes dans l'histoire rendue, au moins partiellement, visible par ces nombreux travaux, et les relations entre hommes et femmes ainsi historicisées, il est de plus en plus clair que la répartition des rôles entre les hommes et les femmes est une construction sociale évolutive dans le temps. Au « On ne naît pas femme on le devient » de Simone de Beauvoir en 1949 fait écho cinquante ans plus tard le « On ne naît pas homme on le devient » de l'anthropologue Françoise Héritier. Le concept de genre est bien là, même si le terme pour le désigner n'est pas encore fixé. Plusieurs expressions se côtoient : sexe social, différence des sexes, rapports sociaux de sexe. Puis, en 1986, avec la publication, puis la traduction deux ans plus tard, de l'article fondateur de l'historienne américaine Joan Scott *Gender: a Useful Category of Historical Analysis,* les mots *gender* puis *genre* s'imposent peu à peu.

L'expression a mis une dizaine d'années pour traverser l'Atlantique et reste longtemps problématique suscitant une double résistance. Littéraire d'abord, au nom d'un argument fait au nom de l'esthétique, « genré » ne sonnerait pas bien. Mais aussi autour d'un débat très virulent aux États-Unis et que l'on retrouve en France dans une moindre mesure : le genre effacerait les femmes, ou dans un jeu de mots intraduisible l'*History* viendrait recouvrir une *Herstory* à peine née. Quoi qu'il en soit, le terme s'est progressivement imposé en histoire, il est au singulier, un outil aux multiples usages (Thébaud, 2007, p. 199*sq.*). « LA femme » n'existe pas (pas d'avantage que L'Homme), la tâche de l'historien ne est de comprendre l'évolution

1. Avec Annie Kriegel, Madeleine Rébérioux, Rolande Trempé.

des systèmes de genre, soit l'ensemble des rôles sociaux sexués et systèmes de représentation qui définissent le masculin et le féminin. Cela implique également de s'interroger sur « Le genre de… » (la nation, la citoyenneté, la protection sociale, du travail…) qui ne concerne pas seulement la place respective des hommes et des femmes comme catégories, mais propose une approche qui déplace la focale des parties (les hommes et les femmes) vers le principe de partition et conduit à l'analyse des enjeux de signification de la division entre masculin et féminin et permet de mieux comprendre la construction des rapports sociaux hiérarchiques. Enfin, adopter le genre comme catégorie d'analyse ne signifie pas abandonner le sexe. Il importe de questionner l'indépendance du genre par rapport au sexe (travestissement, homosexualités, pratiques transgenres) et d'écrire également l'histoire de la dissociation entre sexe et genre.

Comment cette approche de genre questionne ce qu'est être homme ou femme ? Il faut faire le lien avec un autre terme, celui d'identité qui, en histoire, ne part pas de l'individu, mais bien du collectif. Les identités sont des objets historiques comme les autres, construites, multiples et fluctuantes. Tout sauf figées comme elles le deviennent au moins dans les discours de revendication d'appartenance alors astreintes à une uniformité comme moyen volontariste d'inscription de l'individu dans le groupe. Que cette volonté soit d'ailleurs celle de l'individu ou du groupe.

L'étude des événements, des comportements, de l'effet des expériences, nous montre combien les modèles, s'ils proposent une lecture a priori de la réalité, ne suffisent pas à conformer les individus. De ce point de vue les guerres sont riches d'enseignement tant il existe une formidable tension entre les assignations et les exceptions du fait des moments de contrainte maximale, mais également des espaces inédits de liberté qu'elles procurent. Elles constituent un extraordinaire laboratoire pour l'étude des bouleversements dans l'ordre du genre. Pour mesurer ces variations, il est signifiant de mettre en parallèle des stéréotypes, « les hommes sont batailleurs et les femmes sont douces », qui prennent valeur de norme et les modèles qui en découlent et définissent des rôles sociaux et culturels de chaque sexe (les hommes au combat, les femmes à l'arrière).

Lors de la lutte pour l'indépendance de la Grèce contre l'Empire ottoman (années vingt du XIXe siècle) une femme, Lascarina Bouboulina, combattait à la tête d'un régiment d'hommes, face à ceux-ci hésitants elle aurait crié : « Êtes-vous des femmes ou bien des hommes ? En avant ! Feu ! » Pourtant, la frontière du genre est loin d'être aussi simple que l'histoire mythifiée et les romans nationaux la racontent. Trois exemples [2] permettent d'illustrer ici combien les guerres sont des moments intenses de trouble dans le genre, riches à analyser.

Tout d'abord une exception révélatrice, celle de Paul Grappe, jeune caporal qui part avec tant d'autres au début du mois d'août 1914 combattre l'armée allemande d'invasion. Blessé à deux reprises, en août puis novembre 1914, il décide au terme de sa convalescence en mai 1915 de déserter et de retrouver sa femme Louise. Pour échapper aux poursuites et au conseil de guerre, il se travestit. Cette échappatoire dure dix ans jusqu'à l'amnistie en 1925 au cours desquels Paul, désormais Suzanne, et Louise vont vivre en couple de garçonnes. Cet abri vestimentaire et comportemental constitue alors la meilleure cachette, car si les autorités ont, tout au long de ces années de guerre, pourchassé tout ce que la masculinité pouvait compter de chair à canon potentielle, passer de l'autre côté de la barrière du genre mettait Paul à l'abri. Abri que Paul quitte après l'amnistie non sans mal, sombrant rapidement dans l'alcoolisme, la violence. Il est finalement tué par sa femme en juillet 1928, elle-même acquittée six mois plus tard pour avoir rétabli l'ordre du genre. La transgression de Paul lui avait été finalement fatale, mais pas davantage que les 1,3 million d'hommes morts au combat en demeurant conforme à leur assignation de genre.

En septembre 1939, les hommes répondaient à nouveau massivement à la mobilisation. Dix mois plus tard, la défaite était scellée. Traumatisme majeur, elle est d'abord la faillite de l'État-major et des autorités politiques. Mais questionner le genre de cet événement permet de comprendre en quoi la défaite de 1940 est aussi un discrédit du masculin, la remise en cause profonde de ce qui justifiait depuis la Révolution de 1789 la domination masculine : le sacrifice pour la défense du pays. Cette fois, l'homme français, le mâle-citoyen-soldat, avait failli. Ne pouvant empêcher « [qu']ils viennent jusque dans nos bras égorger nos fils nos compagnes » le modèle de l'homme protecteur était battu en brèche. D'autant plus qu'un million et demi d'entre eux partaient pour de longues années de captivité, laissant leurs mères, épouses, sœurs et filles affronter sans eux la dureté des temps.

Le privé est politique proclamaient les féministes dans les années 1970. L'étude de la libération de la France et du phénomène massif et prolongé des tontes en 1944-1945 montre cette étroite imbrication entre sexuel et politique. Après l'humiliation de la défaite et des quatre années d'occupation, l'on assiste à une réassurance masculine. Une réappropriation virile du corps des femmes dans un processus de dissociation entre le politique et le sexuel.

2. Ces exemples sont tirés de mes recherches. Voir les références en bibliographie.

Le monopole politique masculin est sacrifié (en partie seulement) avec le droit de vote et la citoyenneté des femmes ; celui sur le corps des femmes est réassuré, au moins jusque dans les années 1960-1970.

Loin des fantasmes autour d'une prétendue « théorie » ou « idéologie du genre », la connaissance de la production en sciences humaines, et en histoire en particulier, montre combien la catégorie d'analyse du genre s'est difficilement, mais incontestablement imposée. L'analyse de « l'événement », autrement dit l'objet des historien·ne·s, longtemps décrypté comme politique, puis économique, social, culturel s'est enrichi de l'approche genrée dans une quête d'une intelligibilité du passé la plus complète qui soit, d'un enrichissement de nos connaissances. Elle a permis d'historiciser la différence des sexes, de penser l'« être homme » et l'« être femme » non comme un donné immuable, mais inséré dans l'environnement et l'imaginaire social spécifique à sa période.

Fabrice Virgili
UMR SIRICE
Campus Condorcet
5 cours des humanités
93322 Aubervilliers cedex
fabrice.virgili@univ-paris1.fr

RÉFÉRENCES BIBLIOGRAPHIQUES

Ariès P., L'histoire des mentalités, *in* Le Goff J. (dir.), *La Nouvelle Histoire*, Paris, Retz, 1978.

Ariès P., *Un historien du dimanche*, Paris, Seuil, 1980.

Beauvoir S. de, *Le Deuxième Sexe*, Paris, Gallimard, 1949.

Capdevila L., Rouquet F., Virgili F. et Voldman D., *Sexes, Genre et Guerres : France, 1914-1945*, [Éd. revue, corrigée et actualisée.], Paris, Payot, 2010.

Chervet B., Aisenstein M., Message des secrétaires scientifiques du CPLF, *Bulletin de la Société Psychanalytique de Paris*, 2019-1.

Duby G., Perrot M., Introduction, *L'Histoire des femmes en Occident*, Paris, Plon, 1991.

Foucault M., *Histoire de la sexualité, La Volonté de savoir*, Paris, Gallimard, « Bibliothèque des histoires », 1976.

Héritier F., *Masculin-féminin*, Paris, Éditions Odile Jacob, 1996.

Scott J.W., Gender: a Useful Category of Historical Analysis, *American Historical Review*, 91-5, 1986, p. 1053-1075 ; trad. fr. Genre : une catégorie utile d'analyse historique, *Cahiers du GRIF*, 1988.

Thébaud F., *Écrire l'histoire des femmes et du genre*, Lyon, ENS Éditions, 2007.

This B., Freud, les anguilles et… la bisexualité, *Le Coq-héron*, 215 (4), 2013.

Virgili F., *La France « virile » : Des femmes tondues à la libération*, Paris, Payot, 2000.

Virgili F., Voldman D., *La Garçonne et l'assassin. Histoire de Louise et de Paul, déserteur travesti, dans le Paris des années folles*, Paris, Payot, 2011.

Virgili F., Zancarini-Fournel M., Chanter le féminisme, *in* Le Gac J., Virgili F. (dir.), *L'Europe des femmes XVIII*e*-XXI*e *siècle*, Paris, Perrin, 2018.

Des différentes façons d'être bisexuel

Pourquoi ne sommes-nous pas tous bisexuels ?
Pour une introduction

Michel Ody*

« Pourquoi ne sommes-nous pas tous bisexuels ? » questionne Bernard Chervet (Chervet, 2019). Question freudienne qui fait écho au colloque de la SPP en 2012, « Bisexualité psychique, ses enjeux dans les traitements psychanalytiques ». Il y était alors relevé que la bisexualité psychique revisitait « la théorie des pulsions et les deux temps de la sexualité humaine, la naissance des autoérotismes, l'établissement du narcissisme, la complexité de la problématique œdipienne et de sa résolution, le processus de l'identification et la construction du surmoi ». En 2019, le cheminement se poursuit, et même vers l'hypercomplexité, le développement métapsychologique se faisant toujours.

Rappelons aussi le CPLF de 1993, « La castration et le féminin dans les deux sexes » (M. et J. Cournut, 1993), les débats ayant beaucoup porté sur la place, l'importance, la qualité du primaire, comme il en était aussi ainsi pour la castration, dans les deux sexes.

Mais revenons au présent. À partir de son travail sur les textes de Freud, Bernard Chervet répond à la question de notre titre. Nous ne sommes pas tous bisexuels « Parce qu'il existe une contrainte au choix d'objet ». Cela va lever « un conflit entre ce qui est qualifié de masculin et de féminin ». C'est bien psychiser le questionnement – puisque conflit il y a – et ainsi, on ne saurait confondre les considérations anatomo-physiologiques de la bisexualité avec celles psychiques. Dès lors le substantif « bisexualité » doit être qualifié.

1. *Psychanalyste, membre honoraire titulaire formateur, ancien Secrétaire du Conseil scientifique et technique de la SPP.

Chacun des rapporteurs, à sa façon, son style, son « vertex analytique », a approfondi et illustré les conséquences de cette ouverture, ouverture à l'autre comme à l'autre de l'autre, et surtout à leur fonctionnement, positif comme négatif dans cette triangulation incontournable.

Ce qui devient clair, c'est que de qualifier la bisexualité de psychique depuis le débat Freud / Fliess – en passant par le rapport (1975) et le livre (1992) de Christian David – ne fait qu'épaissir, ici aussi, la nécessité de la prise en compte du travail psychique. Et cela depuis le plus précoce de la vie, au travers des inter-investissements parent(s)/enfant, et leurs avatars. En ce sens la bisexualité psychique n'est aucunement isolable.

Le problème est que cette ouverture de plus en plus prononcée à l'environnement dans l'histoire de la psychanalyse, à ses fonctionnements, ses impacts, des plus élaborés aux plus traumatiques, ont favorisé aussi des diversifications manifestes risquant le confusionnisme, en tout cas au plan psychanalytique. Prenons l'exemple critique – et pour la « modernité » –, celui donné par Jean-Michel Lévy des soixante-et-onze identités sexuelles recensées sur un réseau social au Royaume-Uni (Lévy, 2019, p. 119).

Donc, face à ce « manifeste », une véritable bisexualité psychique ne devrait être ainsi qualifiée que parce qu'issue d'un non moins véritable travail psychique. Cela rejoint ce qu'on connaît dans différents domaines psychiques que l'on cite, à plusieurs niveaux, celui – le travail – du rêve, de deuil, de mélancolie (Benno Rosenberg), de somatisation (Claude Smadja).

Au risque de redondance, je vais reprendre, comme seul vertex, ces trois temps de Freud qui ont été évoqués, témoignant de son processus de pensée :

1. Dans le troisième chapitre de *Le Moi le Ça*, la question de la bisexualité émerge dans un contexte précis. C'est celui du *complexe d'Œdipe*, dont Freud développe, justement, la complexité, par sa forme « plus complète [...] avec ses quatre tendances ». Freud précise alors que cette forme « double » dépend « de la bisexualité originelle de l'enfant », et de prendre l'exemple du garçon dans ses positions masculine et « féminine tendre » (1923b, p. 276-277). On sait, par l'analyse d'enfant que ces positions, ne sont pas que tendres. Et même, ceci peut se retraduire, jusqu'à l'infantile de l'adulte, comme sauvage, ce d'autant plus qu'inscrit dans une corrélation incestueuse (voir le rapport de François Richard). Freud souligne en outre que cette intervention de la bisexualité rend difficile de « percer à jour les choix d'objet et identifications primitifs, et encore plus difficile de les décrire de façon saisissable ». C'est d'ailleurs à partir de là – soulignant l'importance de ce passage de Freud (Richard, *op. cit.*, p. 72-73), passage anticipant la pensée contemporaine – que François

Richard va développer l'idée que l'*idéal* – ou illusion – de l'équilibre entre féminité et masculinité, trahit en fait « [...] la tension érotique mortifère qu'il recouvre ». Rappelons que ce n'est pas pour rien que Michel de M'Uzan avait écrit « Misère de l'idéal du moi » (de M'Uzan, 1994). Toujours est-il que c'est dans ce contexte que Freud avait écrit cette fameuse phrase : « Il se pourrait aussi que l'ambivalence constatée dans le rapport aux parents soit à référer complètement à la bisexualité, et ne soit pas, comme je l'ai présenté auparavant, développée à partir de l'identification, par la position de rivalité » (Freud, *op. cit.*, p. 277).

Bref, ici même, au travers de la bisexualité psychique plusieurs des axes fondamentaux de l'organisation du psychisme sont convoqués : l'originel comme le primitif, le masculin et le féminin, l'ambivalence, le choix d'objet et l'identification.

2. *Analyse finie et analyse infinie*, le contexte est différent, quels que soient les croisements. Il s'agit ici de la bi-pulsionnalité, avec la reprise de la réflexion de ce qui part de « pulsion de mort originelle » (Freud, 1937c, p. 45), avec ce qui s'en trace dans le besoin de punition, la réaction thérapeutique négative, la pulsion de destruction... Alors que Freud reprend cette question, par « l'étude des phénomènes qui attestent l'activité de la pulsion de destruction » (*ibid.*), le premier « échantillon – écrit-il – est celui de la bisexualité », celle comportementale, dirait-on peut-être aujourd'hui... Ces personnes « qui peuvent prendre comme objets sexuels des personnes du même sexe aussi bien que de l'autre » (*ibid.*). Cet arrêt libidinal, réflexif, de Freud, et même ultralibidinal par la bisexualité tout à fait « ouverte », en regard de l'évocation apparemment paradoxale, de la pulsion de destruction, m'a évoqué, bien sûr, les titres des deux rapports de notre congrès : « La bisexualité, l'inceste et la mort », pour François Richard ; « Ombres et lumières de la bisexualité », pour Jean-Michel Lévy. Ces titres, en effet, sont bien des résonances profondes avec tant la bi-pulsionnalité, que l'incontournable finitude.

Freud, à travers la bisexualité, ici psychique, oppose, dans les « cas les plus fréquents », l'hétérosexualité à l'homosexualité qualifiée de latente. C'est ce qui introduit l'état de conflit, à contrario des situations où les deux états « sont accordés sans heurt » (Freud, *op. cit.*, p. 46). C'est là que Freud introduit l'expression « l'inclination au conflit », qui pour lui ne saurait être « ramenée à autre chose qu'à l'intervention d'une part d'agression libre ».

À partir de là, Freud va changer d'échelle. Après avoir évoqué la question du « retournement de l'agression vers le dedans » (*ibid.*, p. 47), il fait ce

« saut » vers Empédocle, et pose l'analogie entre les « deux principes fondamentaux », « amour et discorde », et les deux « pulsions originaires » que sont « Éros et destruction ».

Donc on retrouve aussi, ici, par le processus réflexif de Freud, cet effet de *résonance entre bisexualité psychique et le rapport Éros/destruction* (*ibid.*, p. 47-48).

3. Enfin je m'arrêterai brièvement à l'*Abrégé de psychanalyse* (1940a [1938]). Quelque chose dans ce final concerne toujours la bisexualité et introduit, ici, nettement l'*objet*.
   C'est en effet après avoir critiqué le réductionnisme de l'opposition entre le masculin « fort et actif » et le féminin « faible et passif » que Freud introduit l'objet.
   Freud, en effet, par rapport aux deux étapes précédentes de sa pensée que j'ai rappelées (1923, 1937), s'arrête dans ce septième chapitre de *L'Abrégé* au premier objet érotique de l'enfant, le sein. Je ne citerai pas le passage entier, mais soulignerai deux points. D'abord qu'au départ le sein n'est pas différencié du corps propre, « lorsqu'il doit être séparé du corps, reporté vers l'extérieur [...] il emporte avec lui, en tant qu'"objet" une partie de l'investissement libidinal narcissique originel » (Freud, 1940a [1938], p. 283). Au passage, on imagine combien la force, voire la violence, dans ses avatars pour ce report vers l'extérieur, peut engager de conséquences sur la partie « emportée » de l'investissement narcissique de l'*infans.* Si j'ose dire, les travaux de Geneviève Haag sont déjà là...

Bref, se confirme bien que la bisexualité s'enracine aux « origines », et cela avant tout représentationnel, à fortiori figurable. Mais les rapporteurs le confirment : l'obstacle irréductible des « rocs » (le biologique, la castration, le féminin), s'est déplacé dans la problématique transfert/contre-transfert de la séance. La fonction de médiation organisatrice que peut prendre la bisexualité psychique, soulignée par Christian David, dépend de la possibilité de son élaboration dans la cure. Par exemple, en relevant la positivité de la féminité, ainsi non réduite à la négativité du phallocentrisme. L'auteur ajoute qu'aucun être humain n'est manqué en lui-même, mais manquant : « On ne peut que le reconnaître manquant : hanté par le manque » (David, 1992, p. 59). La bisexualité psychique n'est pas une donnée, elle est dans une trajectoire, elle se gagne, comme l'écrivait Michel de M'Uzan, trajet dont l'analité et le phallique dans la différence des sexes sont des étapes.

Donnons un exemple qui questionne les modalités de l'expression de la bisexualité psychique dans une suite de deux séances. Exemple au bout d'un mois d'une ancienne analyse d'enfant, petite fille qui a alors 5 ans. Je ne m'intéresserai ici qu'aux mouvements psychiques de séance.

Dans la première, après quelque exploration de mon bureau, Léa m'interroge sur la planche à dessin : « C'est pour quelle séance ? » Je lui fais remarquer qu'elle le sait. J'avais déjà fait référence à la différence entre ce type de planche à dessin qu'elle avait utilisé avec sa consultante, et les feuilles 21 x 27 dont elle disposait avec moi. Léa sourit, mais insiste. Je lui dis que c'est peut-être une façon de me demander ce qui s'est passé qui a fait que sa consultante me l'adresse, problème qui avait déjà été abordé en lien avec sa difficulté de se séparer d'elle. Léa : « C'est parce que tu avais plus d'animaux qu'elle ? » Moi : « Façon de me dire que les messieurs auraient quelque chose de plus que les dames ? » Silence. Léa saisit alors un cendrier sur pied dont la particularité est que sa concavité réceptrice s'ouvre en deux… Elle l'ouvre, le ferme, évoque « une bouche de poisson ». Comme à l'épreuve de cette condensation bisexuelle, Léa est prise pour la première fois de l'envie de « faire pipi et caca ». Devant cette manifestation de coexcitation sexuelle, en expression de régression uro/anale, je lui fais comprendre qu'elle veut peut-être me dire que la *différence* entre les messieurs et les dames, entre les garçons et les filles, c'est que les premiers ont quelque chose « en plus » (comme les animaux dont elle vient de parler), et les secondes quelque chose qui s'ouvre et qui se referme. J'ajoute que de « penser » à tout cela lui donne envie de sortir faire pipi et caca. « Oui, c'est ça, les garçons, ils ont un robinet », me répond Léa, reprenant quelque maîtrise. Elle l'amplifie d'ailleurs phalliquement, en s'érigeant sur une chaise du bureau et, en mettant à l'épreuve le tiers que je représente en me demandant si elle peut sortir sur la terrasse.

Durant la séance suivante qui contient certains éléments de la précédente, tant sur le plan préconscient qu'inconscient, elle arrive avec une peluche et s'installe, comme sur un trône, avec la peluche sur la tête. Je dis : « Une reine couronnée. » Léa : « *Il* fait caca sur la tête », transformant en quelque mentalisation, par un déplacement sur la peluche, la coexcitation sexuelle de la séance précédente. Moi : « *Il* est tellement content d'être si haut que cela lui donne envie de faire caca comme un bébé. » Elle transforme, là aussi la situation, par mon « choix » du mot « bébé », en installant la peluche sous sa robe, et joue l'accouchement. Puis le bébé grandit, elle lui apprend à marcher, à sauter. Ensuite, elle dort avec lui. Je lui demande alors : « Qu'en dit le papa ? » Léa est saisie devant l'introduction du tiers paternel, et évoque qu'il serait dans une autre chambre. Mais après cette définition de la séparation nocturne du couple parental, elle se rapproche de moi pour me demander d'*écrire*, ce qui a quelque valeur symbolique pour la tierceité ; une autre transformation ponctuelle.

Je ne ferai pas de commentaire plus approfondi de ce bref exemple, déjà largement mouvementé, sinon pour dire que la potentialité de la bisexualité psychique exprimée au début à cédé la place aux divers mouvements décrits, et ceci par la question de la différence. Mouvements de caractère (Freud) régrédient comme progrédient compris, transfert/contre-transfert compris, et ceci jusqu'à l'émergence de la symbolique de l'écriture, par une évocation paternelle par l'analyste. La psychisation de la bisexualité par la question de la différence ne saurait – encore plus chez l'enfant – s'accomplir que dans une trajectoire, bien sûr non linéaire.

Ceci est bien le cas dans l'associativité de séance – où chaque détail compte, quel qu'il soit, de positivité, comme de négativité. Les mouvements d'émergence qui se lèvent sont la pointe extrême de l'association libre à l'intérieur de l'associativité.

Les temps organisateurs du psychisme dont ceux œdipiens (avec sa relance puberté/adolescence) mobilisent la dynamique bisexuelle. Sa construction et élaboration psychique, l'acquisition de son jeu interne, font partie de cette trajectoire évolutive, dont on peut dire qu'elle trouve ses plus forts obstacles dans les dynamiques collectives.

Vont suivre, après cette brève évocation de la complexité du trajet de l'élaboration longitudinale de la bisexualité psychique, les textes de Nicolas de Coulon et de Rosine Perelberg. Le premier pose le problème du rapport pulsions et structure dans la bisexualité, illustré par un exemple clinique de cas-limite ; la seconde, à partir de ses travaux approfondis sur la bisexualité, nous propose un texte, lui aussi illustré par une situation difficile.

Michel Ody
72 rue Bonaparte
75006 Paris
m.ody@wanadoo.fr

RÉFÉRENCES BIBLIOGRAPHIQUES

Chervet B., La bisexualité psychique, un après-coup du choix d'objet, *Revue française de psychanalyse*, t. LXXXIII, n° 5, 2019.

Cournut M. et J., la castration et le féminin dans les deux sexes, *Revue française de psychanalyse*, t. LVII, n° spécial congrès, 1993.

David C., *La Bisexualité psychique. Essais psychanalytiques*, Paris, Payot, 1993.

Freud S. (1923 *b*), Le moi et le ça, *OCF-P*, XVI, 1991.

Freud S. (1937 *c*), Analyse finie, analyse infinie, *OCF-P*, XX, 2010.

Freud S. (1940 *a* [1938]), Abrégé de psychanalyse, *OCF-P*, XX, 2010.
M'Uzan M. de, Misère de l'Idéal du Moi, *La Bouche de l'Inconscient*, Paris, Gallimard, 1994.

La bisexualité, entre pulsions et structures

Nicolas DE COULON*

> Notre théorie doit tenir compte d'un élément masculin et d'un élément féminin chez le garçon et chez l'homme, chez la fille et chez la femme.
>
> D.W. Winnicott, *Jeu et Réalité*.

Les caractéristiques de la bisexualité continuent d'interroger les psychanalystes. En particulier sa dimension psychique, d'autant plus que le risque de concrétude est très élevé dans une référence où l'incarnation de la pulsion donne à voir des corps, des attitudes et naturellement des genres (de Coulon, 2015). La question avait déjà été posée par Freud : pourquoi le choix d'objet de la pulsion est-il genré, désigne-t-il un genre de prédilection ? Les déterminants semblent multiples, tant du côté familial, que social et culturel. Ils échappent donc largement à une quelconque exigence de liberté individuelle. L'assignation de genre est là pour le prouver, combattue qu'elle est par les militant-e-s LGBT. Pour notre part, nous sommes surtout centrés sur la partie inconsciente de cette opération.

Comme le dit Jean-Michel Lévy (2019), l'organisation de la bisexualité « transcende la question de l'identité sexuelle et demeure présente, quel que soit le sexe ou le genre assigné, assumé ». Cependant, même si elle est placée avant, en deçà de l'organisation psychopathologique, elle va prendre une forme dictée par les pulsions et inscrite dans les structures. Elle va donc « s'incarner » dans la clinique. Il en découle que nous pouvons être bisexuels de différentes manières.

Une manière hystérique conduit assez rapidement aux images pionnières (Freud, 1908a ; Lévy, 2019), à l'origine de la découverte de la bisexualité. Quand est mentionnée la grande crise hystérique comme une représentation où les deux sexes sont présents, dans une lutte érotique qui montre d'un

* Psychanalyste, membre formateur et ancien président de la Société Suisse de Psychanalyse ; psychiatre et psychothérapeute.

côté le bras phallique de l'homme qui cherche à déshabiller sa partenaire et de l'autre côté, la femme qui se protège, se défend ou se livre. Ce couple pour lequel on peut bien utiliser les termes d'*actif* et de *passif* est montré dans une iconographie qui nous fait « rêver » à l'époque de la naissance de la psychanalyse. Elle est riche en symbolisation. Cependant, nous n'avons pas oublié que cette scène survient à la condition d'une obnubilation de la conscience qui permet de produire les deux sexes en même temps. Dans les conditions plus habituelles, vigiles, d'une vie névrotique, une des positions sexuelles est refoulée et nous retrouvons l'opposition classique entre le manifeste et le latent, avec une relative souplesse. Le refoulement est en place et la partie refoulée n'émerge pas, si ce n'est dans des symptômes disparates et pas forcément lisibles, en aucune manière visibles comme ils pourraient l'être lors d'un trouble dans le genre. La dimension libidinale et ses perturbations sont alors au centre de la problématique.

Dans le contre-transfert « bien tempéré », le praticien de la cure pourrait être dans une position analogue (l'obnubilation en moins !), à savoir dans une réceptivité tant masculine que féminine.

Il est une *autre manière, plus limite*, d'être bisexuel qui se manifeste différemment. Ce ne sont plus des états hypnoïdes dévoilant l'inconscient, mais un mode de présence au monde qui révèlent les clivages, soit celui de la mise en acte, évacuatrice, soit, dans une perspective plus processuelle, celui qui ouvre la voie de la symbolisation. Une certaine dévastation envahit la scène, pour ne pas parler de destructivité. Le fonctionnement du moi en est très modifié.

Une patiente allemande m'est adressée par un collègue de Berlin. Celui-ci lui avait proposé une cure qu'elle a acceptée avant de l'informer qu'elle déménageait séance tenante dans ma ville pour des raisons professionnelles ! Ce n'était pas la première fois que ça lui arrivait et son instabilité professionnelle était considérable, moins préoccupante pour elle toutefois que ce qui vient de se passer à la suite d'une rupture sentimentale. Elle traite elle-même ses relations amoureuses de chaotiques et d'incompréhensibles. Sans entrer dans les détails, nous pouvons nous référer au type de contact qu'elle établit, faisant partager son sentiment d'insécurité qui gagne très rapidement la relation. L'impression majeure est que nos rendez-vous peuvent s'interrompre à tout moment. Il n'est donc pas très difficile de mettre en évidence une intolérance majeure aux séparations, quelles qu'elles soient même si, pour elle, il s'agit d'une surprise toujours renouvelée.

Cette patiente m'a rapidement parlé d'une façon d'être qui la dérange [1]. Par moment, surtout avec les hommes, elle se sent dans une compétition

1. Il existe une certaine analogie entre cette patiente et celle que François Richard (2019) dénomme Marie.

effrénée, elle veut faire aussi bien qu'eux, mieux, les battre à plate couture sur leur terrain même, professionnel, sportif, dans des provocations diverses. Elle se sent alors étonnamment agressive. Elle a même remarqué que sa voix devenait rauque, basse, masculine, et elle a fini par le dire elle-même, celle d'un homme. D'ailleurs, ce passage d'un sexe à l'autre peut aussi s'observer, s'incarner, dans le face-à-face de la rencontre analytique. Notre travail sur ce matériel, agi en séance, nous permet de retrouver que ses parents avaient assez ouvertement désiré un garçon et lui avait dans son enfance et son adolescence, proposé des choix plutôt masculins, l'avait poussée dans des directions garçonnes. Cette prise de conscience ne suffit toutefois pas à régler la question, car la phase suivante consiste, pour elle, à repérer cette oscillation où elle se sent tantôt une femme très femme, modérément séductrice ; tantôt un homme, presque un « mec », agressif et même violent, prêt à coucher avec n'importe qui. Nous voyons donc la coexistence interne des éléments des deux sexes. Ce n'est pas que l'une soit refoulée derrière l'autre dans une construction plus ou moins stable, montrant un élément et cachant l'autre. Cette patiente se sent par moment presque « consciemment » devenir de l'autre sexe. Il serait peut-être plus exact de dire que c'est dans les séances qu'elle en devient consciente alors qu'auparavant, elle repérait déjà dans une espèce d'appréhension confuse et inexplicable ce que nous pouvons appeler une bisexualité clivée.

Le questionnement sur nos différentes façons d'être bisexuels pourrait se poursuivre en nous éloignant encore plus d'une intériorité psychique pour explorer les changements d'identité sexuelle. Je procéderai autrement en revenant au Winnicott du « clivage des éléments masculins et féminins chez l'homme et chez la femme » (Winnicott, 1971). Cet article, très connu, est aussi très controversé. Au début, Winnicott parle d'un patient et relate une séquence clinique impressionnante où il déclare « Je suis en train d'écouter une fille […] c'est moi qui vois la fille et qui entends une fille parler alors qu'en réalité, c'est un homme qui est sur mon divan. S'il y a quelqu'un de fou, ici, c'est moi ! » Le génial clinicien a détecté quelque chose qui avait échappé à de nombreuses années d'analyse, à savoir une partie féminine qui squatte le sujet. Il parvient aussi à l'interpréter en tenant compte de l'environnement, en intégrant le fait qu'il est lui-même mis, dans le transfert, à la place de la mère.

Cette séquence clinique montre une troisième forme possible de fonctionnement problématique de la bisexualité. Winnicott la commente en repérant dans l'histoire du sujet ce que nous considérons actuellement sous le terme d'assignation de genre et, précisons-le, dans sa dimension inconsciente pour bien la distinguer de la dénonciation sociétale des théories du genre.

Cet homme avait dû se conformer à l'idée de sa mère, à savoir qu'il devait, en tant que bébé, être une fille. Il en était donc une. Ce cas offre une ressemblance certaine avec la situation clinique dont il vient d'être question.

Dans la deuxième partie de l'article, Winnicott émet une théorie que nous pouvons à la fois critiquer et conserver. Il s'agit pour lui de distinguer la formation, à l'intérieur du psychisme, d'éléments masculins et féminins « purs, purifiés, distillés » comme il les nomme lui-même. Nous pouvons l'entendre comme sa contribution à la recherche sur la bisexualité psychique. En résumé, il va distinguer un féminin « pur » qui émerge de l'état de fusion primordial dans lequel mère et bébé sont un. C'est le verbe *Être* avec une majuscule. Le masculin « pur », transmis parallèlement par la mère et par le père, comprend un élément qui ne peut venir que plus tard, pulsionnel, après la période de dépendance absolue. Il s'agit de l'action, du « faire ». L'élément masculin *fait*, alors que l'élément féminin *est*, chez les hommes comme chez les femmes. Dans ce sens, pour Winnicott, nous sommes tous bisexuels, car constitués à la base d'éléments féminins purs et d'éléments masculins purs. Ce qui peut être *critiqué*, comme l'a fait très finement André Green (2013), c'est le postulat winnicottien de non-pulsionnalité de cet élément premier, ce qui revient à nous demander comment la relation sensorielle avec le corps du nourrisson pourrait être pensée sans aucune référence à une activité pulsionnelle ?

En revanche, ce qui peut être *conservé*, se trouve dans l'ouverture que fait Winnicott sur *l'identification primaire* pour tenter d'approcher les conditions de possibilité dans lesquelles s'ébauchent les caractéristiques de la bisexualité psychique. En effet, le pulsionnel ne peut pas rester flottant et il en vient à s'organiser en structures psychiques, en instances, etc. C'est peut-être pourquoi il a cherché à définir un élément de fond du psychisme, une féminité de base, partagée avec la mère, qui pourrait alors devenir structurale, en dialectique avec le pulsionnel, désigné alors comme *le* masculin. Joyce McDougall (1973) aussi postule qu'il existe un idéal fusionnel qui unit l'enfant au sein maternel et qu'il va se muer en idéal hermaphrodite, du côté cette fois-ci de la toute-puissance infantile.

En somme, l'organisateur central, entre pulsion et structure, se situe au niveau du narcissisme. Sa construction suit la voie de l'identification primaire et de l'édification du moi avant ou simultanément aux investissements d'objets et aux identifications secondaires. Leurs nombreux aléas vont conduire aux expressions sexuelles tant des mouvements pulsionnels que de l'identité, aux choix sexuels, s'organisant en fonction d'histoires individuelles, que nous retrouvons sur nos divans, accompagnées d'une plus ou moins grande souffrance psychique.

Pour conclure, j'aimerais retenir deux variables que nous pouvons suivre cliniquement : la place du corps et celle du passage à l'acte.

Tout d'abord, *la place du corps* est centrale dans ce devenir bisexuel. Nous ne voulons plus en faire le roc du biologique ni le destin anatomique dont parlait Freud. Cependant, le corps occupe une position particulière aux limites du psychisme, à la fois dehors et dedans. Comme l'expliquait Didier Anzieu (1974), il existe une certaine épaisseur du corps, un volume qui peut se situer en deçà ou au-delà du *Moi-peau.* La scène corporelle, libidinalisée ou en mouvement, est donc bien celle où peut s'exprimer la bisexualité, dans une plus ou moins grande « extériorité » par rapport au psychisme. Les configurations psychopathologiques vont pouvoir l'utiliser comme écran ou plutôt comme volume de projection. Les fonctionnements limites *s'incarnent* différemment. Ce n'est plus tout à fait le corps de l'hystérique. Pour le patient de Winnicott, on a pu parler d'un *introject* de l'autre sexe. Pour la patiente allemande, il s'agit d'une alternance clivée assez effrayante qu'elle vivait presque comme une prise de possession démoniaque.

La deuxième variable réside dans la dimension de *l'acte.* Nous nous bornerons ici [2] à évoquer les différentes formes de *travestissement*. Certaines figures de travestis sont extrêmement connues, en particulier dans le monde du théâtre et du spectacle. Parfois, elles se confient dans le cadre de livres, de films, etc. Elles expliquent le plaisir, mais aussi parfois le besoin de se transformer, de devenir un personnage de l'autre sexe qui est à la fois le même et un autre visible, sensible, à habiter, à montrer. Leurs révélations que je ne détaillerai pas pour éviter la caricature expriment différents degrés quant à *la nécessité* d'entrer régulièrement dans la peau de *l'alter ego*, de ne pouvoir s'en séparer trop longtemps et surtout pas définitivement. Elles semblent ainsi obéir à des exigences plus ou moins impérieuses de traiter un trouble de la bisexualité. Mise en scène-mise en acte, tous les degrés de symbolisation peuvent s'y retrouver, inversement proportionnels à la dimension de l'agir. Nous retrouvons les mêmes nuances que nous avons suivies entre théâtralité hystérique ou clivage obligatoire, identitaire, une autre personne à l'intérieur de soi.

La considération de la place du corps et de la dimension de l'acte ouvre sur quelques-uns des destins possibles de la bisexualité, prise entre pulsions et structures. À cet égard, nous sommes donc tous éminemment bisexuels, chacun à sa manière ! C'est là notre « réalisation » narcissique !

Nicolas de Coulon
Rue du Midi 2
1003 Lausanne
Suisse
dr.n.decoulon@bluewin.ch

2. Pour demeurer dans les limites du propos, la dysphorie de genre ne sera pas traitée ici.

RÉFÉRENCES BIBLIOGRAPHIQUES

Anzieu D., *Le Moi-peau*, Paris, Dunod, 1974.

Coulon N. de, La théorie du genre est-elle une théorie sexuelle infantile ?, *Revue française de psychanalyse*, t. LXXIX, n° 5, 2015.

Freud S. (1908 *a*), Les fantaisies hystériques et leurs relations à la bisexualité, *OCF-P*, XV, 2002.

Green A., Origines et vicissitudes de l'être dans l'œuvre de Winnicott, *Penser la psychanalyse avec Bion, Lacan, Winnicott, Laplanche, Aulagnier, Anzieu, Rosolato*, Montreuil, Éditions Ithaque, 2013.

Lévy J-M., Ombres et lumières de la bisexualité, *Revue française de psychanalyse*, t. LXXXIII, n° 5, 2019.

McDougall J., L'idéal hermaphrodite et ses avatars, *Bisexualité et Différence des sexes*, Paris, Gallimard, « Folio essais », 1973.

Richard F., La bisexualité, l'inceste et la mort, *Revue française de psychanalyse*, t. LXXXIII, n° 5, 2019.

Winnicott D.W., Clivage des éléments masculins et féminins chez l'homme et chez la femme, *Jeu et Réalité*, Paris, Gallimard, 1975 [1971].

La différence des sexes après-coup

Rosine Jozef Perelberg*

Le mystère de nos origines et de la différenciation des sexes sont des sources d'émerveillement pour l'humanité depuis des temps immémoriaux. Les mythes, la littérature, la philosophie et l'art explorent tous des réponses à ce type de questions sur nos commencements. Pour Lévi-Strauss (1967), le mythe d'Œdipe contenait cette interrogation fondamentale. Selon Lévi-Strauss, le mythe tente d'arbitrer un conflit entre une théorie qui attribue à l'individu une origine autochtone et la connaissance du fait que tout individu naît de l'union d'un homme et d'une femme. Il y a dans ce mythe une tentative de compréhension et d'élaboration de la question de savoir *comment un peut naître de deux*.

Une des peintures pariétales figuratives les mieux conservées au monde, qui se trouve dans la grotte Chauvet-Pont d'Arc en Ardèche, montre une figure de « Vénus » partiellement représentée par une vulve reliée à une paire de jambes incomplètes. « Au-dessus de la Vénus », et en contact avec celle-ci, on voit une tête de bison qui a amené certains à décrire cette composition comme un Minotaure (Thurman, 2008). S'agit-il d'une représentation de la scène primitive, de la différence entre les deux sexes, ou de la bisexualité inhérente aux humains ? Freud croyait qu'il existe des éléments précis que l'on peut symboliser : la naissance, les organes génitaux, le corps maternel, les frères et sœurs et la scène primitive.

Pour Françoise Héritier, les différences entre les corps masculins et féminins, mais aussi leurs rôles dans la reproduction sont à la base de tous les systèmes de représentation et, en particulier, de toutes les croyances sur la différence, par exemple entre chaud et froid, sec et humide, haut et bas, inférieur et supérieur, clair et sombre, et ainsi de suite (Héritier, 2012, p. 20).

* Présidente de la Société Britannique de Psychanalyse et maître de conférences à l'université de Londres.

Elle ajoute que les systèmes binaires sont à la base des catégorisations universelles. Françoise Héritier suggère que la différenciation entre masculin et féminin ne devrait pas être considérée simplement comme un ajout aux trois piliers de la culture que Lévi-Strauss mentionne (le tabou de l'inceste, la division sexuelle du travail et une forme reconnue d'union sexuelle), mais se trouve en fait être à l'origine des trois autres.

Cette différence constitue pourtant la découverte la plus traumatique au cours du développement.

Voici ce que Joyce McDougall a écrit d'une séance avec un garçon de cinq ans – une séance qui a eu lieu après les vacances d'été :

Il s'est précipité dans la salle de consultation, manifestement excité à l'idée d'avoir à annoncer un événement inhabituel : « Pendant les vacances, nous étions dans un camp où tous les enfants se baignaient ensemble, nus ! » « Tu veux dire, les garçons et les filles ensemble ? » L'air étonné, il s'est écrié : « Ne soyez pas stupide ! Comment voulez-vous que je sache ? Je vous ai dit qu'ils ne portaient pas leurs vêtements ! »

C'est là une lutte pour un bon nombre de nos patients que nous voyons dans notre pratique clinique. Comment un peut-il naître de deux ?

KHALISH

Un homme grand, mince, sombre, aux cheveux un peu longs, Khalish est entré dans ma salle de consultation l'esprit rempli de doutes. Son corps semblait planté sur de longues jambes maigres, qui ne cessaient de remuer maladroitement pendant qu'il était assis en face de moi. Il dit être assailli par des doutes centrés sur la question de savoir s'il devait ou pas rester avec Mary, sa compagne depuis cinq ans. Mary est une femme allemande que Khalish a rencontrée alors qu'elle passait un an à Bruxelles, la ville où il vivait. Il n'avait jamais été très sûr de savoir s'il voulait vivre avec elle : les choses s'étaient simplement faites ainsi. Sa mère, qui aimait beaucoup Mary, lui avait dit qu'il lui fallait essayer. Le désir de sa mère avait été fondamentalement présent dans la séquence de ces événements. Il ne savait pas ce qu'il voulait. Devait-il rester avec elle ou se séparer d'elle ?

Khalish ne savait pas non plus s'il allait rester à Londres, car il détestait son travail d'avocat d'affaires et pensait qu'il devrait retourner à Bruxelles où sa mère, ses deux sœurs et son frère vivaient. Au cours de cette première séance, il m'a dit souffrir de vertiges. Cela avait commencé quinze ans plus tôt, quand ses parents s'étaient séparés. Il y avait eu des épisodes de violence de son père à l'égard de sa mère et les enfants avaient pris le parti de leur mère.

Les épisodes de vertige avaient continué depuis et se produisaient au moins une fois par semaine. Ces sensations physiques m'ont fait penser à une expérience d'angoisse qui ne pouvait être verbalisée. Nous avons commencé avec une séance par semaine. Pendant cette période, Khalish a réussi à se casser le pied et a fait plusieurs autres chutes où il s'est fait mal aux épaules et à un genou. Pendant quelques semaines, il entrait dans ma salle de consultation en s'appuyant sur des béquilles. Il avait eu une crise de vertige après l'une de nos séances, dans la station de métro ; d'où sa chute où il s'était aussi fait mal aux épaules. Mon propre degré d'angoisse avait augmenté avec la fragmentation progressive de son corps.

Quelques mois après que nous eûmes commencé à travailler, Khalish a mis fin à sa relation avec Mary. Cela a été le commencement d'une période d'une très grande promiscuité avec de nombreuses femmes. Son discours était que les femmes de son entourage le séduisaient, quel que soit leur âge : il y avait une femme plus âgée à son travail, puis plusieurs femmes plus jeunes rencontrées dans des bars et des clubs. Après ces rencontres, il se sentait très déprimé et bouleversé. Du fait qu'il n'était manifestement pas près de quitter Londres, j'ai suggéré de passer à trois séances hebdomadaires sur le divan. Il a immédiatement accepté.

Pendant les premiers mois de son analyse sur le divan, l'activité déjà intense de Khalish avec les femmes s'est accrue. Il me parlait de ses différentes rencontres sexuelles avec des femmes au cours d'un seul week-end. Toutes étaient des étrangères à Londres, et les implications transférentielles lui ont été interprétées. Un aspect de ces rencontres était que les femmes semblaient le choisir comme il lui semblait que sa mère avait choisi Mary pour lui. *Dans le transfert, le processus s'était un peu répété en cela que j'étais celle qui l'avait amené à venir trois fois par semaine et à s'allonger sur mon divan. Ou était-ce lui qui m'avait séduite* ?

Il a fallu un an à Khalish pour qu'il en vienne à me parler des épisodes d'abus sexuels à l'égard de sa sœur cadette, de quatre ans plus jeune que lui. Ils avaient l'habitude de s'embrasser, nus, la nuit, absolument silencieux, retenant leur respiration aussi longtemps qu'ils le pouvaient, totalement immobiles. Khalish se sentait très honteux de me parler de ces expériences, car il était plus âgé qu'elle et aurait dû être plus responsable [1].

1. Dans une autre communication, j'évoque de façon plus détaillée le processus ayant amené à la révélation de ces événements et comment le matériel clinique est apparu très progressivement dans le processus analytique (Perelberg, 2018).

Ce n'est toutefois qu'après deux ans d'analyse que Khalish m'a dit s'être senti attiré par les transsexuels au cours des deux années écoulées. Cette révélation a provoqué un sentiment d'étrangeté en moi, comme si j'étais censée l'avoir su déjà. À ce moment-là, une série de rêves dans lesquels j'avais pensé être représentée par des hommes et lui peut-être comme une femme me sont venus à l'esprit. Ces rêves me laissaient souvent un sentiment de confusion ; je ne savais comment les comprendre et les interpréter. Dans les séances suivantes, Khalish m'a parlé de ses rencontres avec des transsexuels. Il est toutefois devenu clair qu'il me parlait d'hommes qui avaient gardé leur pénis et s'habillaient en femmes. Le fait que certains s'étaient fait opérer et n'avaient pas de pénis était pour lui une source de déception.

Lors de la séance que je vais maintenant évoquer, faisant immédiatement suite à une séquence de plusieurs autres où il m'avait parlé de son désir pour les transsexuels, ses pensées étaient centrées sur son père.

P. : Pour Noël, mon père m'a donné un livre. Ce sont des lettres qu'un homme a écrites à sa maîtresse pendant de nombreuses années. Son idée est que nous les lisions tous les deux et écrivions des annotations dans le livre. Il le lira après moi et verra mes notes. Son idée me paraît intéressante.
A. : Pour comprendre la passion de votre père…
P. : Oui ! Le fait qu'il ait choisi ce livre est intéressant. C'est un livre sur un secret. Ma mère nous avait toujours dit depuis notre enfance : « Tout se sait », on finit par tout savoir… Mon père a choisi un livre sur un secret. [Silence]
P. : C'est une bonne idée.
A. : Peut-être pour découvrir la nature de la vie sexuelle de votre père ? [Silence]
P. : Je peux peut-être maintenant l'écouter différemment, c'est-à-dire pas de la façon dont ma mère l'écoute.
A. : Ils sont peut-être en train de devenir plus différenciés, moins enchevêtrés, pour vous : c'est moins l'image du transsexuel. [Un long silence s'ensuit]

Quelques semaines après cette séance, Khalish a remarqué qu'il n'avait plus de symptômes de vertige depuis un certain temps. Il ne s'était pas blessé non plus depuis quelques mois. Il a commenté : « Je suis peut-être plus stable sur mes pieds. »

La première fois qu'il est venu me voir, Khalish était prisonnier d'un monde obsessionnel – « être ou ne pas être » avec Mary/la mère – un univers dans lequel il n'y avait pas de place pour le père. Ce père était perçu comme violent, pervers, cruel et dangereux, comme celui qui avait émergé dans le rêve qu'il avait fait, montrant un homme cruel au visage bleu. Des questions de transsexualité étaient présentes, centrées sur des hommes violents dans les deux générations précédentes, empêchant la mobilisation de sentiments agressifs envers le père.

Khalish retenait certaines de ses pensées, comme le montraient à la fois le secret qu'il gardait sur l'abus sexuel à l'égard de sa sœur quand il était enfant et les questions qu'il se posait intérieurement sur ses identifications homosexuelles potentielles. Des questions de honte et de culpabilité étaient donc présentes pour lui. Toutefois, les accidents qu'il avait eus au début de l'analyse, où il s'était fait mal aux jambes, aux genoux et aux épaules, mais aussi les moments de vertige qu'il avait connus au cours des quinze années précédentes exprimaient des conflits qui n'avaient pas encore pu être représentés. Rétrospectivement, on peut comprendre une autre strate de son expérience, plus archaïque, dans laquelle il présentait aussi un corps qui ne pouvait être vécu comme sexuel, fait de morceaux douloureux et qui se fracturaient.

L'hétérogénéité de symptômes soulignait également la fragmentation du sens et la profonde aliénation de Khalish eu égard à lui-même et à ses propres désirs. Il était emprisonné dans le monde des désirs de sa mère pour lui, un monde où il n'y avait pas de place pour son père. Cela a provoqué une angoisse écrasante qui s'est répétée et s'est trouvée amplifiée dans le contexte de l'analyse. Dans le transfert, l'analyste est devenue cette figure écrasante, à la fois masculine et féminine, comme la figure du transsexuel. Des angoisses paranoïdes se sont ensuite exprimées dans la fragmentation progressive du corps au cours de la première année du travail que nous avons mené ensemble. D'une façon très concrète, Khalish me montrait son angoisse de la perte de l'intégrité de son self. On pourrait rétrospectivement identifier l'expérience impossible pour lui d'être dans le monde quand il était enfant, pris entre la mère et la séduction et la violence du père d'une façon qu'il lui était impossible de décoder.

Dans la séquence des séances particulièrement marquantes de cette analyse, le transsexuel a émergé en tant qu'objet combiné de la scène primitive [2]. Dans le processus des associations, il représentait le manque de séparation entre le corps de la mère et celui du père (la Vénus et le bison ?). Cette image, quand elle a émergé dans l'analyse, a donné une forme inattendue aux angoisses sous-jacentes.

Le sujet de l'inconscient ne peut être identifié que dans le contexte d'une analyse. Comme Morel l'a suggéré, dans certains cas de transsexualisme, le souhait d'éliminer l'organe sexuel « n'est pas demandé afin que le sujet puisse faire l'expérience de la *jouissance* sexuelle de l'autre sexe, mais plutôt pour des raisons d'"être" (les apparences, l'identité sociale, le changement de statut, etc.) » (Morel, 2011, p. 187 ; voir également Lemma, 2013). On ne

2. Melanie Klein a suggéré la notion de figure parentale combinée dans plusieurs de ses écrits (par ex. : 1929, 1930, 1932 ; Spillius, 2011). En 1952, elle a décrit sa [*this*] figure comme « la mère contenant le pénis du père ou le père entier, le père contenant le sein de la mère ou la mère entière ; les parents inséparablement unis dans le rapport sexuel » (Klein, 1952).

traite pas alors le choix de l'objet du désir, mais plutôt la relation perturbée de l'individu à son corps et ses identifications inconscientes. Selon ma façon de penser, le piège consiste de nouveau à prendre un discours conscient au sens littéral. La demande d'un changement réel dans un corps est une tentative de corriger l'anatomie, alors que la vraie question se situe à la jonction du réel et du symbolique (Morel, *op. cit.*, p. 186). Chez certaines femmes qui veulent avoir un pénis, quelque chose appartenant au niveau symbolique (la castration) est pris comme une réalité concrète. Mais, en réalité, il n'y a pas eu de castration.

Plutôt que de démontrer l'incomplétude et la nature fragmentée, perverse, de la sexualité, l'individu transsexuel semble paradoxalement insister sur une catégorisation claire. Cela se trouve magnifiquement illustré dans le livre récent de Susan Faludi, où elle raconte comment son père est passé du masculin au féminin. Toutefois, dans un cadre psychanalytique, nous sommes tous bisexuels, et il n'existe pas de définition de la sexualité et du désir d'un individu en dehors de ce cadre.

L'objet de la psychanalyse est la sexualité psychique qui, dans l'analyse finale, est déterminée non pas par le fait d'avoir un corps masculin ou féminin, mais par les fantasmes inconscients que l'on atteint *après coup* en remontant le fil de l'interaction nuancée des identifications telles qu'elles sont projetées, mises en actes et vécues dans le transfert et le contre-transfert dans la rencontre analytique.

La configuration œdipienne confronte l'enfant au fait qu'il ne peut ni avoir les deux sexes ni posséder l'un ou l'autre de ses parents. *Les différences sexuelles renvoient* à la diversité des façons dont les individus décident de vivre leurs sexualités (Mitchell, 2015). *La différence* sexuelle est instaurée par la loi qui interdit l'inceste et le meurtre, par la constitution du surmoi et le refoulement. Ce sont les concepts-clés d'une compréhension psychanalytique de la sexualité et de la bisexualité.

Rosine Jozef Perelberg
35 Hodford Road
London NW11 8NL
Grande-Bretagne
rperelberg@perelberg.com

RÉFÉRENCES BIBLIOGRAPHIQUES

Faludi S., *Dans la chambre noire*, Paris, Fayard, 2018.

Héritier F., *Masculin/Féminin I, La pensée de la différence*, Paris, Éditions Odile Jacob, 2012.

Klein, M., Some Theoretical Conclusions regarding the Emotional Life of the Infant, *The Writings of Melanie Klein, vol. 3*, Londres, Hogarth Press, 1952.

Lemma A., Under the Skin: A Psychoanalytic Study of Body Modification, *Journal of analytical psychology*, 58, 2013.

Lévi-Strauss C., *Les Structures élémentaires de la parenté*, La Haye, Mouton, 1967.

McDougall J., The Dead Father: On Early Psychic Trauma and its Relation to Disturbance in Sexual Identity and in Creative Activity, *Int. J. Psycho-Anal.*, 70, 1989.

Mitchell J., Debating sexual difference, politics and the unconscious: With Discussant Section by Jacqueline Rose, *in* R. Duschinsky, S. Walker (dir.), *Juliet Mitchell and the Lateral Axis*, New York, Palgrave, 2015.

Mitchell J., *Foreword Psychic Bisexuality: A British French Dialogue*, Londres, Routledge, 2018.

Morel G., *Sexual Ambiguities*, Londres, Karnac, 2011.

Perelberg R.J. (dir.), *Psychic Bisexuality: A British–French Dialogue*, Londres, Routledge, 2018b.

Thurman J., First Impressions: What does the World's Oldest Art say about Us?, *New Yorker*, 23 June 2008.

Le processus fétichisant, lieu transitionnel de la bisexualité psychique

Guy LAVALLÉE*

Existe-t-il un registre perceptif particulier qui pourrait venir représenter la non séparation des sexes ou plus subtilement une double représentation des deux sexes ? Oui ! Le processus fétichisant. L'idée classique sur le fétiche serait que le fétiche est représentatif de ce qui manque à la mère, *il représenterait donc « en plein » une béance* (le sujet lui-même), mais sa ressaisie à l'aide d'une théorie phallique trouve vite ses limites (Lavallée, 1999). La fétichisation est un des traitements particuliers de nos perceptions qui relève de l'universel et pas seulement de la psychopathologie. Il est clair que pour Freud le fétichisme se situait à l'orée du normal et du pathologique. Il s'agit bien pour lui d'une catégorie fondamentale du psychisme, au même titre que le narcissisme et le masochisme (voir J.-B Pontalis).

J'ai distingué deux types de traitement de nos perceptions, j'ai opposé schématiquement un processus de symbolisation imageante créateur de matériaux désexualisés pour la pensée et un autre de fétichisation imageante producteur d'images fixées destinées non pas à être pensées, mais contemplées, admirées, idéalisées, érogénéisées et éventuellement sexualisées. Je pense aujourd'hui que la fétichisation imageante est un lieu d'aménagement de la bisexualité que ce soit dans l'hétéro ou l'homosexualité. La fétichisation manie la dénégation (« je sais bien, mais quand même… »), le clivage (fonctionnel ou non) et la projection (normale ou excessive) pour construire des objets érogènes à disposition d'un sujet, « collages » picturaux qui recouvrent d'images fétichisées un réel, une *altérité objectale insupportable* qui risquerait de devenir traumatique.

Selon Glover et Grunberger (1976) le fétiche est à la fois un contenant et un contenu, il est donc bisexuel dans la figuration bionnienne de la relation

* Psychanalyste SPP.

contenant-contenu. Mais aussi : une partie devient un tout : un fétiche, permettant la bisexualité.

Notons qu'il y a une bisexualité différente chez l'homme et chez la femme (la différence des sexes est totale comme nous l'a appris la généticienne Claudine Junien lors de ce congrès) *la bisexualité est donc sexuée !* Il y a un fétichisme au féminin et un autre au masculin et ils ne se présentent pas de la même façon (Lavallée, 1999).

Faute d'autres sources, le fétiche est dépositaire de L'Espoir.

En termes freudiens, nous pourrions dire que l'Espoir c'est « l'Espoir des retrouvailles hallucinatoires avec l'objet perdu de la satisfaction ». Mais au lieu d'être retrouvé derrière nous dans la régression mélancolique, l'objet perdu est placé devant nous en une ligne d'horizon, en un point de fuite sans cesse reformé dans le mouvement en avant. L'espoir est une illusion nécessaire sans laquelle nous ne pouvons vivre sans douleur dépressive. Le fétiche porte un espoir qui ne peut pas, dans certaines configurations psychiques, exister sans lui. Il lui donne un support matériel qu'on peut toujours retrouver au présent dans le champ perceptif.

Pour ceux chez qui le corps maternel n'a pas été ou n'a pas pu devenir dans l'après coup le corps érogène, le fétiche devient un lieu transitionnel qui vient subvertir le lien négatif à l'objet primaire pour l'érogénéiser et en créer une trace transformée du côté de la vie. Ce qui jamais ne doit être perdu est conservé coûte que coûte sous le signe d'Éros.

On conçoit que la façon dont l'objet primaire a pu être à la fois introjecté et effacé (Green, Lavallée) avec ses composantes positives et négatives soit déterminante.

À l'adolescence, *le fétiche lie l'excitation et l'idéal* en produisant des *idoles*, véritables « rustines » posées sur la « fuite » dépressive dans le lien inconscient vital avec l'objet primaire, le moi s'y aliène partiellement (marques, vêtement, « couvre-chef », bijoux, iPad, chanteur, « héros »…) ou… totalement (gourous, idéologies, sectes, religions), mais l'Espoir est sauvegardé. Le fétiche peut être sexualisé, il ouvre alors la porte aux solutions perverses qui permettent de lier surestimation du fétiche et excitation sexuelle, ouvrant à une sexualité délestée de la tendresse, ou au contraire désexualisée : il ouvre le domaine de l'art.

Le fétiche est un antidépresseur à forte charge hallucinatoire (positive), il participe d'un mouvement d'élation maniaque, il permet de faire basculer le risque d'effondrement du moi du côté de l'Éros. Le fétiche pathologique possède le grand inconvénient de *condenser* et *figer* la vie psychique : *tout* est là, dans le fétiche [1].

1. Dans « L'enveloppe visuelle du moi, perception et hallucinatoire » (1999), j'ai longuement distingué un fétichisme « ordinaire », un fétichisme pathologique et un fétichisme créateur.

HOMOSEXUALITÉ MASCULINE ET RISQUE PSYCHOTIQUE

Ce processus fétichisant venant recouvrir une détresse primaire était très frappant chez les homosexuels hommes que j'ai pu accueillir en psychothérapie ou en analyse. *L'Éros a déserté le corps féminin maternel* et s'est réfugié dans des objets partiels fétichisés qui sont à la fois une substitution et autre chose du domaine de la culture.

La bisexualité est sans cesse mise en scène dans des rapports de couple de l'homosexuel pour pouvoir faire jouer une différence au sein même de l'autoérotisme faute de quoi il y aurait un risque psychotique. Car la solution psychotique a été parfois évitée de justesse : l'un de mes patients « homoérotique-sujet » avait fait une bouffée délirante à l'adolescence et s'en était sorti en se découvrant-construisant une homosexualité. Je rappelle que Ferenczi nomme « homoérotique-sujet » celui qui est dit par eux-mêmes « passif » et « homoérotique d'objet » celui qui est dit toujours par eux-mêmes « actif ». À partir de ce distinguo, toutes les variantes existent.

Dans mon expérience les « homoérotiques-sujets » qui se sentent parfois contraints de revêtir des fétiches sexuels marqués par le féminin pour exciter leur partenaire évoluent vers des compagnons qui leur permettent de ne pas être assimilés à une femme, *mais à un homme qui réclame la pénétration d'un autre homme (un père) pour l'introniser masculin.* Parfois même ils changent, provisoirement ou non, de position et deviennent aussi « actif » (selon leur propre terminologie) et, psychiquement, leur moi trouve alors une cohérence qui réduit la menace de dépersonnalisation.

J'ai connu, en institution, un adolescent psychotique qui avait deux registres vocaux d'expression : l'un outrageusement « féminin », suraigu, l'autre masculin grave ; en fonction de ses dires, il basculait brutalement de l'un à l'autre registre sonore : la bisexualité se renversait sans cesse en une de ses options. Seul garçon d'une vaste fratrie féminine il s'était identifié à ses sœurs : c'était la seule position subjective tenable pour lui. Son père était mort et *être un homme c'était ne pas avoir le droit à l'existence aux yeux de sa mère.* Il devint finalement « homoérotique-sujet » ce qui réduisit considérablement son fonctionnement psychotique. Il avait réussi à ne pas devenir une femme délirante, mais l'objet homosexuel d'un autre homme qui l'intronisait masculin. « L'inceste primordial » (Richard) était évité. Il avait fétichisé son apparence physique du côté de l'élégance masculine la plus raffinée. Son moi avait construit une cohérence, sa voix ne « déraillait » plus, il était devenu « quelqu'un ».

Le rapport des homosexuelles femmes aux psychoses est moins évident, mais je manque ici d'expérience clinique.

Ces notations sont cohérentes avec ce qui se disait dans ma jeunesse analytique : les homosexualités peuvent permettre d'éviter une issue psychotique. Un adolescent du 9-3 engagé dans un processus psychotisant me disait : « Si j'étais homo, je serais guéri ! Pas de chance, moi, c'est les femmes qui m'excitent ! »

Dans mon expérience les « homoérotiques d'objet » homme, ne subissent pas de menace psychotique. Cependant la coloration sadique de leur excitation (exigeant une pénétration anale) peut rendre l'amour difficile parce que le sadisme menace de détruire l'objet idéalisé et l'objet du courant tendre. Et l'excitation est d'autant plus chargée en sadomasochisme et rend donc d'autant plus l'amour difficile que la petite enfance a été marquée par une forte insatisfaction. Ces enfants sont en carences d'autoérotisme et ne peuvent pas s'identifier au héros des histoires, ils veulent être les « méchants », les mauvais garçons ! Une organisation névrotique obsessionnelle et des contre-investissements les amènent parfois, plus tard, à devenir policier, voire magistrat !

Je dois beaucoup à ces patients homosexuels souvent très attachants. Ils m'ont permis de remettre au travail, avec bonheur, ma propre bisexualité et d'élargir mes capacités d'écoute.

FÉTICHISME, BISEXUALITÉ ET CRÉATION

Dans le champ de la culture, il est un domaine où la fétichisation est un processus créateur très actif : c'est la haute couture. Des créateurs de talent sont souvent homosexuels. *Pour eux le corps féminin maternel n'est pas le corps érogène et c'est ce qui est stupéfiant, pour un hétérosexuel à l'écoute d'un homosexuel !* Or ces hommes parviennent à habiller avec bonheur… des femmes ! Comment est-ce possible ?

Les mannequins, sauf si elles sont des « muses », ne sont au fond que des « portemanteaux » (*sic*). Leurs corps androgyne dés-érotisé affichant un « poker-face » de mère-morte (surtout ne pas sourire !) contient du *féminin maternel neutralisé,* (à la manière de l'anorectique) *de son investissement érogène.* Le vêtement dans le travail de création va permettre à une bisexualité féconde de venir fétichiquement redonner une vie érogène au féminin-maternel. Le vêtement créé pôle masculin masque le pôle féminin et lui redonne en même temps une vie nouvelle (qu'on pense à Yves Saint-Laurent créant un smoking pour femme transposé du smoking pour homme). Ainsi le créateur recrée une bisexualité au sein même de son homosexualité. Le vêtement est un fétiche hautement sophistiqué, du domaine de l'art, mais un fétiche quand-même. L'habit créé, surestimé, idéalisé, supplée au corps maternel, il crée une néo-réalité artistique. Le fétiche vient incarner ce qui jamais ne doit être perdu : le lien à l'objet primaire, au corps féminin maternel.

Le corps propre peut être fétichisé pour porter des contraires, Michael Jackson, qui était l'idole d'un adolescent psychotique, en est un exemple frappant. Ce chanteur, et surtout danseur de grand talent, n'a eu de cesse de blanchir sa peau : il était un noir qui voulait être blanc. Il était aussi un garçon qui aurait voulu être une fille. Quand on s'attache à étudier sa vie, on est frappé par la grande misère affective de cet homme, par son attitude de bonté, de générosité douloureuse, par ce souhait d'amour universel dans un monde trop cruel pour lui. Les fétiches bisexuels recouvraient tout son corps, toutes ses parures de scène étaient soigneusement étudiées et choisies par lui. C'étaient ici tout autant des fétiches psychotiques protecteurs que des fétiches bisexuels.

ADOLESCENCE, AMOUR, FINITUDE ET ILLUSION

Si une identification à l'objet de l'autre sexe a dû être accentuée faute de possibilité d'identifications porteuses à l'objet du même sexe, il peut y avoir à l'adolescence une *distorsion* dans la construction du moi. Excès du masculin-paternel chez la fille, excès du féminin-maternel chez le garçon, la réactivation de *la dynamique œdipienne ne parvient pas à différencier suffisamment les objets du désir et ceux des identifications.* Mais ces identifications croisées peuvent aussi demeurer dans le champ de la culture (par exemple un fils qui décide de faire le même métier que sa mère) et enrichir alors considérablement le moi sans distorsion.

Le début de la puberté sonne la fin de la récréation enfantine. Jusqu'ici l'enfant devait être du sexe souhaité par les parents et en général si les caractères sexuels secondaires dominants étaient congruents aux souhaits des parents ça ne posait pas de problème insoluble à l'enfant ; avec la puberté : fini de rire ! Le corps sexué « pousse », se dévoile avec parfois des angoisses à tonalité psychotique concernant ces transformations corporelles : qui suis-je ?

Suis-je un homme, suis-je une femme, et qu'est-ce que ça veut dire ? Qui vais-je aimer, qui va m'aimer : homme ou femme ? La sexualité fait peur. Les choix corporellement contraints viennent reprendre après-coup tous les déterminants sexués du passé, sur un mode « egosyntonic » ou « egodystonic ». C'est un moment d'hésitation objectale universelle dont la réponse la plupart du temps se fera dans un conformisme étayé sur un surmoi protecteur (Donnet) après quelques errements mineurs très vite refoulés. Les adolescents témoignent de ces errements, du regret de ne pouvoir être tout, de son lot d'angoisses majeures à tonalité psychotique basculant parfois dans l'anorexie de la fille qui veut nier son corps sexué et vers la schizophrénie du garçon qui tente de fragmenter le moi et d'insensibiliser le corps insupportablement sexué. Au fond de tout cela : au-delà de la peur du pulsionnel qui pourrait faire perdre la tête, la peur de ne pas parvenir à aimer et être aimé.

À la puberté, la bisexualité à travers la fétichisation imageante va trouver à s'exprimer à plein, que ce soit « un petit brillant sur le nez » (Freud) ou, chez un garçon, une banale mèche plus longue, sans cesse remise en place en séance, car il faudra du temps pour quitter le « *tout est possible* ». La fétichisation imageante a une fonction transitionnelle dans l'avènement de l'identité sexuée affirmée et du choix d'objet.

Mais la grande question dans toutes les configurations restera : comment aménager l'excitation à base d'objets partiels et à tonalité « peu ou prou sadomasochiste » (Green), la lier à l'idéal, qui lui-même peut rendre l'objet tellement surestimé qu'il devient inatteignable, pour enfin arrimer le tout à la tendresse comme fruit de la position dépressive ? Le moi peut avoir peur de « fondre » de tendresse, le souci pour l'objet, son besoin de le protéger et de le réparer peut être excessif, *la tendresse est toujours menacée de mélancolie.*

Quant à la bisexualité consciente dans la vie sexuelle de tout un chacun, au fil des années elle devient « une cerise sur le gâteau », un fantasme délicieux qui témoigne que le moi jamais ne renonce à l'impossible, mais que c'est en aménageant du fantasme en s'aidant de la fétichisation imageante que l'être humain peut finalement accepter l'insupportable : être uniquement ce qu'il est, un être unisexué, un individu solitaire, un être « fini », limité, dans une vie inéluctablement bordée par la naissance et la mort.

Guy Lavallée
106 rue de Sèvres
75015 Paris
01 45 66 67 39
guy.lavallee@noos.fr
www.guy-lavallee.info

Le passage par l'autre et ses difficultés

Identification primaire, homosexualité primaire, identification secondaire

Alain Gibeault*

L'identification qui relève d'une logique de l'*être* [...] est possible avant tout choix d'objet qui relève, s'il n'est pas narcissique, seulement d'une logique de l'*avoir*.

Sigmund Freud, *Psychologie des masses et analyse du Moi.*

Les enjeux de la bisexualité psychique ont suscité au cours de ce congrès la question de l'identification primaire à la féminité maternelle. Dans son rapport François Richard avançait l'idée que : « L'identification primaire est aussi une homosexualité primaire » (p. 71). Comment comprendre cette affirmation alors que Freud lui-même définit l'identification primaire à partir de deux affirmations différentes. Une première définition souligne qu'il s'agit de « la forme la plus originelle de la liaison de sentiment à un objet » (1921c, p. 45), où l'investissement d'objet est tout aussi bien une identification sur le mode de l'identique. Une deuxième définition évoque une identification au « père de la préhistoire personnelle », dont Freud (1923b) précise qu'il pourrait s'agir d'une identification « avec les parents » (p. 275, n. 1).

Dans l'une de ses dernières remarques sur cette généalogie des identifications, Freud (1938) avait posé les jalons d'une réflexion sur une séquence davantage métapsychologique que génétique : « Avoir et être chez l'enfant. L'enfant exprime volontiers la relation d'objet par l'identification : je suis

* Psychanalyste, membre titulaire formateur de la SPP. Président de la Commission d'Enseignement, ancien Directeur du Centre de psychanalyse et de psychothérapie E. et J. Kestemberg, ancien Président de la Fédération Européenne de Psychanalyse, ancien Secrétaire général de l'Association Psychanalytique Internationale.

l'objet. L'avoir est la relation ultérieure, retombant dans l'être après la perte d'objet. Modèle : sein. Le sein est un morceau du moi, je suis le sein. Plus tard seulement, je l'ai, c.-à-d. je ne le suis pas. » Entre être le sein correspondant à la recherche de l'autre comme identique à soi, il faut supposer l'acceptation du temps et d'un délai dans l'expérience de satisfaction correspondant à l'acceptation d'autrui dans ses différences : avoir le sein suppose que je ne le suis pas et il s'agit alors d'une identification à des aspects de l'objet, relative à l'identification secondaire.

Edith Jacobson (1975) supposait un passage de la recherche de l'autre identique *(oneness)* correspondant à l'identification primaire à l'objet à l'autre différent, être « comme l'objet » *(likeness)* correspondant à l'identification secondaire à l'objet, ce qui permettait la rencontre avec autrui, dans une proximité *(closeness)* qui impliquait tout aussi bien une distance d'avec l'objet. Mais dans cette trajectoire des identifications, elle supposait un moment essentiel : celui de la recherche de l'autre comme semblable *(sameness)* que l'on peut comprendre comme l'enjeu de l'homosexualité primaire, telle que définie par Evelyne Kestemberg. C'est cette problématique à la fois théorique et clinique que je voudrais préciser à partir des réflexions sur la bisexualité psychique.

Il faut d'abord considérer l'opposition entre le masculin et le féminin, non pas seulement comme le terme d'une évolution, en l'occurrence comme le résultat de la maturation sexuelle à la puberté qui donnerait son plein sens à la différence des sexes, mais comme le principe même de cette évolution au moment du stade de l'objet selon Freud et de l'opposition sujet et objet. Cela suppose d'abord de concevoir cette évolution moins selon une séquence génétique au sens d'une succession de stades, tel que Freud peut le laisser penser à première vue, et qui obéit à une causalité linéaire du passé sur le présent, que comme une séquence métapsychologique : dans ce cas la réalité de ce passage d'un stade à un autre est certes mise sur le compte de la maturation biologique qui suscite à un moment déterminé une activité plus ou moins importante d'une zone érogène, mais elle est secondaire par rapport à l'histoire du conflit qui s'installe à cette occasion et aux après-coups qui introduisent une causalité rétrospective du présent sur le passé.

Il faut ensuite dissocier l'opposition masculin-féminin de l'opposition mâle-femelle (Cosnier, 1987 ; David, 1975, p. 761), de l'opposition virilité *(maleness)* - femellité *(femaleness)*, c'est-à-dire distinguer entre la représentation psychique du corps, qui est davantage un corps fantasmatique qu'un corps réel, un corps pulsionnel, qui privilégie le ressenti et le non figurable immédiatement, et le corps objectif et spatialisé selon l'anatomie, qui se fonde davantage sur la vision et l'appréhension extérieure de la différence des sexes.

Ainsi s'ouvre une perspective où le masculin et le féminin sont relatifs à un vécu identificatoire et pulsionnel, qui laisse une place à une topique psychique, plutôt que de relever seulement du système perception-conscience. Cela n'exclut pas de tenir compte des conséquences de l'appréhension objective de la différence des sexes, car Freud accorde une importance majeure à la vision dans l'organisation du complexe de castration ; mais une approche psychosexuelle du masculin et du féminin demande que cette dimension ne soit pas première.

De ce point de vue l'opposition du masculin et du féminin est contemporaine de l'identification primaire, dans le deuxième sens donné par Freud (1923b, p. 243) comme une identification au « père de la préhistoire personnelle ». C'est un mouvement d'intériorisation qui obéit aux deux temps de l'organisation de l'auto-érotisme : d'abord le temps d'un « se sentir » primordial, d'une réflexivité primitive du corps corrélative de l'hallucination de la satisfaction et du double retournement de la pulsion ; le renversement dans le contraire, dans le passage de la passivité à l'activité inhérent à la satisfaction hallucinatoire, et le retournement sur la personne propre, dans le passage de l'objet au sujet, témoignent de cette identification primitive à la mère, à sa féminité. Ainsi s'installe un rythme entre l'inertie et la constance relative à la fonction de pare-excitations de la mère, qui permet progressivement à l'enfant de s'éprouver et non de se figurer comme une unité distincte de la mère, de sentir les limites de son corps et le manque susceptible de le combler, puisqu'il est en mesure d'investir lui-même à l'instar de sa mère ses fonctions vitales et les zones érogènes, malgré la juxtaposition de sensations extrêmes et discontinues. Au moment du « stade de l'objet », contemporain de la perception de la mère comme objet total et de sa différenciation d'avec la non-mère, ce « se sentir » devient un « se représenter » corrélatif du refoulement originaire, c'est-à-dire du contre-investissement de la satisfaction hallucinatoire et du déplacement sur l'objet des expériences de plaisir-déplaisir liées à la satisfaction des besoins.

Jacqueline Cosnier remarque que « l'identification féminine est la synthèse de l'identification primaire et de l'identification secondaire à la différenciation moi/non-moi, issue des investissements homosexuels antérieurs à la reconnaissance de la différence des sexes [...] et à l'identification sexuée » (Cosnier, 1987, p. 85). S'agit-il d'une identification féminine ou déjà d'une identification bisexuelle où l'intériorisation de la différence du masculin et du féminin est corrélative de la bisexualité psychique de la mère ? La censure de l'amante (Braunschweig, Fain, 1975) ou la fonction-alpha de la mère

(Bion, 1962) liée à « sa capacité de rêverie » sont autant de façons de désigner la présence d'un *tiers interne* que la mère transmet à son enfant, en donnant un sens fonctionnel à tout ce qui, dans le contact corporel avec son enfant, participe d'un plaisir dont la cause doit être ignorée, c'est-à-dire ce que le corps de l'enfant représente pour son inconscient. C'est ce qu'Hélène Parat (2019) a bien souligné en évoquant une « bisexualité dès l'origine » corrélative d'une conjonction du féminin/maternel intégrant le masculin/paternel.

De ce point de vue l'identification au père de la préhistoire personnelle pourrait être compris comme l'enjeu de l'organisation de l'homosexualité primaire, telle que définie par Evelyne Kestemberg, à savoir un processus favorisé par le vécu de tendresse par rapport à l'imago maternelle et constitutif de la constitution de l'autre comme double : « Dans l'homosexualité primaire, la relation est à l'autre, peut-être au semblable mais non à l'identique, à travers le même » (Kestemberg, 1984, p. 257). Elle ajoute : « Entre l'identification primaire et l'homosexualité primaire la *différence* n'est pas topique, ni même forcément chronologique. Elle est *économique* » (*ibid.*, p. 258). Il s'agit d'un processus qui permet la liaison de l'excitation et le dépassement de la prévalence de l'identification sur l'investissement objectal caractéristique de l'identification primaire ; l'organisation de l'homosexualité primaire témoigne au contraire de l'acceptation d'autrui à condition d'être investi comme double narcissique.

Les différences entre la présence et l'absence, le bon et le mauvais, le dedans et le dehors sont ainsi corrélatives à la fois de la différenciation primitive entre la mère et la non-mère, et de la différence entre le masculin et le féminin à l'intérieur de la mère elle-même. Les représentations de la mère ambisexuée ou des parents combinés témoigneraient de ce passage de l'identification primaire comme quête de l'identique à l'identification primaire au père de la préhistoire personnelle correspondant à l'organisation de l'homosexualité primaire en condensant les deux sexes en une seule image : à l'origine de la bisexualité psychique, cette imago de la mère archaïque renverrait à l'image d'une intégrité totale du sujet garante de son narcissisme et de son omnipotence, « protoreprésentation de la féminité » (Cosnier, *op. cit.*) qui pourrait également être considérée comme une « protoreprésentation de la masculinité », du fait même que cette imago archaïque peut à la fois figurer la réceptivité et la liaison par rapport aux éprouvés corporels, tout comme l'effraction et l'action pénétrante de ceux-ci. C'est peut-être ce qui conduit J. Cosnier (*ibid.*) à parler d'identification secondaire à propos de la différenciation moi/non-moi, pour désigner cette différenciation primitive et condensée du masculin et du féminin, alors que l'identification secondaire à proprement parler renvoie aux identifications évolutives et structurantes post-œdipiennes, aux imagos différenciées du père et de la mère.

C'est ce processus qu'illustre François Richard (2019) avec l'analyse de sa patiente Catherine : un premier temps de recherche de l'autre comme identique se manifestant en particulier par un agir de parole excitant conduisant l'analyste à un contre-agir dans la réduction du temps de la séance ; puis un deuxième temps où s'est organisée l'homosexualité primaire, « la tendresse homosexuelle envers la mère prenant le dessus corollairement à l'engagement dans une vie de couple hétérosexuel » (Richard, 2019, p. 93).

Comment comprendre dès lors l'articulation entre cette identification primaire à la mère et la constitution précoce d'un noyau d'identité de genre, tel que Robert Stoller (1968) a pu le définir ? De ce point de vue, le garçon et la fille suivraient un même cheminement, alors que l'on sait que la distinction des genres est acquise très tôt. Vers le deuxième semestre de la deuxième année, l'enfant peut identifier soi-même et les autres comme mâle ou femelle, selon un processus où les facteurs psychologiques et sociaux jouent davantage que les facteurs anatomiques. La croyance d'être un garçon ou une fille précède l'organisation de la différence des sexes et n'est pas contradictoire avec l'attribution d'un pénis à tout être humain.

Si pour Freud (1925j) l'énigme fondamentale qui aiguillonne « la pulsion de savoir » chez l'enfant a été souvent la question de l'origine des enfants, il n'a pas écarté l'idée que la distinction des genres, la division du genre humain en deux sexes représente un problème majeur à résoudre qui nécessite la construction de « théories sexuelles ». La phase phallique et la théorie de la castration constituent l'enjeu de cette recherche dans l'enfance : l'identification primaire à la mère, comme mouvement visant à l'identité narcissique des sexes, et l'accession à la distinction des genres sont les deux éléments qui dans leur dialectisation ouvrent la voie à l'organisation de la différence des sexes, à ce passage de l'*identification* des sexes, à leur *délimitation* selon leurs caractéristiques psychiques respectives.

Cela implique le renoncement aux représentations et aux identifications précoces indifférenciées, qui sont alors considérées comme inappropriées quant au genre et la reconnaissance des limites imposées par l'autre sexe. Le développement de l'identité sexuelle suppose de sortir de cette matrice originelle où tous les sexes sont possibles et pour chaque sexe d'élaborer son envie des prérogatives du sexe opposé : envie du pénis pour la fille, envie des aptitudes procréatrices pour le garçon. C'est l'un des destins majeurs de la féminité primaire et cela dans les deux sexes.

Alain Gibeault
28 place Jeanne d'Arc
75013 Paris
alain.gibeault@gmail.com

RÉFÉRENCES BIBLIOGRAPHIQUES

Bion W.R., *Aux sources de l'expérience*, Paris, Puf, 1979 [1962].
Braunschweig D., Fain M., *La Nuit, le Jour*, Paris, Puf, 1975.
Cosnier J., *Destins de la féminité*. Paris, Puf, 1987.
David C., La bisexualité psychique. Eléments d'une réévaluation, *Revue française de psychanalyse*, t. XXXIX, n° 5-6, 1975.
Freud S. (1921 *c*), Psychologie des masses et analyse du Moi, *OCF-P*, XVI, 1991.
Freud S. (1923 *b*), Le moi et le ça, *OCF-P*, XVI, 1991.
Freud S. (1925 *j*), Quelques conséquences psychiques de la différence des sexes au niveau anatomique, *OCF-P*, XVII, 1992.
Freud S. (1941 *f* [1938]), Résultats, idées, problèmes, *OCF-P*, XX, 2010.
Jacobson E., *Le Soi et le Monde objectal*, Paris, Puf, 1975 [1964].
Kestemberg E., « Astrid » ou homosexualité, identité, adolescence. Quelques propositions hypothétiques, *L'Adolescence à* vif, Paris, Puf, 1999 [1984].
Parat H. (2019), La bisexualité psychique, dès l'origine, *Revue française de psychanalyse*, t. LXXXIII, n° 5, 2019.
Richard F. (2019), La bisexualité, l'inceste et la mort, *Revue française de psychanalyse*, t. LXXXIII, n° 5, 2019.
Stoller R., *Remarques sur l'identité sexuelle*, Paris, Gallimard, 1978 [1968].

Bisexualité psychique, séduction éthique et espace matriciel

Viviane CHETRIT-VATINE*

« À l'origine de la psyché, la passivité pour les deux sexes » a proposé Laplanche avec, au départ de la vie, la passivité et la féminisation de la psyché sous les effets du sexual parental, du narcissisme parental et à mon avis tout autant de l'éthique parentale, conçue comme responsabilité asymétrique et affectée pour l'autre. Développant les hypothèses envisagées précédemment quant à l'origine première de l'éthique (Chetrit-Vatine, 2012), j'ai suggéré par la suite (2014, 2018) que dans le creux de cette passivité première, compris comme la zone d'infinité de la psyché enfantine (Vermote, 2013) viendraient s'inscrire les traces des messages énigmatiques et éthiques, nécessairement et également compromis par l'inconscient des premiers autres, messages résultant du saisissement éthique, liés à la violence de la rencontre avec le petit puis l'enfant et émanant du féminin-maternel, mieux, du matriciel commun à tout sujet humain. La lecture du rapport de Jean-Michel Lévy (2019), enrichie de celle de Christian David (1975), m'a permis de préciser le rapport entre une position d'espace matriciel [1] et une bisexualité psychique bien intégrée.

BISEXUALITÉ PSYCHIQUE ET LIBÉRATION SEXUELLE

Lévy pose la question du déterminisme inconscient et l'on pourra poser la question du choix ou du non choix de l'orientation sexuelle, cette question

* Société Psychanalytique en Israël, Jérusalem/Tel-Aviv.

1. Cette expression m'a été inspirée par Ettinger (1997) qui, elle aussi, dans la foulée de Levinas, avait proposé dans un contexte un peu différent, l'expression : Espace matrixiel.

n'étant pas peu reliée à l'inconscient mythosymbolique contemporain (Laplanche, 2007). Comme il le rapporte, si, selon Jacques André, Butler rêve « d'une liberté conquise qui permettrait de s'émanciper de la première assignation de genre », je questionnerai : qu'en est-il des motivations inconscientes quant à cette recherche de liberté et de quelle liberté s'agit-il ? Et si Laurence Kahn envisage « le désir ainsi de s'émanciper de l'impact si complexe du réel qu'est le sexe anatomique », ne s'agirait-il pas tout autant de s'émanciper consciemment de l'impact de l'autre, de le désavouer, tout en y corroborant inconsciemment ? Notre « science » s'occupe de l'inévitable conflictualité psychique, écrit Lévy, et nous sommes d'accord avec sa suggestion quant à la centralité d'un désir de non conflictualité au fondement d'un rêve de libre exercice de la sexualité polymorphe. Cependant, aucune libération sexuelle ne saurait suffire à éradiquer l'angoisse, celle liée à une bisexualité psychique de fait mal gérée.

LA BISEXUALITÉ PSYCHIQUE POUR FREUD ET LE « DIALOGUE » CHILAND / LAPLANCHE

Christian David, s'appuyant sur une citation de l'article de Freud, « L'auto présentation », a proposé qu'il y aurait un rapport direct entre la perception de la féminité par Freud comme continent obscur et cette même qualité d'obscurité concernant son approche de la bisexualité psychique. Lévy, en accord avec David, s'appuie sur la traduction suivante de cette citation : « La constitution *sexuelle* innée se fait valoir et multiplie le nombre de tendances simultanément présentes » (Freud, 1925d, p. 84). Or Colette Chiland, dans une lettre non publiée à Laplanche, mais dont elle m'avait envoyé une copie (2001), en a proposé la traduction suivante : « La constitution *bisexuelle* innée se fait valoir et multiplie le nombre des tendances simultanément présentes. » Autrement dit, pour elle, il y aurait chez Freud une perspective donnant sa place à la souplesse des identités sexuelles et elle n'aurait pas taxé d'obscure son approche de la bisexualité. Le problème pour Lévy et moi-même est ailleurs. Alors que Freud origine cette souplesse des identités sexuelles dans la constitution innée du sujet, il pourra simultanément affirmer que « l'épanouissement de la féminité aurait pour condition l'élimination de la sexualité clitoridienne », exclusive à son sens de toute jouissance vaginale. Nous serons d'accord pour opposer à la position de Freud toutes les données sexologiques contemporaines, et pour considérer que l'influence patriarcale dans laquelle il baignait a pu parfois troubler sa recherche (Perrot, 2005). Chiland tenait aux hypothèses freudiennes quant à la source premièrement biologique de la bisexualité psychique, et elle préférait au terme de genre, les termes de sexe psychologique et de sexe social. Laplanche, qui pensait important d'utiliser le terme de genre précédant et distinct du terme de sexe, était toutefois en parfait accord avec Christophe Dejours (2001) pour donner toute sa place au corps, considérant que les messages factuels et compromis par l'inconscient parental, les messages énigmatiques et ceux qui assignent en particulier le genre à l'enfant, n'auraient pas d'effet de séduction sur sa psyché s'ils ne passaient pas par son corps et sa réceptivité particulière. Mais son apport, et par là il diverge de Chiland, est qu'il souligne la priorité de l'identification *par* les parents sur l'identification *aux* parents, et l'assignation inconsciente du genre à la réalisation par l'enfant de son sexe. Ainsi l'identification *par* les adultes en charge de l'enfant passe par leurs messages compromis alors que ces messages ne sont pas moins énigmatiques pour eux que pour l'enfant. Ceci ayant été précisé, tout message compromis par l'inconscient parental se doit d'être traduit par la psyché spécifique de l'enfant, et rappelons-nous que Laplanche n'a jamais parlé de passage d'inconscient à inconscient. Lévy propose que la découverte de la différence des sexes vienne conflictualiser après coup les premières identifications de fait bisexuelles, alors que les identifications *à* viendraient compenser la perte des objets, et que les premières identifications auront d'abord porté sur l'être : le fait d'avoir été identifié *par.*

Je pense que l'on peut combiner de façon productive les hypothèses de Laplanche et celles de Chiland avec, pour Laplanche, l'assignation inconsciente de la part des parents et sa proposition d'*identification par*, et pour Chiland les effets *d'identification à*, comme dans le cas Matthieu l'identification de l'enfant au fantasme de tel ou tel parent. En effet, le souhait de Matthieu de devenir une fille-princesse ne semble pas relié à sa mère dans sa réalité ni à leur trop grande proximité (ce qui aurait correspondu à la thèse de Stoller), mais relèverait plutôt d'une identification soit avec la fille idéale que la grand-mère aurait voulu avoir, désir potentiellement signifié à Mathieu à travers les messages compromis par l'inconscient de cette grand-mère, soit avec la mère de ses propres rêves. Ou encore, cette fille-princesse correspondrait peut-être au fantasme du père de Mathieu : être lui-même cette fille /femme idéale ou bien la mettre au monde. Il s'agirait en tout état de cause de la traduction bien particulière par la psyché de Mathieu des messages parentaux compromis par leur inconscient. Et là, reste sans réponse la question : D'où provenait cette incitation chez Mathieu qu'il se défasse (dans les termes de Lévy) de son « zizi », si ce n'est de l'impossibilité de gérer la bisexualité psychique, impossibilité transmise par les messages parentaux ? Est-ce qu'à l'origine de cette incitation se situaient ses propres sentiments inconscients de culpabilité ou bien plutôt le désir d'une mise en acte par Matthieu d'un fantasme de castration du fils par ses parents ? Tout ceci s'exprimant en particulier dans le cadre de la situation analytique.

BISEXUALITÉ PSYCHIQUE ET SÉDUCTION ÉTHIQUE DE LA SITUATION ANALYTIQUE

Christian David écrit : « La situation analytique constitue par soi-même une stimulation de la bisexualité psychique et par là même une mise à l'épreuve de la spécificité et de l'identité psycho-sexuelle » (David, 1975, p. 23). Je pense à un patient hétérosexuel, inquiet de découvrir en lui lors du processus analytique des préoccupations homosexuelles. Cet homme, dès son arrivée au monde, s'est vu piégé dans l'emprise parentale autant de la part de sa mère que de celle de son père, alors qu'il était identifié par chacun comme partenaire de remplacement. Or il a toujours été attiré par les femmes et ses incertitudes quant à son orientation sexuelle semblent dues à une mauvaise intégration de sa bisexualité psychique et non pas à une perturbation du sens de l'identité sexuelle. Cette intégration défectueuse est compréhensible dans un contexte d'identification *par* des parents *auxquels* une identification spécifique de sa part ne pouvait être que conflictuelle. Cette soudaine incertitude quant à son orientation sexuelle, prise dans le mouvement transférentiel, pouvait jouer comme défense contre son attirance pour son analyste, attirance évoquée par ses associations d'ordre incestueux quant à sa mère ou ses sœurs. On peut voir ici la mise à l'épreuve par la « séduction éthique » de la situation analytique de l'identité psycho-sexuelle de ce patient alors que cette séduction est éventuellement vécue dans le transfert comme séduction incestueuse.

BISEXUALITÉ PSYCHIQUE ET ESPACE MATRICIEL

Lévy s'est intéressé aux analystes qui, comme Freud, tendent à refuser d'occuper la position maternelle dans le transfert, ne voulant pas « jouer les mères ». J'ai pu traiter de ce sujet : « Ni gourou ni page blanche, mais bien un/e analyste en position matricielle, assumant la responsabilité asymétrique de la séduction inhérente à la situation analytique » (Chétrit-Vatine, 2012, p. 91-92). J'ajouterai aujourd'hui : assumant sa responsabilité asymétrique quant à la stimulation de la bisexualité psychique incitée par cette situation, autrement dit, sa séduction éthique. Partant de la prise en compte de la séduction éthique de la situation analytique, j'ai proposé une nouvelle hypothèse quant à l'origine de l'éthique comme responsabilité affectée pour l'autre, la localisant dans le féminin-maternel de tout sujet humain, autrement dit dans la position d'espace matriciel. J'étais motivée doublement : je cherchais à contrebalancer les positions patriarcales insistant sur les origines paternelles de la morale. Par ailleurs, je cherchais à ne pas cliver féminin et maternel, clivage relevant de fait de cette même culture. Je pense aujourd'hui important de préciser cette notion de position d'espace matriciel dans un dépassement de la dichotomie maternel /paternel, féminin / masculin et de relier la capacité éthique de responsabilité asymétrique et affectée pour l'autre à une bisexualité psychique bien intégrée. Ce concept de position d'espace matriciel fait allusion à la matrice en laquelle tout gamète mammifère a besoin de se loger afin de faire advenir un petit. Levinas a proposé la matrice et partant la maternité comme non-concept, autrement dit comme indice de la position d'espace de responsabilité pour l'autre, alors qu'il s'agit de donner sa place dans l'intériorité de son être au risque de sa vie. Mais, plus généralement, la matrice est un milieu où quelque chose prend racine, où un développement peut prendre place et se produire et que l'on peut retrouver jusqu'au niveau du micro-environnement moléculaire (Herzberg, 2019). À l'heure d'une « situation anthropologique fondamentale » où, pour qu'un enfant survive et vive, un homme, une femme, un humain, et au mieux, des humains qui s'aiment et se désirent, doivent le prendre en charge, cette notion de position d'espace matriciel me semble convenir quel que soit le genre des parents.

POUR NE PAS CONCLURE

Dans le contexte contemporain de parentalités éventuellement homosexuelles, si la découverte de la différence des sexes vient, pour l'enfant, questionner l'assignation de son genre et si, du fait de la transmission mythosymbolique de la théorie sexuelle phallique, le fantasme de castration lié au fantasme de scène primitive reste encore le lieu d'élaboration du commerce sexuel entre les parents, ce fantasme va peut-être permettre de l'aider à préciser sa place auprès de chacun des membres du couple, en tant qu'exclu/e de cette scène, mais il ne va pas pour autant lui permettre de répondre à la question : d'où viennent les enfants ? Ce sera bien à partir d'une position matricielle de responsabilité affectée et asymétrique pour l'enfant que ses parents chercheront à pratiquer une éthique de vérité et du bien-dire, alors qu'il ne sera pas pour autant question de tout dire ou n'importe quand.

Paraphrasant Lévy, je redirai que l'analyste doit pouvoir entretenir une relation ouverte à sa bisexualité psychique afin d'offrir à l'analysant une véritable possibilité de transfert en creux, autrement dit de transfert de séduction originaire, mieux de transfert de séduction éthique. Il /elle pourra ainsi lui faire bénéficier d'un lieu, *Makom* en hébreu, espace-temps de responsabilité asymétrique affectée pour l'autre, lui permettant une reconnaissance de ses diverses identifications, afin de trouver « une certaine liberté » (Heneen-Wolff, 2007) pour acquérir une capacité élargie d'ouverture à l'autre en ses multiples cas de figure, tout en assumant ses choix.

Viviane Chetrit-Vatine
Ein Guedi 14
Jérusalem
Israël
chetritvatineviviane@gmail.com

RÉFÉRENCES BIBLIOGRAPHIQUES

Chetrit-Vatine V., *La Séduction éthique de la situation analytique, aux origines féminines maternelles de la responsabilité pour l'autre*, Puf, « Le fil rouge », 2012.

Chetrit-Vatine V., L'Actuel de l'éthique en psychanalyse, *Revue française de psychanalyse*, t. LXXVIII, n° 5, 2014.

Chetrit-Vatine V. Lorsque le Sexual des parents, la dimension Éthique et le Narcissisme de vie rencontrent la zone d'infinité de la psyché de l'enfant : son exigence d'éthique, *Psychanalyse en Europe*, Bulletin 72, 2018.

Chiland C., Lettre à Jean Laplanche du 19/7/2001 suite à l'envoi de son article : « Le genre, le sexe, le sexual », 2001.

David C., *La Bisexualité psychique, éléments d'une réévaluation*, Paris, Puf, 1975.

Dejours C., *Le corps, d'abord*, Paris, Payot, 2003 [2001].

Freud S. (1925 *d*), *Autoprésentation*, (suivi de) (1926 *e*) *Psychanalyse et Médecine*, trad. fr. F. Cambon, Paris, Gallimard, 1972 ; *OCF.P*, XVII, 1992 ; *GW*, XIV.

Heenen-Wolff S., *Psychanalyse pour une certaine liberté*, Paris, Éditions de Boeck, 2007.

Herzberg M., Communication personnelle, 2019.

Laplanche J., *Sexual, La sexualité élargie au sens freudien, Paris,* Puf, « Quadrige », 2007.

Lichtenberg-Ettinger B., The Feminine/Prenatal Weaving in Matrixial Subjectivity-as-Encounter, *Psychoanal. Dial.*, 17, 1997.

Perrot M., L'indifférence des sexes dans l'Histoire, in J. André (dir.) *Les Sexes indifférents*, Paris, Puf, 2005.

Vermote R., La zone indifférenciée du fonctionnement psychique : une approche intégrative et les implications cliniques, *Psychanalyse en Europe*, Bulletin 67, 2013.

Intégrer la bisexualité, un travail d'altérité ?

Sylvie Pons-Nicolas*

> Aucun des deux sexes ne peut se targuer de posséder le phallus si bien qu'on ne peut dire que les hommes luttent pour le conserver en protégeant leur pénis : ni la femme n'est un homme manqué (Jones), ni l'homme une femme manquée (comme dans le délire de Solanas) mais, sans qu'on puisse aller jusqu'à dire que l'être humain soit un être manqué (Bolk, Viderman), on ne peut que le reconnaître manquant : hanté par le manque.
>
> Christian David, *La Bisexualité psychique.*

Dans son livre *Masculin/Féminin I, La pensée de la différence* (2012), Françoise Héritier constate qu'à partir de l'observation de la différence sexuée, certaines notions abstraites découlent dont le prototype est l'opposition identique/différent. D'autres oppositions conceptuelles viennent alors se mouler comme chaud/froid, inférieur/supérieur, sec/humide, qui prennent une valeur de classement hiérarchique. Pour elle « la valence différentielle des sexes », qui exprime « un rapport conceptuel orienté, sinon toujours hiérarchique, entre masculin et féminin » (*ibid.*, p. 24), et l'observation de la différence des sexes constituent le butoir ultime de la pensée de la différence. Ce constat ne pourrait-il s'articuler avec l'hypothèse postulée par Jean-Michel Lévy (2019) que c'est une version du fantasme de castration qui est à l'origine de cet achoppement de la pensée ; lorsque Freud dans son questionnement sur la fin de l'analyse se heurte au roc de la castration que finalement il réfère au roc biologique de la sexuation ; lorsqu'il érige le primat du phallus comme seul représentant du sexe pour l'inconscient ? Cette version du fantasme de castration, construite sur « une idéalisation

* Psychiatre, psychanalyste SPP.

délétère de la différence fondée sur une binarité qui exclut et qui inévitablement hiérarchise : un ou zéro » (*ibid.*, p. 115), écrit Lévy, se conforte en rejetant justement le différent. L'angoisse de castration, généralement source d'une générativité métaphorisante en impliquant un travail d'introjection pulsionnelle avec l'intégration du phallique dans les deux sexes, ne joue pas son rôle dans la réorganisation de la vie psychique. Le couple passif/actif hâtivement lié au masculin/féminin fait partie de ces classifications à valeur hiérarchique. Freud en a eu l'intuition quand il est revenu sur cette confusion en précisant que ce qui est passif est le but de la pulsion, car la pulsion elle-même est toujours active, même si parfois il est difficile de distinguer la pulsion de son but. Quant à féminin et masculin, ce sont des qualités, des caractères qu'on ne saurait attribuer à la pulsion qui par définition ne peut en avoir.

Lorsque Freud propose ce que Christian David appelle « le leurre phallique » (David, 1975, 1992) et Lévy « le leurre de la perception », qui suggère l'assimilation de la féminité à une castration, il laisse de côté la bisexualité psychique. Il ne se réfère plus à sa fantasmatisation qui permet d'être comme une fille ou d'être comme un garçon, de passer d'une position féminine à une position masculine et de jouer avec le choix d'objet, quelle que soit l'identité sexuée du sujet. Or cette fantasmatisation par le biais de son rôle de médiateur dans les relations intrapsychiques et intersubjectives est un levier pour faire fonctionner les oppositions et les différences en éliminant la dimension hiérarchique. La bisexualité dépasse le sexuel tout en l'englobant et si pour Christian David elle est l'« antidestin », Jacques André propose quant à lui que « l'anatomie imaginaire, c'est le destin », car l'homme est condamné à la représentation.

Cette fantasmatisation qui ouvre à tout le jeu des désirs sexuels inconscients, sur laquelle le sujet peut s'étayer pour jouer de son identité sexuée, s'initie dans les relations précoces de l'enfant à ses parents. Dans les premières identifications qui gardent un caractère général et durable, soubassement de la dynamique constitutive de l'identité du sujet, et qui seront conflictualisées après-coup.

Denise Braunschweig et Michel Fain (1975) en postulant l'existence d'une hystérie primaire au cœur de la psyché suggèrent une représentation de cette « bisexualité dès l'origine » (H. Parat). Ils proposent qu'une double identification précoce, source des premières inscriptions mnésiques, permette l'organisation des fantasmes bisexuels et des fantasmes originaires. La censure que la mère instaure dans l'inconscient de l'enfant quand elle redevient amante, sa désadaptation partielle au cours de la dynamique investissement/désinvestissement génèrent chez l'enfant le développement d'une identification hystérique précoce à chaque parent désirant. Elle met une limite à « l'homosexualité primaire » (É. Kestemberg) et permet le traitement de l'excitation produite par le corps à corps chargé d'érotisme, sa transformation en pulsion. Lorsqu'elle est présente, la mère joue un rôle de pare-excitation, mais quand elle s'absente, l'enfant est obligé de tenter de maîtriser l'excès d'excitation par les moyens dont il dispose : la décharge et/ou la réalisation hallucinatoire du désir qui ouvre la voie à l'instauration des auto-érotismes. L'enfant commence à se représenter l'objet absent, il se le re-présente ailleurs avec un autre dans une relation dans laquelle il s'inclut fantasmatiquement. L'inclusion fantasmatique rendant tolérables les aspects narcissiques de l'exclusion et de la séparation avec l'objet. Lorsque l'enfant peut représenter l'objet absent mais également lorsqu'il peut se représenter, ce qui lui permet de se dégager de la dépendance à la perception de l'objet, alors le fantasme de scène primitive peut devenir organisateur de la psyché en fournissant une matrice identificatoire fonctionnelle.

« L'autre de l'objet » (Green), autre-sujet désirant, incarné, facteur d'inhibition et d'introjection pulsionnelle, le maternel, le féminin et l'érotique maternelle sont d'emblée sur la scène des échanges entre le nourrisson et son environnement. La mise en jeu des processus réflexifs dialectiquement complémentaires des processus de différenciation avec l'objet primaire, œuvre à la séparation avec cet objet. Différence d'abord vraisemblablement ressentie comme opposant l'absence à la présence, le mauvais au bon, le dehors au dedans puis perçue avec l'objet, qui devient un autre.

Lors de la confrontation à l'inéluctable de la différence des sexes, la synergie dialectique qui s'instaure entre la bisexualité psychique et l'angoisse de castration est dépendante des aléas de cette relation première aux objets. Les mécanismes d'identifications croisés, qui se jouent et se rejouent de façon récursive en se complexifiant pendant le travail d'élaboration de l'Œdipe, permettent les séries d'oscillations d'une position à une autre. Le travail imposé à l'appareil psychique dans ce temps d'intégration du phallique dans les deux sexes dote le sujet « d'une altérité sexuelle virtuelle » (David, *op. cit.*), d'une disposition à partager fantasmatiquement le vécu psychosexuel et sexuel d'un autre. Cependant, cette complétude virtuelle ne supprime pas la différence inhérente à la sexuation et la bisexualité reste fondamentalement marquée par la différence et l'altérité. Elle nous confronte à l'intime, à l'étrange, à l'autre de soi mais également à l'autre en soi ; elle est le signal de l'incomplétude et du manque. Sa possible fantasmatisation est une condition fondamentale pour rencontrer l'autre qui, avec sa différence, contient une incontournable conflictualité : elle est la cheville ouvrière de ce qu'on pourrait appeler un travail d'altérité.

Lorsque l'organisation œdipienne ou bisexuelle des parents n'est pas fonctionnelle, une impossible séparation avec l'objet primaire peut entraver l'intégration de la bisexualité et une fantasmatisation désincarnée, désaffectée et/ou hypertrophiée peut se développer. On peut penser qu'au lieu de jouer un rôle de médiateur elle pousse à une quête de solutions agies.

Le film *Girl* dans lequel un adolescent veut se transformer en danseuse étoile pourrait en être un exemple. La forme quasi documentaire du film peut laisser penser que son entourage, père, médecin, psychothérapeute, l'accompagne vers un changement de sexe sans interroger cette demande, en laissant de côté toute la conflictualité que le jeu identificatoire peut entraîner, surtout à cet âge. Un malaise se dégage face à la souffrance physique vécue par ce jeune garçon dont la corporéité impacte totalement ses difficultés à devenir une danseuse étoile, souffrances bien au-delà des souffrances normalement imposées par ce choix exigeant, sans parler des souffrances psychiques perceptibles mais jamais abordées, comme la dimension affective. Qui est-il ? Par quel cheminement est passée cette demande ? Quel rôle joue la bisexualité inconsciente du père ? Un père/mère qui semble sincèrement préoccupé par l'état de santé de son fils mais peut-être tout en banalisant cette demande. Cette demande de devenir une femme, une danseuse étoile au prix d'un désir de castration a-t-elle un lien avec la mère, grande absente du film ? Est-ce une façon d'être la mère ? Ce que peuvent laisser penser les premières images du film dans lesquelles on croit voir une mère avec son fils avant de découvrir qu'il s'agit de deux frères en train de jouer. Quant au psychothérapeute, en évacuant tout déterminisme inconscient, il propose à Victor/Lara de rencontrer un garçon, illustrant ainsi la confusion qui s'opère entre genre et identité sexuée, entre identité sexuée et choix d'objet. Cette suggestion le confronte à un conflit inélaborable qui le pousse à un agir, une autocastration qui aurait pu être tragique.

Les limites du contre-transfert, celui de n'importe quel analyste, font écho aux limites de l'analyse et à celles théorico-pratiques. C'est la plasticité psychique de l'analyste qui est en jeu afin de ne pas buter sur sa propre inclination au conflit entre féminin et masculin. Avec Dora, Freud n'a compris qu'après coup qu'il représentait madame K. dans le transfert, il n'a pas vu que sous couvert d'un transfert maternel, un transfert féminin se cachait. Il n'a pas pu jouer avec sa part de féminin, avec cette part en creux liée à l'intériorité, qui ne se donne pas à voir mais plutôt à découvrir, présente dans les deux sexes et qui permet au féminin de retrouver ses droits chez l'amoureux et le psychanalyste, ce que la légende de Tirésias a métaphorisé.

Le refus du féminin de Freud dans « Analyse avec fin et analyse sans fin » serait-il un refus de son féminin ? Est-ce pour cela qu'il n'a pas pu non plus occuper une position maternelle, ce qu'il a clairement exprimé ? Est-ce un impensable autour de la question de la haine « La haine et le désir de mort (entendue dans les deux sens) » dans la relation préœdipienne, comme le propose Lévy ?

Dans toute cure, un des enjeux de l'angoisse de castration, c'est que les deux protagonistes renoncent à leur théorie de la castration pour découvrir leur bisexualité psychique. Cela passe par le fait de prendre en compte que l'organisation bisexuée affecte différemment la fille et le garçon, ce qui a une incidence sur nos modalités d'interventions. Ainsi par exemple quand Lévy avec sa patiente Orlanda intervient pour lui dire « le jour où vous êtes devenue une femme », il valorise son développement, ce qu'elle est, ce qu'elle a, sa différence plutôt que d'interpréter son envie du pénis, ce qui lui manque. On observe alors un infléchissement de ses pulsions agressives et un investissement de son corps de femme qui lui permet une appropriation féminine de son intériorité. Mouvement soutenu par un transfert homosexuel féminin, structurant, qui s'instaure et va dans le sens d'une reprise de l'introjection des différences. La transformation graduelle de sa rêverie autour de la scène primitive en témoigne, d'excitante puis de dramatique autour du fantasme d'accouchement – la rivalité est meurtrière, la mère ou l'enfant vont mourir – elle devient ludique. À mon sens, Orlanda n'esquive pas la rivalité mais elle peut en jouer. Ce processus évoque les hypothèses de Catherine Parat à propos des différents mouvements œdipiens positifs ou négatifs qui poussent la fille à s'identifier à son père, à désirer être semblable à lui, munie d'un pénis. Elle peut tenter de s'approprier fantasmatiquement le pénis du père dans ce qu'il représente de puissance et de complétude, elle poursuit un but actif et possessif mais un infléchissement se produit par la prise active d'un rôle passif par rapport à l'objet. Cette transformation de l'activité en passivité est une forme d'activité à but passif, elle permet que « l'activité investissant la forme concave de la relation conditionne la réceptivité féminine » (Parat, 1995, p. 26). Si la fille trouve dans l'amour des objets œdipiens une revalorisation de son corps propre, une réassurance et une compensation de son absence de pénis, cela va dans le sens d'un renforcement de son narcissisme secondaire qui lui permettra de dépasser l'envie du pénis. Les mouvements tendres et les identifications aidant, elle deviendra capable d'une appropriation féminine de l'espace creux et d'éprouver un amour pour un objet différent d'elle, tout en se laissant être aimée.

Dès lors la valorisation de la différence serait aussi importante que la découverte de la différence des sexes et intégrer la bisexualité serait intégrer la différence.

Et si comme le propose Françoise Héritier, la différence des sexes est paradigmatique de la différence, ne faudrait-il pas ajouter que la fantasmatisation de la bisexualité est ce qui ouvre et œuvre à l'élaboration de la différence des différences ?

Sylvie Pons-Nicolas
14 Rue du Moulin des Prés
75013 Paris
sylvie.pons-nicolas@hotmail.fr

RÉFÉRENCES BIBLIOGRAPHIQUES

David C., *La Bisexualité psychique*, Paris, Petite Bibliothèque Payot, 1992 [1975].

Freud S. (1937 *c*), L'analyse avec fin et l'analyse sans fin, *Résultats, Idées, Problèmes, II*, Paris, Puf, 1985 ; *OCF.P*, XX, 2010 ; *GW*, XVI.

Héritier F., *Masculin/ Féminin I, la pensée de la différence*, Paris, Éditions Odile Jacob, 2012.

Kestemberg E., Astrid ou homosexualité, identité adolescente, *Revue française de psychanalyse*, t. LXXIX, n° 3, 2015 [1984].

Levy J.-M., Ombres et lumières de la bisexualité, Rapport, *Bulletin de la SPP*, 2019.

Parat C., La sexualité féminine, *L'Affect partagé*, Paris, Puf, 1995.

La bisexualité au risque de la psychanalyse

Eléana MYLONA*

Éros n'est jamais ni dans l'indigence ni dans l'opulence.

Platon, *Le Banquet*.

BISEXUALITÉ : LA SCÈNE OÙ SE JOUE LE DRAME OU LE PLAISIR DE L'APPROPRIATION DE SON SEXE

Il y aurait un deuil très douloureux à faire, celui du sexe que l'on n'a pas, si cette condition de disposer des caractères primaires et secondaires d'un seul sexe n'était pas comprise et domptée par l'efficience du *manque constitutif* du sujet humain. Cet état de manque promulgue le désir et la promesse ou leurre de satisfaction, notion déployée par la pensée, qu'elle soit philosophique, culturaliste, littéraire, scientifique ou psychanalytique. Deuil, si nous nous sommes approprié notre sexe par les processus de vie et de reconnaissance de notre incomplétude et de l'altérité radicale avec l'autre. Deuil du sexe opposé au nôtre, si la différence de sexes a été reconnue dans sa dimension de complémentarité potentielle et partielle, lorsque Éros nous prend. Je résumerais en ces termes la proposition de François Richard (2019) qui convoque des complexes représentationnels majeurs : la mort, l'inceste, l'homoérotisme, l'homosexualité, les sexuels maternel et féminin ; mais ayant trop l'esprit à traquer la faille et l'incomplétude même dans la constitution du manque, dans la constitution de la bisexualité psychique, un autre concept fondamental de la constellation a été mis de côté, celui de la castration organisatrice. Définir la bisexualité par son négatif, là où son organisation déformée échoue, certes évite les pièges d'une bisexualité toute-puissante de complétude narcissique, mais nous conduit vers une bisexualité désorganisée et démesurément impuissante. La bisexualité psychique dans

* Psychanalyste membre de la SPP.

sa forme organisée comporte le manque constitutif, le moteur du désir. La présentation négative de la bisexualité aurait comme conséquence de la laisser dans l'indétermination et en proie aux projections qui font que l'activité sexuelle consciente serait prise pour la sexualité psychique libidinale et inconsciente.

La castration fait son apparition dans la proposition de Jean-Michel Lévy (2019, p. 163), mais là encore, un souci d'être plus élevé et plus juste, noie la castration dans une conclusion politico-idéologique en phase avec la « contemporanéité intellectuelle », celle des critiques de la logique binaire de la psychanalyse qui introduit le psychanalyste homosexuel, plus authentiquement psychanalyste, car ayant échappé à la pensée binaire. « Évidemment » et « justement » sont des adverbes qui renvoient, le premier, au jugement d'existence, le deuxième, au jugement d'attribution, les deux fondant l'épreuve de la réalité. La question qui se pose est : de quelle réalité ?

En rencontrant un être humain, dit Freud (1933a, p. 152) nous voyons immédiatement s'il est homme ou femme, et nous sommes habitués à faire, avec une extrême assurance, cette distinction. Or la science ne se montre aussi affirmative que nous que quant à l'anatomie et la génétique. Plus loin Freud questionne de façon encore plus décisive l'extrême assurance de la distinction du sexe d'une personne : « La virilité ou la féminité est un caractère inconnu que [même] l'anatomie ne peut saisir » (*ibid.*, p. 153). La bisexualité en psychanalyse comporte ce caractère inconnu composé d'éléments psychiques qui dépendent aussi bien de l'existence que de l'attribution. Or, aujourd'hui, deux grandes avancées sociétales, le progrès biotechnique et l'éthique sociale, apportent beaucoup de lumière, trop peut-être, aveuglante. Ainsi le sociétal glisse au *socious*, (Levy, *ibid.*, p. 120) un *soi social* résultat du développement social et culturel de l'individu, un compagnon, un associé, un allié. Or le référentiel de la psychanalyse n'est pas celui de Deleuze, de Foucault, de Vernant, de Levinas ou de Lévi-Strauss. Même Lacan a fini par dénoncer de telles importations.

La critique de la logique binaire de la psychanalyse est une des conséquences de ce « trop de lumière » intellectuelle. Ces critiques, emportées par le domaine de la philosophie et fondées sur l'éthique sociale, sont d'intérêt majeur pour la régulation de la vie en société par la reconnaissance de la liberté de chaque être humain d'aimer et d'être aimé dans la dignité. Cette argumentation qui critique la légitimité de la notion de la bisexualité à travers la naturalisation binaire et asymétrique des corps, même quand ses défenseurs comme Judith Buttler (2005) se penchent sur la théorie psychanalytique, cette argumentation ne prend pas en compte l'inévitable écart entre la pensée psychanalytique et celle philosophique et/ou esthétique et sociale.

Cette argumentation abaisse le sens et la valeur de la civilisation à des démarches de régulation relationnelle, où l'activité sexuelle consciente est prise pour la sexualité psychique.

LES RABAISSEMENTS DE LA BISEXUALITÉ PSYCHIQUE ET LE TRIOMPHE DU NARCISSISME SOUS COUVERT D'ÉTHIQUE SOCIALE

« Quelque chose dans la nature même de la pulsion sexuelle n'est pas favorable à la réalisation de la pleine satisfaction » (Freud, 1912d, p. 64). En ces termes Freud instaure une impossibilité intrinsèque, une perte absolue, un manque impossible à combler ni par l'homosexualité ni par l'hétérosexualité. La bisexualité psychique viendrait signaler ce manque impossible à satisfaire.

Freud attribue cette impossibilité d'advenir à la pleine satisfaction à l'instauration du choix d'objet, qui se fait en deux temps. Entre les deux se crée un espace où l'être humain s'édifie et se fonde sur la barrière contre l'inceste et sur l'organisation œdipienne de la libido. Suite au refoulement, l'objet final est le substitut de l'objet originaire représenté par une série infinie d'objets substitutifs où aucun ne suffit pleinement, aucun ne comporte la totalité des traits libidinaux de l'objet originaire. Il en va de même pour la pulsion sexuelle, les nombreuses composantes de la pulsion sexuelle ne peuvent être toutes intégrées « dans sa configuration finale ». Sur ces écarts entre-deux : entre les exigences de satisfaction de la pulsion et la satisfaction obtenue après avoir accepté les exigences de la civilisation entre l'objet originaire de la satisfaction et celui post-œdipien représenté-déplacé-symbolisé ; entre les composantes multinodales libidinales et l'économie pulsionnelle organisée en principe sous l'égide d'une tendance génitale ; sur de tels écarts se fondent la perte de la possibilité de satisfaction pleine, et la pensée entre présence et absence, entre plaisir et réalité, entre sujet et autrui.

« Éros dans la même journée tantôt est florissant et plein de vie, tantôt il est dans l'abondance, [...] il n'est jamais ni dans l'indigence, ni dans l'opulence ; il se tient au milieu entre la science et l'ignorance » (Platon, *Le Banquet*). C'est la nature humaine dans ses rapports à la civilisation qui commande l'impossibilité de satisfaction complète, le manque à être complet et entier dans le plaisir. Ces exigences de la civilisation détaillées en éducation, en règles, cachent à peine des figures parentales, l'interdit de l'inceste et la castration. Dans ce dispositif pulsionnel et symbolique, chacun trouve sa propre façon de s'y inscrire ; selon les modes de satisfaction sexuelle que son inscription, dans l'altérité, dans le symbolique et dans la civilisation, lui permet de déployer son désir de satisfaction, d'accepter ou pas les interdits et les exigences civilisatrices. La société véhicule la civilisation, mais parfois sous couvert d'idéalité intellectuelle elle travestit le manque et masque les écarts.

Les figures parentales condensent aussi bien le rapport à l'altérité singulière que l'altérité plurielle/diachronique du collectif de la civilisation. L'organisation libidinale dépend de sa rencontre avec l'altérité singulière et plurielle, les règles et les interdits qui font rentrer le sujet dans l'ordre des lois civilisatrices. L'altérité viendrait fonder, déterminer l'économie psychique ; libidinale, qui reconnaît ses désirs et la place centrale d'autrui ; et sexuée, qui reconnaît les exigences de la civilisation, donc l'impossibilité de complétude aussi bien de l'homosexualité que de l'hétérosexualité. La bisexualité serait la somme de ses modes de satisfaction, de renoncement et de dépassement de l'illusion du paradis où tout-est-possible et rien-non-atteignable. La déception inévitable de l'objet jamais pleinement satisfaisant permet le fantasme de l'objet idéal et prépare ainsi aux renoncements : personne n'est parfait et personne n'est personne.

USAGES ET MÉSUSAGES DE LA BISEXUALITÉ

Comme les fantasmes agencent les identifications et le choix des objets, la bisexualité serait constituée sur les paliers de fixation du développement de la libido dans la rencontre avec l'autre selon les différents moments de l'organisation psychique : originaire, objet primaire, objet œdipien et post-pubertaire. Évelyne Kestemberg (1962) propose l'homosexualité primaire, la disposition psychique composée d'identification primaire et d'objet sexuel, un processus ayant lieu lors de la constitution de la psyché et réactivé à l'adolescence construit après-coup. La bisexualité toute-puissante serait une composante essentielle de la vie sexuelle infantile troublée à l'adolescence par l'avènement de la puberté et les remaniements de l'Idéal du moi, nécessitant de rééquilibrer les investissements narcissiques et objectaux. Le travail de liaison-déliaison-reliaison permet d'éviter le déséquilibre des investissements narcissiques et objectaux par l'excès de déliaison liée à l'excès ou au manque de manque de la part de l'objet, véritable faillite du pare-excitation.

À la bisexualité, fondée sur l'homosexualité primaire et en continuation du lien à la mère originaire qui apporte le soutènement au commerce ultérieur avec l'objet hétérosexuel, Kestemberg (1975) oppose *l'ambisexualité*, un mésusage de la bisexualité : la mère archaïque condense les deux sexes en une seule image formant un Idéal du moi corporel. Cette image devrait être nommée *asexuée* ou *toute sexuée*, l'idéalité ici serait contre l'organisation œdipienne et la sexualité infantile, contre la bisexualité psychique.

LE FANTASME DE LA CASTRATION, CLÉ DE VOÛTE DE LA BISEXUALITÉ

La menace de castration en rapport à l'autoérotisme favorise l'élaboration du principe de réalité fondée sur la présence ou absence du pénis, l'entrée et la sortie de l'Œdipe, la genèse du Surmoi et le sens du phallique (Freud, 1908c). À mi-chemin entre théorie sexuelle infantile universelle, qui attribue à tous un pénis, et fantasme, l'élément le plus subjectif du sujet, la castration en tant que référence imagée à la différence de sexes organise la représentation de la scène primitive, le renoncement aux désirs incestueux, le destin de l'Œdipe, l'identification et le choix d'objet. Une autre configuration est le refus d'admettre la perception de l'absence de pénis chez la femme ; fétichisme et clivage sont les principaux mécanismes contre la reconnaissance du manque (Freud, 1923e). Jacques Lacan (1956-1957, p. 269), propose une conception qui déplace ces enjeux du pénis au phallus, de l'anatomie (perception de la réalité) à la métaphore (fonction symbolique). Selon les trois modes du manque de l'objet, la *frustration imaginaire* (complexe d'intrusion) s'articule avec la *privation réelle* (sevrage-la femme n'a pas de pénis) et s'achemine vers la *castration symbolique* d'un objet imaginaire : le phallus qui a une valeur d'objet absolu du père puissant et interdicteur (Lacan, 1959), rétablissant ainsi la parité des deux sexes à l'égard du phallus qui manque aux deux. Nous n'avons plus besoin de définir la femme par l'élimination de la composante phallique (Freud, 1931). Sinon à la femme ne resterait que l'issue de l'identification à la mère phallique pour se définir femme : mère et femme resteraient confondues, fille et mère confondues l'une dans l'image de l'autre, fils et mère aussi. À l'aube de leur vie sexuelle, fille et garçon investissent comme objet la mère ; c'est l'interdiction de cette relation incestueuse par le père symbolique qui instaure le phallus paternel, interdiction adressée à l'enfant, mais avant tout à la mère qui se trouve ainsi signifiée castrée désirant le père.

QUAND ÇA PREND CORPS

La bisexualité comporte le paradoxe de l'autre : radicalement autre, semblable-et-différent, sexuellement différent aussi. Certes, l'identité sexuelle n'est pas simplement une opposition de nature, mais certainement elle engage le corps ; elle se fonde sur une relation *à partir du corps propre et du sexe approprié*. Identité sexuelle et altérité sont indissolublement liées et contenues dans la bisexualité psychique, car la notion d'identité sexuelle s'élabore d'abord sur l'opposition radicale au non-moi. Elle est fondée sur la reconnaissance de l'impossible complétude narcissique et de l'altérité sexuelle radicale avec l'autre semblable dans ses différences sexuelles.

Eléana Mylona
4 rue des Chartreux
75006 Paris
e.mylona@wanadoo.fr

RÉFÉRENCES BIBLIOGRAPHIQUES

Buttler J., *Trouble dans le genre. Le féminisme et la subversion de l'identité*, Paris, La Découverte, 2005.
Freud S. (1908 *c*) Les théories sexuelles infantiles, *La Vie sexuelle*, Paris, Puf, 1985.
Freud S. (1912 *d*), Sur le plus général des rabaissements de la vie amoureuse, *La Vie sexuelle*, Paris, Puf, 1985.
Freud S. (1923 *d*), La disparition du complexe d'œdipe, *La Vie sexuelle*, Paris, Puf, 1985.
Freud S. (1923 *e*), L'organisation génitale infantile, *La Vie sexuelle*, Paris, Puf, 1985.
Freud S. (1931 *b*), Sur la sexualité féminine, *La Vie sexuelle*, Paris, Puf, 1985.
Freud S. (1933 *a* [1932]), La féminité, *Nouvelles Conférences sur la psychanalyse*, XXXIIIe conférence (1933), Paris, Gallimard, 1984.
Kestemberg E., L'identité et l'identification chez les adolescents, *L'Adolescence à vif*, Paris, Puf, 1999 [1962].
Kestemberg E., Du « mésusage de la bisexualité », *La Psychose froide*, Paris, Puf, 2001 [1975].
Lacan J., *La Relation d'objet*, Paris, Seuil, 1994 [1956-1957].
Lacan J., *Le Désir et son interprétation*, Paris, Éditions de La Martinière, 2013 [1958-1959].
Levy J.-M., Ombres et lumières de la bisexualité, *Bulletin de la Société Psychanalytique de Paris*, 2019.
Richard F., La bisexualité, l'inceste et la mort, *Bulletin de la Société psychanalytique de Paris*, 2019.

Manque de père ou recherche d'une peau d'homme

Elda Abrevaya*

François Richard (2019) remarque que le complexe d'Œdipe et la bisexualité sont corollaires dans la mesure où la résolution œdipienne mène à une double identification masculine et féminine. L'association du masculin et du féminin témoigne de la bisexualité de chacun. Freud précise : « Lors de la disparition du complexe d'Œdipe, les quatre tendances qu'il comporte se grouperont de telle sorte qu'une identification au père et une identification à la mère en résultent : l'identification au père conservera l'objet maternel du complexe positif et remplacera en même temps l'objet paternel du complexe inversé ; ceci vaudra de façon analogue pour l'identification à la mère. Dans la marque plus ou moins forte des deux identifications se reflètera l'inégalité des deux dispositions sexuelles » (Freud, 1923a, p. 274). Il faut cependant considérer que la résolution du complexe d'Œdipe est l'aboutissement d'une évolution psychique qui commence à la naissance et même avant, car elle est tributaire de l'inconscient parental. L'identification primaire au père (et à la mère) et l'identification de l'enfant par le père (et la mère) constituent un temps fondateur dans ce cheminement, la seconde précédant la première.

Jacques Lacan définit les trois temps logiques de l'Œdipe en soulignant qu'il s'agit « d'une structure constituée ailleurs que dans l'aventure du sujet, et dans laquelle il a à s'introduire » (Lacan, 1998, p. 197). Dans ce sens, il est nécessaire de prendre en compte non seulement la reconnaissance de l'enfant par le père (et la mère), mais aussi la part que l'enfant prendra dans l'enjeu identificatoire avec ceux-ci, ce qui suppose un troisième élément, le désir maternel (ou son absence) vis-à-vis du père. L'identification immédiate et directe avec le « père de la préhistoire individuelle » est conditionnée par le désir maternel. La mère renvoie à l'enfant le message qu'elle a un désir autre que celui qu'elle a à son égard, ce qui crée pour celui-ci un « vide

* Membre APIst (Istanbul) et SPP.

narcissique » (Kristeva). Le père imaginaire devient ainsi le lieu d'une matrice symbolique, à partir de laquelle l'enfant peut entreprendre un trajet comme sujet. « S'il y a une *immédiateté* de l'identification enfantine avec ce *désir-là* (du phallus du père), elle provient sans doute du fait que l'enfant n'a pas à l'élaborer, mais qu'il le reçoit, le mime, voire le subit de l'agence de la mère qui le lui offre (ou refuse) sur un plateau » (Kristeva, 2003, p. 243). Tant Lacan que Kristeva attirent notre attention sur la primauté de l'autre dans la constitution subjective et sexuelle, idée que partage Jean Laplanche.

Kristeva reformule la définition freudienne du narcissisme comme produit d'une « action nouvelle » en précisant qu'il s'agit d'une structure ternaire antérieure au stade du miroir et à l'Œdipe. Cette formation narcissique « incite à penser une modalité archaïque de la fonction paternelle, antérieure au Nom, au symbolique, mais aussi antérieure au "miroir" » (Kristeva, *ibid.*, p. 241).

C'est à partir du fondement établi par cette modalité archaïque de la fonction paternelle, concomitante de la formation narcissique, que s'érigent les identifications secondaires. L'identification primaire est condition de l'idéal du moi. Ainsi, comme le souligne Freud (1923a), le complexe d'Œdipe suppose une évolution en plusieurs étapes et niveaux. De son côté, André Green propose l'idée de plusieurs organisateurs ou relais mutatifs dans la constitution de la psychosexualité. L'assignation du sexe de l'enfant par l'adulte, le *socius* (Laplanche), correspond à un moment majeur dans cette évolution, s'agissant du premier organisateur. Green accorde un rôle prépondérant au fantasme maternel dans l'attribution du sexe, fantasme qui assure une sorte d'imprégnation psychique. « Le sexe de l'individu dépend donc de la façon dont il est vécu et perçu par sa mère et son père, de leurs désirs convergents ou divergents à leur égard » (Green, 1973, p. 394). Le conflit psychique découlant des identifications contradictoires aboutit au fantasme de scène primitive, le deuxième organisateur. Finalement le complexe d'Œdipe, comme troisième organisateur, restructure les désirs et les identifications antérieurs.

Le cas clinique d'un patient, M. Ahmet, sert à démontrer dans quelle mesure le refus de la mère de reconnaître la place du père avait constitué un obstacle à l'établissement de l'identification primaire ainsi qu'au passage vers le père. Par ailleurs, il permet d'illustrer les effets qu'avait eus l'infirmation, par la mère, de son sexe anatomique. Tandis que, chez le patient de Winnicott (1971), l'élément féminin avait été complètement dissocié, tel n'était pas le cas chez M. Ahmet. Il avait une certaine conscience de la fille qu'il portait en lui et ses craintes homosexuelles l'avaient précisément conduit en analyse. Tout en étant marié et ayant des enfants, il était angoissé par la possibilité de découvrir qu'il était homosexuel. Winnicott, lui, considérait que le clivage total chez son patient entre les identifications féminines et les identifications masculines ne lui avait pas permis de vivre des relations homosexuelles.

À un moment de l'analyse, j'avais offert à M. Ahmet une construction pour lui signaler que sa mère l'avait reçu en tant que fille à sa naissance et qu'elle lui avait donné des soins comme s'il s'agissait d'une fille. Il avait soutenu cette construction par des associations se rapportant à des scènes infantiles. Sa mère lui avait dit en plusieurs occasions qu'elle aurait désiré une fille. Un jour il me l'avait exprimé, de façon touchante : « Je ne me rappelle jamais d'avoir été reconnu et valorisé en tant que garçon. »

Sa mère lui cousait des vêtements, qui n'étaient destinés ni à un garçon ni à une fille. Autrement dit, il s'agissait du « genre neutre ». Green (1971) considère que la bisexualité psychique serait la contrepartie du fantasme du genre neutre. Si « *la différence* est sexuelle », il s'agirait dans ce cas du fantasme de l'abolition de cette différence. Cette abolition de la part de la mère était devenue patente à l'adolescence du patient. Ce dernier se rappelait des moments où il jouait sur le tapis à côté de sa mère alors que celle-ci était occupée à faire des travaux ménagers. Il éprouvait alors un sentiment de solitude et de non-communication. Il avait l'impression que la vie se déroulait à l'extérieur, et qu'il en était exclu. Le même sentiment d'exclusion, accompagné de honte, prévalait lors de son adolescence, lorsqu'il se trouvait dans la compagnie des garçons ou des filles. Il se masturbait face au miroir ou devant d'autres garçons comme s'il cherchait à se constituer dans leur miroir. Dans ce sens, une défaillance de l'identification primaire avait barré l'accès à une image du corps masculin. Dans ses rêves ou fantaisies, il se voyait en train d'avoir des relations sexuelles avec des garçons physiquement et psychiquement plus forts que lui, ce qui lui permettait d'éprouver le sentiment de devenir puissant comme eux.

Un jour, j'avais été frappée par ce que j'avais pu identifier comme l'envie du pénis et je lui communiquai : « C'est comme si vous étiez une fille dépourvue de pénis et ayant envie de celui possédé par l'autre, le garçon ; comme si, au noyau de votre être, il y avait une fille sur laquelle s'était greffé le garçon. » Il exprima qu'il était horrifié par l'idée qu'il serait une femme et associa avec le film *Le Silence des agneaux* (*Silence of the lambs*), dans lequel le héros tuait les femmes pour se construire une peau de femme.

Je lui communiquai alors qu'il avait cherché à se construire une peau d'homme avec un pénis. Cependant, ces échanges dans la séance n'avaient pas pu calmer son angoisse. Je lui dis alors que nous savions qu'il n'avait pas un corps de femme et qu'il était un homme. Il a été soulagé par mon interprétation. J'ajoutai : « Vous avez eu besoin que l'on reconnaisse que vous étiez un garçon. »

L'analyse de M. Ahmet continua à me poser une question qui restait complexe et énigmatique, à savoir son adhésion à la mère. Quelles étaient les forces qui l'avaient conduit au déni du père ? En tant qu'enfant, il avait le sentiment qu'il était très dangereux d'aller vers celui-ci dans la mesure où il serait puni de façon implacable par l'objet maternel. La menace qu'il sentait était la perte de l'amour de l'objet, dont la violence serait équivalente à celle éprouvée par la fille, qui s'affronte à un conflit entre la passion pour le père et l'amour pour la mère. Une scène infantile relative à la férocité de l'imago maternelle acquit la signification d'une scène originaire fixant son adhésion à celle-ci ainsi que ses identifications féminines : il avait un an et demi et se trouvait dans les bras de sa nourrice quand sa mère avait essayé de le gifler. Sa nourrice l'avait protégé de l'agression de celle-ci. Il avait décrit cette scène comme un moment d'horreur et de terreur, sans pouvoir lui conférer un sens. Dès lors, il sentit qu'il devait se soumettre au désir et à la volonté maternels sans pouvoir s'en séparer.

Ainsi, il souffrit d'une plaie ouverte qui le renvoyait au deuil de l'homme qu'il n'avait pas pu être, de celui qu'il n'avait jamais été, ainsi qu'au précipice qui lui semblait infranchissable par rapport à son père.

Elda Abrevaya
Ersoy sitesi, Bedri Güven sok., 2/11
34740-Istanbul
Turquie
elda.abrevaya@yahoo.com.tr

RÉFÉRENCES BIBLIOGRAPHIQUES

Freud S. (1923 *a*), *Essais de psychanalyse*, Paris, Payot, 2001.

Green A., Le genre neutre, *Bisexualité et différence des sexes*, Paris, Folio, 1973.

Kristeva J., Le père imaginaire, *L'Enfant, ses Parents et le Psychanalyste*, Paris, Bayard, 2003.

Lacan J., *Les Formations de l'inconscient*, Paris, Seuil, 1998 [1957-1958].

Richard F., La bisexualité, l'inceste et la mort, Rapport au 79e CPLF, *Bulletin de la SPP*, 2019.

La fonction générative de la bisexualité

Jacques Dufour*

En après-coup des résonances du congrès, le paradoxe de la bisexualité psychique a suscité ma réflexion. En effet la dernière conception de Freud, d'un refus du féminin en tant que « roc d'origine biologique » (Freud, 1937c) corrélée à l'Idéal de l'identification primordiale au Père primitif a fondé la pensée et l'interprétation analytique sur la seule référence phallo-patriarcale, où la bisexualité psychique dénie la castration du sexe masculin. Cependant, dès lors que le refus du féminin n'est plus roc du biologique, mais que le biologique se réfère à une flexibilité épigénétique bisexuelle de chaque cellule (Junien, 2012), c'est la référence phallo-patriarcale d'un narcissisme totalitaire qui dénie la castration de la bisexualité. Dès lors, là où la différence phallique-châtré entre l'un et l'autre se réfère à un refus du féminin fondé sur un manque visuel, la différence masculin/féminin y intrique le masculin féminin des profondeurs, où les altérités psychiques engendrent entre analyste et patient un tiers énigmatique (Dufour, 2017).

Freud n'a pas reconnu sa bisexualité en sa fonction profonde, mais son fonctionnement manifeste a fait surgir en lui, à son insu ce tiers énigmatique :

> Quelque chose venu des profondeurs abyssales de ma propre névrose s'est opposé à ce que j'avance encore dans la compréhension des névroses, et tu y étais, j'ignore pourquoi, impliqué (Freud, 1887-1902, p. 187-188).

Il dira combien l'ignorance de l'implication de son ami paralysait sa pensée et son écriture « d'impressions tout à fait obscures », mais « énigmes non encore résolues » qu'il vit figurer dans les images-rébus d'un rêve. Honteux et inquiet, il s'y montrait nu parmi des étrangers qui bizarrement ne remarquaient rien. Il interpréta alors qu'en dépit de son habit de sentiment et de connaissance, en fait il était nu devant lui-même, et ce, en lien avec le « quelque chose » de son ami. C'est en ce point que sa démarche de

* Psychiatre, psychanalyste, membre titulaire de la SPP.

conquête de connaissance neuroscientifique en quête de reconnaissance, devint pensée psychanalytique, nécessité intérieure de pénétrer l'obscurité de lui-même que le rêve figurait en énigme. Ce sera au sein de cet incompréhensible nocturne, hors de son désir et de ses souvenirs, que se dévoila à lui la singularité dramatique de son histoire, son amour incestueux pour sa mère et sa haine meurtrière pour son père. Par un coup de dé, Freud a donc aboli le hasard, découvrant dans le singulier de « quelque chose » qui n'était pas de l'ordre d'une logique de connaissance, la structure symbolique inconsciente universelle du complexe d'Œdipe. La pensée psychanalytique est donc née de la générativité de la bisexualité psychique inconsciente de Freud, qui, jusque-là animé, été mu par son besoin de conquête et son désir de paraître, en est venu à s'en séparer, pour s'ouvrir à une obscurité réceptive de lui-même pénétrée par sa parole interprétative engendrant son être ignoré et son œuvre en devenir. Cependant s'il reconnut l'exigence de suspension de toute connaissance pour concentrer « la lumière sur le point obscur » (Andréas Salomé, 1912-1913, p. 59, 122), il ne perçut pas la fonction de cette obscurité comme matricielle, mais comme manque de lumière, continent noir de la pensée, son féminin obscur à éclairer par le pouvoir signifiant de sa parole phallo-patriarcale. Ainsi, tout un courant de la pensée psychanalytique, fort de cette référence phallo-patriarcale, entendra la bisexualité psychique comme fantasme totalitaire inconscient, ou singularité de la pensée féminine (Kristeva, 1996, p. 218) en déni du manque de la castration. Winnicott l'a entendu autrement. Un patient lui disant son sentiment que quelque chose qu'il ne peut dire l'empêche de finir son analyse bien qu'il pense résolu ce pour quoi il est venu, le surprendra, en lui révélant son envie de pénis. Troublé quant à son identité sexuée, Winnicott s'entendit lui dire écouter une fille alors qu'il le sait homme, ajoutant être fou de voir et entendre une fille alors que c'est un homme qui est sur son divan. Cette confusion ouvrit le patient à se voir vu en fille comme il avait été vu par sa mère, ne pouvant alors ni se dire fille, car il se savait garçon, ni se dire garçon, car il pensait être vu fille. Après cette interprétation et l'élaboration de la folie de sa mère, cette dissociation des éléments masculins et féminins laissa place une personnalité unifiée intégrant sa bisexualité. Cependant, Winnicott après coup, note que tant sur le plan tant théorique que pratique il n'a rien apporté de nouveau, car il tenait la bisexualité comme qualité du fonctionnement mental. Si Freud n'a ni reconnu ni perçu l'influence inconsciente de sa bisexualité, Winnicott qui l'avait reconnue en son fonctionnement, ne l'a pas perçue en sa fonction en séance et a été surpris par son émergence.

La bisexualité peut donc se concevoir comme un fonctionnement inconscient d'hypersensibilité réceptive et de pénétration interprétative, qui, sous condition de suspension de toute connaissance affirmative, se manifeste en sa fonction de découverte de quelque chose jusqu'alors impensable. En effet, la pensée verbale étant régie par l'ordre linéaire du sens, seule sa suspension ouvre à l'écoute de la dualité de la bisexualité psychique, d'où émerge en une indétermination et une impulsion, le tiers énigmatique. Dans cette ligne le couple analyste-patient ne se conçoit qu'en relation intersexuée et non intersubjective, car la relation analytique est spécifiquement animée par la rencontre et l'intrication des altérités de la bisexualité des deux partenaires. Carrefour des étrangetés, étrangeté de l'autre sexe en soi intriquée avec l'étrangeté de l'autre sexe hors de soi, le tiers énigmatique rejoint l'insaisissable chimère de Michel de M'Uzan (de M'Uzan, 1994, p. 39-41), où déperdition et identification ne cessent de bouleverser et de remanier la vie psychique. Dès lors en séance, le désir pénétrant du masculin de la parole associative de l'analysant pénètre-t-il l'écoute réceptive féminine de l'analyste, qui, fertilisé, engendre le masculin de sa parole interprétative de pénétrer la réceptivité féminine de l'analysant. La bisexualité fonctionne donc comme une dynamique aléatoire, mais matricielle dont la fonction de transformations dans le couple analytique est liée aux interactions de quatre rapports sexués fonctionnant à deux niveaux différents, post-œdipien et préœdipien.

Au niveau post-œdipien, la différence masculin/féminin, née des deux identifications sexuées constitutives de la bisexualité psychique de l'analyste et du patient, a instauré un rapport à double sens. Du moment où le discours associatif du patient pénètre une écoute sémiotique de l'analyste (Dufour, 2018) de signes incongrus et de « pensées non voulues » (Freud, 1900, p. 96), le rapport analyste-patient devient bisexuel. En effet cette écoute de l'analyste n'intègre pas ces pensées dans une signification passée ou présente, mais sa réceptivité féminine se laisse pénétrer par leur non-sens, avant de les transformer en signifiants portés par le masculin de sa parole, qui pénètre la réceptivité féminine du patient.

Mais cette position de résolution œdipienne ne conçoit que les altérités bisexuelles de la différence masculin/féminin, comme si des restes de la différence narcissique phallique-châtrée ne provoquaient pas d'interférences intra et extra psychiques. En effet si les identifications de la bisexualité psychique se révèlent matrices et motrices de l'association libre et de la parole interprétative, des identifications projectives d'angoisses et de phantasmes destructeurs primitifs ne sont pas sans infiltrer peu ou prou le travail analytique. Si Melanie Klein les a reconnues (Klein, 1945) dans la ligne phallo-patriarcale dotant sa parole interprétative d'un pouvoir de bon objet culpabilisant source de désir de réparation, pour Bion la parole interprétative ne prendra pas cette fonction surmoïque itérative et intégrative. À l'opposé, concevant les angoisses et affects schizo-paranoïdes comme des restes primitifs impensables, non intégrables parce que non vécus dans la relation primaire à l'objet, il substituera une écoute contenant ces contenus archaïques où la réceptivité vécue est préalable à une transformation en quelque chose de pensable. C'est donc ici ne pas entrer dans un rapport de force bon-mauvais, mais induire une bisexualité psychique primitive qui va enclencher un cycle de transformations (Bion 1962, p. 24-55 ; 1965, p. 161-163 ; 1970, p. 129-144).

Il débutera par la transformation en hallucinose, contenance réceptive de l'analyste qui sans filtre mental s'expose et est transformé par le contenu destructeur que le patient rejette de lui dans l'analyste. En mal-être celui-ci devient maléfique, proie et dépositaire des identifications projectives de rejet paranoïde et nihiliste du patient, qui l'emplissent de concrétude sensorielle et de tensions corporelles, hors capacité de distance et de réflexivité de pensée. Transformation en analyse adviendra alors la capacité de l'analyste de transformer cette emprise destructrice en contenance matricielle et contenu pénétrant. Dans cette perspective, là où l'identification projective a transformé l'analyste en personnage maléfique, image que le patient rejette de lui-même, là sera l'exigence de l'analyste de transformer ce personnage haï en un autre personnage, où le patient ne reconnaîtra pas la part de lui-même qu'il rejette, mais qui ne manquera pas de résonances inconscientes. Trouver un décalage avec l'image qu'il incarne pour le patient sera alors le travail de transformation de l'analyste des éléments rejetés en dérivés narratifs (Ferro, 2005). Là où la parole interprétative aurait été couteau dans la plaie, sa rêverie métaphorique condensera et déplacera la blessure narcissique insupportable, qui ne peut être dite, dans un champ bruissant de pensées circulantes en potentiel et attente de livrer ses secrets. Je montrerai maintenant une réalisation pratique de ce fondement théorique de bisexualité psychique primitive.

Il veut arrêter son analyse, l'analyse n'est pas faite pour lui, il lui faut trouver une aide efficace qui le pousse à agir, car penser ne peut en rien l'aider. J'étais de son avis, je n'avais rien trouvé et ne trouvais rien de mobilisateur à sa destructivité, mais je me refusais à ce nihilisme partagé. C'est dans cet état d'esprit que me revint qu'il m'avait dit être un « un roi nu » et cette image devint source d'une rêverie que je lui livrai au fur et à mesure qu'elle se composait en moi. Je lui dirais que son enfermement et son désir d'interrompre l'analyse m'évoquaient un roi dans une ville assiégée, qui ne voyant pas d'issue n'envisageait que la famine ou une tentative de sortie à haut risque. Cependant, à l'encontre du commandant de l'armée, il prit sur lui de renoncer au rapport de force et hissa le drapeau blanc. Il négocia un traité, perdit l'estime des notables, mais gagna une paix pour les citoyens, conflictuelle, mais riche d'échanges entre les habitants et les assiégeants venus d'ailleurs.

D'abord silencieux et surpris, je l'entendis ensuite se moquer de moi me disant que cela ne se passait jamais comme ça et que hisser le drapeau blanc serait pour lui la mort. Cependant, dans les séances qui suivirent il changea de registre, me révélant que ses angoisses de croire que tout le monde lui en voulait allaient de pair avec son propre enfermement pour ne pas aimer, ne rien vouloir et se dire qu'il ne valait rien. « Enfant roi » il se voyait « un roi nu » dans la prison dorée de l'admiration de ses parents à qui il ne pouvait rien reprocher, sans autre issue que de saborder toute image de réussite, devenir bête et méchant, car au moins personne ne voulait cela pour lui. Me décevoir, paraître bête et méchant, me faire reproche de ne jamais le comprendre, représentait donc pour lui sa manière de se libérer de cette prison dorée. C'était un nœud inextricable me dira-t-il où comprendre était se déposséder de lui-même pour de l'admiration, ne pas comprendre se diluer dans la blessure d'une dévalorisation. Il avait alors voulu et réussi à ne rien ressentir, à ne rien penser, à mettre un voile d'indifférence pour que rien ne le touche, et avec moi c'était pareil, il a fait en sorte que je ne vois rien de lui, car il sentait que je m'intéressais à lui. Mais à un moment sans qu'il sache pourquoi, sa souffrance était là, sans voile, il s'est mis à penser et il a vu tout ça.

Il me montrait que l'emprise d'un rapport de force imposait une stérilité analytique, mais qu'une bisexualité psychique vécue au présent du transfert gardait capacité de faire naître un enfant de l'esprit.

Jacques Dufour
1 rue de la trésorerie
73000 Chambéry
Jacques.dufour7@wanadoo.fr

RÉFÉRENCES BIBLIOGRAPHIQUES

Andréas Salomé L., *Correspondance avec Sigmund Freud, 1912-1913*, Paris, Gallimard, 1970.

Bion W.R., *Aux sources de l'expérience*, Paris, Puf, 1979 [1962].

Bion W.R., *Transformations*, Paris, Puf, 1982 [1965].

Bion W.R., Contenant et contenu, *L'Attention et l'Interprétation*, Paris, Payot, 1974 [1970].

Dufour J., Le tiers énigmatique créateur. Joyce-Lacan, Beckett-Bion, *Le Coq-Héron*, n° 23, 2017.
Dufour J., Écoute sémiotique, entendement sémantique, *Revue française de psychanalyse*, t. LXXXII, n° 5, 2018.
Freud S. (1895 *a*), *La Naissance de la psychanalyse. Lettres à Wilhelm Fliess*, notes et plans 1887-1902, Paris, Puf, 1969.
Freud S. (1900 *a*), *L'Interprétation des rêves*, trad. Meyerson, Paris, Puf, 1980.
Freud S. (1937 *c*), L'analyse avec fin et l'analyse sans fin, *Résultats, Idées, Problèmes, t. II*, Paris, Puf, 1985.
Ferro A., *La Psychanalyse comme littérature et thérapie*, Toulouse, Éres, 2005.
Junien C., L'épigénétique : les gènes, l'environnement pour le pire et le meilleur, *in* J.-F. Toussaint, B. Swynghedauw, G. Bœuf (dir.), *L'Homme peut-il d'adapter à lui-même ?*, Paris, Quae, 2012.
Klein M., Le complexe d'Œdipe éclairé par les angoisses précoces, *Essais de psychanalyse*, Paris, Payot, 1968 [1947].
Klein M., *Envie et Gratitude*, Paris, Gallimard, 1968 [1957].
Kristeva J., *Sens et Non-sens de la révolte*, Paris, Fayard, 1996.
M'Uzan M. de, *La Bouche de l'inconscient*, Paris, Gallimard, 1994.

Comment jouer avec l'arbre qui cache la forêt ?

Mi-Kyung Yɪ*

À l'heure du bain, deux petits enfants, un garçon et une fille jouent dans la baignoire. Arrêt sur image : debout, ils se regardent mutuellement et voient que l'un n'est pas fait tout à fait comme l'autre. Les yeux écarquillés rivés sur le sexe de la fille, le petit garçon s'écrie, ses deux mains ouvertes en parapluie sur son pénis que sa partenaire du jeu fixe d'un regard chargé d'une curiosité avide et envieuse : « Non, je ne te prête pas le mien, tu as déjà cassé le tien ! » Plaisir d'un moment de jeu d'enfant irrémédiablement gâché sous le coup fatal de l'angoisse de castration et de l'envie du pénis ? Pas tout à fait puisqu'il s'agit d'un dessin humoristique posté par un internaute. La psyché déjoue ainsi l'angoisse de castration, le temps d'en jouer, de s'en jouer comme un sujet à rire donné en partage. Attrait d'un plaisir de jeu retrouvé en prime.

Phallique ou castré, on l'a ou on ne l'a pas. La théorie de la castration vissée à sa logique binaire présence/absence paraît très peu encline à jouer de et avec l'énigme de l'entre-deux sexes qu'elle croit trancher une fois pour toutes. Comment rendre alors jouable, mobile le primat du phallus planté dans la psyché, comme l'arbre qui, pour espérer cacher la forêt, se donne pour unique et immuable ? D'autant que de théorie sexuelle infantile, il se trouve élevé au statut de la théorie psychanalytique, voire assimilé à une idéologie culturelle imposant son arrogance et sa certitude. Mais on peut se demander si l'insistance croissante sur la « théorie » de la castration n'en vient pas à masquer sa nature « du sexuel infantile ».

Précisons : rappeler sa source infantile ne revient pas à dénoncer simplement le caractère contingent et illusoire de l'anatomie perceptive de la différence des sexes qui détermine la théorie de l'unicité originelle des sexes. Dans le prolongement du rapport de Jean-Michel Lévy, mettant en relief

* Psychanalyste (APF) et professeur de psychopathologie clinique. Université Paris.

une facette jouable du complexe de castration, je me propose de montrer que malgré sa dimension binaire, la théorie de la castration en tant que théorie sexuelle infantile, peut garder son potentiel de plasticité pulsionnelle et donc s'avérer susceptible d'ouverture à la bisexualité jouant de la différence des sexes. Comme le souligne bien Jean Laplanche (2007, p. 155), la castration n'est pas simplement une théorie sur la sexuation ou la sexualité sexuée – *Geschlechttheorie* –, mais une *Sexualtheorie*, c'est-à-dire une théorie fantasmatique portant donc nécessairement la marque du mouvement des pulsions sexuelles polymorphes qui l'anime. « Solution géniale ». Cette qualification freudienne rend hommage à l'inventivité des théories sexuelles infantiles et non à la certitude implacable de la logique. Que la castration dans son mouvement de constitution implique une possibilité de jeu au double sens – mobilité et écart, qui indique la voie de son dépassement, on le voit dans le récit de l'analyse du petit co-inventeur de la théorie de la castration (Freud, 1909b).

Hans au père : « Je me suis imaginé aujourd'hui quelque chose… le plombier est venu et il m'a d'abord enlevé le derrière avec une pince et ensuite il m'en a donné un autre et ensuite pareil avec le fait-wiwi » (*ibid.*, p. 87). Cette fantaisie de souhait est considérée comme résolutoire du complexe de castration en ce sens que l'angoisse est surmontée à la faveur d'une promesse d'échange à venir. Néanmoins un autre élément détermine également la sortie du complexe de castration : l'intégration des désirs et identifications féminins via le fantasme de grossesse, bien repérable dans l'érotisme anal. Hans identifie l'acte de défécation à l'acte de donner naissance et appelle « trous du derrière » les portes du hangar de la douane par où, fasciné et effrayé, il aime à voir partir les voitures chargées. « Avant j'étais une petite maman, maintenant je suis un petit papa. »

Parallèlement à cette intégration des désirs et identifications féminins via le fantasme de procréation, l'enfant met en jeu des représentations de la différence des sexes moins rigides que la théorie réduisant le sexe féminin à la figure du châtré. Voici un jeu de poupée donné à voir par le petit garçon, non sans un souci de mise en scène et de spectacle. On y voit comment un jeu de condensation entre fantasme de castration, fantasme de scène primitive, fantasme de naissance semble esquisser une représentation du sexe féminin comme une ouverture, et non simplement comme une coupure : Hans enfonce par une ouverture un petit couteau appartenant à la mère et ensuite déchire la poupée en écartant ses jambes pour faire tomber le couteau dehors. Et à toute scène, son spectateur, en l'occurrence, une femme, la bonne d'enfants, celle qui comme le père avant, lui a servi de cheval : il lui dit, montrant l'entrejambe de la poupée : « Regarde ici il y a le fait-wiwi » (*ibid.*, p. 74). À voir ce jeu qui condense la castration et sa réparation dans un seul et même acte de naissance, on dirait que le petit Hans réalise le programme de possession de l'enfant-phallus que Freud décrit comme la voie la plus achevée de la féminité, selon sa théorie phallocentrée.

Reste que le jeu de poupée de l'enfant met en scène une version plus souple de la violence de l'acte sexuel qui, en plus d'être procréatrice de l'enfant phallique, est opératrice et même créatrice d'une ouverture dans le corps : le couteau y apparaît moins coupant que pénétrant. Ici le complexe de castration moins rigide, moins catégorique, semble tolérer et même encadrer l'ébauche d'une représentation de la féminité irréductible au châtré, permettant ainsi un jeu entre différentes figures identificatoires qui ne soient pas purement antagonistes : couteau de la mère, couteau pénétrant, poupée effractée, corps-orifice, ventre à bébés, corps castré, enfant-phallus, enfin, celui qui montre et celui qui regarde, excitants et excités l'un comme l'autre. Cette observation porte à penser que, déployée dans sa dimension fantasmatique et pulsionnelle, la théorie sexuelle infantile de l'unicité des sexes pourrait ne pas s'avérer aussi fondamentalement exclusive de toute voie d'accès à la bisexualité que sa logique binaire le laisse supposer.

La théorie de la castration ainsi rendue à ce qu'elle doit à la sexualité infantile polymorphe en termes de plasticité, de mobilité et aussi de conflictualité, il importe de rappeler qu'elle ne se constitue pas seule. « Le destin, c'est l'anatomie. » Tout en mettant en relief son importance dans la conception phallique de la différence des sexes, Freud souligne que la réalité perceptive seule ne suffit pas à ce qu'elle fasse événement pour l'enfant. Pour gagner le pouvoir d'ébranlement qu'on lui reconnaît, elle a besoin d'être reliée à un élément qui déborde l'anatomie perceptive, que ce soit le souvenir de la menace de castration ou celui des expériences de privation passées. Certes, Freud ne va pas jusqu'à évoquer la détermination intersubjective encore moins l'inconscient de l'adulte. Mais l'idée de la castration qui ne devient effective qu'en deux temps – « obéissance après coup » (*ibid.*, p. 30) – suggère ce que l'anatomie doit à l'histoire, donc au fantasme ou à la croyance.

L'enfant agent de la perception anatomique de la différence des sexes se tient debout, marche, joue, parle, bien après qu'il a fait l'objet de la perception par le monde adulte environnant. À ce propos, les travaux de Herman Roiphe et de Eleanor Galenson (1987, p. 221-259) offrent deux observations intéressantes : la première concerne la différence de manifestation des jeux exploratoires précoces avec les organes génitaux selon les sexes : les garçons découvrent ces jeux plutôt que les filles, et les jeux des filles sont moins fréquents, moins localisés, moins persistants, moins intentionnels. Différence qui trouverait son explication d'une part dans la conformation sexuelle différente et d'autre part, la différence sensible dans les gestes de soins corporels apportés par les adultes. Une autre observation éloquente porte sur un fait de langage : pour les garçons, les mères tendent à user un nom particulier, souvent un diminutif pour désigner le pénis alors que la plupart des filles ne se voient pas gratifiées de mot spécifique pour leur zone génitale. Pas de mots à avoir parce que rien à voir ? Pour se signifier et se transmettre, la castration n'a pas forcément besoin de gestes blessants ou de mots menaçants ; il suffit parfois que les mots manquent. *Lost for words*, disent les Anglais.

« Pourquoi vous dites zézette en parlant à votre fils de son sexe ? », demandai-je à la mère d'un petit garçon que je suis en psychothérapie. « Ah… parce que j'ai pensé que c'est plus mignon que de dire zizi. » Il arrive ainsi que l'ambivalence maternelle se saisit de l'ambiguïté des mots – zézette comme une version féminine ou un diminutif du zizi, c'est tout un – dès lors, pourquoi ne pas le trouver affectueux comme tous les petits noms, dirait-on ? Réactivée par sa confrontation à l'enfant qu'elle a, la théorie de la castration comme vestiges de la sexualité infantile de l'adulte maternel, vient à brouiller et à exciter ce qui fait la différence des sexes, plus qu'elle l'organise.

Tu es une fille, tu es un garçon : l'assignation est un processus imprégné par un ensemble de comportements et de représentations conscients et inconscients attachés aux mots « fille », « garçon », lesquels débordent la réalité anatomique. Elle implique une dimension énigmatique aussi bien pour l'adulte que pour l'enfant. On peut être assigné comme un garçon, mais investi comme une fille. Jusque-là, on garde l'impression de savoir de quoi on parle. Mais il arrive que la fille ainsi clandestinement investie soit une fille pas comme une autre, par exemple, une princesse fantasmatiquement identifiée à la femme phallique à qui il ne manque rien, ou à l'enfant éternel à l'abri de toute différenciation. Par ailleurs, la complexité du processus d'assignation tient aussi au fait que s'y trouve convoquée la question d'un « mon fils ou ma fille ». Une énigme qui suscite ces mots d'enfant : « Papa, si j'étais un garçon, j'aurais été dans ton ventre ? » Il arrive que l'expérience analytique découvre un fantasme du genre : « Tu es un garçon parce que tu es ma fille. » Si en plus le génie de la langue s'y mêle… La langue française dispose d'un seul mot – fille – pour dire l'enfant qu'on est et l'enfant qu'on a, tandis que pour l'autre sexe, elle les distingue : c'est un garçon et on a un fils. Dans certaines langues et cultures, le sexe de l'enfant par le médecin s'annonce en termes de : « c'est une fille ou un fils (que vous allez avoir) » plus qu'en termes de « une fille ou un garçon ».

Pas étonnant donc que prise dans cette multitude d'échos que l'assignation peut éveiller, la psyché enfantine en voie de construction comme celle de l'adulte en proie à sa sexualité infantile soit tentée de donner sa langue au chat, ou à la logique phallique qui trace la ligne de partage ou d'opposition entre les sexes selon le sexe-étalon qu'on a ou qu'on n'a pas. La diversité ou l'altérité des sexes ramenées à la différence des sexes, on gagne à la fois en clarté et en refoulement. Ce que Laplanche (2007) formule en termes du genre traduit et organisé après coup par le sexe dont la castration largement apportée et portée par le monde adulte tient la fonction-clé. Pour ma part, je serais portée à prolonger cette idée en insistant sur l'observation que la castration comme théorie infantile agissante chez l'adulte fait aussi partie intégrante ou plutôt compromettante du processus d'assignation du genre par les *Nebenmenschen* soignants et est donc perçue paradoxalement comme un message énigmatique. Elle est à fois adressée comme un des ingrédients troublants du genre assigné et offerte comme son principal organisateur. Autant dire qu'elle n'est jamais au clair avec ce qu'elle veut signifier, pour l'adulte qui en est porteur, et encore moins pour le petit enfant qui en est récepteur.

Présence ou absence, bleu ou rose, voitures ou poupées, superhéros ou princesses ? Mais il n'est pas rare que l'enfant dé-couvre cette offre de la logique binaire du monde adulte, parfois en y donnant à voir ce qu'on ne saurait voir ou en en faisant ce qui est imprévu. Voiture, avion, trains, à chercher au rayon d'objets phalliques ? Pas si sûr. Prenez l'exemple de la petite Piggle de Winnicott qui aime à jouer avec les trains parce que, entre autres, ils font tschu tschu, comme son sexe qui fait tschu tshcu, lorsqu'elle le frotte jusqu'à avoir mal (Winnicott, 1980, p. 46). Mais déjà, Freud, grand-père de l'enfant au jeu de la bobine, était étonné de voir que son petit-fils invente un tel jeu aussi inattendu au lieu de jouer à la voiture en traînant la bobine derrière lui. De même, le Petit Hans s'intéresse aux petites voitures plus pour leurs caisses que pour leur puissance motrice. Et le cheval ? Figure phallique à l'image du père castrateur redoutable ? Le co-inventeur de la théorie de la castration en fait toute une scène où se multiplient les facettes bisexuelles et polymorphes de l'animal équestre, en y entraînant les deux adultes installés en première loge. Le père initiateur et partenaire du jeu de cheval et professeur Freud, ami des parents et donateur du cadeau d'anniversaire de ses trois ans, le cheval à bascule, se découvrent intéressés par l'« amusant marmot » jusqu'à s'en trouver excités et ravis au prix d'en être désarçonnés de leur monture théorique.

Perception, fantasme, angoisse, désir, théorie, message compromettant/compromis, autant d'ingrédients sensibles dans toute version ambiguë de la théorie phallique. En écart avec sa version rigide du genre « arbre qui cache la forêt », qui fixe le mouvement du regard comme celui de la pensée, cette théorie sexuelle infantile peut se déployer comme une scène passablement animée de figures mobiles, au plaisir du jeu partagé de se livrer, malgré l'angoisse, aux questions sans réponse définitive, comme celle de l'altérité des sexes. Il arrive ainsi qu'elle laisse au couple masculin/féminin une chance de devenir une partition à jouer, et non une position à occuper. Une chance de se mouvoir dans le royaume intermédiaire ? Peut-être.

Mi-Kyung Yi
34 Rue Desnouettes
75015 Paris
mik.yi@wanadoo.fr

RÉFÉRENCES BIBLIOGRAPHIQUES

Freud S. (1909 *b*), Analyse de la phobie d'un garçon de cinq ans, *OCF.P*, IX, 1998.

Laplanche J., Le genre, le sexe, le sexual, *Sexual, La sexualité élargie au sens freudien*, Paris, Puf, 2007.

Roiphe H., Galenson E., *La Naissance de l'identité sexuelle*, Paris, Puf, « Le fil rouge », 1987 [1981].

Winnicott D.W., *La petite « Piggle », Traitement psychanalytique d'une petite fille*, Paris, Payot, 1980 [1977].

Transfert de la bisexualité psychique dans la cure : de la résistance à la médiation

Hervé BALONDRADE*

« Ce que nous trouvons dans la science sur l'apparition de la sexuation est si peu de chose que l'on peut comparer ce problème à une profonde obscurité où n'a pas même pénétré le rayon de lumière d'une hypothèse » (Freud, 1920a, p. 331). C'est à cet endroit du texte d'« Au-delà du principe de plaisir » que Sigmund Freud, s'appuyant sur la pensée de Darwin, se représente l'apparition de la reproduction sexuée comme la copulation fortuite de deux protistes obtenue par amphimixis, c'est-à-dire par la fusion et mixtion de deux cellules germinales différenciées quant au sexe. Cette conception des origines de la sexualité appelle aussitôt la réaffirmation de son hypothèse sur l'association et l'intrication dès le début de la vie, des pulsions de mort et des pulsions de vie. À cet endroit du texte, il lâche la spéculation scientifique pour une approche plus fantastique qui convoque le mythe platonicien développé par Aristophane, selon lequel il y aurait au départ un troisième sexe réunissant les deux autres, le masculin et le féminin, que Zeus a coupé en deux, la désirance poussant à partir de là les deux moitiés à se rejoindre (Freud, 1920a, p. 332). Dans ces contrées obscures des origines de la vie, de la sexuation, du dualisme des pulsions de vie et de mort et de la bisexualité, Freud est aux prises avec son propre fantasme de scène primitive qui excite la curiosité et la spéculation intellectuelle. C'est pourquoi le mythe des origines de la vie et de l'amour rejoint la mythologie des pulsions, où la substance vivante fut déchirée en particules par les pulsions de mort, qui depuis lors aspirent à leur réunion du fait des pulsions sexuelles. La bisexualité est alors le nécessaire contrepoint de la bipulsionnalité et c'est la première articulation que je voudrais relever et questionner, centrée sur l'ambivalence originaire.

* Psychiatre, psychanalyste, membre de l'Association Psychanalytique de France.

Dans le mythe d'Hermaphrodite, ce dernier est conçu comme enfant à parts égales d'Hermès et d'Aphrodite, il représente en une seule forme leur couple, il condense les deux parents en une unité. Il est représenté comme ce jeune homme et cette jeune femme enlacés, « leurs deux corps réunis n'en forment plus qu'un seul, sous une double forme. Ils ne sont ni homme ni femme, ils semblent n'avoir aucun sexe et les avoir tous les deux » (Ovide, p. 8). Ce mythe de l'androgyne chez Ovide, qui figure la bisexualité incarnée à l'issue de l'étreinte sexuelle entre le jeune berger et la nymphe au désir irrésistible, serait comme une neutralisation et désexualisation d'une scène primitive, dans un fantasme de bisexualité qui reprend le désir de totalité, de toute-puissance infantile. C'est comme si le corps imaginaire de l'enfant était le lieu du recel de la scène sexuelle des parents, incarcérée et fixée pour immobiliser le retour intolérable de sa représentation, de sa pulsation, et de sa persécution à l'intérieur du psychique infantile.

Le fantasme de bisexualité fait s'accomplir le retour à l'unité et à la complétude narcissique en fusionnant avec l'autre sexe, ce qui peut être alors conçu comme la relance imaginaire de l'étape prégénitale du Phallus glorieux, et par là même du déni de la castration.

C'est alors le clivage du moi, la perversion et le fétichisme qui sont convoqués ; mais, comme J.-B. Pontalis le précise dans son texte « L'insaisissable entre-deux » (Pontalis, 1973, p. 17), « Le paradoxe de la fantasmatique bisexuelle est que […] l'objet fétiche n'est pas un objet partiel, mais un objet total » et que l'aspiration bisexuelle est moins fantasme d'unité que de réunion, d'unification.

Ce fantasme de réunion avec l'être complémentaire idéal trouve son expression, nous dit Sigmund Freud dans « Psychologie des foules et analyse du moi », dans la prise en masse des foules avec le chef, de l'hypnotiseur avec l'hypnotisé et de l'aveuglement passionnel dans l'état amoureux. C'est dans le registre de l'identification primaire et des aléas des processus d'incorporation et d'introjection que j'aimerais centrer mon propos.

Dès le message des secrétaires scientifiques, on voit comment la bisexualité peut être une tentative défensive, une esquive nous dit Jean-Michel Lévy, pour l'élaboration de l'angoisse de castration. L'envie du pénis chez la femme et la rébellion contre la position passive féminine chez l'homme constituent en tant que refus de la féminité la résistance ultime dans certaines cures.

La différence du clivage par rapport au refoulement, c'est le traitement de l'excitation qui n'aurait pas suffisamment accompli de travail sur le chemin de la pulsionnalisation, du fait de sa trop grande collision avec les projections des objets primaires et de leurs effets traumatiques. C'est ainsi que je comprends la principale proposition de François Richard sur l'impact quantitatif désorganisateur de la pulsionnalité incestueuse, qui emprunte la voie régressive prégénitale et mortifère pour attaquer les positions identificatoires œdipiennes et qui trouve son occultation par le thème bisexuel.

La mise en jeu de l'envie du pénis et du refus du féminin dans les deux sexes déplace le mouvement défensif sur l'angle vif de la différence des sexes pour mieux laisser dans l'ombre, sous couvert d'idéal bisexuel, les ratages identificatoires du temps premier de fusion de l'enfant au sein maternel. Cela ouvre la mise en échec possible de l'oscillation première incorporation/introjection au temps de l'identification primaire.

Je reprendrai ma lecture du fragment bien connu de « Résultats, Idées, Problèmes » de 1938, où Sigmund Freud écrit :

« Avoir et être chez l'enfant. L'enfant aime bien exprimer la relation d'objet par l'identification : je suis l'objet. L'avoir est la relation ultérieure, retombe dans l'être après la perte d'objet. Modèle : le sein. Le sein est un morceau du moi, je suis le sein. Plus tard seulement, je l'ai, c'est-à-dire je ne le suis pas » (Freud, 1941f, p. 287).

Le sein est un objet partiel, mais l'identification est totale ; à ce moment-là, l'investissement et l'identification sont concomitants : « Moi est le sein », et c'est sur le même mode que s'opère l'identification directe et immédiate au père de la préhistoire individuelle, non pas seulement avec un père, nous dit Freud, mais aux deux parents avant la découverte du pénis dans la différence des sexes. C'est un temps narcissique avant tout choix d'objet, et « antérieur à toute concentration sur un objet quelconque » (Freud, 1923b, p. 275), en lien avec des mécanismes d'incorporation au moment de la phase orale de la libido.

Dans ce mouvement oral premier, je proposerai un énoncé dérivé : « Je perçois le sein, je le veux, je le suis », une façon de faire corps avec lui, de faire tout Un. Dans cette identification primaire, il pourrait y avoir un premier déplacement vers « je perçois le père, je le veux, je le suis ». Cette prise en masse assure la matrice de l'idéal du moi à venir et l'ouverture à tous les enjeux de la castration originaire. C'est à ce carrefour-là que s'inaugure plus tard chez la fille comme voie de dégagement le « je l'ai vu, je ne l'ai pas, je le veux » à propos du pénis. Tous ces énoncés restent au plus proche de l'accomplissement du désir sur le plus court-circuit du mode hallucinatoire.

Cette identification primaire et narcissique, qui est issue d'une mise en forme des auto-érotismes et qui organise les excitations pulsionnelles originaires, construit une surface identificatoire, ébauche de la topique originaire et du moi-idéal. Je ferais une analogie avec un ancien article de Baldwin

J. Lewin, « L'écran du rêve » (Lewin, 1972, p. 211) où il conçoit l'incorporation, l'intériorisation, l'introjection du sein comme la fabrique de l'écran de projection du rêve et du possible réinvestissement hallucinatoire des traces mnésiques qui permet la mise en route du travail du rêve. Cette surface identificatoire pourrait être le support de la mise en route de la vie imaginaire dans les temps précoces de l'Œdipe et de la construction des fantasmes originaires.

Dans les histoires traumatiques, la détresse du sujet est en prise avec une charge d'excitations inélaborables qui, par excès d'intensité et de primarité des enjeux meurtriers et incestueux, va fragiliser cette identification primaire, la rigidifier, voire la pétrifier. Il se crée alors une impasse dans l'engagement du complexe d'Œdipe et une fixation sur l'incapacité d'élaborer le complexe de castration. On assiste à un meurtre et à un inceste continuels sans frein, qui permettent la poursuite infinie d'une entre-dévoration d'un père primitif qui possède toutes les femmes et d'une mère primitive qui garde l'exclusivité de la jouissance phallique de l'homme primordial. C'est comme une figure chimérique qui incarnerait la toute-puissance d'une bisexualité originaire et qui s'immobiliserait dans une représentation mortifère de parents combinés.

Il y a alors une éternisation de ces mouvements imaginaires primordiaux et un barrage pour l'accès au symbolique, par impossibilité de perdre l'objet du besoin, l'être secourable. Toute perte, toute castration primaire est difficilement assimilable et tombe sur une pétrification de l'identification primaire où, au lieu de se déplacer vers le sein, le phallus, le père de la préhistoire individuelle, le sujet tombe face à face avec la mère primitive, Méduse symbolisant le sexe maternel béant tout orné de multiples phallus, figure originale de la bisexualité. C'est à ce carrefour que se dresse dans les deux sexes le roc de la résistance des identités sexuées dans une logique de la castration et que cliniquement, dans les cures difficiles, la régression transférentielle débouche sur la brèche du clivage primordial moi /objet, lieu d'origine du refoulement primaire, mais tout autant d'un lien narcissique féminisant à l'objet premier. Faire voler en éclats la résistance sur ce point pivot des défenses et contre-investissements originaires expose l'analyste à voir surgir dans le transfert une scène primitive traumatique où l'imago maternelle met à feu une force d'attraction et de répulsion qui fait obstacle aux capacités de permutations identificatoires secondaires. Jamais autant que dans l'exposé du cas Schreber, Freud mettra en évidence cette ambivalence originaire à l'égard de l'identification à la figure maternelle. En effet, tout l'enjeu de la féminisation du corps imaginaire chez l'homme, mais aussi dans une moindre mesure chez la femme, met à l'épreuve l'envie et l'horreur dans le rapport au corps féminin, qui pourrait aussi être envisagé en miroir de l'envie du pénis. L'idéalisation et l'identification au corps féminin maternel opèrent comme une ultime défense contre tous les mécanismes projectifs et persécutoires en prise avec l'ambivalence originaire. C'est avec la tête coupée de Méduse éveillant la terreur de la castration que se projette une lumière crue sur la vue de l'organe génital maternel qui « isole son effet excitant l'horreur de celui excitant le plaisir-désir » (Freud 1940 [1922], p. 163). C'est dans le champ de l'identification primaire et de ses ratés, que se réinvestit sur la voie régressive et narcissique le désir et l'effroi de la réunification au corps maternel, qui est un désir de totalité dont la bisexualité constitue un phantasme protéiforme ; de féminisation ou de masculinisation, d'avoir le sexe de l'homme et de la femme, d'être le père et la mère réunis.

POUR CONCLURE

Dans ces cures difficiles, nous avons parfois pu mettre à jour la force d'un transfert narcissique reposant sur une identification bisexuelle toute-puissante qui mettait à l'abri d'une scène primitive anarchique et d'une angoisse de castration dévastatrice. Se garder d'interpréter prématurément et laisser vivre ce fantasme bisexuel comme un transfert de base permet, au-delà d'une expérience trophique et réparatrice du socle psyché-soma, d'échanger les places active/passive, masculin/féminin, sadique/masochique sur la scène des fantasmes originaires.

Ces fameuses substances masculine et féminine au fondement biologique de la bisexualité et des échanges Freud-Fliess ne seraient-elles pas la première version de ce qui deviendra plus tard la substance commune qui symbolise les liens du sang dans les relations tribales et la commémoration du meurtre du père dans le boire et le manger en commun. Mais cette substance commune, nous dit Freud, a une double origine : « Il est alors naturel qu'on ne lui donne pas seulement pour fondement le fait qu'on soit une part de la substance de sa mère, dont on est né et avec le lait de laquelle on a été nourri [...] Partager le repas avec son dieu exprimait la conviction qu'on était de la même matière que lui » (Freud, 1912-1913a, p. 353).

À partir de cette première liaison à la mère, difficile à saisir analytiquement, « blanchie par les ans, pareille à une ombre, à peine susceptible d'être rendue à la vie, comme si cela avait succombé à un refoulement particulièrement inexorable » (Freud, 1931b, p. 10), je ferai l'hypothèse que la surface d'inscription identificatoire garde la trace de l'identification primaire au sein maternel, surtout dans sa fonction première économique de pare-excitation, qui, elle-même, s'articule avec les contre-investissements et les refoulements originaires. C'est le vestige du temps mythique, où le matériau psychique élémentaire, pour contenir économiquement les excitations-pulsions internes et les bombardements sensoriels et sensuels issus des parents, vire à l'inorganique.

Ce blanchiment serait la décoloration de la palette polysensorielle du lien premier à la mère, de l'empreinte des sensations du corps de celle-ci qui nécessite que le moi émergent se transpose et s'assimile au Père de la préhistoire individuelle. C'est dans ce métabolisme de l'incorporation que se crée cette substance commune qui transmue tous les enjeux depuis les instincts animaux, en passant par l'ambivalence originaire pour arriver au meurtre du père et au cannibalisme. C'est la double origine de cette substance, qui provient de façon directe et immédiate de la mère et du père, des deux parents à la fois, qui instaure le psychique comme bisexuel et conflictuel.

Hervé Balondrade
17 rue Vergniaud
33000 Bordeaux
hervebalondrade@live.fr

RÉFÉRENCES BIBLIOGRAPHIQUES

Freud S. (1912-1913 *a*), Totem et tabou, *OCF.P*, XI, 1998.
Freud S. (1920 *a*), Au-delà du principe de plaisir, *OCF.P*, XV, 1996.
Freud S. (1923 *b*), Le moi et le ça, *OCF.P*, XVI, 1991.
Freud S. (1940 *c* [1922]), La tête de Méduse, *OCF.P*, XVI, 1991.
Freud S. (1931 *b*), De la sexualité féminine, *OCF.P*, XIX, 1995.
Freud S. (1941 *f*), Résultats, idées, problèmes, *OCF.P*, XX, 2010.
Lewin Bertram D., Le sommeil, la bouche et l'écran du rêve, *Nouvelle Revue de Psychanalyse*, n° 5, Paris, Gallimard, 1972.
Ovide, Salmacis et Hermaphrodite, *Nouvelle Revue de Psychanalyse*, n° 7, Paris, Gallimard, 1973.
Pontalis J.-B., L'insaisissable entre-deux, *Nouvelle Revue de Psychanalyse*, n° 7, Paris, Gallimard, 1973.

D'une menace récurrente de la différence dans l'univers psychotique

Augustin JEANNEAU*

S'il n'est, dans ce Congrès, que peu question de la psychose, c'est parce que la bisexualité psychique y pose problème en ceci qu'elle n'y a pas les moyens d'accéder à une vie psychique, enfermée dans un paradoxe, dont nous tenterons d'établir les contours.

Mais il nous faut, auparavant, poser quelques jalons. Car nous trouvons d'emblée la bisexualité opérant dans le quotidien de notre langage usuel, dans une distribution précédée des articles de la langue française, qui confère aux objets les plus inertes une discrète différence, les plaçant autrement que le genre neutre, pour les faire quelque peu parler. À tout le moins, le sens du masculin ou du féminin nous apparaîtra proche de sa fonction utilitaire, selon que c'est *le* bureau ou *la* table dont il est question ; il vibrera davantage quand on explique au petit latiniste que si *arbor* est féminin, c'est qu'on croyait à l'époque qu'une déesse l'habitait et veillait à sa croissance. On voit qu'au dehors, le genre sexuel s'est, en effet, installé dans des eaux tranquilles.

Mais nous savons bien qu'au départ, le grand partage de la nature, évoqué dans *Le Banquet*, a mis le feu à la planète, dont une partie, chargée comme une pile, recherche l'autre moitié, qui l'attend impatiemment ; le terme de « platonique » n'est pas encore de mise. Et la sexualité sera de tous les conflits. Configurations relationnelles prégénitales ou œdipiennes offriront un vaste terrain à leur problématique, qui s'étendra, nous disent excellemment Marilia Aisenstein et Bernard Chervet dans leur présentation du Congrès, « entre les fixations à la sexualité infantile des névroses de transfert et les mésusages de la névrose actuelle ». La bisexualité y contribuera à

* Psychiatre, ancien médecin des hôpitaux, et psychanalyste, membre titulaire formateur honoraire et ancien président de la SPP.

installer la névrose dans ses modalités d'ambivalence, et la perversion dans ses clivages.

Et peut-être, en jouant tous les rôles, aura-t-elle atténué la violence, hors des sentiers de la guerre, suivie par l'hésitation et un équilibre incertain.

C'est de cette complexité que nous prévient François Richard, en introduisant son rapport, d'une bisexualité qui n'est pas « un couple d'opposés symétriques », ne garantit ni la prévalence, ni l'équilibre et – pour assurer qu'on est bien dans le psychique – l'autre sexe n'étant pas autrement représenté qu'à partir du sien propre.

Sommes-nous prêts, dès lors, à regarder ce qui est si différent dans la psychose ? Pas tout à fait, tant que nous n'aurons pas évoqué ce que la bisexualité psychique apporte de positif à la vie relationnelle, puisé dans les fondements archaïques de l'être, et disponible aux possibilités inventives de l'échange avec autrui.

Et ce sera, tout d'abord, diversement nommé, ce « sexuel maternel primaire » dont la plénitude assumera son propre manque, ouvrant l'espace psychique à la promesse, offrant à la bisexualité de compenser ce que fait perdre la différence, favorisant l'identification. Sans oublier le plaisir, discret, mais distinct dès le départ des pulsions de conservation, en ce qu'il est essentiellement gratuit, comme cet « en plus » libidinal d'un désir déjà là ; et qui peut gagner les extrêmes de la bisexualité dans la grande crise hystérique, jouant tous les rôles en plein corps, et aussi bien d'un seul tenant, dans la décharge et la curiosité. Masculin et féminin se plairont souvent davantage dans leur adjectif qualificatif, qui leur donne ce droit d'entrée dans la région des nuances, préservant le sujet des dangers d'une rencontre frontale.

Et quoi encore d'un renvoi à l'autre manière, d'une alternance à deux temps qui plutôt qu'un rythme serait comme un contrepoint, qui soutiendrait une dynamique ? Et plus spécifiquement psychique, une référence, un recul, une différence aux marches de la pensée.

Mais, pour nous approcher du registre psychotique, c'est aux fondements mêmes de l'unité de la personne, justifiant la pérennité de la bisexualité, que nous découvrirons ce qui risque au contraire de s'y trouver dramatiquement compromis, quand elle se perd dans la psychose.

Il se trouve, en effet, que, dans la plus simple existence, l'unité de l'être n'atteint la complétude qu'à ne pas avoir tout reçu, pour se positionner dans une identité sexuelle, mâle ou femelle (le mot suffit à cet endroit). En des temps pas bien anciens, avant que l'indiscrétion légitime de l'échographie en révèle le secret avant terme, à peine apparu, le nouveau-né suscitait ce cri de l'entourage parental : « c'est un garçon… c'est une fille ! », couvrant celui de l'enfant, qui ainsi prenait ses marques dans l'existence : une fondation sur un retrait de la moitié d'un territoire ! Qu'aurait de toute façon à perdre le sujet de cette assurance définitive, à y joindre d'autres façons d'être ou de réagir, à partir d'identifications, introjectives ou imagoïques, masculines ou féminines ? À condition que cette bisexualité active ou figurative, consciente ou non, s'inscrive pleinement dans la vie psychique.

Et c'est à quoi, pour son malheur, ne parvient pas le psychotique, nous y voilà ! Précisons d'abord qu'il n'est question ici de la psychose que dans son sens le plus étroit et spécifique, tel que le terme de « schizophrénique » pourrait faire consensus en toute langue et tout pays, sans se perdre dans ce qui n'est que délire, auquel le schizophrène a moins que bien d'autres le pouvoir de se raccrocher. Bien entendu que la vie psychique est loin d'y être anémique, mais en ce qui concerne notre sujet, elle s'y trouve atteinte de plein fouet, là où se tient l'essentiel de la psychose, qui s'insinue dans l'être comme un ver dans le fruit : *la faillite de la pensée.*

La pensée, pas les pensées qui, dans cette région d'impensable, galopent en proportion, s'obstinent, ou s'envolent dans un langage paranoïde sans plus de référence à rien. Parce que l'espace dépend d'une pensée qui seule met les choses en place, les retenant à quelques pas de l'accomplissement hallucinatoire, par ce minime écart qui fait *la liberté psychique* ; laquelle manque à la psychose dans ce défaut de la représentation de chose, évoquée par Freud, où l'on dirait qu'on a trop souvent oublié que c'est la capacité représentative qu'il mettait en question, laissant l'objet dans une surréalité intrusive, sans autre lien. Parce que, dans cette lumière froide, la réalité se présente dans *l'exactitude de ses contours*, mais *l'incertitude de sa place* qui empiète sur le moi de tous les reliefs d'une étendue contradictoire, sans plus d'espace ni de distance.

« Elle m'est contraire », disait cette jeune femme de sa mère, donnant à ce mot davantage que ce qu'elle en savait. Allergie fondamentale, menace de *l'altérité*, danger de *la différence*, où la trouverait-on plus ramassée que dans la sexualité ? Au plus brut de la découpe, sans promesse d'aucun jeu de rôle, l'enfant autiste nous montre avec insistance ce qu'il en est d'une complémentarité réduite au vide et à l'emboîtement. Dira-t-on que la sexualité n'est ici que l'expression d'une problématique plus fondamentale de la préhistoire de l'enfance ? Elle n'en demeure pas moins la mise en forme d'un enjeu qui n'est pas le même que celui de la névrose, mais qui suit les mêmes étapes et affronte les mêmes situations.

Et nous voilà au point crucial de cette *récurrence* obstinée de *la différence*, quand celle-ci ne se démarque pas seulement du dehors, mais se fait de soi à soi, piégeant l'être de l'intérieur, étranger à lui-même, devenu « seul sans solitude » (Michaux, 1967). Dans cette désappartenance, lestée de cette hésitation qui ne sait plus qui possède l'autre, la pensée s'appesantit dans le réduit mécanique de l'automatisme mental, type de Clérambault, où les mots sont comme des choses. À moins de s'en dégager dans l'action, soutenue par l'hallucination psychomotrice (Seglas, cette fois, mais bien avant), la projection ne parviendra guère qu'à une hallucination qui ne dépasse pas le coin du mur ou se tient derrière la fenêtre, toujours prête à retomber sur le corps, devenue lourdement érotique et sans guère d'inventivité délirante : « Pauvre pédé… sale pute. »

La pensée, en effet, passe à l'ennemi, quand le sujet se sent envahi par sa propre vie pulsionnelle, le danger devenu imparable. On sait comment l'enfant autiste se tient au bord du trou noir évoqué par Tustin, comme si ses stéréotypies s'employaient à en consolider les bords pour se maintenir à distance d'une relation qui le précipiterait dans le vide. Mais si le sujet a pu quelque peu se maintenir, *le danger viendra du dedans*, à l'explosion pubertaire, lorsque individuation et sexualité mettront à feu l'instable équilibre de l'indétermination, dans ce milieu familial de confusion identitaire, individuelle et générationnelle, que Paul-Claude Racamier eût qualifié d'« incestuel ». Il s'y trouve, en effet, que le nouveau positionnement œdipien des personnages n'a pas pour autant dégagé l'espace nécessaire à empêcher que la mère, devenue sexuelle et redoutable, ne provoque trop souvent la réaction protectrice de l'adolescent qu'est cette « haine systématique » de la sémiologie traditionnelle.

Hanté par la nécessité de se tenir à distance de ces profondeurs inconscientes, Antonin Artaud proclamait cette poésie du refus poétique : « Je ne veux pas être le poète de mon poète […] Un crime pèse sur le Verbe fait chair » (Artaud, 1944, p. 144). L'être piégé du dedans s'y défend, en effet, magnifiquement, de ce rapport homosexuel avec lui-même.

Revient ainsi *l'homosexualité*, dont la notion est restée silencieusement présente à tout endroit de notre réflexion, et qui nous aidera, pour conclure, à dégager ce qu'on en veut de spécifique.

« Nul n'est parfait. » Relevant l'humour de l'anecdote, Jean-Michel Lévy laisse à chacun la liberté d'en comprendre davantage qu'une seule erreur sur la personne. C'est qu'en territoire névrotique, l'homosexualité primaire soutient tout ce que permet la relation à son semblable, à toute hauteur d'investissement et en toute variété du choix d'objet, selon l'histoire de chacun.

Et, en pays psychotique, le peu qu'il en a reçu peut longtemps protéger le sujet de sa crainte de l'altérité ; tout comme au décours de ses déboires, le thérapeute éclairé reconnaîtra les régions, quelquefois étendues, de la réalité où son patient pourra « s'y retrouver » sans risque. Àquel endroit l'homosexualité va-t-elle donc se trouver défaillante dans son rôle de médiation ?

Et pour nous rassembler autour de ce qui nous est commun : du regard d'aigle posé par Freud sur le cas Schreber, et du récit, lu après coup par chacun, rédigé par le Président, dont l'intelligence et l'inventivité se joignaient à une innocente sincérité qui lui valut sa liberté, nous sommes pour la plupart d'accord sur les points d'évidence où l'homosexualité n'a pas tenu.

On sait, en effet, que dans les temps qui précédèrent l'éclosion des troubles, la succession d'enfants mort-nés avaient mis à mal les appuis maternels d'une homosexualité primaire qui s'effondrait secrètement. Il s'y joignait qu'était réveillée par une haute promotion professionnelle la rivalité avec un père qui barrait, dans son enfance, tout rapprochement avec la mère par des injonctions intrusives ; conflit aggravé par une tentative politique où la figure de Bismarck apparaissait comme une redoutable menace. Et imago tendre d'un frère, par ailleurs, qui ne faisait qu'aggraver les risques. Toute possibilité médiatrice ainsi enlevée à l'homosexualité, qui n'apparaissait plus que comme dégradation sodomique et « assassinat d'âme ».

« Nul n'est parfait » se traduirait ici : tous perdus d'être homme ou femme, et qui se tient loin de la résignation : « C'est comme ça, n'en parlons plus » parce que, après les terribles ennuis qui ont suivi pour Schreber, il ne lui restait pas moins qu'à refaire la Création, à partir d'une anthropologie qui tienne compte de tous ces points. À savoir repartir de l'état sexuellement indifférencié du fœtus avant le quatrième mois de la grossesse, et non pas pour munir chacun d'une *bisexualité* dont nous avons vu que, pour le psychotique, elle emboîtait dangereusement les différences, et pas vraiment non plus pour l'établissement de *l'unisexualité* qui effacerait les contraires. Christian David avait finement précisé ce qui, dans les perversions, se partageait, selon les cas, entre double identification et identité, et aussi bien entre angoisse de castration et le rappel d'une frustration précoce de la symbiose originelle : « *le désir de conjoindre* – et non pas de confondre – *le même et l'autre que soi* (hors de soi-même comme en soi-même) » (David, 1975, p. 823).

Schreber se veut plus radical : plus rien de sexuel, c'est-à-dire plus de « concupiscence », mais « une volupté d'âme » ; plus besoin de personne, mais « consommant le coït avec moi-même [...] et que tout se ramène à moi ». Et pourvu que le Professeur Flechsig veuille bien y apposer le sceau de la Science !

Revient à Antonin Artaud ce regard plus lucide des logiques imposées à la condition humaine, dont la psychose pousse à bout le rationalisme :

c'est la sexualité qui a commencé et engagé la vie dans ce détroit sans issue, « ce grand étranglement » dont on l'a fait naître (Artaud, 1947). Sauf à se reproduire dans le défilé où le désir sexuel se précipite et introduit l'enfant qui, avant d'exister, se trouve déjà pris au piège.

Augustin Jeanneau
19 La Roseraie
108 avenue de Paris
78000 Versailles
augustin.jeanneau@orange.fr

RÉFÉRENCES BIBLIOGRAPHIQUES

Artaud A., Révolte contre la poésie, *Œuvres complètes*, IX, Paris, Gallimard, 1972 [1944].
Artaud A., Ci-Gît, *Œuvres complètes*, X, Paris, Gallimard, 1972 [1947].
David C., La bisexualité psychique. Éléments d'une réévaluation, *Revue française de psychanalyse*, t. XXXIX, n° 5-6, 1975.
Michaux H., *Connaissance par les gouffres*, Paris, Gallimard, 1967.

Bisexualité agie et modifications corporelles

Bisexualité fantasmée ou agie

François DUPARC*

L'analyste aujourd'hui ne peut éviter de rencontrer dans sa pratique, même s'il n'en est pas un spécialiste, au-delà d'une bisexualité fantasmée ou vécue dans un choix d'objet homosexuel, le thème des modifications corporelles fantasmées, désirées, sollicitées ou mises en actes par certains patients qui le consultent. Il ne manquera pas, au minimum d'en entendre parler, tant ce sujet alimente les fantasmes depuis un certain temps (même si c'est plus récent en France que dans la culture américaine).

Ces modifications, ces variations ou ces jeux avec le corps sont en effet de plus en plus souvent agis de nos jours, ce qui pose la question de la capacité fantasmatique de ceux qui l'envisagent. On a parfois l'impression, quand on écoute le récit de sujets ayant procédé à des interventions, ou qui donnent les raisons de leurs revendications, de discours assez opératoires – c'est le cas de le dire – et parfois d'une tonalité persécutive contre les homophobes ou les « cisgenres » normatifs.

Les variations sexuelles ne sont pas récentes, mais la crise de la sexualité qui est dans l'air du temps a amplifié le phénomène. On y ressent l'idéologie d'une liberté sans limites, d'une sexualité polymorphe, promue par les *gender studies* qui nous fait songer (après Freud et son *Malaise dans la culture*) à une pathologie collective, à une véritable idéologie, comme le dit J.-M. Lévy dans son rapport.

L'analyste doit en mesurer l'impact sur ceux qui y trouvent une résonance avec leur histoire, ou sur les adolescents qui s'inspirent des idéaux de la culture pour faire le tri dans l'héritage des idéaux parentaux qu'ils ont reçus. Car les idéologies sont pathogènes lorsqu'elles sont trop exclusives,

* Psychanalyste, membre titulaire formateur de la Société Psychanalytique de Paris.

caricaturales – une pensée par images, par slogan, étant une pensée pauvre qui ne va pas dans le sens d'une bonne élaboration psychique.

Les idéologies manifestes sont certes à distinguer des idéologies inconscientes ; ces dernières sont l'expression d'un héritage précoce, d'avant même le langage, et s'apparentent aux fantasmes originaires de l'Œdipe, comme j'ai tenté de le montrer dans *Le Travail* et *La Clinique du psychanalyste* (Duparc, 2017). Dans *L'Homme aux loups*, Freud dit que les fantasmes originaires, ces fragments de l'Œdipe, n'ont pas besoin d'être vécus pour être opérants, car ils constituent une catégorie primaire de la pensée, peut-être phylogénétique : « Ces schémas phylogénétiques que l'enfant apporte en naissant sont semblables à des "catégories" philosophiques, et ont pour rôle de "classer" les impressions qu'apporte ensuite la vie [...] On ne peut écarter l'idée d'une sorte de savoir difficile à définir, quelque chose comme une prescience [...] Ce patrimoine instinctif constituerait le noyau de l'inconscient, une sorte d'activité mentale primitive » (Freud, 1918b [1914], p. 419).

Lorsque les parents désirent inconsciemment un enfant d'un sexe et non d'un autre, du fait d'un héritage transgénérationnel traumatique, cela peut entraîner une modulation de l'héritage génétique ; ce qu'on appelle *l'épigénétique*, soit une amplification ou une diminution de certains éléments du patrimoine génétique. Ce facteur est puissant s'il s'exerce durant la grossesse ou lors des premiers mois de la vie, dans le holding parental précoce. Il va engendrer des effets sur le développement pulsionnel et les auto-érotismes de l'enfant. Surtout, il va entrer en résonance à l'adolescence, cette seconde naissance, lorsque les idéologies sociales servent d'étayage pour se dégager du cadre parental et aider à la construction de son identité sexuelle.

Nos mythes actuels, comme ceux d'Œdipe, de la Sphinge (un être éminemment ambigu, tantôt Sphinx ou Sphinge) qui ont donné naissance au complexe d'Œdipe freudien dans ses formes masculines et féminines, peuvent entrer en résonance avec ce « patrimoine instinctif » évoqué par Freud. Si cette résonance entraîne une excitation traumatique violente, elle peut aboutir à un désir de transformation de genre, à partir d'un doute sur la question de son identité (comme dans l'énigme de la Sphinge portant sur la nature de l'homme), et prendre la forme d'un agir.

Cette résonance entre les idéaux répétitifs de notre époque et certains de nos fantasmes originaires aux dépens des autres composant l'Œdipe, peut produire des dérives idéologiques que j'ai tenté d'analyser dans mon livre *Le Mal des idéologies* (2004), puis avec des amis, dans un groupe de recherche de la Société Psychanalytique de Paris que François Richard anime avec moi. Le règne tout-puissant de la séduction, de la consommation (notamment sexuelle) et de la communication facile (par internet) aux dépens des liens profonds, ou encore le culte de l'autonomie, vont pousser à des formes régressives de communautarisme, pour lutter contre la solitude.

Mais l'idéologie la plus souffrante de nos jours, la plus en carence, est celle de *la scène primitive*, avec notre vision de l'amour en crise. Nous sommes en effet témoins, en plus d'une fréquente dissolution des couples dans notre monde contemporain, d'une attaque de la différence des sexes et d'une montée des polémiques concernant le genre.

Le risque inverse, celui de la stigmatisation des hors-normes et des agressions homophobes ou antigenres, du fait de régressions conservatrices ou intégristes qui poussent à la diabolisation des variations sexuelles, va aussi croissant. Or ces variations sont le résultat de la construction riche et complexe de notre sexualité psychique, à travers une bisexualité que Freud, précurseur, avait déjà bien explorée. Cette réaction autoritaire, qui monte aujourd'hui dans bien des régimes politiques d'Occident, est une caricature de l'autorité qui s'ancre normalement dans la fonction paternelle, soutien de l'autorité maternelle. Un autoritarisme qui nous inquiète (rappelant de fâcheux souvenirs), réaction à la crise et à la perte de l'autorité nécessaire au sujet pour intégrer l'héritage parental et les limites protectrices du couple Surmoi-Idéal. Elle promeut une guerre des sexes, ou une négation de la différence complémentaire et créative de l'héritage bisexuel de nos identifications œdipiennes.

Nous avons ici une dégradation de la scène primitive, normalement complexe, doublement bisexuée, qui fait intervenir le père et la mère ensemble autrement que pour tirer un coup ou pour des affrontements et des séparations violentes. Un couple dont le Surmoi et l'Idéal du Moi sont normalement l'héritage. Son manque d'élaboration psychique est à l'origine d'une idéologie de la fin du progrès et de la construction d'un avenir prometteur grâce à des rencontres fécondes. À la place, on nous promet la fin du progrès, la fin de l'histoire, et la création de monstres (subprimes, cymbiontes) comme seule issue logique de cette déconstruction généralisée de la scène primitive.

Le refus de son sexe anatomique, de son corps, et les mutilations que le sujet est prêt à y apporter parfois sont des conséquences de cette idéologie. Le rejet d'un sexe déterminé, qui pousse à renoncer à son identité, est un conflit violent, qui dénature l'héritage fécond du couple parental. Un conflit aux limites de la paranoïa, qui rappelle le désir de Schreber d'être une femme soumise à l'accouplement, et son délire de combat entre les figures duelles du Dr Fleschig ou de Dieu, à son sujet.

Les polémiques, le combat actuel contre les transgenres d'un côté, et le sexe biologique de l'autre, auquel une féministe comme Judith Butler préfère l'idée d'un genre programmé par une éducation machiste ou sexiste, en est la forme idéologique actuelle. Quand on sait qu'elle cite Freud pour dire que le genre n'a rien de biologique, mais qu'il est une identification mélancolique aux assignations parentales (la performativité de Derrida), on se demande comment les partisans du *queer* ont pu en tirer argument contre la psychanalyse.

Qu'en voyons-nous dans notre pratique ? En tant qu'analyste plutôt généraliste – je reçois des patients de tous âges et de tous milieux, sans pathologies ou demandes spécifiques – je laisserai ceux qui en ont une plus grande pratique en parler à loisir. Néanmoins, je pourrais évoquer ce qu'il en est des modifications corporelles engendrées (c'est le cas de le dire !) par cette bisexualité mise en acte.

J'ai ainsi reçu en analyse quelques patients homosexuels, dont certains ont pensé à des traitements hormonaux ou à des opérations de chirurgie pour s'approcher d'une sexuation transgenre, ou bien recouraient à des travestissements. L'un de ces patients, tout en menant une vie apparemment normale, avec femme et enfant, allait le soir en douce se travestir, et cherchait à se faire prendre pour une prostituée. Il songeait à la chirurgie, et avait déjà pratiqué de nombreux tatouages mutilants, notamment sur son sexe. J'ai fini par comprendre qu'il donnait forme ainsi à la haine de sa mère pour son père, qu'il avait ressentie très tôt, avant le langage, car celle-ci répétait souvent qu'elle était la prostituée de son père, avant leur séparation lorsqu'il était bébé. Même s'il avait réussi à prendre ses distances avec une femme très différente, une partie clivée subsistait en lui. Sa double vie, dans l'une desquelles il n'aimait pas son corps et refusait sa sexualité d'homme, en était la conséquence. Heureusement l'analyse lui a permis de réduire ce clivage, non sans mal, comme on l'imagine.

J'ai reçu également plusieurs adolescents qui oscillaient dans leurs désirs, comme l'a évoqué F. Richard dans son rapport. Une jeune adolescente de 14 ans, qui m'a annoncé d'emblée qu'elle était « bi ». Bien que déjà très travestie dans ses habits, elle rêvait d'une transformation corporelle et se livrait à des actes d'automutilation, car elle ne pouvait accepter son corps qui lui rappelait celui sa mère, en conflit destructeur avec son père dans un divorce interminable.

J'ai suivi aussi un enfant de 8 ans, qui m'a fait un temps imaginer un destin transgenre à l'adolescence, car, enfant d'un couple de femmes homosexuelles engendré par le don de sperme d'un ami, il s'habillait en fille, se maquillait et voulait aller en jupe à l'école. Son problème cessa quand il comprit que sa mère biologique et sa mère partenaire étaient très différentes, et réalisaient une sorte de couple complémentaire, comme un père et une mère, me dit-il. Par contre son père biologique, qui voulait le récupérer, n'avait pas une vie de couple satisfaisante.

Sa mère biologique, que je recevais à un rythme plus espacé que son fils, me dit qu'elle m'avait pris comme modèle après avoir quitté sa première compagne avec qui elle avait porté l'enfant ! Elle s'entendait bien mieux avec la nouvelle, car elle me ressemblait, me dit-elle, et elle jouait bien son rôle auprès de son fils, de façon très différente d'elle. Sa réflexion sur la ressemblance entre son amoureuse et moi n'a pas été sans me poser question quant à ma bisexualité contre-transférentielle. Mais comme nous sommes tous bisexuels, du fait de nos identifications parentales, j'ai pris cela plutôt comme un signe de reconnaissance pour mon rôle parental envers son identité sexuelle, et celle de son fils.

Il faut enfin signaler une question peu évoquée, sauf dans le cas de Catherine, du rapport de F. Richard, qui est l'attaque et la transformation asexuée que font les anorexiques sur leur corps, à travers le refus des rondeurs et des formes spécifiques du corps féminin (ou des formes du corps masculin, si le sujet refuse d'alimenter son genre). Au-delà de l'histoire familiale de ces patients, avec un déterminisme très précoce (dès le nourrissage des premiers mois), nous pouvons voir ici un exemple de refus et de mutilation du corps sexué, par difficulté à se défaire du lien primaire au corps maternel (un lien incestuel pour Richard), qui peut conduire à la mort. Comme les interventions chimiothérapiques ou chirurgicales obtenues de haute lutte par les transgenres, pour refuser leur sexe biologique et leur soumission au genre, peuvent malmener leur santé physique.

Toutes proportions gardées, le cas des anorexiques peut faire penser aux dérives des troubles du genre (notamment les asexuels) qui ne veulent pas être soumis à un genre, à une identité corporelle que Judith Butler a définie comme une assignation prescrivant une identité sexuelle, où le corps est pris en compte pour enfermer le sujet dans une norme.

Pour conclure, je dirai juste quelques mots sur la question du narcissisme défaillant chez les patients que j'ai rencontrés, et d'un risque dépressif assez clair, même s'il peut se trouver « travesti » derrière une assurance narcissique affichée concernant leur liberté sexuelle (ou asexuelle). On peut se demander si la quête d'une identité trans n'est pas une forme de refus de la blessure narcissique de la castration, pour rester un être phallique travesti, éliminant le manque. Ce type de faille narcissique est masqué par le retour à un état prégénital, voire incestuel, qui évoque le lien primaire à la mère (homosexualité primaire en double, Roussillon, 2004), une phase narcissique-symbiotique dont le sujet sort mal, et qui peut se retrouver à l'adolescence, comme le suggère Richard.

Un paradoxe que de vouloir une castration physique, mais qui s'explique si on voit le corps comme une blessure du fait de son incomplétude relative, de son besoin d'un autre sexe, et le pénis comme une petite chose anatomique par rapport à la toute-puissance phallique du moi idéal, à l'autodétermination de son image par la toute-puissance de la pensée. Cela interroge aussi sur le lien à la sublimation, destin naturel de la bisexualité, comme l'exemple du body art nous le signifie. Mais si la déconstruction et le clivage du moi l'emportent sur la construction d'une création symbolique et l'intégration représentative des pulsions partielles, alors on peut parler d'une sublimation de mort, au service de la déconstruction (Duparc, 2014, p. 91).

François Duparc
14 rue de la Poste
74000 Annecy
dr.francois.duparc@wanadoo.fr

RÉFÉRENCES BIBLIOGRAPHIQUES

Butler J., *Trouble dans le genre. Pour un féminisme de la subversion*, Paris, La Découverte, 2005 [1990].

Butler J., *Rassemblement. Pluralité, performativité et politique*, Paris, Fayard, 2016 [2015].

Duparc F., *Le Mal des idéologies*, Paris, Puf, 2004.

Duparc F., Sublimation de vie, sublimation de mort, *Revue française de psychosomatique,* n° 46, 2014.

Duparc F., *Le Travail du psychanalyste, accueil de la diversité et stratégies cliniques*, Paris, Ithaque, 2017.

Duparc F., *La Clinique du psychanalyste aujourd'hui*, Paris, In Press, 2017.

Freud S. (1911 *c*), Remarques psychanalytiques sur l'autobiographie d'un cas de paranoïa (Le Président Schreber), *Cinq Psychanalyses*, Paris, Puf, 1952.

Freud S. (1918*b* [1914]), Extrait de l'histoire d'une névrose infantile (L'homme aux loups), *Cinq Psychanalyses*, Paris, Puf, 1952.

Giacobino A., *L'Épigénétique*, Paris, Stock, 2018.

Roussillon R., L'homosexualité primaire « en double », *Revue française de psychanalyse*, t. LXVIII, n° 2, 2004.

Modification corporelle et temporalités de la dissolution du complexe d'Œdipe

Dominique SUCHET*

Alex est venu(e) me voir pour être accompagné(e) tandis qu'une procédure de transformation sexuelle était engagée. Souvent, dans de telles circonstances, dès que les modifications corporelles sont réalisées par la chirurgie, le patient stoppe la thérapie alors qu'un processus de modification psychique semblait pourtant investi. J'interrogerai les effets d'une modification corporelle en tant que réalisation de désir survenant au cours d'une transformation psychique d'intégration de la bisexualité.

À la naissance d'Alex, une ambiguïté génitale est diagnostiquée. Il est conseillé aux parents de ne pas en parler à l'enfant. Un examen gynécologique, adulte, lui révèle une cicatrice dans la zone génitale, et rappelle à la mémoire l'opération, bébé, d'une dystrophie clitoridienne. Cet événement assorti de l'énoncé du diagnostic « dysphorie de genre » lui permet d'exprimer une conviction connue de tous, celle d'avoir toujours été un garçon et ouvre la voie pour une demande de réassignation de genre.

Pour une part l'identité sexuée représente l'identification prédominante au parent du même sexe. Le noyau principal de cette identification inconsciente se forme au fur et à mesure de l'élaboration œdipienne. Elle est de ce fait, de façon principale, liée aux conséquences psychiques de la différence sexuelle au niveau anatomique telle que l'inconscient parental la véhicule. Mais pour une autre part, l'identité sexuelle est corrélée à l'identité de genre liée à l'identification au sexe d'assignation ce qui redouble l'engagement du fantasme inconscient des parents. En cas de contradiction entre le sexe biologique et le sexe d'assignation, celui-ci l'emporte si l'enfant est élevé avec constance, cohérence et conviction dans ce sexe. Pour Alex aucune cohérence ni aucune constance quant à une conviction interne de son appartenance à

* Psychanalyste membre titulaire formateur de l'Association psychanalytique de France.

tel ou tel sexe. Ainsi pour le père « Alex-le-garçon-manqué » laissait entendre l'idée d'une fille au comportement de garçon. Pour la mère « Alex-le-garçon-manqué » était le ratage du garçon qui lui manquait. L'incertitude a pu se maintenir tout au long de son enfance du fait d'une conviction religieuse qui les unissait tous : ils s'en remettaient inconditionnellement à la Providence. Sans doute ce fantasme partagé permit une latence de la charge traumatique. Tout au long du traitement, comme un écho à cette projection socialisée du déni, les seuls points de débat, voire de conflit avec les équipes médico-chirurgicales qu'Alex rencontrait, portaient sur la place de cette conviction religieuse comme obstacle éventuel à une authenticité de la demande. Cette conviction agrégeait sur elle l'ensemble des problématiques et semblait ajourner toute discussion sur la conviction d'erreur de genre, jamais remise en cause, conviction partagée par tous, Alex, sa famille et l'équipe médico-chirurgicale.

Les actes chirurgicaux sont d'abord des résections. Certains deuils se sont amorcés à partir d'eux. Durant la thérapie une relation affective est venue troubler une abstinence sexuelle volontaire et a mobilisé un conflit intense marqué par l'interrogation sur le choix d'objet sexuel avec ses identifications féminine et masculine, révélant une horreur de l'homosexualité. Jamais rien dans sa conviction n'a varié ; il a toujours été un garçon. Une chirurgie « correctrice » va réparer une erreur médicale. La dire « de transformation » est exclu. Alex refuse d'être transsexuel avec la même force qu'elle récuse l'inclination homosexuelle féminine. Il est un garçon qui aime les filles, en a la conviction depuis toujours. Après mastectomie et hystérectomie et les reconstructions associées, la thérapie s'est interrompue avec la reconstruction génitale, sur son initiative dans un sentiment de triomphe.

Cependant j'ai gardé de ce traitement inachevé, l'évocation d'une plainte récurrente, un regret insistant que le succès final n'éteignait pas : sa voix ne lui convenait pas. En effet le changement de la voix pendant le processus de transformation reste douloureux parce qu'incertain et long à advenir. « Je suis un homme, ça se voit, mais dès que j'ouvre la bouche on dit mademoiselle. » Pour Alex la plainte la plus douloureuse, l'ancrage le plus vif du conflit entre identité sexuée et identité de genre, s'est exprimée à propos de sa voix, celle-ci recélant à son insu la vivacité d'un Œdipe mal résolu.

La réalisation en acte d'un souhait de modification sexuelle au niveau anatomique accélère le processus de la dissolution œdipienne resté en suspens, précipite une solution, mais en interrompant une latence, n'en court-circuite-t-elle le travail d'élaboration ? Ne compromet-elle pas l'intégration de la bisexualité ?

Il faut revenir aux conditions de la dissolution du complexe d'Œdipe (Freud, 1923b ; Freud, 1924d ; Freud, 1925j) : elle se fait selon deux temporalités différentes croisant les deux complexes œdipiens, positif et inversé, de la situation triangulaire (Suchet, 2012b). Les instances du moi et du surmoi se constituent à partir de ces quatre tendances identificatoires qui s'instaurent dans un dédommagement des investissements d'objets perdus. Les deux voies, masculine et féminine, articulent dans une bisexualité intégrée les deux temporalités et les deux destins, celui de la dissolution – le courant masculin – qui conduit aux sublimations et à l'édification d'un surmoi et celui du refoulement appuyé sur un déni où les liens œdipiens persistent tels quels dans l'inconscient et continuent d'agir la vie durant, pour la réalisation hallucinatoire de leur accomplissement. Ce courant féminin est la réserve de créativité de la vie animique, la promesse d'après-coups dans son articulation avec le courant masculin.

Étape par étape, par sauts qualitatifs, l'intégration génitale se fait. Après la crise œdipienne, il y a la crise pubertaire. L'une organisant un primat (phallique) dans la polymorphie perverse infantile, l'autre la génitalité. Le phallus est référé aux attributs que l'on n'a pas et qui définissent alors l'autre, l'autre sexe, pénis ou grossesse ou seins et si, autant pour l'homme que pour la femme, on parle de l'envie de pénis, l'on connaît le désir de grossesse des petits garçons (et pourquoi pas l'envie ?) et que l'on retrouve dans les analyses d'hommes quand le désir de procréation croise le désir/envie de grossesse, d'accoucher, d'avoir des seins ou d'allaiter, ou le désir/envie de materner (Klein, 1971). Les deux temporalités sont dites féminine et masculine car engagées par la perception d'une différence concernant le sexuel dans un complexe de castration qui rend compte d'une angoisse spécifique de castration, en après-coup des menaces préexistantes de perdre, perdre l'amour, l'objet ou l'intégrité narcissique. Les deux temporalités correspondent aux deux modalités de traitement de ces événements successifs à valeur de trauma. La temporalité féminine est de mise en latence, de déni et de refoulement, la temporalité masculine est le temps de l'après-coup élaboratif.

La dissolution entrecroisant deux ordres de réalités, psychique et matérielle, transforme une bisexualité originelle référée à ses racines narcissiques et perverses polymorphes, principalement portée par un fantasme de scène primitive, en une bisexualité portée par les identifications qui conflictualise des couples d'opposés, père/mère, homme/femme, actif/passif, inscrits dans une opposition masculin/féminin. À chaque étape une double valence du traumatique, soit organisatrice, soit désorganisatrice, selon qu'elle maintient ou non l'articulation des deux temporalités animiques, soit permet une maturation de la vie psychique par une reprise en après-coup d'inscriptions sexuelles antérieures laissées en attente, soit désorganise par démixtion des mouvements de liaison/déliaison et procure un appui aux rigidités narcissiques dommageable pour le moi en construction. On comprend dès lors qu'une modification psychocorporelle précipite le mouvement animique d'intégration de la bisexualité selon les lignes de force de cette double valence caractérisée par la double temporalité animique. Elle va le favoriser, ou l'interrompre.

Elle peut l'interrompre comme dans la thérapie d'Alex. L'acte en tant que réalisation hallucinatoire de la satisfaction conforte le courant féminin de régression vers une réalisation hallucinatoire incestueuse et vient satisfaire une bisexualité narcissique en quête de fusion avec l'objet primaire, témoignage d'un sexuel infantile actif sous la forme de l'hégémonie phallique, et ce, au détriment d'une bisexualité fondée sur la différenciation et l'assomption de la différence qu'engagerait le procès de l'évolution génitale de la sexualité infantile par l'intrication avec l'autre courant, à jamais exclu.

Elle peut le favoriser ; c'est le lot commun des modifications du corps à l'adolescence, comme celle de la voix qui mue.

La voix, signe extérieur, est un signe intime de l'identité, elle est enracinée dans les terrains les plus profonds d'avant la parole, le terrain de l'illusion idéale de l'unité de soi et de soi avec le monde ; jusqu'à se réduire au cri ; cri de jouissance ou de douleur. Elle est trace et actualisation du temps narcissique d'avant la séparation des mots. Elle recèle un dépôt en quête de perlaboration. Et il n'est pas rare d'entendre les analysants investir et jouer autrement avec leur voix et il n'est pas rare d'être troublé d'entendre la voix des analysants se transformer au fur et à mesure de l'avancée des cures, ou soudainement quelquefois. Muer, en quelque sorte.

Le 22 septembre 1672, Marin Marais chanteur depuis dix ans à la maîtrise royale du Louvre, a mué, il est exclu. Pascal Quignard en écrit la honte, le désarroi, la fuite : « Il se mit à courir dans la rue [...] la Seine était couverte par une lumière immense et épaisse de fin d'été, mêlée à une brume rouge. Il sanglotait [...] Les hommes nus et les femmes en chemise se lavaient dans la rivière [...] Cette eau qui coulait entre ces rives était une blessure qui saignait. La blessure qu'il avait reçue à la gorge lui paraissait aussi irrémédiable que la beauté du fleuve. » « Ce pont, ces tours, la vieille cité, son enfance et le Louvre, les plaisirs de la voix à la chapelle, les jeux dans le petit jardin [...] son passé [...] reculaient à jamais emportés par l'eau rouge [...] » (Quignard, 1991).

La perte, le sentiment de solitude, d'abandon et d'arrachement se figurent sous la pression d'une pulsionnalité libérée dans des images où masculin et féminin se mêlent. L'attraction mélancolique et nostalgique, féminine (Chabert, 2003), dispute le terrain de la transformation. La nostalgie de la complétude narcissique, de l'enfance ou homosexuelle, est ravivée par l'exigence pulsionnelle et le réaménagement des identifications masculine et féminine.

Marin Marais trouve son équilibre dans la musique, le jeu et la composition pour viole qu'il apprend auprès de Monsieur de Sainte Colombe, le musicien taciturne. Ce musicien génial et sauvage compose des pièces pour viole d'une insoutenable beauté ; fou d'amour il parle à sa femme disparue et fabrique les instruments pour obtenir le son le plus proche de la voix de la défunte. C'est ainsi que Marin Marais, exclu de sa voix, de lui-même, exclu de la scène d'amour des amants, reçu le remède de sa douleur nostalgique : trouver une autre voix sur le palimpseste de la voix perdue.

L'adolescence avec son bouleversement pulsionnel et ses modifications reprend en après-coup la crise œdipienne elle-même après-coup de l'excitation sexuelle liée à la perception précoce des bruits du commerce sexuel des parents en une scène primitive première figuration d'une bisexualité encore narcissique. L'angoisse de castration génitale, angoisse liée à la différence introduisant la culpabilité subsume l'angoisse phallique de la phase œdipienne de n'être (n'avoir) pas tout et de perdre l'amour, et aussi l'angoisse d'exclusion liée au fantasme de scène primitive. La mise en réserve, qui est possible grâce à la temporalité féminine de retenue où la prise masochiste trouve sa place, précède le temps de transformation caractéristique de la temporalité masculine, la première est nécessaire à la seconde.

Encore faut-il que l'environnement ne soit pas saturé de dénis du courant féminin et référé à un seul courant masculin, père ou mère phallique, ou Dieu comme l'environnement d'Alex, et qu'il soit comme Monsieur de Sainte colombe en contact avec la part la plus féminine de sa parole, celle qui recèle un sexuel infantile non élaboré et agissant, en attente d'après-coup élaboratif (Suchet, 2012a).

La réalisation en acte de la transformation sexuelle au niveau anatomique court le risque de court-circuiter le temps de retenue et de latence et de compromettre sa reprise élaborative en après-coup, chance d'intégration de la bisexualité, signe de la mixtion pulsionnelle. Ce que la métapsychologie assume comme un embarras depuis « La nécessaire bisexualité de tous les humains [1] » déclarée par Freud dès 1896, jusqu'à ce que l'étude du caractère du *Président Wilson* lui inspire en 1938 : « Si la bisexualité des êtres humains apparaît parfois comme un grand malheur et la source de maux infinis, nous

1.

ne devons pas oublier que, sans elle, la société humaine ne pourrait exister. Si l'homme n'était qu'activité agressive, et la femme passivité, la race humaine aurait cessé d'exister longtemps avant l'aube de l'histoire, car les hommes se seraient massacrés jusqu'au dernier. »

Dominique Suchet
86, rue Montgolfier
69006 Lyon
do.suchet@gmail.com

RÉFÉRENCES BIBLIOGRAPHIQUES

Chabert C., *Féminin mélancolique*, Paris, Puf, « Petite bibliothèque de psychanalyse », 2003.

Freud S. (1896), *Projet d'une psychologie, Lettres à Fliess*, Paris, Puf, 2006

Freud S. (1923 *b*), Le moi et le ça, *OCF.P*, XVI, 1991 ; *GW*, XIII.

Freud S. (1924 *d*), La disparition du complexe d'Œdipe, *OCF.P*, XVII, 1992, p. 29-33 ; *GW*, XIII.

Freud S. (1925 *j*), Quelques conséquences psychiques de la différence sexuelle anatomique, *OCF.P*, XVII, 1992 ; *GW*, XIV.

Klein M., *Envie et Gratitude et autres textes*, Paris, Gallimard, « Connaissance de l'inconscient », 1971.

Quignard P., *La Leçon de musique*, Paris, Hachette, 1987 ; réédité *Tous les matins du monde*, Paris, Gallimard, 1991.

Suchet D., Opposition au déclin du complexe d'Œdipe, *Annuel de l'APF*, 2012/1, 2012 *a*.

Suchet D., Féminin et masculin, les deux temps de la dissolution du complexe d'Œdipe, *Revue française de psychanalyse*, t. LXXVI, n° 5, 2012 *b*.

Modification du corps et bisexualité De Lili Elbe à Paul B. Preciado

Sandra LORENZON SCHAFFA*

Lili Elbe, née Einar Wegener, nous a laissé le premier témoignage écrit d'une opération radicale de réassignation sexuelle. Nous avons peu d'informations sur le dossier médical d'Einar, l'Institut de Recherche sur le Sexe (*Institut für Sexualwissenschaft*) ayant été détruit par les nazis en mai 1933. Soulignons qu'en 1930, la médecine en est aux balbutiements dans ce domaine.

L'autobiographie de Lili Elbe, publiée à titre posthume (1933), fait le récit de sa transformation. À la différence d'Herculine Barbin sommée de choisir son sexe, Lili Elbe nous frappe par sa volonté sans faille d'affirmer sa *véritable* identité sexuelle comme l'illustre l'extrait suivant :

> Après un bref examen, le professeur Kreutz [1] a décidé de me réopérer. Ce sera la dernière fois. [...] Je suis ravie de me retrouver dans ma clinique pour femmes. Le professeur a promis de lire mes « Confessions » et de m'aider, le cas échéant, à les corriger. Pour le reste, j'estime qu'il est magnifique de sa part, au lieu de se reposer sur ses lauriers, de courir le risque de m'opérer de nouveau, afin que je me sente assez bien et sois capable de prendre un mari et peut-être aussi d'avoir un enfant pour me rendre plus heureuse encore. Dresde, 14 juin 1931 (Hoyer, 2004, p. 259).

Il semble que ce projet d'écrire ses *Confessions* soit né après la révélation publique de sa transformation chirurgicale dans un désir de reprendre le contrôle de son histoire. Pouvons-nous à leur lecture faire quelques suppositions sur le terrain de l'ambiguïté sous-jacente dans la relation de Lili avec Einar ?

* Membre titulaire da la Societé Brésilienne de Psychanalyse de São Paulo.

1. Dans son autobiographie Lili Elbe change les noms : professeur Kreutz (Kurt Warnekros) ; Andreas Sparre (Einar Wegenar) ; Grete (Gerda Gottlieb Wegener) ; Anna Larsen (Ulla Poulsen) ; Niels Hoyer (Ernst Harthern).

> Maman aimait m'habiller. Pour elle, je n'étais jamais habillé avec assez de raffinement. [...] À huit ans, mes frères me taquinaient souvent à cause de ma voix de fille. J'ai pris cela très à cœur et, par la suite, j'ai déployé de grands efforts pour acquérir une voix basse appropriée et jeune. En regardant cela maintenant, il semble que ma voix enfantine ait été ma première dissimulation (Hoyer, 2004, p. 61-62).

À dix-neuf ans Einar entre à l'Académie Royale des Beaux-Arts à Copenhague et rencontre Gerda Gottlieb. C'est le coup de foudre. Ils se marient un an plus tard.

Nous découvrons comment ce désir d'incarner Lili surgit d'une *idée incidente* de sa femme. Gerda faisait le portrait d'une actrice, Anna Larsen. Un jour, ne pouvant aller à la séance, Anna suggéra qu'Einar pose à sa place :

> Au début, j'ai refusé tout net. Grete (Gerda) s'est moqué de moi, m'a insulté, imploré, caressé et, quelques minutes plus tard, je me trouvais dans l'atelier en costume et en chaussures à talons hauts (Hoyer, 2004, p. 65).

Le récit trahit une complaisance où le sujet semble s'offrir passivement, voluptueusement, en tant qu'objet du plaisir de Gerda. On peut entendre : « Maman aimait m'habiller... » Peut-on reconnaître dans cette réaction la réédition de sa « première dissimulation » ? Dissimuler n'est pas refouler.

Quand Anna Larsen arrive, elle tarde à le reconnaître. Puis, elle s'écrie :

> Tu sais, Andreas, tu étais certainement une fille dans une existence antérieure, sinon la Nature a commis une erreur avec toi (Hoyer, 2004, p. 66).

Arrêtons-nous sur cette phrase qui soulève un point particulier dans le parcours d'Einar (Andréas). Son histoire s'inscrit dans ce qui allait devenir, avec la notion de genre, la critique de « l'assignation » (même si le terme n'existe pas à l'époque) : l'assignation se comprend comme le discours par lequel l'autre collectif nomme le genre d'un sujet, un genre contre lequel le sujet se rebelle. Or c'est le cheminement inverse que l'on observe chez Einar : il s'affiche d'abord en accord avec son genre d'homme et c'est la parole d'un autre qui va éveiller la prise de conscience de son identification de genre véritable. On pourrait parler à son sujet de « désassignation ». En 1908, le discours normalisant fait qu'Einar n'a pas accès à cette dimension de son identité.

Lili commence à poser régulièrement pour Gerda et devient rapidement son modèle préféré. En 1912, le couple s'installe à Paris, et se mêle activement au milieu d'avant-garde artistique, privilégiant les fêtes, le théâtre et la mascarade. Einar apparaît désormais comme Lili qui s'affirme de plus en plus, jusqu'au point de décréter dans son journal : « Andreas Sparre (Einar) est mort. »

En 1930 elle subit la première opération sous la supervision du médecin et sexologue Magnus Hirschfeld. Elle décrit son changement physique :

> Ma poitrine s'est formée, mes hanches ont changé et sont devenues plus douces et plus rondes. Et en même temps, d'autres forces ont commencé à s'agiter dans mon cerveau et à étouffer tout ce qui restait d'Andreas. Une nouvelle vie émotionnelle s'ouvrait en moi [...] (Hoyer, [1933] 2004, p. 231).

Elle écrit à son médecin :

> Je me sens tellement changée qu'on dirait que vous n'avez pas opéré mon corps, mais mon cerveau (Hoyer, 2004, p. 231).
> Moi, Lili, je suis vivante et j'ai le droit de vivre, je l'ai prouvé en vivant pendant 14 mois, écrit-elle dans une lettre à un ami (Hoyer, 2004, p. 263).

Pour que le corps de Lili change, il a fallu plusieurs opérations (orchidectomie, transplantation d'ovaires, pénectomie, etc.). Lili n'échappe pas à une technique médicale qui suit une logique binaire.

Bien différent est le cas de Paul B. Preciado. Philosophe, écrivain espagnol, il se définit homme trans. Anciennement Beatriz, il entame un processus de réassignation de genre en prenant de la testostérone et devient Paul B. Preciado en janvier 2015. Son livre, *Testo Junkie*, combat les conceptions binaires définissant les identités sexuelles. Dès les premières lignes, il nous avertit :

> Ce livre n'est pas une autofiction. Il s'agit d'un protocole d'intoxication volontaire à base de testostérone synthétique concernant le corps et les affects de P.B. Preciado. Un essai corporel. Une fiction, c'est certain (Preciado, 2008, p. 11).

Paul B. Preciado, encore Beatriz, décide, quand elle apprend la mort d'un ami très proche, d'incorporer un signifiant phallique figuré par la testostérone. On parle là d'un signifiant matérialisé, puisqu'il s'agit d'une hormone mâle, et d'une incorporation particulière, d'une incorporation au sens propre, un gel qui en passant à travers la peau va entrer dans le corps. Il y a là condensation entre deux opérations : une opération proprement signifiante et une opération matérielle qu'on peut qualifier de dé-métaphorisation de la métaphore.

On voit que la position de Paul B. Preciado est prise dans un paradoxe. Il s'agit en effet pour lui, à partir de sa performance, de déconstruire toutes les catégories traditionnelles du genre au point de s'affirmer ni femme ni homme. Cependant ce signifiant singulier auquel il a recours a toutes les caractéristiques les plus traditionnelles de la masculinité. Tout en critiquant de façon féroce la binarité de la différence sexuelle, toute sa performance peut se lire comme une référence rigoureuse au primat du phallus. Pensons au phallus en tant que « signifiant du pouvoir, le sceptre et aussi ce grâce à quoi la virilité pourra être assumée » (Lacan, 1958, p. 274).

> Dans le jardin d'un hôtel feutré de Saint-Germain-des-Prés, on voit d'abord une fine moustache, simple trait formé de petits poils collés au-dessus des lèvres. Puis un corps habillé de noir qui ne donne aucun indice d'ordre sexuel. Le visage est anguleux et doux à la fois, la parole fluide et brillante. Beatriz Preciado extirpe de sa poche un petit sachet de testostérone comme d'autres sortent négligemment quelques euros pour payer leur café. 50 mg en gel : « Je n'ai pas pris cette hormone pour devenir un homme, cela ne m'intéresse pas » (Daumas, 2008).

Il s'agit d'assumer le choix d'une apparence, d'un masque ; la jouissance phallique jouit d'un objet qui fait délibérément semblant d'être adéquat. Depuis 1958, dans *La Signification du phallus,* Lacan situe la question de l'être et l'avoir à partir de la mascarade féminine, du paraître donc.

> Disons que ces rapports (entre sexes) tourneront autour d'un être et d'un avoir qui, de se rapporter à un signifiant, le phallus, ont l'effet contrarié de donner d'une part réalité au sujet dans le signifiant, d'autre part d'irréaliser les relations à signifier. Ceci par l'intervention d'un paraître qui se substitue à l'avoir pour le protéger d'un côté, pour en masquer le manque dans l'autre, et qui a pour effet de projeter entièrement les manifestations idéales ou typiques du comportement de chacun des sexes, jusqu'à la limite de l'acte de la copulation, dans la comédie (Lacan, [1958] 1966, p. 694).

De la valeur de signifiant/simulacre Lacan aboutira à la conception de semblant :

> Le phallus est très proprement la jouissance sexuelle en tant qu'elle est coordonnée, qu'elle est solidaire d'un semblant (Lacan, [1971] 2007, p. 34).

Paul B. Preciado est à la recherche des attributs de ce signifiant décisif, ayant bien compris que le phallus appartient à tout le monde. Alors que ce signifiant pour Lili formule son désir d'avoir un mari et d'avoir un enfant de lui, il ne le rencontre pas dans l'homme, ou dans l'enfant, il le trouve dans les attributs de la molécule chimique « testo » qui donne accès à la puissance phallique elle-même. Qu'on l'écoute parlant de la prise de l'hormone :

> Alors s'installe, peu à peu, une lucidité extraordinaire, accompagnée d'une explosion d'envie de baiser, de marcher, de sortir, de traverser la ville entière. C'est le point culminant où se manifeste la force spirituelle de la testostérone mêlée à mon sang. [...] Rien qu'une impression de force qui reflète la capacité démultipliée de mes muscles, de mon cerveau. [...] Quelques jours passent, le mouvement intérieur se calme, mais la sensation de force, comme une pyramide dévoilée par une tempête de sable, demeure (Preciado, 2008, p. 21).

On remarquera l'image de la pyramide, image phallique par excellence, qui s'impose à lui alors.

Que dire de la relation entre la prise de testostérone et la perte de son ami très cher ? Paul B. Preciado souligne que cette expérience commencée avant cette disparition avait revêtu alors un sens particulier, celui de faire revivre cet homme présent sur un mode quasi hallucinatoire :

> C'est toi qui me pousses à composer son numéro (elle appelle VD). Tu écoutes notre conversation.

Cela dans un rapport étroit avec l'écriture :

> Ce même jour, quelques heures plus tard, j'applique une dose de 50 mg de Testogel sur ma peau pour commencer à écrire ce livre (Preciado, 2008, p. 15-16).

Comme si cette expérience prenait dans un après-coup rapide tout son sens avec la mort de cet ami. Faut-il parler de mouvement mélancolique dans ce processus d'incorporation magique, avec l'Hormone qui va traverser sa peau ? Mais on est là dans un processus conscient qui évoque plutôt une identification à l'autre, ou une identification à un trait.

> Dès lors qu'un corps abandonne les pratiques que la société où il vit autorise comme masculine ou féminine, il glisse progressivement vers la pathologie. Les options bio-politiques qui s'offrent à moi sont les suivants : soit je me déclare transsexuel, soit je me déclare droguée et psychotique. En l'état actuel des choses il me paraît plus prudent de me déclarer transsexuel et de laisser croire à la médecine qu'elle peut proposer une cure satisfaisante pour mon « trouble d'identité de genre » (Preciado, 2008, p. 205).

Mettre en jeu le corps pour remettre en question les représentations traditionnelles des corps sexués a de nombreux précédents dans l'histoire du féminisme. C'est aussi un point où se sont rencontrées les luttes politiques et certaines formes de l'art corporel.

> C'est en tant que corps que les femmes sont désignées comme femmes [...] le corps féminin devient l'identité et la prison de la femme, à la fois ce que la femme est et ce qu'elle n'est pas, écrit Laura Cottingham (Merot, 2005, p. 1592).

De ce côté on peut rapprocher la performance de Paul B. Preciado des performances des tenants de l'art corporel comme forme politique de l'art. Cela ouvre une voie pour sortir d'une vision psychopathologique de ces interventions sur le corps. Suivons Patrick Merot sur l'art corporel :

> Avec l'art corporel, l'engagement du corps se fait par ce qu'on pourrait appeler un retour au corps. Non pas un court-circuit, mais un circuit long qui témoigne non d'une incapacité à fantasmer, mais de la volonté de refuser les modes d'expression classiques (Merot, 2005, p. 1587).
> Je suis un homme trans, une façon de dire ma confrontation avec le système sexe-genre. Nos corps trans sont un acte de dissidence (Preciado, 2019).

De ce point de vue, Einar, bien qu'il soit artiste, n'inscrit aucunement sa transformation dans une démarche artistique. Il se découvre femme à l'occasion de séances de pose et s'engagera toujours plus loin dans la réalisation de cette voie. Du côté de Gerda, les choses sont différentes : elle fait d'Einar l'objet de son art et le façonne à sa manière ; il devient son modèle attitré, elle soutient la transformation de son compagnon/sa compagne, et la relation qu'elle a avec lui/elle est au cœur de sa création. Ce n'est pas son propre corps qui est en jeu dans cette création, mais le corps d'un autre qui est son double. On est très proche de ce que met en jeu le *body art*.

Sandra Lorenzon Schaffa
Rua Iquitos, 388
05444-020 São Paulo
Brésil
sandralorens@gmail.com

RÉFÉRENCES BIBLIOGRAPHIQUES

Daumas C, *Libération*, 14 octobre 2008 https://next.liberation.fr/livres/2008/10/14/tete-a-queue_114997

Hoyer N., *Man into Woman The first sex change*, Londres, Blue Boat Books, 2004.

Lacan J., *Écrits*, Paris, Éditions du Seuil, 1966.

Lacan J., *Séminaire V, Les formations de l'inconscient*, Paris, Éditions du Seuil, 1998.

Lacan J. *Séminaire XVIII, D'un discours qui ne serait pas du semblant*, Paris, Éditions du Seuil, 1971.

Merot P., Art corporel : le corps entre pensée sublimatoire et pensée opératoire, *Revue française de psychanalyse*, t. LXIX, n° 5, 2005.

Preciado P.B., *Testo Junkie*, Paris, Éditions Grasset, 2008.

Preciado P.B. https://www.liberation.fr/debats/2019/03/19/paul-b-preciado-nos-corps-trans-sont-un-acte-de-dissidence-du-systeme-sexe-genre_1716157

Balafres du corps, genre neutre

Dominique Cupa*

« Vous croyez que c'est facile de s'imaginer être un homme quand on a un corps balafré par la médecine qui a passé une partie de sa vie trois fois par semaine dialysé, qui a une greffe qui n'est pas certaine de tenir ?... Et je ne vous parle pas des médicaments... Comment pensez-vous que j'arrive à baiser ? Où se trouve ma virilité ?... je suis un malade. »

Sébastien, criblé par les flèches de la maladie depuis le début de notre travail, vacille entre être et avoir. *Est*-il un homme puisqu'il *est* un malade, quelle sorte d'être est-on, lorsqu'on *a* un corps balafré, dialysé, greffé ? Si Sébastien [1] reconnaît qu'il *a* un pénis, cela fait-il de lui un homme ? Il se construit une néo-identité, il *est un* malade.

Il en est de même pour Victor atteint du VIH. Voici ce qu'il dit dans un psychodrame rapporté par Guillemine Chaudoye (2019) : « Entre vivant et mort, entre femme et homme... je ne sais pas... je suis comme un/une hippocampe... »

J'aimerais intervenir sur la débâcle que peut provoquer une maladie somatique chronique [2] dans la construction identitaire et la conflictualité de la bisexualité psychique. En d'autres termes, je tente d'indiquer comment face à la castration réelle (sans soins médicaux fréquents, le patient ne peut pas vivre) et non pas le fantasme de castration, le processus identificatoire dans ses liens à l'Œdipe peut s'organiser chez certains de ces patients. Selon Michel Fain (1992, p. 15), il existe dans ce cas un état traumatique résultant d'une « réification de la castration » qui ne comporte pas de travail de deuil,

* Psychanalyste, membre de la SPP, de l'Ipso. Professeure émérite de psychopathologie de l'université Paris Nanterre.

1. J'ai évoqué ce patient dans mon rapport pour le CPLF.
2. En France, on décompte vingt millions de malades chroniques (dont 1,3 million atteints de troubles psychiatriques) (Grimaldi, 2017).

mais une reconstruction progressive de moyens ré-ouvrant la voie du travail de deuil et il y a alors « une perception traumatique de l'absence de projet-pénis ».

Jean-Michel Lévy reprend les propos de Jean Laplanche concernant la formule freudienne « l'anatomie c'est le destin ». Il précise que c'est une anatomie qui est « fondamentalement soumise au leurre de la perception et qui s'avère n'être qu'une figure de l'illusion ». Il s'agit d'une anatomie perceptivo-fantasmatique qui peut perdurer psychiquement au-delà de toute acquisition d'un savoir médical. L'auteur constate aussi que l'anatomie n'est plus réellement le destin puisque le sociétal autorise les modifications du corps pour le rendre conforme à l'identité sexuée désirée par la psyché. Ainsi *la conviction* de son identité sexuelle peut dénier « sa propre réalité bio-physiologico-anatomique ». Celle-ci révèle un « noyau d'illusion » présent chez tout un chacun. De son côté, François Richard nous rappelle que Freud met en évidence « un espace psychique où le sexe est plus dans la tête que dans la conformation génitale », reposant sur « une prédisposition bisexuelle constitutionnelle » qui le conduit à construire l'idée d'une bisexualité psychique.

Mon propos concerne la maladie chronique qui convie la « réalité bio-physiologico-anatomique ». Elle peut mettre en lumière par la négativité qu'elle introduit, la façon dont le moi se construit présexuellement et sexuellement dans ses rapports au complexe d'Œdipe et celui de la castration, l'anatomie contribuant au destin par les éprouvés sensorimoteurs et l'expérience des zones érogènes de l'enfant avec son environnement, le petit Hans en est bon un exemple.

« RÉALITÉ BIO-PHYSIOLOGICO-ANATOMIQUE » ET RÉALITÉ PSYCHIQUE

Le complexe d'Œdipe positif et négatif qui aboutit à la double identification est, comme le rappellent Lévy et Anne Deburge, le moment où la bisexualité est mise à l'épreuve, où les remaniements s'opèrent. Les places de chacun sont alors orientées par le désir, les identifications à la mère et au père prises dans les mailles du complexe de castration obéissant à une loi de circulation des échanges. La bisexualité est la rétroaction de ces orientations. Cependant, *le dépassement du complexe de castration dépend des stades pré-œdipiens qui, en après-coup, apparaissent comme des précurseurs de la castration (perte du sein, sevrage, don des fèces et dressage, mais aussi qualités des soins parentaux, blessures et maladies). Il est nécessaire, ce faisant, que ces précurseurs n'aient pas été trop traumatiques, conflictuels.* Les choix du moi entre réalité sexuelle et réalité psychique (névrotiques, pervers ou psychotiques) dépendent des traces et balafres que laisse le développement lors de cette période pré-œdipienne. Les deux rapporteurs ont de plus, suivant Freud, indiqué la place *dès l'origine* de la bisexualité psychique, « une bisexualité pré-œdipienne » selon Green (1995, p. 51).

Sébastien me dit : « Mon corps a été *dépersonnalisé*, c'est un sujet d'observation médical... les prélèvements dans les trous, la verge. On m'a piqué, radiographié, coupé, découpé, pesé et repesé. À cinq ans, ils m'ont opéré et séparé de ma mère. Il y avait une infirmière qui me faisait peur. Il fallait que je me laisse soigner, je devais faire ce qu'on me disait, *il fallait que j'abandonne ma personnalité pour vivre.* J'ai été deux fois avec des prostituées, j'étais passif, j'avais l'impression d'être dans une salle de consultation. J'étais dominé. Je ne peux pas avoir de relations sexuelles lorsque je suis allongé. »

Les traumatismes identitaires et sexuels : maladie mortelle, effractions provoquées par les soins maternels et médicaux le « désubjectivent ». L'impuissance de Sébastien est *de l'ordre de l'être.* Comment ainsi peut se greffer le sexuel sinon de façon traumatique ? Le masochisme érogène peu organisateur est lié à la passivation traumatique, ses investissements constituant cependant un lien avec la mère. L'impossible passivité qui se dévoile conduit à un défaut d'autoérotisme, Sébastien surinvestit en permanence l'excitation à travers la crudité de ses propos et un débit verbal qui ne laissent aucune place pour mes interventions, me contraignant à la passivité et à son exhibitionnisme. Il figure son pénis comme un objet partiel, investissement opératoire de celui-ci lié aux soins, aux gestes médicaux, pénis manipulé techniquement, pénis de l'autoconservation.

Les relations de mon patient avec les femmes sont imaginaires, leurres qui soutiennent son narcissisme. Soutenues par la pulsion scopique surinvestie elles sont à distance et suscitent des mouvements affectifs houleux. Sans que cela semble le déranger, il me dit : « Plus je suis amoureux moins j'ai envie d'avoir une relation sexuelle. » L'objet est surtout une prothèse de son moi blessé et m'évoque la machine de dialyse qui a été longtemps sa compagne de survie. Il ne me parle jamais de son greffon comme si seulement l'évoquer pouvait le mettre en danger. *Lorsque l'objet se refuse, la castration devient béance. Son narcissisme récuse cette perception par la haine, son agressivité apparaît comme un stigmate de cette haine et il y a alors chez Sébastien une identification à la femme châtrée qu'il ne supporte pas.*

LE GENRE NEUTRE

« Je me masturbe avec les cuisses... Quand je me masturbe, j'ai du plaisir en même temps que mon sexe disparaît devant la glace, comme si j'avais alors un corps de femme... Il y a une confusion entre masculin et féminin... À défaut d'être une petite fille, n'*être ni d'un sexe ni d'un autre. Comme si j'étais d'aucun sexe. Cela m'attire.* Inconsciemment j'avais envie d'être une petite fille pour mon père. Mais quand il n'était pas là, ma mère me disait "t'es l'homme de la maison", pour cela il fallait que je réussisse dans mes études. »

L'identité sexuelle est floue face à des objets mal différenciés. Une figuration érotique de son pénis clivée de celle de l'autoconservation, mais avec celle-ci, il est en difficulté au point où, pour jouir il faut qu'il le fasse disparaître. Identifié à une femme il peut « avoir un certain plaisir ». *Cette identification liée à l'investissement homosexuel de son père est contre-investie par le fantasme du « genre neutre »* (Green, 1983, p. 208).

Le genre neutre a été conceptualisé par Green. Il me semble intéressant de m'y attarder car ce « troisième genre », « une manière de dire qu'on n'est ni homme, ni femme » est présent socialement et il prête à réflexions, polémiques, revendications. Il a même officiellement été adopté au Canada. Green avance que le genre neutre est un pendant au narcissisme positif de l'Éros : un narcissisme négatif au-delà du masochisme qui implique la douleur, « narcissisme qui va vers l'inexistence, l'anesthésie, le vide, le blanc (de l'anglais *blank*, qui se traduit par la catégorie du neutre), que ce blank investisse l'affect (l'indifférence), la représentation (l'hallucination négative), la pensée (psychose blanche) » (Green, 1983, p. 39). Dans certaines structures psychopathologiques où la sexualité peut être rejetée, le sujet alimente sans cesse ce fantasme d'asexualité et efface de son comportement ou de ses désirs toute aspiration hétéro ou homosexuelle. *Il s'agit d'une position défensive dont l'analyse peut venir à bout.*

Le but final serait l'extinction de toute excitation, de tout désir agréable ou désagréable. Cette fascination de la mort sous-tend un fantasme d'immortalité. Green précise que ce fantasme peut être élaboré à partir de la perception d'un fantasme maternel qui désire que son enfant ne soit ni sexué ni vivant. Il y avait de cela chez la mère de Sébastien qui lui affirma lorsqu'il était très jeune qu'il mourrait tôt. Sébastien était pris entre le destin d'une anatomie déficiente, marquée par des traumatismes et les fantasmes mortifères de sa mère qui de plus lui avait transmis la maladie. Cela rendait la femme très dangereuse et haïssable. *Mais aussi, face au danger de ses désirs homosexuels à l'égard de son père via l'identification à la femme vécue comme béance, la rétraction de son moi vers le neutre devenait l'ultime défense.*

FANTASME DE SCÈNE PRIMITIVE

Lévy insiste aussi sur l'importance du fantasme de scène primitive, « endroit privilégié d'élaboration du commerce sexuel entre les parents auquel s'adjoint la question de la place que l'enfant fantasme y occuper et qui trouve à se réaliser grâce à l'identification ». Il rappelle que celle-ci permet lors d'une analyse de passer d'une identification à une autre et de suivre les méandres du procès œdipien.

Dans les débuts du travail analytique avec Sébastien, la scène primitive n'était pas symbolisée et ne conduisait pas à un processus identificatoire. Ainsi Sébastien me dit : « Vous savez, j'ai une idée négative des femmes. J'en veux énormément à ma mère de m'avoir mis au monde avec une maladie génétique et de m'avoir dit que je devais mourir jeune. Mon père venait de temps en temps. (Son père vivait avec une autre femme que sa mère et ne l'a pas reconnu officiellement). Maman mettait les petits plats dans les grands. Il venait pour faire l'amour avec elle, pas pour moi. Étais-je jaloux ? J'étais intrigué par la chambre de ma mère. » L'ambivalence à l'égard de l'imago maternelle est évoquée sans affect ; elle est liée au don de vie/de mort. Cette scène n'a pas de valeur symbolique, ce n'est pas un fantasme de scène primitive, la scène est crue, elle est focalisée sur l'action, la représentation reste liée à la décharge pulsionnelle psychiquement peu élaborée.

Après environ deux années de travail analytique, je peux me rapprocher psychiquement de lui car il me laisse plus de place et il est moins dans la décharge des excitations. Il va m'expliquer qu'il a souffert du manque d'amour de son père et qu'avec la maladie, c'est comme s'il se punissait. Il trouve qu'il valait mieux qu'il ne naisse pas pour deux raisons : le sentiment de ne pas se sentir reconnu par son père, d'être de trop et le fait d'être né avec une maladie qui ne se guérit pas. « *En fait, j'étais l'otage dans la relation de mes parents, leur lien, ce n'est pas moi qui comptais.* » Sébastien construit ainsi un récit sur les conditions de son enfance et sur sa naissance, structurées par le masochisme. De façon omnipotente, *il répond au rejet par la création d'une scène primitive* dans laquelle sa présence permet au couple parental d'entretenir une relation sexuelle. Il devient *générateur actif* de la scène. Dans ce fantasme, il naît malade sans doute par punition pour sa part prise dans la scène primitive. Ce faisant, dans une séance suivante, pour la première fois, il me raconte l'histoire de sa mère comme une histoire d'amour : « Cela a été l'amour de sa vie. Elle voulait un enfant de lui. Lui aussi ne pouvait pas se passer d'elle, mais il ne pouvait pas quitter sa femme car elle était orpheline. » Sébastien, enfant du rejet, devient l'enfant de l'amour. Son amour pour la femme interdite qui le rend impuissant se tourne alors vers celui de la mère pour le père, et ce, sans doute grâce à celui qu'il me prête pour mes autres objets. Il va pouvoir s'identifier à des hommes sadiques…

POUR CONCLURE

Les patients ayant une maladie somatique chronique avec qui je fais un travail analytique à l'hôpital présentent fréquemment des troubles de l'identité sexuelle. Le genre neutre est un système défensif qui concourt à l'évitement de la conflictualité sexuelle et ambivalentielle face à la castration réelle dans ses liens au complexe d'Œdipe. La construction d'une scène primitive dans le processus thérapeutique permet au travail génératif du moi inconscient un certain remodelage des identifications mieux différenciées et ouvre sur une conflictualité plus apaisée.

Dominique Cupa
34-36 rue Dieulafoy
75013 Paris
cupado@noos.fr

RÉFÉRENCES BIBLIOGRAPHIQUES

Chaudoye G., L'entre-deux, *Filigrane, Revue québécoise de psychanalyse*, 2019.
Cupa D., Quelque chose de l'inconscient, *Revue française de psychanalyse*, t. LXXX, n° 5, 2016.
Deburge A., Lumière et ombre ?, *Bulletin de la SPP*, 2019.
Fain M., Vie opératoire et potentialités traumatiques, *Revue française de Psychosomatique*, 2, 1992.
Green A., *Narcissisme de vie, Narcissisme de mort*, Paris, Éditions de Minuit, 1983.
Grimaldi A., *Les Maladies chroniques,* Paris, Éditions Odile Jacob, 2017.
Lévy J.-M., Ombres et lumières de la bisexualité, *Bulletin de la SPP*, 2019.
Richard F., La bisexualité, l'inceste et la mort, *Bulletin de la SPP,* 2019.

À la recherche du sexe perdu

Dana Pamfile*

INTRODUCTION

Bien que l'on soit à l'aube d'une nouvelle classification diagnostique, la CIM 11, qui s'inscrit sur la voie de la dépathologisation psychique du phénomène transgenre, une évaluation psychiatrique préalable aux interventions médicales de réassignation sexuelle est de nos jours régulièrement demandée par les endocrinologues ou les chirurgiens sollicités dans ce sens.

En tant que psychiatres de liaison dans un centre hospitalo-universitaire doté d'une consultation spécialisée pour la dysphorie de genre, nous sommes ainsi souvent amenés à rencontrer des personnes s'identifiant comme transgenres qui souhaitent avoir recours à des traitements de réassignation sexuelle. Rencontres singulières, vécues comme des injonctions, souvent les personnes en face n'ayant pas de réelle demande de soins psychiques ; pourtant souffrance il y a, mais souvent dans les représentations conscientes qui nous sont livrées, seul le corps, le sexe biologique assigné par la nature en serait source. La conflictualité psychique est dans ces cas d'emblée mise à distance, externalisée dans la relation avec le psychiatre, qui deviendra par projection personnage tout-puissant, parfois persécutoire, souvent sadique, « tout [...] devant se jouer sur la scène corporelle et non sur la scène psychique », comme Colette Chiland l'a déjà fait remarquer (Chiland, 1999, 1255).

Cependant, il ne faudrait pas sous-estimer l'angoisse que cette rencontre peut susciter des deux côtés ; du côté du patient devant l'invitation à intégrer dans la discussion la dimension psychique et la possibilité du doute, jusque-là écartée par le clivage ou le déni ; du côté du psychiatre, lorsqu'il sera

* Psychiatre et psychothérapeute en formation dans l'axe psychanalytique, cheffe de clinique adjointe dans le Service de psychiatrie de liaison du Centre Hospitalier Universitaire Vaudois à Lausanne.

confronté à des oscillations au sein de sa propre bisexualité psychique mise à l'épreuve, mais aussi à la responsabilité qui lui incombe de par sa position décisionnelle.

Peut-on considérer les demandes de changement de sexe comme symptômes de l'impossibilité à contenir la bisexualité psychique et comment peut-on ouvrir la possibilité de se la réapproprier ? Les tentatives manifestes de nuancer d'une écoute psychodynamique l'évaluation que nous réalisons se heurtent souvent à des discours idéologiques et militants. Nous gardons néanmoins l'espoir qu'on puisse avec certains de ces sujets réaliser un travail préparatoire à l'élaboration d'une demande de psychothérapie.

LA RENCONTRE

Je reçois en consultation Aurélien, 21 ans, à la demande de son psychiatre traitant qui le suivait depuis neuf mois en raison d'un épisode dépressif compliqué d'une crise suicidaire importante dont le vecteur principal avait été la convocation au service militaire, obligatoire en Suisse. C'est auprès de son psychiatre qu'Aurélien avait pour la première fois mis en mots sa conviction intime d'être femme et son souhait de changer de sexe ; ceci semblait avoir soulagé en partie la symptomatologie dépressive et les conduites suicidaires avaient laissé progressivement place à l'élaboration de sa souffrance et à l'espoir de pouvoir enfin « modifier son corps pour qu'il corresponde à ce qu'il y a dedans ».

Lors du premier rendez-vous, dans une ambiance imprégnée d'une certaine étrangeté, Aurélien me parle des envies suicidaires, de la rencontre avec son psychiatre, du chemin qu'il avait parcouru depuis, de la femme qu'il était, enfermée par malchance dans un corps d'homme et à laquelle il était content de pouvoir enfin donner voix, de l'urgence qu'il éprouvait par rapport à la féminisation de son corps. Il fut également question d'une lettre destinée à sa mère, dans laquelle il lui dévoilait son identité de femme, sa souffrance et ses idées suicidaires. À l'époque à laquelle il l'avait écrite, Aurélien imaginait se donner la mort en utilisant l'infusion d'une plante que sa mère avait ramenée de son voyage de noces pour « l'inséminer » dans le jardin de la ferme familiale. Un élément de temporalité revient plusieurs fois dans son discours : « les neuf mois de suivi » ; il n'est pas rare que des patients insistent sur la durée d'un éventuel suivi psychiatrique ou psychothérapeutique déjà en cours avec l'espoir qu'on diminuerait ainsi la durée d'évaluation, mais la temporalité en question m'intrigue ; malgré un sentiment contre-transférentiel d'intrusion, je me lance de ma position « expertale » dans l'exploration active et soutenue de son enfance, des relations actuelles et passées et de l'émergence du vécu transgenre.

Neuf mois. Qu'est-ce qui aurait pu se passer à l'aube de son existence, quels ressorts psychiques ont été mis en tension pendant son suivi psychiatrique pour qu'au bout des neuf mois cet homme qui refuse de s'identifier en tant que tel accouche de la demande qu'on le débarrasse de son pénis ? Aurélien m'apprend, d'une voix détachée, qu'il est issu d'une grossesse gémellaire avec une sœur mort-née. Quelques séances plus tard, j'apprenais encore que le nom de la plante avec laquelle il avait pensé s'intoxiquer se retrouvait dans le prénom que sa mère avait imaginé pour sa jumelle.

En revenant sur cette histoire, il me prévient : « Si vous pensez que c'est à cause de ça que je veux faire la transition, vous perdez votre temps ; j'en ai déjà fait le tour avec mon psy, il n'y a plus rien à dire, ce n'est pas ça. »

Je lui réponds : « Si ce n'est pas ça, vous vous demandez peut-être ce que ce pourrait bien être d'autre. Est-ce du temps perdu que d'essayer de comprendre ? »

Aurélien : « Bah… je ne sais pas, oui, je crois ; ce qui ne va pas, c'est mon corps ! »

Moi : « Un corps de garçon qui a survécu à celui de sa sœur. Je me demande comment le petit garçon que vous étiez a pu vivre la perte de sa sœur. »

Du silence qui suit, un souvenir d'enfance émerge pour la première fois. J'y reviendrai après quelques réflexions théoriques.

REPÈRES THÉORIQUES

Dans le chapitre « Clivage des éléments masculins et féminins chez l'homme et chez la femme », Winnicott avait mis en lumière chez son patient une *dissociation complète* entre les aspects de son identité de genre correspondant au sexe biologique et la partie de sa personnalité correspondant au sexe opposé, clivée, qu'il appellera *l'élément féminin pur*. Ce mécanisme semble avoir été au service de la résistance développée à l'avancée du processus analytique notamment en ce qui concerne « une acceptation de la bisexualité en tant que qualité d'un self total » d'autant plus qu'« on découvre parfois […] que c'est à la partie clivée qu'on a affaire […] alors que le fonctionnement principal de la personne n'apparaît que sous forme projetée » (Winnicott, 1975, p. 147). Selon son hypothèse, lorsqu'on arrive à le saisir et à lui donner la parole, l'élément pur de l'autre sexe, clivé, trouverait dans la relation analytique une unité primaire porteuse d'une subjectivation vivifiante faisant ainsi avancer le processus.

Quand bien même il ne s'agit pas du même dispositif, nous nous permettons d'étendre ces réflexions à la clinique transgenre ; nous pouvons ainsi faire l'hypothèse que ce qui apparaît projeté sur le devant de la scène dans ces cas, à travers la demande même justifiant la prise de rendez-vous, c'est justement l'élément identitaire correspondant au sexe opposé tant désiré ; comme dans l'exemple de Winnicott, cet élément apparaît clivé, mais hypertrophié, monopolisant presque l'espace psychique du sujet au point d'étouffer, d'écarter au-delà des limites de la conscience les aspects identitaires sexués congruents au sexe biologique. D'autres mouvements intrapsychiques contribuent certainement à cette dynamique et ceci pourrait expliquer une partie du déni de toute conflictualité interne, le positionnement figé dans le sexe opposé et l'idée de l'incongruence soma-psyché comme source unique de la souffrance. « Il faut qu'autrui reconnaisse le sujet comme membre de l'autre sexe pour conforter cette conviction, qui n'est qu'un cri de désespoir » (Chiland, 1999, p. 1253).

SOUVENIRS D'ENFANCE

Un processus associatif s'enclencha chez Aurélien. Lorsqu'en saisissant sa dénégation de l'importance qu'il accordait sans le savoir à la perte de sa jumelle et probablement par conséquence à la genèse de son vécu transgenre, je fais vivre dans la rencontre le bébé garçon qu'il avait été à l'heure du constat qu'un seul des deux jumeaux avait survécu. Je reprends mon commentaire : « Un corps de garçon qui a survécu à celui de sa sœur. Je me demande comment le petit garçon que vous étiez a pu vivre la perte de sa sœur. »

Je m'identifie ainsi dans le contretransfert, pour autant qu'on puisse le désigner ainsi au vu du dispositif, à la mère parturiente, en basculant dans un féminin prêt à accueillir le souvenir. Il se rappelle que vers ses 11 ans, à l'occasion d'un entretien de famille organisé dans le cadre d'un suivi pédopsychiatrique, il avait pu dire quelque chose de la culpabilité qu'il éprouvait envers sa sœur mort-née, ce à quoi son père aurait réagi en essayant de le convaincre qu'il fallait « arrêter ces *conneries* ; si c'était toi qui as survécu, c'est parce que les garçons sont plus forts que les filles ».

Voici la vraie injonction, me dis-je, et je lui soumets l'hypothèse que la convocation à l'armée qui était à l'origine de sa crise suicidaire avait peut-être réactivé ces enjeux, sans nommer par ailleurs la menace homophilique que cela pouvait représenter pour Aurélien, qui n'arrivait pas encore à se situer dans son orientation sexuelle. D'autant plus que ce n'est probablement pas « l'homosexualité *per se* qui constitue une menace, mais l'affaiblissement du sentiment d'identité », car « un acte homosexuel peut être une affirmation importante de l'identité masculine de l'individu » (Stoller, 1973, p. 213) ou bien parce que l'homosexualité comprise au sens du mythe grec cité par Winnicott ouvre le fantasme d'une « relation aussi intime que possible avec la déesse suprême » (Winnicott, 1975, p. 150).

Toujours est-il qu'à partir de ce moment précis, quelque chose semble avoir changé dans l'ambiance des entretiens, j'avais le sentiment qu'Aurélien se montrait plus authentique, moins sur la défensive, malgré sa demande d'accès à l'hormonothérapie qui revenait systématiquement en fin de consultation comme pour annuler toute ouverture psychique menaçant de réduire le clivage.

Dans la continuité de la pensée de Winnicott, on pourrait néanmoins questionner si, dans le travail potentiellement préparatoire à l'élaboration d'une demande psychothérapeutique, un des leviers pouvait être l'écoute et l'exploration des aspects identitaires porteuses d'une sexuation psychique congruente au sexe biologique, perdus à la faveur du clivage.

Lors d'un entretien destiné à l'exploration de l'histoire familiale, j'apprends que la relation très proche avec sa mère semble être souvent sujet de dispute entre ses parents, car elle défendrait chez son fils une « sensibilité » particulière qui l'empêcherait de répondre aux exigences de la lignée masculine (père, grand-père paternel, frère aîné « préféré du père » et destiné à reprendre la suite de la ferme agricole familiale). Pour illustrer sa proximité avec sa mère, Aurélien évoque spontanément son allaitement tardif, ainsi qu'un commentaire du père, très critique de ce qu'il appellerait « la passivité » de son fils, commentaire survenu lors d'une dispute entre les parents : « Ce n'est pas parce que t'en avais pour deux qu'il fallait lui donner jusqu'à cinq ans ! » L'évocation de cet épisode amène une mobilisation des affects et j'interroge ses rires qui me semblent dissonants, mais que je pouvais aussi entendre comme un triomphe contre son père. Il me répond, en touchant sa poitrine : « Je pensais au jour où je me ferai opérer le haut. » À la fin du même entretien, il me dit qu'il trouvait que de parler lui fait du bien et qu'il pensait demander à son psychiatre de le voir plus régulièrement. Puis il m'informe qu'il a déjà commencé à prendre des hormones féminisantes qu'il s'était commandées sur Internet.

PERSPECTIVES

Des indices contre-transférentiels importants me sont apparus dans l'après-coup de cet épisode. Aurélien m'avait remis symboliquement entre les mains la lettre qu'il avait adressée à sa mère ; témoignage d'une lutte qui se donne en lui entre l'inertie de la régression « à l'état originel d'union avec la mère » (Stoller, 1973, p. 228) d'un côté et la tentative de s'y *désidentifier* selon le terme de Greenson cité par Stoller, de l'autre (Stoller, 1973, p. 225).

Nous pouvons comprendre le passage à l'acte (l'automédication aux œstrogènes) comme résistance au processus de réintégration de la bisexualité psychique ; mais aussi dans une certaine mesure comme étape nécessaire, dans son économie psychique, au maintien de l'ouverture à cette bisexualité, généralement difficile à faire exister chez la plupart des patients que nous voyons en consultation. Faire quelques pas dans le sens du désir conscient du patient, en laissant ouverte la possibilité d'une prise en charge endocrinologique permet souvent une internalisation de la conflictualité jusque-là manifeste exclusivement dans la relation et ouvre la voie à une remise en question de la toute-puissance fantasmée de l'hormonothérapie.

Bien que ces réflexions n'engagent que l'auteur, elles sont le fruit des précieux échanges avec ses collègues de la Consultations dysphorie de genre (Pr. Stiefel, S. Brovelli, P. Pecoud), de même qu'avec les participants au séminaire de préparation du CPLF organisé à Lausanne par Lucette Nobs et Nicolas de Coulon.

Dana Pamfile
CHUV – Les Allières
Avenue de Beaumont 23
1011 Lausanne
Suisse
dana.pamfile@chuv.ch

RÉFÉRENCES BIBLIOGRAPHIQUES

Chiland C., L'identité sexuée, *Revue française de psychanalyse*, t. LXIII, n° 4, 1999.
Stoller R., Faits et hypothèses. Un examen du concept freudien de bisexualité, *in* J.-B. Pontalis (dir.), *Bisexualité et Différence des sexes*, Paris, Gallimard, 1973.
Winnicott D.W., *Playing and Reality*, Londres, Tavistock, 1971 ; trad. fr. C. Monod et J.-B. Pontalis, *Jeu et Réalité*, Paris, Gallimard, 1975.

Le féminin comme esquive de la bisexualité. Un destin transsexuel

Riccardo GALIANI*, Roberta GUARNIERI**

« J'ai demandé à un ami de me photographier en bikini… Je voulais voir quel effet faisait mon corps. » S., un homme de 33 ans qui voulait « avoir son vrai sexe » par une intervention dite « de réassignation », avait montré ces photos à quelques connaissances, en disant que c'était une fille avec laquelle il vivait et pour laquelle il leur demandait un jugement sur son apparence physique : un vote pour chaque partie du corps. Une autre « expérience » avait pour S. encore plus de valeur : « Une fois j'ai été découvert, sur la plage. » Marchant en bikini le long d'un rivage, S. rencontra une femme ; « elle me regarda… J'ai continué à marcher… à mon retour, la dame était couchée, mais il y avait sa fille, une adolescente. Je passe à côté d'elle, je l'entends dire : "belle". Je continue à marcher ; "belle", dit-elle plus fort. Elles partent, et la fille n'arrêtait pas de dire "belle, belle"… Cette fille avait compris que j'étais un travesti… Mais j'ai "ressenti" qu'en vérité elle me disait [S. passe de l'italien au dialecte] : "Nous avons compris que tu es un homme, mais tu es également *belle.*" Donc, inconsciemment, elle me disait : "Tu dois faire quelque chose, tu dois mettre chaque chose à sa place, tu dois changer de sexe, parce que si tu es *belle* maintenant, imagine après [1]". »

* Psychanalyste, membre titulaire de la Société Psychanalytique Italienne et de l'IPA ; professeur associé en Psychologie Dynamique au Département de Psychologie de l'université de la Campanie.

** Médecin psychiatre, psychanalyste, membre titulaire et formateur de la Société Psychanalitique Italienne.

1. En France, l'article 56 de la loi du 18 novembre 2016 de modernisation de la justice, introduit au sein du code civil une nouvelle section consacrée à « la modification de la mention du sexe à l'état-civil » où il est dit que le fait de ne pas avoir subi de traitements médicaux, une opération chirurgicale ou une stérilisation ne peut plus motiver le refus de faire droit à une

Après ces « expériences », S. avait compris qu'il « ne pouvait plus tourner le dos », tergiverser ; ces moments, et d'autres moins nets marquent pour S. « la découverte de sa propre féminité » ; une féminité qui vivait « cachée en lui depuis toujours » et qui demandait l'« émasculation » (comme on l'a dit une fois et comme S. disait souvent). Dans ces moments, un rôle décisif est attribué à l'autre : la parole d'un autre qui parle par l'inconscient d'*une* autre (« inconsciemment, elle me disait ») résout d'un coup toutes les oscillations associées à la bisexualité. En assumant la force d'un impératif, cette parole manifeste un lien très fort entre l'idée de devoir devenir une femme et l'acquisition de la beauté.

S. disait clairement que la « féminisation », l'abandon de la condition de travesti qu'il s'était longuement attribuée, lui avait été suggérée, imposé, comme la seule condition possible pour être crédité d'une « beauté » qui, en tant que « vraie beauté », est uniquement « au féminin ». Par sa recherche de l'assomption de la féminité/beauté, S. témoigne du souhait d'être « porté par le regard de l'autre » (Czermak, 1986), autour duquel il tente d'organiser son identité. Un tel regard fait uniquement d'emprise (Denis, 2019) représentait en même temps pour S. la possibilité de se reconnaître un droit d'existence. Freud (1925h) est pris à la lettre : le jugement d'existence n'existe pas sans au préalable un jugement de valeur.

Cette féminité au-delà de la bisexualité n'est pas construite, comme pour toute expérience subjective, même secondaire : son existence « cachée », mais complète (sortie tout armée à la naissance, à la manière d'Athéna) est d'emblée dévoilée grâce au regard d'autrui. On peut bien comprendre ici pourquoi Oppenheimer (1980) considérait la théorie de Stoller (1968) – fondée sur l'hypothèse d'une féminité primaire – une théorie « reflet ».

Les rencontres cliniques avec S. ont pu être nombreuses ; en avançant dans l'écoute, son « ressenti féminin » est apparu de moins en moins une donnée originaire, et de plus en plus l'effet du déni de la réalité de son propre être homme, avant tout marqué par la pratique d'effacement de tous les éléments discordants avec « l'histoire » de sa conviction à lui. Ce type de relation entre le masculin et le féminin a son aspect le plus visible dans ce qu'on pourrait appeler *dialectique entre le corps réel masculin et le corps féminin imaginaire.* D'une part il y a le corps masculin qui, avec ses insignes, est un lieu d'inconfort et de dérision ; de l'autre un féminin qui, au-delà des apparences, est totalement incorporel. Le corps masculin est donc, dans

demande de modification. En Italie, dès 2017, une sentence de la Cour constitutionelle (n° 180 du 13/07/17) établit que le droit fondamental à sauvegarder est celui de l'« identité de genre ». Si une identité est reconnue « certaine » de par les déclarations des experts, on peut demander la réattribution de l'état civil, en l'absence de traitements médicaux.

cette condition, comme le dit Merleau-Ponty (1964, p. 315-316), non pas vraiment « sensible », non pas vraiment corps, mais *pulpe*, « indéfinissable » incapable de définir l'espace qui contienne une différence psychique (le masculin *et* le féminin).

Ce féminin qui appelle à soi, il faut l'entendre comme une mise en forme fantasmatique d'une annihilation pulsionnelle : un « fantasme négatif » de la bisexualité (Pontalis, 1973), un « fantasme du genre neutre » (Green, 1973). Évidemment, à la question reproposée par Jean-Michel Lévy (2019, p. 130) – *quid* de l'angoisse de castration ? –, S. répond : « Je n'en sais rien, je n'en ai jamais rien su. » On a raison de croire que, même aujourd'hui, en 2019, « changer de sexe » ne se bornerait pas pour S. à une pratique administrative désincarnée.

« Si je savais que je ne pouvais pas changer de sexe, si je savais que je n'avais pas d'autre choix, peut-être que je préférerais faire vœu de chasteté », a conclu une fois S. ironiquement. L'essentiel pour lui, plus encore que d'être à côté d'un homme en tant que femme, c'était d'abandonner la place qui lui *est* attribuée par la sexuation (la sexuation se conjugue toujours au présent). S. aspirait peut-être à une condition semblable à celle qu'espèrent atteindre ceux qui, depuis l'antiquité, font réellement vœu de chasteté : désexualisation, annulation de tout embarras du choix d'objet (Chervet, Aisenstein, 2019), indifférenciation, « nostalgie du paradis » (faire « un avec le divin » : Scholz, 1997). Le féminin dans les rangs duquel un transsexuel comme S. veut être placé n'est pas l'« autre sexe » (« autre » pour les autres, pas pour lui-même) : le sexe féminin est un *non sexe*, un *hors sexe* (Millot, 1983). *No body, it's perfect*, a dit Lévy.

Cette féminité exprime un besoin de *s'en tirer hors du sexe*, besoin qui échappe encore plus à la *bi*sexualité vécue comme *médiation* (David, 1975, p. 835) entre les deux positions psychiques de la sexuation, comme un être *sexué deux fois*, pour ainsi dire, et pas comme un « sentiment tout-puissant d'être les deux sexes à la fois » (Quinodoz, 1998, p. 102). On peut convenir avec François Richard (2019, p. 56-57) : déjà au niveau des termes, lorsqu'on parle de neutre, de trans ou queer, on est devant *une fuite des oscillations* que seule la bisexualité psychique permet. Pour S., pas de marge d'hésitation, pas de véritables dispositions bisexuelles (Richard, p. 51), pas d'inclination au conflit (Lévy, p. 170). S. : « Je n'ai jamais vécu un conflit entre masculin et féminin [...] à ce sujet-là, s'il y a un conflit, c'est au niveau universel, pas chez moi ! »

Être hors sexe équivaut alors à éviter les effets différenciateurs et constitutifs de la sexuation, c'est-à-dire éviter les effets de l'attribution du genre par l'autre (Laplanche, 1980) ; mais pour S., comme pour bien d'autres, cette « esquive » était une nécessité, une « sacrée nécessité », comme il disait [2]. Dans l'attribution de « l'être homme » par l'autre il y avait eu toute l'hésitation qui ne pouvait pas avoir lieu chez S. (le père qui l'avait abandonné, la mère en deuil et qui haïssait la virilité… des autres), et dont les effets étaient sous nos yeux (voir Ceccarelli, 1994, au sujet du rôle de l'hésitation parentale dans la psychogenèse du transsexualisme). C'est pour cette raison que chez S., l'homosexualité est rejetée et, avec elle, la fonction ordonnatrice du complexe œdipien (négatif).

Au fond, S. représente une réponse à la question posée par Richard (p. 48) sur les destins d'un Œdipe non organisé : le problème à résoudre n'est pas celui de la place qu'on peut occuper dans le triangle œdipien pour affronter l'angoisse de castration. Le désir homosexuel place l'homme devant un homme qui, en tant qu'homme reconnaissant l'être homme de l'autre, peut le désirer, tout en reconnaissant (par l'action de la bisexualité psychique) qu'il y a du féminin ailleurs (c'est-à-dire : au dehors, mais aussi au-dedans du fantasme). Tout tourne autour du positionnement du sujet du côté masculin de la sexuation. C'est cette position, dans laquelle on est à la fois « sexuel » et « homme », qu'un transsexuel comme S. ne peut pas tenir, parce que dans cette position il n'a probablement pas rencontré le vecteur du désir inconscient de l'autre (le regard), parce qu'il a fait l'objet d'une reconnaissance incertaine et hésitante, lorsqu'il traversait un passage crucial de la construction de sa nouvelle subjectivité sexuée.

Ce que nous apprend une solution psychopathologique (qui naît autour de la souffrance psychique) comme celle de S., c'est aussi que, au niveau des notions, il faut choisir : le *genre*, c'est pour esquiver la bisexualité. Dès lors qu'une position, une identité sexuelle est marquée, la bisexualité ne saurait disparaître, même « dans tous les “trans” possibles », écrit Lévy (p. 118). Elle ne disparaît jamais ; mais dans certains cas de transsexualisme, ce « marquage » identitaire proprement humain, la sexuation, est intolérable. Lorsque, dans la clinique, on écoute les questions posées par ces identités à partir de la clarté du *gender*, on esquive ce que cette intolérable a produit et produit dans la vie psychique ; pas d'après-coup avec le *gender*, dans la mesure où s'il y a du sexe en jeu avec la notion de genre, ce n'est pas au niveau psychique (Stoller, 1968 ; Kahn, 2017), niveau où le sexe devient sexuel et où, en raison de la bisexualité, il peut bouger à l'intérieur d'une organisation identitaire. Comme le rappelle Tamet (2016), s'appuyant sur une dichotomie rejouée au niveau théorique par la distinction *sex/gender*,

2. Sur l'origine freudienne de l'*esquive* comme « notion », dans ses relations avec le *déni* et l'*aboli*, voir Chervet, 2011.

dans le transsexualisme les transformations anatomiques visent à mettre en échec la bisexualité psychique.

C'est une méconnaissance originelle, la méconnaissance de la possibilité d'être l'incarnation – nécessairement partielle – d'un idéal, qui a donné au parcours de la vie de S., futur transsexuel, le semblant d'un destin, succession d'événements immuables et indépendants de la subjectivité. Ainsi, le développement psychique devient la recherche d'un mode de survie qui se traduit dans l'identification illusoire à ce que, selon l'ordre de la sexuation, représente l'autre de soi. Cette identification place S. au-delà d'un sexuel qui héberge l'« invisible » du couple parental. Il faut penser cet invisible comme une trame fantasmatique qui, en tant que refoulé parental par rapport à ce sexe-là, a vraisemblablement déterminé le lien inconscient du couple générateur. À la suite de cette identification illusoire faite par le fils avec les insignes de l'autre sexe, prend forme comme « contre-investissement » ce qui a produit l'irreprésentable du « couple originaire [3] ». Le *plus que refoulé* par rapport au sexe (ici, le sexe masculin), l'invisible du couple, se matérialise, en une perspective maintenant inversée, dans le caractère contraignant qui marque le besoin d'un transsexuel comme S. de ne pas voir (concrètement) son propre sexe, d'en être au-delà. Une telle trajectoire ne peut qu'esquiver à tous les niveaux les enjeux de la bisexualité.

Riccardo Galiani
Via s. Maria di Costantinopoli 104
80138 Naples
rgaliani67@gmail.com

Roberta Guarnieri
Cannaregio 3014
30121, Venice
rguarnieri.psicoanalista@gmail.com

RÉFÉRENCES BIBLIOGRAPHIQUES

Aulagnier P., *La Violence de l'interprétation*, Paris, Puf, 1975.

Ceccarelli P.R., Le transsexualisme : Quelques réflexions sur les avatars des relations au masculin et au féminin chez le transsexuel, *Topique*, 55, 1994.

Chervet B., La jalousie, *Revue française de psychanalyse*, t. LXXV, n° 3, 2011.

Chervet B., Aisenstein M., L'embarras du choix ou le choix d'objet en embarras, *Bulletin de la SPP*, 2, 2019.

3. Locution employée par Aulagnier (1975, p. 174) pour définir le terrain pulsionnel de rencontre d'« une telle » femme et d'« un tel » homme qui deviendront parents de « x ».

Czermak M., Précisions sur la clinique du transsexualisme, *Passions de l'objet. Études psychanalytiques des psychoses*, Paris, Joseph Clims, 1986.
David C., La bisexualité psychique. Éléments d'une réévaluation, *Revue française de psychanalyse*, t. XLIX, n° 5-6, 1975.
Denis P., Avec le regard de Freud, *Revue française de psychanalyse,* t. LXXXIII, n° 1, 2019.
Freud S. (1925 *h*), La négation, *Résultats, Idées, Problèmes*, II, Paris, Puf, 1985; *OCF.P*, XVII, 1992 ; *GW*, XIII.
Green A. (1973), Le genre neutre, *Narcissisme de vie, Narcissisme de mort*, Paris, Éditions de Minuit, 1988.
Kahn L., Quel genre de nature ?, *in* J. André (dir.) *Quel genre de sexe ?,* Paris, Puf, 2017.
Laplanche J., Castration-Symbolisations, *Problématiques II*, Paris, Puf, 1980.
Lévy J.-M., Ombres et lumières de la bisexualité, *Bulletin de la SPP*, 1, 2019.
Merleau-Ponty M., *Le Visible et l'Invisible (suivi de Notes de travail)*, Paris, Gallimard, 1964.
Millot C., *Horsexe* : *Essai sur le transsexualisme*, Paris, Éditions du Seuil, 1983.
Oppenheimer A., *Le Choix du sexe : à propos des théories de Stoller*, Paris, Puf, 1980.
Pontalis J.-B., L'insaisissable entre-deux, *Bisexualité et Différence des sexes*, Paris, Gallimard, 1973.
Quinodoz D., A FE/male Transsexual Patient in Psychoanalysis, *International Journal of Psychoanalysis,* 79, 1998.
Richard F., La bisexualité, l'inceste et la mort, *Bulletin de la SPP*, 1, 2019.
Scholz P.O., *Der entmannte Eros. Eine Kulturgeschichte,* Düsseldorf/Zürich, Artemis & Winkler Verlag, 1997.
Stoller R.J., *Sex and Gender. The Development of Masculinity and* Femininity, New York, Science House, 1968 ; Karnac Book, Londres, 1974 .
Tamet J.-Y. (2016), Le genre, *in* L. Danon Boileau, J.-Y. Tamet (dir.) *Des psychanalystes en séance. Glossaire clinique de psychanalyse contemporaine*, Gallimard, Paris.

La tentation transsexuelle comme esquive de la bisexualité psychique

Pascale Totain*

Lou va avoir 12 ans. Elle veut voir « un psy » car elle a décidé de devenir un homme. Elle a une passion pour le Moyen-Âge, particulièrement pour les armures. Elle m'a rencontrée une fois, il y a six ans, car l'école voulait la faire passer directement de maternelle en cours élémentaire, et les parents s'interrogeaient sur l'opportunité de cette proposition ; depuis cette unique rencontre, Lou veut devenir psychologue, et c'est précisément moi qu'elle a demandé à revoir, après tout ce temps. Je suis questionnée d'emblée par ce désir de devenir à la fois une psychologue, comme moi, et un homme, pas comme moi. Dans son choix d'objet, elle préfère clairement les femmes ; pour elle, les hommes sont musclés, forts, mais souvent bêtes. Les femmes sont beaucoup plus intelligentes, mais ont un corps fragile, ce qui est insupportable pour cette pré-adolescente aux allures d'enfant asexué. Lou est dans une revendication féministe assez singulière car elle reconnaît que ce en quoi elle trouve les femmes lésées (inégalités dans les possibilités de faire la guerre, d'accéder à l'éducation, de porter des armures…) relève d'un anachronisme qui nous projette dans sa période historique de prédilection.

Son père et sa mère ont tous deux eu une enfance difficile, ce qui a conduit la mère en analyse, alors que le père raconte son passé douloureux comme s'il était banal. Les deux parents disent accepter parfaitement l'idée que Lou pourrait être homosexuelle, mais pour madame, l'éventualité qu'elle soit transsexuelle l'angoisse et la culpabilise beaucoup ; elle s'en veut d'avoir toujours tenu des propos féministes, d'avoir offert autant de petites voitures à Lou que de poupées qui d'ailleurs atterrissaient au fond de l'armoire, alors que les armes et autres jeux de « garçon » rencontraient un vif intérêt chez la fillette. Les parents se sont connus tardivement, peu avant

1. * Psychanalyste, membre de l'Association Psychanalytique de France.

la quarantaine, et l'idée d'avoir un enfant les comblait, sans imaginer en avoir d'autres.

J'ai surtout retenu de cette rencontre inaugurale avec les parents l'immense culpabilité de la mère et l'insouciance ostentatoire du père. C'est sur ces traits de caractère très discordants que j'ai repéré finalement l'axe principal du questionnement de Lou : son vœu le plus cher est en fait « d'être aimée par une femme, mais comme une femme aime un homme ». Quand je la questionne sur ce que signifie « être aimée comme un homme », elle répond que la femme est anxieuse, sérieuse, gestionnaire du quotidien et des tâches importantes, responsable dans la réalité vue à travers le filtre de l'enfance, c'est-à-dire essentiellement liée aux impératifs d'un foyer. Malgré son féminisme revendicatif, c'est à madame qu'incombent les tâches domestiques, les courses, le ménage et surtout le soin à l'enfant. Monsieur est un doux rêveur ; il joue, fait des blagues, et surtout des caprices, notamment dans son alimentation : il ne veut manger aucun fruit, aucun légume, peu de viande, jamais de poisson. Ses repas feraient baver d'envie tout enfant qui, comme Lou, a une mère bio-écolo qui mange ses cinq fruits et légumes par jour, attentive aux calories et à l'équilibre alimentaire, tout ça dans le respect de la planète et des animaux : quand papa gère les repas, c'est frites, pâtes, Mac'Do, bonbons et autres excès gargantuesques. « Être aimée comme une femme aime un homme » revient finalement à être aimée comme une mère aime son enfant, les ordres et interdits en moins ; être aimée comme sa mère aime son père, comme un enfant gâté. On comprend mieux l'angoisse qui a dû émerger avec la puberté : la seule solution pour ne pas perdre les avantages de l'enfance, c'est de devenir homme. Le transsexualisme de Lou traduit bien plutôt une homosexualité primaire triomphante, avec l'image d'une mère phallique comblant *His Majesty The Baby*, bébé garçon qui plus est.

Lou illustre ce que Joyce McDougall dit de l'homosexualité féminine : « On pourrait dire que l'homosexualité féminine représente d'une part, le maintien d'une relation intime au père – une identification inconsciente à lui –, par laquelle la fille le garde symboliquement en sa possession ; mais aussi d'autre part et simultanément un affranchissement au moins apparent de l'objet maternel originaire, objet vécu comme recelant un danger, une interdiction globale. Pulsions et conflits concernant la mère à l'origine – inévitables d'ailleurs chez la fillette, comme s'identifier à la mère, se séparer d'elle, s'identifier au père, et finalement dans la résolution de ces deux identifications, avoir accès au père sur un plan génital – c'est tout cela qui cherche à s'élaborer dans la relation substitutive avec une partenaire homosexuelle » (McDougall, 1965, p. 359). Ayant pu, par sa demande de consulter une psychologue, suffisamment inquiéter la mère pour attirer toute son attention, Lou très vite souhaite interrompre les séances qui l'auraient contrainte, tôt ou tard, à se confronter, non pas à ladite « réalité de la castration », mais à reconsidérer la solution magique avancée jusque-là de « devenir un homme ». Le dialogue avec moi commençait à révéler la complexité des positions masculines et féminines, leurs entrelacements, leur complémentarité, leur paradigme bisexuel. Dans l'immédiat, retrouver sa mère en l'ayant suffisamment angoissée et culpabilisée pour se permettre un peu de tyrannie avec elle constitue un bénéfice bien trop alléchant pour y renoncer. Le travail psychothérapique s'est interrompu, mais je pense qu'en quelques entretiens Lou a perçu assez de multivocité à sa demande transsexuelle pour accepter de l'ajourner et d'imaginer que, plus tard, elle retrouverait le chemin du détour psychique. Ma gêne dans cet arrêt inattendu concerne en fait peu la revendication transsexuelle, mais bien plutôt une position homosexuelle en grande partie inconsciente, et sans doute sous-estimée dans l'adresse transférentielle, même si elle reconnaît vouloir aimer une femme et surtout être aimée d'une femme. Son souhait d'arrêter son traitement est arrivé après une rencontre que j'ai proposée à ses parents ; n'ai-je pas provoqué alors un dépit amoureux homosexuel ? Lou se serait trouvée évincée d'une scène primitive dans laquelle je prends effrontément sa place, moi, femme, dans sa passion pour sa mère ? La haine inconsciente n'est-elle pas venue court-circuiter le processus qui s'amorçait ? Mon hypothèse est que cet arrêt a précipité le retour d'un lien passionnel entre Lou et sa mère, au détriment du détour proposé par le déploiement transférentiel, permettant de parcourir la complexité des identifications et des choix d'objet dans toutes leurs dimensions bisexuelles. La femme aimée, c'est la mère, ou plus exactement elle se condense en la mère, mais en qualité de mère phallique, et l'envie de pénis, traduite abruptement par une revendication transsexuelle chez Lou, est toujours celle d'un pénis idéalisé, comme le soulignait Maria Torok (1964, p. 132-171). En voulant devenir un homme, Lou m'a proposé un nouvel éclairage sur l'idée que je me faisais de la mère phallique, femme à qui il ne manquerait rien. J'avais oublié d'y combiner l'enfant comblé et partageant cette illusion grisante de toute-puissance ; la mère ne peut être reconnue mère qu'accompagnée de l'enfant qui la crée. On ne naît pas mère, on le devient.

Mon hypothèse serait que le garçon comme la fille s'identifient primairement à la mère phallique, base des assises narcissiques. Gilbert Diatkine (2015, p. 677-689) rappelle, à partir du transfert de base, le développement d'Évelyne Kestemberg sur l'homosexualité primaire (1999, p. 239-265), ensemble « d'échanges amoureux premiers entre un sujet et sa mère », homosexuels parce que fondés sur l'homologie entre le sujet et sa mère, quel que soit le sexe de l'enfant ; la mère est perçue comme semblable, sans genre défini. Rappelons avec Jean Laplanche (2007, p. 153-183) que la distinction genre/ sexe n'existe pas dans la langue allemande : *Geschlecht* désigne le sexe sexué, là où *Sexual* renvoie au sexuel infantile. L'identification primaire concerne le « père » de la préhistoire personnelle, également nommé « mère » ou « parents » dans *Le Moi et le Ça*, voire dès *L'Esquisse* : « *Nebenmensch* », au genre indéfini. Comme le rappelle Freud dans sa trente-deuxième leçon en 1933, la mère est toujours décevante : par la nature même de la sexualité enfantine, les revendications d'amour sont démesurées, les souhaits sexuels ne peuvent jamais être accomplis et donc l'hostilité et la haine envers la mère sont inévitables. La mère est haïe en raison même de son importance extrême. Paradoxalement, cette homosexualité féminine primaire, proposée par Kestemberg, commune aux deux sexes, semble moins problématique pour le garçon qui n'est pas infiltré avec autant d'acuité par la déception concernant cette mère premier objet d'amour, puisque la mère devient aussi l'objet du désir œdipien. Mais pour la fille, le pénis, que plus tard elle envie, n'est probablement pas seulement celui du père ; les femmes ont appris, de dépit en dépit, à glisser sur le toboggan métaphorique en se consolant d'attendre un enfant du père, et de glissement en glissement, un enfant de son conjoint pourra bien faire l'affaire. Mais pourquoi un enfant justement, si ce n'est que l'enfant la rendra mère ? Le pénis qu'elle récupère alors n'est autre que celui de la mère phallique.

L'argument freudien développé dans *L'Homme Moïse* laisserait plutôt penser que le fonctionnement psychique est masculin par essence chez l'homme comme chez la femme, pour reprendre le fameux « progrès dans la vie de l'esprit ». On retrouve la mère certaine et le père incertain, la pensée du côté du masculin, le sensible du côté du féminin. Mais ce sensible n'a-t-il pas été proposé par Freud (1925h, p. 166-171) lui-même, dans son article sur « La négation », comme essence de la capacité de jugement ? Cette fonction, également intellectuelle, racine du jugement moral, trouve son fondement dans la pulsion orale qui avale et recrache. Il y a une importance psychique équivalente à reconnaître qui est son père qu'à affirmer qui n'est pas sa mère. Est-ce un « progrès », au sens où le masculin serait un progrès sur le féminin, le principe de réalité un progrès sur le principe de plaisir ? J'y vois plutôt un refoulement à l'œuvre dans la pensée théorique même : « L'affirmation – comme substitut de l'unification – appartient à l'Éros, la négation – successeur de l'expulsion – à la pulsion de destruction. » Wladimir Granoff (1976, p. 28) disait que la théorie freudienne est une théorie malade de la bisexualité. Il n'est pas sans intérêt de rapporter ce refoulement d'une pensée féminine à l'évitement de l'intrication pulsionnelle, à la proximité du féminin et de la mort, magnifiquement développé par Catherine Chabert dans le chapitre intitulé « La jeune fille et la mort » (2015, p. 187) ; l'auteur y évoque une idéalisation dans le transfert, répétition d'un attachement passionnel à une mère omniprésente, dont la jeune fille ne peut s'échapper que dans la mort. Dans la cure dont elle parle, le rapport à l'idéalité persécutrice et mortifère s'enrichit, grâce au transfert, d'une nouvelle disposition à la féminité, dans l'incomplétude et le manque : « Être femme, c'était reconnaître la nécessité d'un autre, s'inscrire dans la différence et la complémentarité » (*ibid.*, p. 194). Un peu plus tôt dans son ouvrage, elle insiste sur l'ambivalence de la bisexualité parfois « emportée par un moi idéal en quête d'unité et de fusion ». Elle parlait alors d'une jeune fille androgyne qui ne voulait jamais devenir une femme et suicidait l'enfant en elle pour qu'il ne grandisse plus. Je rangerai le soi-disant transsexualisme de Lou de ce côté primaire de la bisexualité, du côté du moi idéal, du Tout mortifère ; c'est ainsi que j'explique sa brusque décision de retourner ne parler qu'à sa mère.

Mais la bisexualité est aussi héritière du complexe d'Œdipe, ouverte aux séparations différenciatrices. Quand Freud pense la *Geistigkeit* en oubliant la négation, il évite d'évoquer un masculin et un féminin réunis, et en relation complémentaire, une scène primitive psychique bisexuelle. Il privilégie l'homme au détriment de la femme, dans ce qu'elle rappelle de la perte – l'objet recraché, la mère née de cet objet nié-haï. Cette mère-là n'est plus la mère phallique toute-puissante idéale ; c'est la mère désirante qui part retrouver son amant de la nuit, confrontant l'enfant à la solitude et à l'attente du jour. « Si on admet que les identifications ont partie liée avec les problématiques de la perte, on peut saisir l'implication de la bisexualité (et de la différence des sexes) dans la lutte anti-dépressive, bien sûr au sein de configurations œdipiennes dans la nécessité de renoncer aux objets d'amour originaires, mais en deçà, dans la reviviscence de l'expérience de la perte inhérente à la vie » (*ibid.*, p. 94). Cette citation nous ramène à l'expérience paradigmatique des décisions de jugement, à travers une pensée au féminin que serait la négation : cracher, nier, perdre, ou accepter d'avoir perdu : « *Die Mutter ist es nicht* », la mère, ce n'est jamais la bonne mère. La mère à l'horizon, c'est déjà le troisième coffret dont parle Freud (1913f, p. 51-65) : c'est la mort. Freud ne partagerait-il pas avec Lou la même idéalisation ? L'idéal ce serait la relation mère-fils, sans ambivalence, sans haine. Mais la vie n'est pas de ce côté-là.

Pascale Totain
22 rue des Chandeliers
91120 Palaiseau
pascale.totain@gmail.com

RÉFÉRENCES BIBLIOGRAPHIQUES

Chabert C., *La Jeune Fille et le Psychanalyste*, Paris, Dunod, 2015.
Diatkine G., Homosexualité féminine et Homosexualité primaire, *Revue française de psychanalyse*, t. LXXIX, n° 3, 2015.
McDougall J., Introduction à un colloque sur l'homosexualité féminine, *Revue française de psychanalyse*, t. XXIX, n° 4,1965.
Freud S. (1913 *f*), Le motif du choix des coffrets, *OCF-P*, XII, 2005.
Freud S. (1925 *h*), La Négation, *OCF-P*, XVII, 1992.
Granoff W., *La Pensée et le Féminin*, Paris, Éditions de Minuit, 1976.
Kestemberg E., « Astrid » ou homosexualité, identité, adolescence ; quelques propositions hypothétiques, *L'Adolescence à vif*, Paris, Puf, 1999 [1984].
Laplanche J., *Le Genre, le Sexe, le Sexual*, Paris, Puf, 2007.
Torok M., La signification de l'envie de pénis chez la femme, *La Sexualité féminine*, Paris, Payot, 1964.

Bisexualité des parents, bisexualité des enfants

Couleurs originaires du féminin et du masculin

Claire De Vriendt Goldman*

Jean-Michel Lévy (2019) se demande : l'*infans* qui évolue d'abord dans l'indifférenciation des sexes, peut-il vraiment n'être aucunement affecté par le sexe et la bisexualité de l'adulte, du *Nebenmensch*, cet être secourable qui lui prodigue des soins vecteurs de ses désirs sexuels inconscients, en prise avec sa bisexualité ? Quant à François Richard (2019), il postule que la bisexualité originelle de l'*infans* serait constituée par l'*empreinte* des identifications bisexuelles parentales, via l'emprise réciproque du nourrisson sur le sein maternel et vice-versa. Ma pratique clinique avec les nourrissons et leurs parents a inspiré ma réflexion quant à l'occurrence de la bisexualité dans les premiers paysages psychiques du bébé.

De quelle façon la psyché-soma du tout petit est-elle imprégnée « par » la bisexualité psychique de ses parents, avant même les identifications bisexuelles « à » l'autre objet d'investissement libidinal ? Comment les qualités psychiques féminines et masculines de chaque parent tracent et colorent l'inconscient primordial de l'*infans*, par le biais des échanges corporels et langagiers ? Comment ces traces du féminin et du masculin parental s'inscrivent-elles dans les fondations du plus intime de la psyché du bébé et s'offrent-elles à une potentielle signifiance ? Peut-on faire l'hypothèse de la constitution d'un fond protoreprésentatif et émotionnel bisexuel originaire qui, la vie durant, est utilisé dans les intégrations bisexuelles imputables aux événements de l'histoire personnelle, aux modelages psychiques individuels, mais aussi biologiques, familiaux, culturels, sociétaux.

* Pédopsychiatre, psychanalyste titulaire de la Société belge de Psychanalyse.

Voici *trois récits cliniques* qui permettent d'aller toucher au plus près cette occurrence : « Psyché originaire est bisexuelle, n'en sait rien. »

Léa a 1 mois et présente des difficultés de nourrissage qui plongent les néonatologues dans l'incompréhension. Je fais un constat tout aussi énigmatique : au cœur du tableau développemental sensori-moteur et relationnel harmonieux du bébé, une opacité : *Léa manifeste un non-investissement sélectif de la sphère orale.*

Soudainement, le dictat de la grand-mère maternelle me revient à l'esprit : « Les filles, ça n'ouvre pas la bouche, ça se tait. » J'avais vu Mme C, quelques jours après son accouchement douloureux, lors d'un épisode schizoparanoïde, qui dénonçait le tabou familial et culturel d'ouvrir la bouche. Je fais l'hypothèse que l'anatomie féminine de Léa a été immédiatement saisie par l'investissement perceptivo-fantasmatique maternel. Le sexual infantile de la mère s'est intromis (Laplanche, 2014) dans l'intime du corps du bébé, dans la zone buccale exclue de la subversion libidinale et privée de son potentiel érogène (Dejours, 2001).

L'héritage du féminin maternel se marque ainsi par l'annihilation perceptive de l'expérience précoce du nourrissage, laissant une trace en négatif dans la zone corporelle du bébé.

Par ailleurs, un *effet de bord* culturel (Penot, 2001) peut se concevoir à un autre niveau, comme l'incidence « surmoïque » précocissime de l'inconscient maternel dans le corps de Léa (Smadja, 2016).

La crise psychique du post-partum de Mme C a ramené le cri contre le mandat inconscient qui assigne les femmes au verrouillage orificiel. La contamination inconsciente maternelle dans Léa pourrait se concevoir comme un *coup* de l'injonction des aïeules de la communauté culturelle d'appartenance, sous la forme de fantasmes identificatoires féminins qui colorent et contraignent de façon extrêmement précoce l'alliance somatopsychique vers le pôle du masochisme féminin. Comment sortir de l'impasse qui s'opère dès lors dans la psyché-soma du bébé ?

Probablement comme Léa et sa maman-bébé, en ouvrant juste ce qu'il faut la bouche pour recevoir de petites quantités de lait suffisantes à l'équilibre vital et pulsionnel, tout en sacrifiant masochiquement une partie de la prime de plaisir sexuel primaire qui enclenche le désir et ses motions pulsionnelles (Ciccone, 2011).

Deuxième récit : Je rencontre Mme A et Gabrielle, âgée d'un mois. Il m'apparaît un discord (Pontalis, 1973) spectaculaire entre la tonicomotricité vigoureuse du corps de Gabrielle et sa résistance à participer aux échanges sensoriels visuo-auditifs : robustesse corporelle et retrait interactif. Quels indices le corps du bébé est-il déjà en train de me montrer quant aux modalités relationnelles inconscientes créées dans le lien primordial avec sa mère ? Quels gestes-messages maternels ont marqué le corps de Gabrielle, et comment les traces de l'expérience intersubjective s'y sont-elles déjà inscrites ?

Manifestant ma curiosité quant au discord, Mme A confirme qu'elle confine son bébé dans un couffin corporel à deux. Elle se rappelle avoir éprouvé une terreur indicible de perdre sa fille née prématurément. Elle m'apprend dans la foulée que sa mère est morte de fièvre puerpérale lorsqu'elle avait une dizaine d'années, ainsi que le bébé-fille qu'elle portait. Son père assurera une double fonction parentale, se présentant comme un homme protecteur et solide, alimentant les désirs œdipiens de Mme A. C'est au travers du style des soins maternels prodigués que Gabrielle a reçu le message implicite de rester « morte-en-vie », terme né de mes propres vécus contre-transférentiels. Mme A me décrit un portage serré et collé contre son corps, un nourrissage immédiat, un évitement des pleurs, un silence interactif.

Un mois plus tard, Mme A constate une plus grande ouverture de son bébé vers le monde et interprète ses pleurs comme une meilleure capacité expressive. Elle réalise qu'elle a inconsciemment fait coïncider le terme de sa grossesse *et* la date anniversaire de la mort de sa mère, et a appris que sa Grand-mère maternelle était également morte en couche, lorsque sa mère était adolescente. Mme A insiste sur le pacte familial dénégatif des souffrance, rage, culpabilité et honte qui les a unis après un bref moment de deuil.

Mme A me livre la signification du prénom de sa fille : « près de Dieu » et « forteresse ». Elle insiste sur la fonction de « pilier » de la forteresse, et sur la « protection » de celle qui est placée près de Dieu. Elle dote ainsi sa fille de « la force des hommes », pour contrarier la malédiction transmise des mères aux filles. Gabrielle se manifeste, à ce moment-ci des échanges, par des lallations alternant des notes douces et d'autres plus râpeuses. Alors que sa mère me cite les prénoms de sa famille, Gabrielle pousse un cri qui surpasse la voix de sa mère. J'ai le sentiment profond qu'elle « se nomme » et je fais le lien entre Gabrielle des tout débuts, « morte-en-vie », et celle du présent qui crie son droit à l'existence : elle se dégage de la forteresse ! Les événements périnataux de Mme A ont eu une incidence déterminante sur l'éclosion de son deuil de mère, enclavée mélancoliquement en elle, et sur l'ouverture à l'élaboration de celui-ci. Mais Gabrielle, emmenée précocement dans la crypte maternelle, a exposé, par et grâce à son discord somatopsychique, les effets des traces produites par le message contaminé du sexual infantile maternel. Les traces existent sans exister de façon signifiante (Scarfone, 2014) et se marquent aux frontières du corps-psyché. Elles sont, me semble-t-il, des lieux-sources de compulsion de répétition vers une potentialité signifiante future, pour autant qu'un objet secourable leur soit réceptif, transductif-traductif (Scarfone, 2014). L'attention « par le détail » que je porte à l'expression des traces sensori-motrices se réalise par une identification régressive (Golse, 2005) avec le bébé. Ma participation contre-transférentielle « en creux » serait d'une part de l'ordre d'une activation de mon propre fond protoreprésentatif-émotionnel originaire aux confins du corps et de la psyché (De Vriendt Goldman, 2016), aussi bien en formes pictographiques de rejet que d'union (Aulagnier, 1975), et d'autre part de mes productions hallucinatoires et fantasmatiques, colorées de mes intermittences bisexuelles. Pourrait-on dire que Mme A a assigné à « forteresse-mausolée » son bébé-fille dans une mélancolie originaire qu'elle lui lègue « au féminin », lui adressant au travers de ses soins le message contaminé de perpétuer le deuil impossible et de commémorer les mères défuntes ? Et qu'elle l'érige « au masculin » dans la « forteresse-muraille », construction robuste destinée à saisir la vie et à se protéger de ses violences ?

Troisième récit : Mme B, la mère d'Arié, bébé âgé de 7 mois, conçu avec le sperme d'un donneur anonyme, me raconte l'apparition récente de spasme du sanglot.

Sa mère lui a toujours dit « qu'on ne pleure pas chez eux », alors qu'elle désire, au contraire, que son fils puisse s'exprimer. Elle se rappelle avoir été une petite fille ravalant ses larmes, et elle conserve le souvenir de cette hypersensibilité féminine comme un défaut à proscrire. Mme B me dit que son fils attend des réponses comblant rapidement ses désirs. Capturée par le regard insistant d'Arié, j'avance la paume de la main, sur laquelle il prend immédiatement appui pour se relever. Au moment précis de mon geste, je prends conscience que je me suis laissé saisir par l'identification à sa mère-infiniment-satisfaisante, alors qu'il me semble que, dans cette configuration familiale sans présence paternelle, Mme B vient me demander de jouer le rôle du partenaire sécant leur lien Mère-fils, d'introduire une personne « entre-les-deux » (Chabert, 2001) qui crée l'écart, l'altérité, la différence générationnelle et sexuelle. Je m'adresse à Arié : « Tu es très content que j'aie pu lire dans ton regard ton souhait de te redresser et ta contrariété à ne pouvoir le faire. Mais que se serait-il passé si je ne t'avais pas aidé ? » Le suivi psychothérapeutique révèlera que la conflictualité psychique maternelle s'était avérée tendue entre les pleurs sensibles « au féminin » d'un père mélancolique et leur interdiction drastique « au masculin » portée par sa mère. Cette conflictualité se retrouve dans l'expression corporelle agie de son fils. Celui-ci amorce un mouvement hostile tout en l'inhibant aussitôt quant au but, évoquant la marque précocissime du Surmoi-corps (Smadja, 2016), provoquant un blocage respiratoire qui se noue très précocement au niveau de la polarité activité/passivité, teintée des qualités bisexuelles héritées.

Lors de la consultation suivante, Mme B valorise l'autonomie de son fils et sa maîtrise des choses : « C'est un vrai mec » dit-elle. Arié se met à pleurer sans retenue lorsque Mme B maintient son interdiction. Je souligne qu'elle me semble moins frileuse à se montrer plus ferme, plus « masculine » en quelque sorte avec lui. Elle atteste d'une plus grande clarté dans les messages qu'elle lui adresse, sans perdre pour autant son rôle maternel, doux et tendre qui s'inscrit dans le courant d'amour « au féminin » pour son bébé. Mme B exprime l'inquiétude d'être trop happée dans l'identification inconsciente aux traits phalliques et autoritaires de sa mère. Et elle redoute aussi l'investissement trop tendre de son fils, comme vécu dans la relation œdipienne avec son propre père, ce qui l'avait conduite petite fille à développer inconsciemment des attitudes de protestation virile qui lui font craindre, à l'inverse, la féminisation de son fils.

Le spasme du sanglot d'Arié s'est résolu dès lors que Mme B a pu différencier ses motions pulsionnelles et clarifier ses positions bisexuelles, acquises notamment au travers de ses investissements et de ses identifications croisées à ses objets parentaux.

POUR CONCLURE

Au travers des expériences précoces du corps-à-corps Mère-*Infans*, il semble que l'événement psychique qui fait trace dans la psyché-soma du bébé et en fait connaître ses effets par l'expression sensori-motrice et émotionnelle est consubstantiel de la nature bisexuelle de la psyché parentale. La constitution originaire de la psyché du bébé serait ainsi colorée, dès le début, par des déterminants bisexuels en provenance des inconscients parentaux et familiaux, et des influences socioculturelles. La marque du dualisme Féminin/Masculin se fondrait dans l'intégration des autres dualismes fondateurs de la psyché, dont celui des pulsions de vie et de mort. Quant à la plasticité bisexuelle, elle se découvre, se manifeste, se remanie, ou pas, au fil des temps de la vie psychique. Elle constitue le mouvement souple qui nous permet, en tant que psychanalystes, de donner du jeu aux diverses positions identificatoires avec nos patients, aussi petits soient-ils.

Claire De Vriendt Goldman
84, avenue de Boetendael
1180 Bruxelles
Belgique
clairygold@gmail.com

RÉFÉRENCES BIBLIOGRAPHIQUES

Aulagnier P., Le processus originaire et le pictogramme, *La Violence de l'interprétation*, Paris, Puf, 1975.

Chabert C., Entre-eux-deux, *L'Amour de la différence*, Paris, Puf, 2001.

Ciccone A., La bisexualité psychique existe-t-elle ? *Féminin, Masculin, Bébé*, Toulouse, Éres, 2011.

Dejours C., La troisième topique, *Le Corps, d'abord*, Paris, Petite Bibliothèque Payot, 2001.

De Vriendt Goldman, C., Écrit originaire de soi : fils sensori-moteurs et émotionnels dans la trame psychique, *Écritures de soi, écritures du corps*, Paris, Hermann, 2016.

Golse, B., Des émotions à la lutte contre les émotions : souffrance et psychopathologie périnatale, *in* D. Mellier (dir.) *Vie émotionnelle et souffrance du bébé*, Paris, Dunod, Paris, 2005.

Laplanche J., *Sexual, La sexualité élargie au sens freudien*, Paris, Puf, 2014.

Lévy J.-M., Ombres et lumières de la bisexualité, Rapport, in « Bisexualité psychique, sexualités et genres », 79e Congrès des psychanalystes de langue française, *Bulletin de la Société psychanalytique de Paris*, 2019.

Penot B., Réprimer, idéaliser, sublimer, *Revue française de psychanalyse*, t. LXV, n° 1, 2001.

Pontalis J.-B., L'insaisissable entre-deux, *Nouvelle Revue de Psychanalyse*, 7, 1973.

Richard F., La bisexualité, l'inceste et la mort, Rapport, in « Bisexualité psychique, sexualités et genres », 79e Congrès des psychanalystes de langue française, *Bulletin de la Société psychanalytique de Paris*, 2019.

Scarfone D., L'impassé, actualité de l'inconscient, *Revue française de psychanalyse*, t. LXXVIII, n° 5, 2014.

Smadja C., Le surmoi-corps, *Revue française de psychanalyse*, t. LXXXI, n° 5, 2016/5.

Décorporation et perte de la bisexualité commune : lorsque l'enfant paraît

Hélène SUAREZ LABAT*

« *L'investissement bisexuel de l'enfant par les parents* », est un mouvement omniprésent dans l'incarnation *des* transferts parfois *dans* le transfert à l'analyste. La complexité des modes de capitalisation de l'investissement de l'économie de la bisexualité de l'enfant par les parents est d'emblée présente dans le cadre porté par l'analyste de différentes façons. Lorsque l'enfant paraît, identité sexuelle et élaboration de la bisexualité (Denis, 2011, p. 161) s'invitent dans le triangle ouvert (Green, 1995, p. 66), ces mouvements font resurgir l'incarnation du fantasme originaire de scène primitive, dont les parents sont eux-mêmes issus avec leurs *qualités* d'intégration de la bisexualité.

Les deux rapports ont permis de mettre au jour un double questionnement : d'une part, quelles sont les expressions communes et singulières de *l'ancrage de la bisexualité* de l'enfant, en écho à celles de la mère, du père et du couple des parents au service du domptage pulsionnel et de la différenciation progressive des espaces psychiques ?

D'autre part, quels sont les effets insidieux chez les parents des mouvements de décorporation de l'enfant du corps maternel, vers les identifications paternelles ? Lorsque l'enfant paraît au seuil du complexe d'Œdipe, comment les parents aménagent-ils l'économie de la perte d'une bisexualité commune ? José Bleger (1981, p. 285) rappelle que la symbiose est muette, elle se manifeste lorsqu'elle se rompt ou risque de se rompre. Comment l'analyste peut-il contribuer à l'élaboration de ces modes d'investissements parfois périlleux pour l'économie psyché-soma parentale ?

* Psychologue clinicienne, psychanalyste membre SPP. Docteur en psychologie clinique et psychopathologie, membre associée du Laboratoire PCPP, université de Paris, F-92100 Boulogne-Billancourt, France.

François Richard évoque d'emblée chez Freud la bisexualité psychique comme un *invariant* qui précéderait le complexe d'Œdipe, ce qu'il nomme le *sexuel maternel primaire*. Serait-il le formant d'une organisation des premiers assemblages du sexuel infantile ? Celle-ci rassemblerait ces premières impressions, les effets des qualités de l'articulation de la bisexualité psychique ? La gamme des introjections de l'invariance invite à penser avec Freud et Bion les différentes formes du processus de transformation qu'il prend au fil de la vie. Dans cette perspective, Didier Houzel (2018, p. 15) a proposé trois niveaux d'intégration de la bisexualité, par l'investissement des enveloppes psychiques, des objets partiels contenus dans l'enveloppe, puis de l'objet total. Ces mouvements font écho chez les parents à cette intimité naissante chez l'enfant qui annonce de nouvelles fonctions psychiques ainsi que des aménagements des géographies identificatoires. Lorsque Jean-Michel Levy reçoit seul son patient Matthieu, il est confronté à une angoisse massive chez le garçon qui surgit au moment où sa mère quitte le bureau, un désespoir intense s'est abattu chez Matthieu. L'analyste est immédiatement attentif à la *qualité du regard* de Matthieu. Une rencontre commune a lieu par cette voie d'intégration précoce de la bisexualité (Haag, 2018, p. 120), elle se retrouve aimantée par l'investissement d'une *forme motrice* figuré par le jeu du squiggle. *Un fond d'investissement commun des formes* proposé par l'analyste offre à Matthieu une nouvelle *fonction* de la bisexualité psychique, un nouveau rythme. Jean-Michel Lévy précise que les parents ont confié leur impuissance lorsque le départ de la mère plonge le garçon dans une profonde déchirure. L'analyste, gardien du cadre, sauvegarde les enveloppes mâtinées de bisexualité psychique, par ses qualités d'attention, de réceptivité et de fermeté, il va permettre au garçon d'introjecter une bisexualité organisatrice d'assemblages du sexuel infantile. Matthieu répète ave force et joie « la fausse princesse à la poubelle », il a trouvé/créé un appui en double narcissique, un appui homosexuel ferme et tendre à la fois, entretenu par l'espoir d'être reçu dans le fauteuil interne et externe de l'analyste. La séduction familiale généralisée a trouvé des voies de désexualisation de l'investissement de l'objet, grâce au travail d'élaboration en séance des deuils enfouis.

Voici une première illustration clinique : le destin d'une *bisexualité inutilisable* par les parents de Léon, que j'ai suivi en psychothérapie de l'âge de 3 à 15 ans. Je l'ai vu trois fois par semaine pendant l'enfance, les parents m'ont demandé de participer à la troisième séance. Ils ne savent pas comment faire avec Léon, entre les alternances vertigineuses de retrait dans l'indifférence, le démantèlement dans les stéréotypies ou un état de coexcitation ; les identifications bisexuées peu intégrées sont dans une économie de *l'enchevêtrement des espaces psychiques*. Léon répéte sans cesse : « *C'est quoi ça ?* » sans attendre de retour, la répétition mène bon train jusqu'à tomber dans un trou noir, pas de buts possibles. Les séances avec les parents m'ont aussi beaucoup appris sur l'effacement des articulations de leur propre bixesualité qu'ils me communiquaient : dans quel sens aller, comment inscrire un rythme ? Le sens pédagogique pouvait être le plus facile, me disaient-ils, un code de la route certes, mais insuffisant. Les parents cherchaient, disaient-ils, à « faire la part des choses ». Comment *la chose* du masculin et *la chose* du féminin pouvaient-elle s'assembler et s'articuler ? L'investissement des différentes composantes psychiques du regard porté par l'analyste permettait-il de les intriquer ?

Un jour, la mère vient à la troisième séance, elle doit accoucher dans les jours à venir, elle est hors d'elle : Léon n'a cessé de hurler depuis les premières heures du matin. C'est une histoire de tétine qui agite mère et fils. La mère voudrait que Léon donne sa tétine à sa future petite sœur. Léon ne veut pas, il répète en hurlant « non, non ! », il se réfugie dans les stéréotypies des mains. Je demande ce qu'en dit le père. Personne ne sait, Léon cesse de hurler, la mère dit : « Je dois faire des erreurs, mais je ne sais pas lesquelles, une tétine, je ne vois pas le problème, c'est banal. » Je lui dis « une tétine c'est intime ». Elle se fige, me regarde fixement : « Intime cette saleté de truc ? Pour moi c'est surtout sale, on fait avec, mais encore mieux si on n'en a pas. » Je demande l'histoire des tétines dans sa famille à elle, elle réfléchit : « C'est dégoûtant, très vite on n'en a plus eu avec ma sœur, parce que je crois que je pleurais beaucoup, ça me calmait, mais ma mère a toujours considéré ça comme une boule de microbes. » À la fin de la séance, la mère semble entrevoir ce que cette chose intime pourrait signifier, mais elle revient sur « quand même, c'est vraiment sale ». Léon m'observe avec le regard de celui qui vient de vivre un effroi, il vient se coller à moi. La petite sœur eut sa tétine rien que pour elle, la mère vint dès la sortie de l'hôpital avec Léon et le bébé âgé de quatre jours. Elle me présenta sa fille en me disant : « Voilà votre plus jeune patiente. » La mère avait offert au bébé et s'était offert pour elle-même l'investissement d'une tétine, unique, créatrice d'auto-érotisme, dégagée du sadisme et du masochisme mortifère. L'introjection progressive de la négation chez Léon a relancé chez les parents l'intérêt pour les qualités de la bisexualité de leur fils, elle a limité les bifurcations vers l'excitation infantile anarchiste, comme le souligne François Richard dans son rapport (p. 53).

La deuxième question soulevée par les deux rapports concerne les effets insidieux chez les parents des mouvements de décorporation de l'enfant du corps maternel, qui entraînent de nouvelles éditions des identifications. D'où la question : la perte d'une bisexualité commune conduit-elle les parents à réélaborer l'investissement de la bisexualité psychique de l'enfant d'une autre façon ? Richard (p. 74), évoque *l'incommensurable* qui n'a pas de mesure, la dimension narcissique symbiotique dont on ne percevrait que les bords illuminés, alors que le fantôme blanchi par le temps rôde dans l'investissement de la bisexualité de l'enfant par les parents.

Voici une deuxième vignette clinique : Angèle a 5 ans, ses parents sont épuisés, la petite fille hurle depuis l'âge de 2 ans et demi tous les matins lorsqu'elle doit affronter l'arrachement avec son lit, se nourrir, s'habiller, puis quitter la maison ; autant d'étapes transitionnelles qui deviennent des chemins de croix, entre martyres et sacrifices pour elle et sa famille. Sur ce chemin, l'encre du désespoir se déverse à flots, mais le désespoir de qui ? Les télescopages identificatoires sont tels, que j'ai reçu les parents et leur fille ensemble pendant plusieurs mois avant de recevoir Angèle seule. Quelques crises auront lieu durant la consultation, les parents témoignent leur soulagement que je puisse partager concrètement ce désarroi commun qui les pétrifie : la douleur de leur fille. En dernier lieu, la bisexualité violente, mélangée peut surgir comme ultime recours. L'étrangeté face à la folie furieuse qui s'empare d'Angèle fait sombrer les parents dans la régression vers des mouvements mélancoliques, qui s'expriment chez la mère par une décompensation somatique, chez le père par une poussée d'une maladie auto-immune ancienne. Ces mouvements suscitent une question incontournable pour l'analyste : comment penser et écouter le degré de désintrication pulsionnelle associé à la précarité du fonctionnement du préconscient, ses effets sur l'investissement de la bisexualité psychique et ses relations avec le surmoi ? (Smadja, 2016, p. 1523). L'idéal du moi est également impliqué d'une autre façon. Ses relations avec le surmoi dans ce contexte demanderaient de nouvelles recherches. Par ailleurs, Angèle est une petite fille très vive, hypersensible, douée pour construire des formes, assembler les couleurs. Une bisexualité qui s'emboîte à l'abri des symbolisations primaires, qui rend perplexes père et mère, car ils n'ont pas ces qualités stylistiques… D'où viennent-elles ? De quelle scène primitive leur enfant est-elle issue ? Un fantasme peut-être à coloration incestuelle émerge, comme Richard peut le suggérer (p. 78), à propos de l'irreprésentable des objets incestueux primaires qui sous-tendent les Œdipes déformés. Angèle scanne l'environnement pour mieux le maîtriser, comme une possession particulière. Le fond d'investissement de la bisexualité par les parents à propos de l'objet transitionnel d'Angèle est particulier, il se nomme « Nono ». Véritable clochard du transitionnel, noir de saleté, il dégage une odeur fétide, rapiécé de partout, un œil fut arraché lors d'une crise de rage d'Angèle. Lorsque j'interroge Angèle sur la perte de l'œil, elle est surprise que je m'intéresse à la santé de son pauvre

Nono qu'elle a mis dans mes bras. Elle : « Ah bah ça alors ! Jamais personne ne s'en est rendu compte, Nono c'est un pirate. » Le père se raidit en disant que « Nono est un blessé de guerre », il ajoute, « une guerre dont on ne sait pas pourquoi elle s'est déclarée ». La reconnaissance de la bisexualité en guerre, emportée par les projections mélancoliques, s'est trouvé un champ de bataille où les petites ressemblances et les différences vont peu à peu éclairer les ombres qui pesaient sur les Nono maternels et paternels. J.-M. Lévy aborde les chemins de crête sur lesquels l'analyste est assigné, condamné à investir l'absence de jeu possible pour construire avec les parents la tragédie de la perte d'un corps commun avec l'enfant, entre roc et esquive du contre-transfert maternel, paternel, voire grand-parental, nourris par l'encre de la mélancolie. Les parents ont été surpris chemin faisant de la personnification de Nono par Angèle, qui a commencé à lui prêter des sentiments, des expériences corporelles. La confusion des sensations, des corps et des espaces, a couru partiellement pendant des années, entre régression et réinvestissement de ses champs transitionnels. Angèle a construit en elle ses illusions.

Une dernière question toutefois, qui réunit les deux rapports : la désorientation chez les parents et/ou leur lutte contre le renoncement au domptage pulsionnel (Lévy) seraient-elles des révélateurs des traces mnésiques (Richard) d'une bisexualité partiellement *inutilisable*, vulnérable à la perte et à la castration ? Il appartient à l'analyste de ne pas passer sous silence intérieur ces mouvements du fantôme blanchi par le temps, ni de se laisser prendre dans l'esquive ou la connivence, mais de rejoindre les parents dans leurs bifurcations, pour relancer l'investissement du jeu de la bisexualité de l'enfant en eux, et celui qui les a fait devenir parent. En fait, un parent tout seul ça n'existe pas ?

Hélène Suarez Labat
6 rue Leibniz
75018 Paris
suarezlabath@hotmail.com

RÉFÉRENCES BIBLIOGRAPHIQUES

Bleger J., *Symbiose et Ambiguïté*, Paris, Puf, 1980.

Denis P., La séduction maternelle, *L'Âge bête*, Paris, Puf, 2011.

Green A., La sexualisation et son économie, *Propédeutique, la métapsychologie revisitée*, Seyssel, Champ Vallon, 1995 [1974].

Haag G., De quelques fonctions précoces du regard à travers l'observation du développement et la clinique des états archaïques de la psyché, *Le Moi corporel, Autisme et Développement*, Paris, Puf, 2018 [2009].

Houzel D., La bisexualité psychique et sa fonction contenante, *Journal de la psychanalyse de l'enfant*, n° 1, vol. 8, Paris, Puf, 2018.
Lévy J.-M., Ombres et lumières de la bisexualité, *Bulletin de la Société Psychanalytique de Paris*, 2019.
Richard F., La bisexualité, l'inceste et la mort, *Bulletin de la Société Psychanalytique de Paris*, 2019.
Smadja C., Le surmoi-corps, *Revue française de psychanalyse*, t. LXXXI, n° 5, 2016.

Discussion : l'investissement de la bisexualité de l'enfant par les parents

Claire De Vriendt Goldman*
Hélène Suarez Labat**

CONTRE-TRANSFERT ET BISEXUALITÉ DE L'ANALYSTE

Claire De Vriendt Goldman : Chère Hélène, ton intervention, « La tétine, c'est intime », m'a d'emblée évoqué l'image bisexuelle du mamelon-sein de l'objet primordial telle que Didier Houzel (2002) la propose : la tétine-mamelon consistante de l'analyste qui permet que s'ouvre l'espace sein-psyché pouvant accueillir et contenir avec souplesse le monde interne terrorisé de Léon – là où le « C'est quoi ça ? » du sexuel maternel est venu se loger – ainsi que les éléments du monde interne de la mère, marqué de ses propres traces traumatiques précoces, provoquées par l'arrachement de la tétine. Le cri d'effroi et le collage corporel de Léon me semblent contribuer à ton intervention. Celle-ci est musique et paroles, aux notes douces et dures, qui offrent à Léon et à sa mère ton expérience intégrative des modalités bisexuelles : en nomment l'intime, tu définis leur possible extime, un écart, une différence, une transformation de la tétine « objet banal de surface », en tétine « sale, porteuse du sadomasochisme grand-maternel/maternel », permettant que soit révélé l'acte impensé, subi par la mère-bébé.

Hélène Suarez Labat : Chère Claire, nos références, sensiblement différentes, mais aussi communes, nous amènent à penser, à travers nos vignettes cliniques, les différentes déclinaisons du fond d'investissement précoces du moi corporel associées simultanément aux destins des assemblages du sexuel infantile. À propos de Léon, tes remarques m'ont fait penser au contre-transfert comme balise interne chez l'analyste qui s'organise autour de la réception des projections des autoérotismes entravés par les traces traumatiques de l'objet endommagé. Lorsque l'érogénéité a perdu ses qualités rythmiques (Chervet, 2018, p. 660) emportées par la quantité, tant chez l'enfant, que chez les parents, est-ce que le contre-transfert de l'analyste, nourri par l'entrelacement de sa bisexualité psychique et de ses autoérotismes, peut conduire à remanteler le pare-excitation maternel et requalifier la différenciation des espaces psychiques ? Pour Léa et Gabrielle, tu montres quelles voies tu empruntes dans ton contre-transfert, notamment par identification régressive, pour rechercher les inscriptions psychiques et corporelles de l'intimité chez le bébé et celles qui présentent les masques de la mélancolie chez la mère. Pourrait-on entendre l'action de la forme et du rythme (Kahn, 2012, p. 165) comme pourvoyeur des traces de l'expérience de « l'intimité », celle-ci devenant expérience singulière et commune à tous ?

L'ESPACE DE TRANSITIONNALITÉ : SA DÉFAILLANCE OU SON ÉCHEC

CDVG : L'action de la forme, du rythme et du geste introduit l'intimité, commune et singulière, fondatrice de l'espace transitionnel. À ce propos, il me semble que l'objet « tétine » de Léon n'est guère encore transitionnel, et qu'il serait plutôt à la fois le colmatage sensoriel d'un espace psychique rempli d'angoisses terrorisantes, l'objet d'une expérience sensorielle de succion autocalmante et le point d'ancrage potentiel d'une activité auto-érotique. L'enveloppe transitionnelle thérapeutique, où les éléments des transferts maternels et de l'enfant peuvent être reçus, partagés et transformés par ton élaboration contre-transférentielle, permet d'abord un dégagement maternel signifiant de ses propres expériences traumatiques. L'expérience de succion sur un mode auto-érotique de plaisir peut alors s'éprouver chez la mère, dans le lien transféro-contre-transférentiel avec toi, puis chez son bébé-fille et Léon.

Quant au personnage « transitionnel » de Nono, il dénonce des parts clivées de la psyché d'Angèle, à la fois pirate et victime, violence et douleur, traces d'une « guerre » aux événements indicibles qui a touché les générations qui la précèdent, qui n'a pu être symbolisée par ses parents, le tableau mélancolique et les somatisations de chacun en témoignant. Lorsque tu portes de l'intérêt à Nono, tu contactes les clivages opérants qui résident en Angèle, et la tonalité bisexuelle de ton jeu intersubjectif ouvre l'accès à une possible symbolisation.

HSL : Psyché originaire est bisexuelle, n'en sait rien… Tu démontres que, désormais, elle en sait plus… grâce à l'analyse approfondie de la bisexualité et de sa complexité pour l'intégration des liens psyché-soma qui font le lit des phénomènes transitionnels. Pour te répondre à propos de Léon et d'Angèle, il me semble que la requalification par l'analyste de l'espace potentiel transitionnel pour Léon et de l'objet transitionnel pour Angèle emprunte simultanément les voies de l'affect partagé avec l'enfant *et* ses parents, associées aux voies motrices incarnées par l'accès au jeu. Le jeu identificatoire entretenu par l'investissement de l'analyste, du rythme associé à l'emboîtement de la bisexualité, offre son attention dans les deux contextes. Ces mouvements simultanés permettent à l'enfant *et* ses parents de retrouver les chemins qui mènent à la fonction de jugement, issue du transitionnel, elle fabrique les articulations entre processus primaire et secondaire. Une interrogation, une pensée inattendue émergent. C'est ce que tu montres également pour Léa et Gabrielle à travers l'empreinte des identifications primaires *et* secondaires parentales qui impacte le bébé, l'occupation de l'aire transitionnelle par l'ombre de l'objet s'est dégagée de l'économie de l'ombre au profit d'une économie mixte, celle de la similarité et de la différence.

NÉGATIVITÉ ET BISEXUALITÉ

CDVG : Les « Non » inclus dans les manifestations symptomatiques de tous nos petits patients m'ont invitée à penser la place du négatif dans la fonction bisexuelle de l'analyste. Je fais l'hypothèse que le cri de Léon, la crise et le Nono d'Angèle, de même que le rejet de l'investissement de la zone buccale chez Léa, de la fonction scopique chez Gabrielle, le refus de pleurer d'Arié, nous saisissent à l'endroit-même de leur rejet d'une certaine expérience sensori-motrice et émotionnelle précoce avec l'objet/les objets, coextensive d'un affect de déplaisir. En référence à Piera Aulagnier (1975), l'analyste entre en contact intime « originaire » avec les pictogrammes d'union et de rejet qui fondent la psyché, notamment avec ce qui n'a pu être lié pour prendre une première forme psychique. La qualité psychique bisexuelle de l'analyste peut recevoir ce transfert du négatif et son point de fixation chez l'enfant (versant féminin de l'enveloppe psychique de l'analyste), l'ouvrir à ce que cela peut avoir comme résonance dans la psyché-soma parentale, et l'emmener sur la voie de l'union pulsionnelle et de la traduction psychique (versant masculin de la bisexualité de l'analyste).

HSL : Je te rejoins complètement lorsque tu soulignes combien le recours à la négation, chez tous nos patients, est une voie qui leur permet de contrôler passagèrement le surgissement répétitif de l'excitation. Si la répétition dure, c'est l'échec du montage pulsionnel (Fain, Marty, 2013, p. 19) qui éclaire la défaillance du pare-excitations qui ne peut remplir son contrat de mantèlement des enveloppes. D'ailleurs, est-ce que la sensibilité aux limites chez le bébé en constituerait les traces ? Par ailleurs, ce qui m'a frappée dans nos vignettes cliniques, c'est la rareté des références aux pères, s'agit-il de l'effacement de la bisexualité paternelle comme expression du négatif ? On observe les traces vives des relations aux grands-parents maternels, est-ce en raison des traces traumatiques, des mélancolies anciennes, des deuils inachevés qui resurgissent plus fréquemment ? À propos d'Arié et de sa mère, on perçoit les différentes déclinaisons de l'utilisation de la bisexualité psychique de l'analyste comme gardien du cadre et de la censure de l'amante. Ces mouvements rassemblés dans le transfert établi par le bébé *et* ses parents permettent l'expression du fantasme originaire *Entre eux deux, doublés des différentes scènes originaires* (Chabert, 2011) ? Arié peut pleurer, sans feindre de perdre la vie, l'investissement de l'érogénéité l'a emporté sur le négatif, tout en conservant l'accès à la négation, une liberté conquise grâce à l'investissement bisexuel de l'enfant et de ses parents par l'analyste ?

Claire De Vriendt Goldman
84 avenue de Boetendael
1180 Bruxelles
Belgique
clairygold@gmail.com

Hélène Suarez Labat
6 rue Leibniz
75018 Paris
suarezlabath@hotmail.com

RÉFÉRENCES BIBLIOGRAPHIQUES

Aulagnier P., Le processus originaire et le pictogramme, *La Violence de l'interprétation*, Paris, Puf, 1975.

Chabert C., Entre-eux-deux, *L'Amour de la différence*, Paris, Puf, 2011.

Chervet B., Autoérotisme, bisexualité et éprouvés sensuels, *Revue française de psychanalyse*, t. LXXXII, n° 3, 2018.

Fain M., Marty P., À propos du narcissisme et de sa genèse, *Revue française de psychosomatique*, n° 43, 2013.

Houzel D., Trois niveaux d'intégration de la bisexualité psychique, *L'Aube de la vie psychique*, Issy-les-Moulineaux, Esf, 2002.

Kahn L., *L'Écoute de l'analyste, De l'acte à la forme*, Paris, Puf, 2012.

RÉSUMÉS ET MOTS-CLÉS [1]

1. Pour des raisons indépendantes de notre volonté, la traduction des résumés des articles en allemand n'a pu être proposée dans ce numéro. Nous prions nos lecteurs de bien vouloir nous en excuser (La rédaction.)

Résumés

François RICHARD – *La bisexualité, l'inceste et la mort*

Résumé – Nous faisons l'hypothèse que l'oscillation de la bisexualité psychique dans la série qu'elle parcourt entre hétérosexualités et homosexualités recouvre une relation plus archaïque à l'objet sexuel maternel primaire « incommensurable » – en particulier dans le registre de l'homosexualité primaire, ce que les pathologies adolescentes montrent. S'ensuit un maniement spécifique de l'interprétation avec des patients présentant un Œdipe déformé par une régressivité incestueuse mortifère vers un trouble originaire de la différenciation.

Mots-clés – Adolescence. Bisexualité. Homosexualité primaire. Inceste. Œdipe déformé. Pulsion de mort. Sexuel maternel primaire.

Jacques ANDRÉ – *Discussion du rapport de François Richard*

Résumé – Toute quête de l'origine est menacée par l'aporie et la tentation mythologique, par exemple celle de situer à l'origine du monde un inceste primordial, un Irreprésentable. C'est la critique principale adressée au rapport de François Richard. Quant à la bisexualité, elle reste une abstraction si on l'isole du fantasme (très variable) dans lequel elle est toujours prise.

Mots-clés – Inceste. Représentation. Bisexualité. Fantasme. Féminin.

Monique SELZ – *Disposition bisexuelle et incestualité sauvage mortifère : quelques questions*

Résumé – Lors du congrès, dans un atelier portant sur le rapport de François Richard, j'ai souhaité interroger les termes de son hypothèse centrale : « l'idée d'une disposition bisexuelle originaire qui *recouvre l'irreprésentable d'une incestualité sauvage mortifère.* » Ces interrogations concernent principalement la question du désir incestueux et la dimension psychique de la bisexualité.

Mots-clés – Disposition bisexuelle. Inceste. Bisexualité psychique. Mort. Contre-transfert.

Jean-Michel LÉVY – *Ombres et lumières de la bisexualité*

Résumé – L'espoir de Freud, celui des lumières que la bisexualité devait toujours apporter à la psychanalyse, fut déçu. Ainsi, Freud se plaindra du manque de connexion entre la bisexualité et la théorie des pulsions. Puis, quand il réfléchira aux empêchements à la terminaison d'une analyse, il rencontrera un point de butée théorico-clinique, à savoir le refus du féminin pour les hommes et pour les femmes, problématisé par le complexe de castration, mais ramené *in fine* au roc d'origine, le roc biologique de la sexuation. La bisexualité psychique n'éclaire plus,

elle rejoint même les couches obscures de la psyché. L'auteur soutient l'hypothèse que ces difficultés freudiennes théorico-cliniques proviennent d'une esquive que facilite une version de la castration qui est exclusive de la bisexualité. La différence *de* sexe n'est pas la différence *des* sexes. La place du contre-transfert, comme participant du « roc », est également soulignée, tout comme l'importance à accorder à la fantasmatisation de la bisexualité pulsionnelle, notamment par le biais du fantasme de scène primitive et ses réélaborations dans la cure.
Mots-clés – Bisexualité psychique. Castration. Scène primitive. Esquive. Contre-transfert. Genre. Homosexualité. Fin d'analyse.

Anne DEBURGE – *Discussion du rapport de Jean-Michel Lévy : Lumière et ombre ?*

Résumé – À propos du rapport de Jean-Michel Lévy, l'auteur soulève un certain nombre de questions concernant le concept de bisexualité : la place du biologique et de l'environnement, le rapport entre théorie des pulsions et rôle de l'objet, tout particulièrement lors de l'assignation identitaire, le recours à la bisexualité chez les fonctionnements non névrotiques, les possibilités et les limites de la notion de bisexualité pour appréhender la sexualité de l'autre au cœur du couple homme/femme ou patient/analyste.
Mots-clefs – Bisexualité œdipienne et préœdipienne. Transfert érotique.

HÉLÈNE PARAT – *La bisexualité psychique, dès l'origine*

Résumé – L'érotique maternelle, cet ensemble des mouvements pulsionnels maternels et de leur transformation dans le lien à l'*infans*, autorise la mise en place d'une bisexualité dès l'origine, dans une symbolisation primaire où masculin et féminin mettent en forme les premières sensations et relations de l'enfant.
Mots-clés – Identification primaire. Érotique maternelle. Sein. Bisexualité originaire.

LUCA QUAGELLI – *Le maternel primaire et la construction de l'intériorité*

Résumé – L'auteur souligne le rôle essentiel joué par le maternel primaire dans la construction de l'appareil psychique de l'enfant. La relecture de l'une des vignettes cliniques proposées par François Richard permet de montrer la façon dont cette conception théorique oriente le travail clinique.
Mots-clés – Maternel primaire. Intériorité. Enfant. Bisexualité psychique.

Bernard CHERVET – *La bisexualité psychique, un après-coup du choix d'objet*

Résumé – La bisexualité psychique ne peut exister en tant que qualité des autoérotismes psychiques que dans l'après-coup de ce qui manque à l'enfance, l'entrecroisement sensorielle de sa propre régression sensuelle avec celle d'un objet de l'autre sexe.
Mots-clés – Bisexualité psychique. Choix d'objet. Sexuel d'organe. Bi-sensualité. Différence des sexes. Régression sensuelle. Après-coup. Prime de désir.

Thierry BOKANOWSKI – *La bisexualité dans la cure*

Résumé – L'auteur, après avoir rappelé la diversité des incidences auquel l'usage du concept bisexualité conduit, aborde les questions soulevées en clinique psychanalytique par la bisexua-

lité primaire qui rend parfois difficile une écoute transféro-contre-transférentielle du fait d'un brouillage des repères identitaires qui peuvent intéresser la question de la position féminine dans les deux sexes.
Mots-clés – Bisexualité primaire. Féminité. Masochisme féminin. Passivation. Refus du féminin.

Hélène HINZE – *Langue et (bi)sexualité*

Résumé – Dès l'origine, la (bi)sexualité infantile surcharge les mots de la langue de son énergie érotique hallucinatoire. Cette énergie pulsionnelle entre en conflit avec la langue d'usage qui tente de la contenir et prétend la dompter. À travers trois illustrations : les constructions syntaxiques, la traduction de la *Gradiva* de Jensen et un exemple clinique, l'auteur examine ces conflits et leurs effets.
Mots-clés – Langue. Sexualité infantile. Conflit. Syntaxe. Traduction. Transfert homosexuel. Différence *de* sexe et *des* sexes.

Claudine JUNIEN – *Sexe et Genre à l'ère de l'épigénétique*

Résumé – La parité femme/homme et la « théorie du genre » font sans cesse l'objet de débats. Mais le corps en reste le grand oublié. En effet certaines maladies touchent majoritairement les femmes et d'autres les hommes. Les différences liées au sexe (DLS) ont des bases génétiques et épigénétiques – à l'interface entre les gènes et l'environnement – et hormonales. Or les femmes sont sous-représentées dans les essais cliniques et les femelles parfois absentes des études sur l'animal ; ceci a pour conséquence des diagnostics et des traitements moins bien adaptés et deux fois plus d'accidents secondaires chez les femmes. Pourquoi une telle disparité ? C'est bien l'ignorance, voire le déni, des DLS qui sont à l'origine de cette inégalité et non les DLS elles-mêmes. Ce n'est pas en les occultant que l'on supprimera ces discriminations dans le domaine de la santé.
Mots-clés – Sexe. Genre. Épigénétique. Génétique. Environnement.

Paul DENIS – *Sexe et identité de genre*

Résumé – Le genre dérive d'abord d'une première différenciation qualitative entre personnes féminines et masculines qui assurent les soins de l'enfant. La différence anatomique entre les sexes est absolue, les différences d'identité de genre sont relatives. Le changement de sexe est fondamentalement impossible et s'il est des cas où l'on peut se résoudre à accepter une réassignation chirurgicale, laisser penser que l'on peut choisir son sexe en fonction d'une conviction de genre, est lourd de conséquences.
Mots-clés – Bisexualité. Déni. Fétichisme. Homosexualité primaire. Identification. Identité. Transsexualisme.

Brindusa ORASANU – *Œdipe sauvage, fantasme rassurant*

Résumé – L'article illustre cliniquement des connexions entre l'hypothèse de François Richard sur les représentations bisexuelles sans contenu couvrant l'incestualité irreprésentable et celle de Jean-Michel Lévy sur la théorie de la castration comme esquive de la reconnaissance de la

différence des sexes. Considérer la bisexualité dans le temps conduit à une perspective ouvrant sur deux types inséparables de conflictualité : celle concernant la différence des sexes et celle concernant la différence des générations.
Mots-clés – Incestualité. Mise en symétrie bisexuelle. Différence des sexes. Différence des générations. Historicité.

Christos ZERVIS – *Identités - sexualités*

Résumé – L'auteur propose d'étudier l'impact des structurations psychiques – faites grâce à des « langages » et des codes symboliques qui s'imposent par le social lors du développement psycho-sexuel – sur la constitution parallèle de l'identité sexuelle et de l'objet sexuel. La conclusion est que l'objet de la pulsion provient de la partie clivée du contenu identitaire du moi lors du passage symbolique. C'est le terrain représentationnel auto-érotique où se rencontrent l'identitaire avec l'objectal.
Mots-clés – Identitaire. Objectal. Langage symbolique. Clivage.

Sandra BOEHRINGER – *La force d'Éros. Genre et fluidité érotique dans une société d'« avant la sexualité »*

Résumé – L'analyse des façons dont les individus sont amenés à se reconnaître comme sujets de désir dessine un fort contraste entre notre modernité et les sociétés antiques. Au VIe siècle av. J.-C., en Grèce, l'œuvre de Sappho met en lumière l'importance donnée à l'élan érotique et non au sexe de la personne aimée. C'est dans cette dimension « transgenre » de l'Éros archaïque que puise Platon pour construire le discours d'Aristophane dans le *Banquet*, un passage cité par Freud dans ses *Trois Essais sur la théorie sexuelle*.
Mots-clés – Grèce antique. Genre. Érôs. Sappho. Platon.

Fabrice VIRGILI – *Quelle pratique historienne ? De l'universel masculin à l'histoire du genre*

Résumé – Au-delà des envolées et fantasmes autour d'une prétendue « théorie du genre », il s'agit de discuter un certain nombre d'outils heuristiques permettant de penser la différence et la similitude des sexes. À partir des années 1970, l'historiographie s'est détachée d'un universel masculin, à l'œuvre depuis le XIXe siècle, pour *rendre visibles* les femmes. Le genre est progressivement construit comme une catégorie d'analyse, parmi d'autres, pour interroger les sociétés du passé, comme celles du présent.
Mots-clés – Histoire. Genre. Universel masculin. Femmes.

Michel ODY – *Pourquoi ne sommes-nous pas tous bisexuels ? Pour une introduction*

Résumé – Ce texte est une introduction à la table ronde « Pourquoi ne sommes-nous pas tous bisexuels ? ». Cette introduction reprend trois étapes de la pensée de Freud, leur résonance avec les deux rapporteurs, comme avec le grand travail de Christian David.

Une brève illustration d'analyse d'enfant confirme la complexité du trajet de l'élaboration longitudinale de la bisexualité psychique.
Mots-clés – Bisexualité psychique. Trajet. Travail psychique. Trois étapes de Freud. Une enfant en séance.

Nicolas DE COULON — *La bisexualité, entre pulsions et structures*

Résumé – Placée avant, en deçà de l'organisation psychopathologique, la bisexualité prend une forme dictée par les pulsions et s'inscrit dans les structures psychiques. Elle va donc « s'incarner » dans la clinique. Il en découle que nous pouvons être bisexuels de différentes manières. L'auteur en parcourt rapidement l'éventail en s'arrêtant sur une illustration clinique « limite ». L'article de Winnicott sur le masculin et le féminin « purs » est aussi discuté, en appui d'une recherche sur l'identification primaire.
Mots-clés – Bisexualité. Pulsion. Structure. Psychopathologie. Winnicott.

Rosine PERELBERG – *La différence des sexes après-coup*

Résumé – À travers un exemple clinique, l'auteur montre comment la sexualité psychique est atteinte dans la cure après coup, en suivant le fil des identifications. L'accès à la différence des sexes passe, dans le cas de ce patient, par une attirance pour les transsexuels, qui se révèlent au cours du processus psychanalytique être l'objet combiné de la scène primitive. La remise en jeu, et l'élaboration dans le transfert, de cette figure écrasante, à la fois masculine et féminine, en permet le dégagement.
Mots clés – Bisexualité. Angoisse. Transexuel. Objet combiné. Vertige. Scène primitive.

Guy LAVALLÉE – *Le processus fétichisant, lieu transitionnel de la bisexualité psychique*

Résumé – Le processus fétichisant est un des traitements particuliers de nos perceptions qui relève de l'universel et pas seulement de la psychopathologie. Le fétiche peut soutenir la bisexualité et la représenter. La représentation fétichisée de la bisexualité, dans l'art, chez l'adolescent, dans l'homosexualité et les psychoses, est envisagée comme un lieu d'aménagement qui permet l'Espoir des retrouvailles hallucinatoires vitales avec l'objet primaire perdu, même et surtout quand ce dernier a été gravement défaillant.
Mots-clés – Fétiche. Bisexualité. Homosexualité. Création. Adolescence. Espoir. Hallucinatoire.

Alain GIBEAULT – *Identification primaire, homosexualité primaire, identification secondaire*

Résumé – Une réflexion sur la bisexualité psychique suppose de définir le passage de l'identification primaire à l'identification secondaire à partir des enjeux de l'homosexualité primaire comme processus d'investissement d'autrui comme double narcissique. Il s'agit d'un enjeu à la fois théorique et clinique par la possibilité ainsi offerte dans toute cure analytique d'une liaison de l'excitation dans des affects et des représentations et de l'accès à l'altérité de l'objet.
Mots-clés – Identification primaire. Identification secondaire. Homosexualité primaire. Bisexualité psychique. Identité de genre.

Viviane CHETRIT-VATINE – *Bisexualité psychique, séduction éthique et espace matriciel*

Résumé – Après avoir rappelé les apports de Colette Chiland et de Jean Laplanche, l'auteure, s'appuyant sur la clinique, envisage les implications de la bisexualité psychique pour la situation analytique. En écho avec les propositions de Jean-Michel Lévy quant aux analystes inquiets de « jouer les mères », elle revient sur la notion de séduction éthique qu'elle a proposée, considérant l'existence d'une relation étroite entre bisexualité psychique bien intégrée et position d'un espace matriciel, espace de responsabilité asymétrique et affectée pour l'autre.
Mots-clés – Bisexualité psychique. Genre. Espace matriciel. Sexe. Séduction éthique. Situation analytique.

Sylvie PONS-NICOLAS – *Intégrer la bisexualité, un travail d'altérité ?*

Résumé – La première différence c'est l'autre, l'autre-sujet. Françoise Héritier fait le constat que le butoir ultime de la pensée de la différence est constitué par l'observation de la différence sexuée. L'auteure propose que ce temps de synergie dialectique entre l'angoisse de castration et la bisexualité soit une élaboration après-coup de la différence des différences, et que l'intégration de la bisexualité soit un travail d'altérité.
Mots-clés – Bisexualité. Fantasmatisation. Altérité. Identification hystérique primaire.

Eléana MYLONA – *La bisexualité au risque de la psychanalyse*

Résumé – L'auteure, appuyée sur l'altérité radicale et le manque, réhabilite le fantasme de castration organisateur de la bisexualité psychique, du symbolique et du désir. Ainsi elle dénonce l'illusion de la complétude narcissique, tout comme elle récuse les glissements épistémologiques quand la bisexualité psychique est révisée et utilisée par d'autres disciplines des sciences humaines afin de valider le « triomphe narcissique » contemporain qui vise à effacer le manque et les différences.
Mots-clés – Manque. Altérité radicale. Fantasme de castration. Homosexualité primaire.

Elda ABREVAYA – *Manque de père ou recherche d'une peau d'homme*

Résumé – La résolution du complexe d'Œdipe est l'aboutissement d'une évolution psychique qui s'inaugure à la naissance et au fondement de laquelle se trouve l'instauration du père imaginaire comme modalité archaïque de la fonction paternelle. L'établissement de cette modalité est conditionné par le désir maternel. Le désir de la mère pour le père crée un vide narcissique offrant les conditions de la constitution subjective et sexuelle.
Mots-clés – Bisexualité. Père imaginaire. Assignation du sexe.

Jacques DUFOUR – *La fonction générative de la bisexualité*

Résumé – Dans ce texte l'auteur explore le travail analytique sous l'angle de la bisexualité psychique, dont la dualité de l'altérité se substitue à l'unicité phallopatriarcale. Dans l'intrication et les rapports intra et intersexués se révèlent alors un tiers sexuel énigmatique qui dans le travail analytique fait entendre la bisexualité comme scène originaire de la générativité psychique.
Mots-clés – Unicité phallopatriarcale. Bisexualité psychique. Tiers énigmatique. Générativité.

Mi-Kyung YI : *Comment jouer avec l'arbre qui cache la forêt ?*

Résumé – On l'a ou on ne l'a pas. Comment rendre jouable la théorie de la castration vissée à sa binarité tranchante ? L'auteure se propose de montrer que la théorie de la castration, en tant que théorie sexuelle infantile, peut garder son potentiel de plasticité pulsionnelle et donc s'avérer susceptible d'ouverture à la bisexualité jouant de la différence des sexes.
Mots-clés – Castration. Bisexualité. Théorie sexuelle infantile. Différence de sexes. Assignation.

Hervé BALONDRADE – *Transfert de la bisexualité dans la cure : de la résistance à la médiation*

Résumé – Dans les cures difficiles, la résistance bute parfois sur des clivages insurmontables. Le fantasme de bisexualité représente dans ces cas une impasse pour la construction des fantasmes originaires, spécialement de la scène primitive. La bisexualité sur l'axe narcissique du transfert sera souvent le seul moyen de relancer le processus d'identification primaire.
Mots-clés – Bisexualité. Bipulsionnalité. Clivage. Identification primaire. Résistance.

Augustin JEANNEAU – *D'une menace récurrente de la différence dans l'univers psychotique*

Résumé – La bisexualité psychique représente ce qui est essentiellement incompatible avec la psychose. La différence sexuelle s'y tient comme l'expression la plus conflictuelle de l'altérité, fondée sur le paradoxe psychotique d'une pensée qui n'est pas parvenue à donner à la réalité l'espace et la distance nécessaires à la vie relationnelle.
Mots-clés – Bisexualité. Homosexualité. Différence. Altérité. Psychose.

François DUPARC – *Bisexualité fantasmée ou agie*

Résumé – La bisexualité, résultat de notre double héritage fantasmatique œdipien, est la composante normale de notre identité sexuelle. Mais des variations sexuelles actuelles naissent des conflits idéologiques entre une libération sans fin, poussant à se dégager du corps, et des régressions intégristes homophobes ou antigenres encore plus inquiétantes. La déconstruction de la scène primitive, à l'origine de l'amour et de la fécondité créative, interroge l'analyste dans sa pratique, en résonance avec la société, face aux cas de refus de son corps sexué.
Mots-clés – Bisexualité. Homosexualité. Idéologies du genre. Haine du corps.

Dominique SUCHET – *Modification corporelle et temporalités de la dissolution du complexe d'Œdipe*

Résumé – Une modification corporelle peut provoquer une satisfaction pulsionnelle porteuse de démixtion délétère, introduire alors une perturbation dans la conflictualité des deux temporalités masculine et féminine de la dissolution œdipienne et compromettre l'intégration de la bisexualité. Elle peut aussi être au principe de son intégration comme, par exemple, la mue adolescente.
Mots-clés – Temporalités œdipiennes. Bisexualité. Voix. Œdipe féminin.

Sandra LORENZON SCHAFFA – *Modification du corps et bisexualité. De Lili Elbe à Paul Preciado*

Résumé – Pour contribuer à la réflexion sur les questions de genre, l'auteure propose de suivre sur un siècle l'évolution des discours et des représentations et d'analyser l'impact de ces transformations sur les formations subjectives. En s'appuyant sur les témoignages de Lili Elbe et de Paul B. Preciado, l'auteure montre comment on est passé d'une conception absolument binaire à un refus des « assignations » produites par une culture commune.

Mots-clés – Phallus. Réassignation. Binarité. Transgenre. Art corporel.

Dominique CUPA – *Balafres du corps, genre neutre*

Résumé – Le dépassement du complexe de castration dépend des stades préœdipiens qui, en après-coup, apparaissent comme des précurseurs de la castration. S'ils sont trop traumatiques, comme lors d'une maladie somatique chronique, les conflits qui en résultent tendent à se résoudre par le genre neutre. Le travail analytique peut concourir à la construction de fantasmes de scène primitive qui réorganisent en partie la conflictualité ambivalentielle et celle de la bisexualité psychique via les identifications.

Mots-clés – Maladie somatique chronique. Castration réelle. Genre neutre. Fantasme de scène primitive.

Dana PAMFILE – *À la recherche du sexe perdu*

Résumé – Cet article essaye de montrer à travers une illustration clinique comment les psychiatres de liaison travaillant avec des patients transgenres pourraient intégrer dans leur pratique clinique et dans leur écoute du symptôme qui est la demande de changement de sexe le concept psychanalytique de bisexualité psychique et ses déclinaisons.

Mots-clés – Transgenre. Bisexualité psychique. Clivage masculin/féminin. Winnicott. Psychiatrie de liaison.

Riccardo GALIANI et Roberta GUARNIERI – *Le féminin comme esquive de la bisexualité. Un destin transsexuel*

Résumé – À l'aide de l'expérience clinique vécue avec S., la thèse suivante est discutée : dans certains cas de transsexualisme masculin, le féminin présente un rapport spécifique avec l'idée de *beauté*. Ce féminin-beauté dans lequel le sujet veut être reconnu et inscrit est l'effet d'une impossibilité de vivre la bisexualité psychique, d'où son esquive. L'utilisation de la notion de *gender* peut répéter au niveau théorique cette forme d'esquive.

Mots-clés – Transsexualisme masculin. Féminin. Beauté. Bisexualité psychique. Genre.

Pascale TOTAIN – La tentation transsexuelle comme esquive de la bisexualité psychique

Résumé – À partir du cas d'une pré-adolescente se disant transsexuelle, j'interroge à nouveau frais le concept de bisexualité psychique, dans son versant archaïque, de lien à la mère phal-

lique, et dans son versant post-œdipien, de lien à la féminité et à la masculinité, dans leurs incomplétude et complémentarité.
Mots-clés – Transsexualisme. Bisexualité psychique. Homosexualité primaire. Envie de pénis. Féminin.

Claire DE VRIENDT GOLDMAN – *Couleurs originaires du féminin et du masculin*

Résumé – « Psyché originaire est bisexuelle, n'en sait rien. » La psyché de l'*infans* est soumise à des messages compromis par des éléments du sexuel infantile parental. Cette contamination s'inscrit sous forme de traces sensorimotrices et émotionnelles, constituant un fond protorepésentatif originaire, qui, la vie durant, pourra être utilisé dans les intégrations bisexuelles imputables aux modelages psychiques, mais aussi biologiques, familiaux, culturels et sociétaux.
Mots-clés – Bisexualité. Traces originaires. Fond protoreprésentatif.

Hélène SUAREZ LABAT – *Décorporation et perte de la bisexualité commune : lorsque l'enfant paraît*

Résumé – L'auteure propose un double questionnement : quelles sont les expressions de *l'ancrage de la bisexualité* de l'enfant qui conduisent à la construction de la différenciation des espaces psychiques ; quels sont les effets chez les parents des mouvements de décorporation de l'enfant du corps maternel vers les identifications paternelles ? Comment les parents aménagent-ils l'économie de la perte d'une bisexualité commune ? Le contre-transfert de l'analyste permet-il de mesurer les effets de cette perte ? Deux vignettes cliniques illustrent ces questions.
Mots-clés – Bisexualité psychique. Autoérotismes. Investissement. Fantasme originaire. Décorporation.

Claire DE VRIENDT GOLDMAN, Hélène SUAREZ LABAT – Discussion : l'investissement de la bisexualité de l'enfant par les parents

Résumé – Les auteures reprennent la discussion menée à la suite de leurs interventions afin d'éclairer les différents niveaux d'identifications primaires et secondaires en jeu dans l'investissement de la bisexualité de l'enfant par les parents. Elles retiennent trois mouvements pour analyser les principales voies d'intégration de la bisexualité psychique chez l'enfant, ses effets sur la psyché parentale et ses multiples implications dans les relations avec l'analyste.
Mots-clés – Bisexualité psychique. Transfert/Contre-transfert. Identifications. Phénomènes transitionnels. Négation.

Summaries

François RICHARD – *Bisexuality, incest and death*

Summary – I put forward the hypothesis that the oscillation of psychic bisexuality in the series between heterosexualities and homosexualities conceals a more archaic relationship to the "incommensurable" primary maternal sexual object – in particular in the register of primary homosexuality. Adolescent pathologies show this clearly. A specific handling of interpretation is thus required with patients presenting an Oedipus distorted by a deadly incestuous regressiveness towards a primordial disturbance of differentiation.

Key words – Adolescence. Bisexuality. Primary homosexuality. Incest. Distorted Œdipus. Death drive. Primary maternal sexual sphere.

Jacques ANDRÉ – *Discussion of the report by François Richard*

Summary – Every quest for origins is menaced by the aporia and the mythological temptation, for example, that of locating a primordial incest, an Unrepresentable dimension, at the origin of the world. This is the main criticism that can be addressed to the report by François Richard. As for bisexuality, it remains an abstraction if it is isolated from the fantasy (vary variable) in which it is always caught.

Key words – Incest. Representation. Bisexuality. Fantasy. Feminine.

Monique SELZ – *Bisexual disposition and deadly wild incestuality: some questions*

Summary – During the congress, in a workshop pertaining to François Richard's report, I questioned the terms of his central hypothesis: the idea of a primordial bisexual disposition that conceals the unrepresentable dimension of a deadly wild incestuality. These questions chiefly concern the question of incestuous desire and the psychic dimension of bisexuality.

Key words – Bisexual disposition. Incest. Psychic bisexuality. Death. Countertransference.

Jean-Michel LÉVY – *The shadows and lights of bisexuality*

Summary – Freud's hope concerning the light that bisexuality would always bring to psychoanalysis was not realised. Thus Freud was to complain about the lack of connection between bisexuality and the theory of the drives. Then when he reflected on the obstacles to the termination of an analysis, he encountered a theoretico-clinical limit, namely the repudiation of femininity for both men and women, problematised by the castration complex, but traced back finally to the original bedrock, the biological bedrock of sexuation. Psychic bisexuality no longer

offered illumination, and even rejoined the obscure layers of the psyche. The author argues that these Freudian theoretico-clinical difficulties stem from an evasion facilitating a version of castration that excludes bisexuality. Gender difference is not the same as the difference between the sexes. The place of countertransference, as part of the "bedrock", is also emphasized, as is the importance that must be accorded to the phantasizing of instinctual drive bisexuality, in particular by means of the phantasy of the primal scence and its reelaborations in analysis.
Key words – Psychic bisexuality. Castration. Primal scene. Evasion. Countertransference. Gender. Homosexuality. End of analysis.

Anne DEBURGE – *Discussion of the report by Jean-Michel Lévy: Light and shadow?*

Summary – With regard to the report by Jean-Michel Lévy, the author raises a certain number of questions concerning the concept of bisexuality: the place of the biological and the environment, the relationship between the theory of the drives and the role of the object, particularly when assigning identity, the recourse to bisexuality in non-neurotic modes of functioning, and the possibilities and limits of the notion of bisexuality for apprehending the sexuality of the other at the heart of the male/female or patient/analyst couple.
Key words – Oedipal and preœdipal bisexuality. Erotic transference.

HÉLÈNE PARAT – *Psychic bisexuality, from the beginning*

Summary – Maternal eroticism, the ensemble of maternal drive movements and their transformation in the relationship with the infans, authorises the establishment of bisexuality from the beginning in a primary symbolization where masculine and feminine give shape to the first sensations and relationships of the child.
Key words – Primary identification. Maternal eroticism. Breast. Primordial bisexuality.

LUCA QUAGELLI – *The primary maternal sphere and the construction of interiority*

Summary – The author emphasises the essential role played by the primary maternal sphere in the construction of the child's psychical apparatus. A rereading of one of the clinical vignettes proposed by François Richard makes it possible to show how this theoretical conception orients clinical work.
Key words – Primary maternal sphere. Interiority. Child. Psychic bisexuality.

Bernard CHERVET – *Psychic bisexuality, a retroactive effect of the object choice*

Summary – Psychic bisexuality can only exist as a quality of psychic autoeroticisms retroactively in relation to what is lacking in childhood, the sensory confluence of one's own sensual regression with that of an object of the other sex.
Key words – Psychic bisexuality. Object-choice. Organ erotogenicity. Bi sensuality. Difference between the sexes. Sensual regression. Après-coup. Bonus of desire.

Thierry BOKANOWSKI – *Bisexuality in analysis*

Summary – After recalling the various implications of the use of the concept of bisexuality, the author discusses the questions raised in psychoanalytical clinical work by primary bisexuality; the latter sometimes makes transference/countertransference listening difficult owing to a blurring of the markers of identity that can concern the question of the feminine position in both sexes.
Key words – Primary bisexuality. Femininity. Female masochism. Passivation. Repudiation of the feminine.

Hélène HINZE – *Language and (bi)sexuality*

Summary – From the beginning, infantile (bi)sexuality overloads the words of language with its hallucinatory erotic energy. This instinctual drive energy enters into conflict with the language in use which tries to contain it and claims to tame it. With the help of three illustrations, syntactic constructions, the translation of Jensen's Gradiva, and a clinical example, the author examines these conflicts and their effects.
Key words – Language. Infantile sexuality. Conflict. Syntax. Translation. Homosexual transference. Gender difference and difference between the sexes.

Claudine JUNIEN – *Sex and gender in the era of epigenetics*

Summary – Female/male parity and "gender theory" are constant subjects of debate, yet the body is largely overlooked. In effect, certain illnesses mainly affect women and other men. Gender-linked differences (GLD) have a genetic and epigenetic basis – at the interface between genes and the environment – as well as hormonal basis. However, women are under-represented in the clinical essays, and females sometimes absent from animal studies; this results in diagnoses and treatments that are less well adapted and in twice as many secondary health troubles in women. Why is there such a disparity? It is certainly ignorance, or denial, of GLD that is at the origin of this inegality and not the GLD themselves. It is not by covering them up that these descriminations will be eradicated in the domain of health.
Key words – Sex. Gender. Epigenetics. Genetics. Environment.

Paul DENIS – *Sex and gender identity*

Summary – Gender derives first of all from a first qualitative differentiation between the female and male persons who take care of the child. The anatomical difference between the sexes is absolute, while differences of identity are relative. Changing sex is fundamentally impossible and if there are cases in which one can bring oneself to accept a surgical sex reassignment, suggesting that one can choose one's sex in terms of a gender belief has huge implications.
Key words – Bisexuality. Denial. Fetichism. Primary homosexuality. Identification. Identity. Transsexualism.

Brindusa ORASANU – *Wild Œdipus, reassuring fantasy*

Summary – The article illustrates clinically the connections between François Richard's hypothesis concerning bisexual representations without content concealing unrepresentable incestuality and that of Jean-Michel Lévy concerning the theory of castration as a way of avoiding

recognition of the difference between the sexes. Considering bisexuality in time leads to a perspective that opens out onto two inseparable types of conflictuality: that of the difference between the sexes and that of the difference between the generations.
Key words – Incestuality. Bisexual symmetry. Difference between the sexes. Difference between the generations. Historicity.

Christos ZERVIS – *Identities - sexualities*

Summary – The author proposes to study the impact of psychic structurings – achieved thanks to "languages" and symbolic codes that are imposed by social factors during psycho-sexual development – on the parallel constitution of sexual identity and of the sexual object. The conclusion is that the object of the drive stems from the split-off part of the identity-based content of the ego during the symbolic passage. It is the auto-erotic representational terrain on which the sphere of identity encounters that of the object.
Key words – Sphere of identity. Object-related sphere. Symbolic language. Splitting.

Sandra BOEHRINGER – *The force of Eros. Gender and erotic fluidity in a society "before sexuality"*

Summary – An analysis of the ways in which individuals are led to recognise themselves as subjects of desire presents a strong contrast between our modernity and ancient societies. In the 6th century before J.C., in Greece, the work of Sappho highlights the importance given to the erotic impulse and not to the sex of the loved person. It is on this transgender dimension of archaic Eros that Plato draws to construct Aristophanes' speech in the *Symposium*, a passage cited by Freud in his *Three Essays on the Theory of Sexuality.*
Key words – Ancient Greece. Gender. Eros. Sappho. Plato.

Fabrice VIRGILI – *Which historical practice? From the universal masculine to the history of gender*

Summary – Beyond fanciful flights and fantasies around a so-called "gender theory", it is necessary to discuss a certain number of heuristic tools for thinking about the difference and similarity between the sexes. From the 1970's onwards, historiography detached itself from a universal masculine in operation since the 19th century, in order to make women visible. Gender was gradually constructed as one category of analysis, among others, to question past societies, as well as those of the present.
Key words – History. Gender. Universal masculine. Women.

Michel ODY – *Why are we not all bisexuals? By way of an introduction*

Summary – This text is an introduction to the round table "*Why are we not all bisexuals?*" This introduction takes up three stages in Freud's thought, their resonance with the two rapporteurs, as well as with Christian David's important work. A brief illustration from a child analysis confirms the complexity of the trajectory of the longitudinal elaboration of psychic bisexuality
Key words – Psychic bisexuality. Trajectory. Psychic work. Three stages in Freud's thought. An analytic session with a child.

Nicolas DE COULON – *Bisexuality, between drives and structures*

Summary – Placed before, prior to, the psychopathological organisation, bisexuality acquires a form that is dictated by the drives and inscribed in psychic structures. It will thus be "embodied" in clinical practice. It follows, therefore, that we can be bisexual in different ways. The author looks at the range of possibilities rapidly, focusing on an "extreme" clinical illustration.
Key words – Bisexuality. Drive Structure. Psychopathology. Winnicott.

Rosine PERELBERG – *The difference between the sexes in retrospect*

Summary – With reference to a clinical example, the author shows how psychic sexuality is attained in analysis retroactively, by following the thread of identifications. Access to the difference between the sexes was achieved, in the case of this patient, by an attraction for transsexuals, who, in the course of the psychoanalytic process, proved to be the combined object of the primal scene. The reactivation and elaboration in the transference of this crushing figure, both masculine and feminine, made it possible for the patient to free himself from it.
Key words – Bisexuality. Anxiety. Transsexual. Combined object. Vertigo. Primal scene.

Guy LAVALLÉE – *The fetishizing process, transitional area of psychic bisexuality*

Summary – The fetishizing process is one of the particular ways of dealing with our perceptions which is a universal and not only a pathological phenomenon. The fetish can underpin bisexuality and represent it. The fetishized representation of bisexuality in art, in the adolescent, in homosexuality and the psychoses, is envisaged as an area of adjustment which allows for the hope of vital hallucinatory reunions with the lost primary object, even and especially when the latter had severe shortcomings.
Key words – Fetish. Bisexuality. Homosexuality. Creation. Adolescence. Hope. Hallucinatory.

Alain GIBEAULT – *Primary Identification, primary homosexuality, secondary identification*

Summary – A reflection on psychic bisexuality implies defining the passage from primary identification to secondary identification starting from the issues involved in primary homosexuality as a process of cathecting the other as a narcissistic double. This is both a theoretical and clinical issue due to the possibility thus offered in every analytic treatment of binding excitation into affects and representations and of gaining access to the otherness of the object.
Key words – Primary Identification. Secondary identification. Primary homosexuality. Psychic bisexuality. Gender identity.

Viviane CHETRIT-VATINE – *Psychic bisexuality, ethical seduction and matrix space*

Summary – After recalling the contributions of Colette Chiland and Jean Laplanche, the author, drawing on her clinical practice, envisages the implications of psychic bisexuality for the analytic situation. Echoing Jean-Michel Lévy's propositions concerning analysts who are preoccupied with "playing at being mothers", she returns to the notion of ethical seduction

that she has proposed, which takes account of the existence of a close relationship between well integrated psychic bisexuality and the position of a matrix space, a space of asymmetrical and emotionally informed responsibility for the other.
Key words – Psychic bisexuality. Gender. Matrix space. Sex. Ethical seduction. Analytic situation.

Sylvie PONS-NICOLAS – *Integrating bisexuality, a task of otherness?*

Summary – The first difference is the other, the other-subject. Françoise Héritier has noted that the ultimate obstacle to thinking about difference is constituted by the observation of gender difference. The author suggests that this moment of dialectic synergy between castration anxiety and bisexuality is a retroactive elaboration of the difference of differences, and that the integration of bisexuality is a task of otherness.
Key words – Bisexuality. Fantasy activity. Otherness. Primary hysterical identification.

Eléana MYLONA – *Bisexuality exposed to the risk of psychoanalysis*

Summary – The author, drawing on the notions of radical otherness and lack, rehabilitates the fantasy of castration as an organiser of psychic bisexuality, the symbolic, and desire. She thus denounces the illusion of narcissistic completeness, just as she rejects the epistemological slidings involved when bisexuality is revisited and used by other disciplines in the human sciences in order to validate the contemporary "narcissistic triumph" that aims to erase lack and differences.
Key words – Lack. Radical otherness. Fantasy of castration. Primary homosexuality.

Elda ABREVAYA – *Lacking a father or the search for a man's skin*

Summary – The resolution of the oedipus complex is the outcome of a psychic evolution that is inaugurated at birth, at the basis of which the imaginary father is established as an archaic modality of the paternal function. The establishment of this modality is determined by maternal desire. The mother's desire for the father creates a narcissistic void providing the conditions required for subjective and sexual constitution.
Key words – Bisexuality. Imaginary father. Assignment of sex.

Jacques DUFOUR – *The generative function of bisexuality*

Summary – In this text the author explores analytic work from the angle of psychic bisexuality in which the duality of otherness is substituted for phallopatriarchal oneness. In the entanglement of intra- and intersexed relations an enigmatic sexual third party is revealed, which, in analytic work, makes it possible to understand bisexuality as a primordial scene of psychic generativity.
Key words – Phallopatriarchal oneness. Psychic bisexuality. Enigmatic third. Generativity.

Mi-Kyung YI – *How to play with the tree that hides the forest?*

Summary – One either has it or one doesn't have it. How can we make the theory of castration nailed to its clear-cut binarity workable? The author seeks to show that the theory of

castration, as an infantile sexual theory, can retain its potential of drive plasticity and thus prove capable of openness to bisexuality involving the difference between the sexes.
Key words – Castration. Bisexuality. Infantile sexual theory. Différence between the sexes. Assignment.

Hervé BALONDRADE – *Transference of bisexuality in analysis: from resistance to mediation*

Summary – In difficult analyses, resistance sometimes comes up against insurmountable splitting. In such cases the fantasy of bisexuality represents an impasse for the construction of primal fantasies, especially of the primal scene. Bisexuality on the narcissistic axis of the transference will often be the only means of giving fresh impetus to the process of primary identification.
Key words – Bisexuality. Drive duality. Splitting. Primary identification. Resistance.

Augustin JEANNEAU – *On a recurrent menace of difference in the psychotic world*

Summary – Psychic bisexuality represents what is essentially incompatible with psychosis. Sexual difference is seen as the most conflictual expression of otherness, based on the psychotic paradox of a way of thinking that has not succeeded in giving reality the space and distance necessary for relational life.
Key words – Bisexuality. Homosexuality. Difference. Otherness. Psychosis.

François DUPARC – *Fantasised or acted bisexuality*

Summary – Bisexuality, the result of our double oedipal phantasmatic inheritance, is the normal component of our sexual identity. But contemporary sexual variations arise from ideological conflicts between an endless liberation, encouraging us to free ouselves from the body, and homophobic or antigender fundamentalist regressions that are even more disconcerting. The deconstruction of the primal scene, at the origin of love and creative fecundity, questions the analyst in his/her practice, in resonance with society, when faced with patients who reject his/her gendered body.
Key words – Bisexuality. Homosexuality. Gender ideologies. Hatred of the body.

Dominique SUCHET – *Bodily modification and temporalities of resolution of the Oedipus complex*

Summary – A bodily modification can provoke an instinctual satisfaction giving rise to noxious defusion, thereby introducing a disturbance in the conflictuality of the two masculine and feminine temporalities of the oedipal resolution and compromising the integration of bisexuality. It can also be at the basis of its integration as, for example, in the transformations of adolescence.
Key words – Oedipal temporalities. Bisexuality. Voice. Female Oedipus.

Sandra LORENZON SCHAFFA – *Modification of the body and bisexuality. From Lili Elbe to Paul Preciado*

Summary – As a contribution to the reflection on the questions of gender, the author proposes to follow the evolution of discourses and representations over the past century and to analyse the impact of these transformations on subjective formations. Drawing on the testimonies of Lili Elbe and Paul B. Preciado, the author shows how we have moved from an absolutely binary conception to a rejection of the "assignments" produced by a common culture.
Key words – Phallus. Reassignment. Binarity. Transgender. Body art.

Dominique CUPA – *Scars of the body, neuter gender*

Summary – Overcoming the castration complex depends on preoedipal stages, which, retrospectively, appear as the precursors of castration. If they are too traumatic, as in the case of a chronic somatic illness, the resulting conflicts strive for resolution through the neuter gender. Analytic work can contribute to the construction of fantasies of the primal scene which reorganise, in part, the ambivalent conflictuality and that of psychic bisexuality via identifications.
Key words – Chronic somatic illness. Real castration. Neuter gender. Fantasy of the primal scene.

Dana PAMFILE – *In search of the lost sex*

Summary – This article seeks to show through a clinical illustration how liaison psychiatrists working with transgender patients could integrate the psychoanalytic concept of psychic bisexuality and its variations with their clinical practice and with their listening to the symptom of the demand for a change of sex.
Key words – Transgender. Psychic bisexuality. Male/female splitting. Winnicott. Liaison Psychiatry.

Riccardo GALIANI and Roberta GUARNIERI – *The feminine as a way of evading bisexuality. A transsexual destiny*

Summary – With reference to the clinical experience with S., the following thesis is discussed: in certain cases of male transsexualism, the feminine presents a specific relationship to the idea of *beauty*. This feminine-beauty in which the subject wants to be recognised and inscribed is the effect of an impossibility of living psychic bisexuality, soi t is evaded. The utilisation of the notion of *gender* may repeat at the theoretical level this form of evasion.
Key words – Male transsexualism. Feminine. Beauty. Psychic bisexuality. Gender.

Pascale TOTAIN – *The transsexual temptation as a way of avoiding psychic bisexuality*

Summary – Drawing on the case of a pre-adolescent girl describing herself as transsexual, I question again the concept of psychic bisexuality in its archaic aspect as a relationship to the phallic mother, and in its post-oedipal aspect as a relationship to femininity and masculinity, in terms of their incompleteness and complementarity.
Key words – Transsexualism. Psychic bisexuality. Primary homosexuality. Penis envy. Feminine.

Claire DE VRIENDT GOLDMAN – *Primordial colours of the feminine and masculine*

Summary – "Primordial psyche is bisexual, knows nothing about it". The psyche of the infans is subjected to messages that are compromised by elements of parental infantile sexuality. This contamination is registered in the form of sensory-motor and emotional traces forming a protorepresentative background, which, during life, can be used in the bisexual integrations attributable to psychic but also biological, familial, cultural and societal modeling.
Key words – Bisexuality. Primordial traces. Protorepresentative background

Hélène SUAREZ LABAT – *Decorporation and loss of common bisexuality: when the child appears*

Summary – The author proposes two lines of questioning: what are the expressions of the *anchoring of the bisexuality* of the child which lead to the construction the the differentiation of psychic spaces ; what are the effects on the parents of the movements of decorporation of the child from the maternal body towards paternal identifications? And how do parents deal with the economy of the loss of a common bisexuality? Does the analyst's countertransference make it possible to measure the effects of this loss? Two clinical vignettes illustrate these questions.
Key words – Psychic bisexuality. Autoerotisms. Cathexis. Primal fantasy. Decorporation.

Claire DE VRIENDT GOLDMAN, Hélène SUAREZ LABAT – *Discussion: the cathexis of the child's bisexuality by the parents*

Summary – The authors take up the discussion that followed their interventions in order to throw light on the different levels of primary and secondary identifications at play in the cathexis of the child's bisexuality by the parents. They identify three movements for analysing the main paths of integration of the child's psychic bisexuality, its effects on the parental psyche and its multiple implications in the relations with the analyst.
Key words – Psychic bisexuality. Transference/Countertransference. Identifications. Transitional phenomena. Negation.

(Traduction Andrew Weller.)

Resúmenes

François RICHARD – *La bisexualidad, el incesto y la muerte*

Resumen – Planteamos la hipótesis de que la oscilación de la bisexualidad psíquica en la continuación que recorre entre heterosexualidades y homosexualidades incluye una relación más arcaica con el objeto sexual primario "inconmensurable" particularmente en el registro de la homosexualidad primaria, y esto lo muestran las patologías adolescentes. Seguidamente abordamos el trabajo específico de la interpretación con pacientes que presentan un Edipo deformado por una regresión incestuosa mortífera hacia un trastorno originario de la diferenciación.
Palabras claves – Adolescencia. Bisexualidad. Homosexualidad primaria. Incesto. Edipo deformado. Pulsión de muerte. Sexual materno primario.

Jacques ANDRÉ – *Discusión del informe de François Richard*

Resumen – Cualquier indagación sobre el origen se halla amenazada por la aporía y la tentación mitológica, por ejemplo, aquella de situar en el origen del mundo un incesto primordial, un Irrepresentable. Esta es la crítica principal en relación con el informe de François Richard. En cuanto a la bisexualidad, permanece abstracción si se la aísla de la fantasía (muy variable) en donde siempre está presente.
Palabras claves – Incesto. Representación. Bisexualidad. Fantasía. Femenino.

Monique SELZ – *Disposición bisexual e incestualidad salvaje mortífera: algunos interrogantes*

Resumen – En el congreso, en un taller sobre el informe de François Richard, he querido interrogar los términos de su hipótesis central: «la idea de una disposición bisexual originaria que *abarca lo irrepresentable de una incestualidad salvaje mortífera*». Las interrogaciones atañen principalmente al tema del deseo incestuoso y a la dimensión psíquica de la bisexualidad.
Palabras claves – Disposición bisexual. Incesto. Bisexualidad psíquica. Muerte. Contratransferencia.

Jean-Michel LÉVY – *Sombras y luces de la bisexualidad*

Resumen – La esperanza de Freud, que la bisexualidad aportaría siempre luz al psicoanálisis, se derrumbó. Así Freud, se quejará de la falta de conexión entre la bisexualidad y la teoría de las pulsiones. Luego, al reflexionar sobre los impedimentos para finalizar el análisis, él hallará

un tope teórico-clínico, a saber, el rechazo de lo femenino por los hombres y por las mujeres, problematizado por el complejo de castración, pero *in fine* llevado a la roca del origen, la roca biológica de la sexuación. La bisexualidad psíquica ya no aclara, incluso se la asocia a las capas oscuras de la psique. El autor plantea la hipótesis de que los escollos freudianos teóricos-clínicos, provienen de una elusión que facilita una versión de la castración exclusiva de la bisexualidad. La diferencia *de* sexo no es la diferencia *de los* sexos. El lugar de la contratransferencia, como parte integrante de la "roca", es asimismo subrayado, de la misma manera que la importancia atribuible a la fantasmatización de la bisexualidad pulsional, especialmente a través de la fantasía de escena primitiva y de las reelaboraciones en la cura.
Palabras claves – Bisexualidad psíquica. Castración. Escena primitiva. Elusión. Contratransferencia. Género. Homosexualidad. Fin de análisis.

Anne DEBURGE – *Discusión del informe de Jean-Michel Lévy: ¿Luz y sombra?*

Resumen – En relación con el informe de Jean-Michel Lévy, la autora plantea algunas cuestiones que atañen al concepto de bisexualidad: el lugar de lo biológico y del entrono, la relación entre la teoría de las pulsiones y el papel del objeto, específicamente en la asignación identitaria, el recurso a la bisexualidad en los funcionamientos no neuróticos, las posibilidades y los límites de la noción de bisexualidad a fin de aprehender la sexualidad del otro en el seno de la pareja hombre/mujer o paciente/analista.
Palabras claves – Bisexualidad edípica y preedípica. Transferencia erótica.

Hélène PARAT – *La bisexualidad psíquica, desde el origen*

Resumen – Lo erótico materno, conjunto de movimientos pulsionales maternos y de las transformaciones vinculadas al *infans,* autoriza la instalación de una bisexualidad desde el origen, en una simbolización primaria en el que lo masculino y lo femenino dan forma a las primeras sensaciones y relaciones del niño.
Palabras claves – Identificación primaria. Erótico materno. Seno. Bisexualidad originaria.

Luca QUAGELLI – *Lo materno primario y la construcción de la interioridad*

Resumen – El autor hace hincapié en el papel preponderante que desempeña lo materno primario en la construcción del aparato psíquico del niño. La relectura de una de las viñetas clínicas propuestas por François Richard permite mostrar la manera cómo dicha concepción teórica orienta el trabajo clínico.
Palabras claves – Materno primario. Interioridad. Niño. Bisexualidad psíquica.

Bernard CHERVET – *La bisexualidad psíquica, posterioridad de la elección de objeto*

Resumen – La bisexualidad solo puede existir en tanto que calidad de los autoerotismos psíquicos en la posterioridad de lo que falta en la infancia, el cruce sensorial de su propia regresión sensual con la de un objeto del otro sexo.
Palabras claves – Bisexualidad psíquica. Elección de objeto. Sexual de órgano. Bi-sensualiad. Diferencia de los sexos. Regresión sexual. Posterioridad. Prima de deseo.

Thierry BOKANOWSKI – *La bisexualidad en la cura*

Resumen – El autor, luego de evocar diversas incidencias a los que el uso del concepto de bisexualidad conduce, trata cuestiones extraídas de la clínica psicoanalítica sobre la bisexualidad primaria que a menudo hacen difícil una escucha transfero-contratransferencial por la interferencia de marcas identitarias que pueden ilustrar el tema de la posición femenina en los dos sexos.

Palabras claves – Bisexualidad primaria. Feminidad. Masoquismo femenino. Pasivación. Rechazo de lo femenino.

Hélène HINZE – *Lengua y (bi)sexualidad*

Resumen – Desde el origen, la (bi)sexualidad infantil recarga palabras de la lengua con energía erótica alucinatoria. La energía pulsional entra en conflicto con la lengua de uso que intenta apaciguarla y pretende domarla. A través de tres ilustraciones: las construcciones sintácticas, la traducción de la *Gradiva* de Jensen y un ejemplo clínico, la autora analiza los conflictos y sus efectos.

Palabras claves – Lengua. Sexualidad infantil. Conflicto. Sintaxis. Traducción. Transferencia homosexual. Diferencia *de* sexo y *de los* sexos.

Claudine JUNIEN – *Sexo y Género en la era epigenética*

Resumen – La paridad mujer/hombre y la "teoría de género" son debatidas muy a menudo. Sin embargo, el cuerpo es el gran olvidado. Efectivamente ciertas enfermedades afectan mayoritariamente a las mujeres y otras a los hombres. Las diferencias vinculadas al sexo (DVS) tienen bases genéticas y epigenéticas – en la interfaz entre genes y entorno – y hormonales. Ahora bien, las mujeres están subrepresentadas en los ensayos clínicos y las hembras a veces están ausentes en los estudios sobre animales; esto tiene como consecuencia diagnósticos y tratamientos deficientemente adaptados y dos veces más accidentes secundarios entre las mujeres. ¿Por qué tal disparidad? Tiene que ver con la ignorancia, incluso con la renegación de las DVS que dan cuenta de la desigualdad, pero no son las productoras. Al ocultarlas no desaparecen las discriminaciones en el campo de la salud.

Palabras claves – Sexo. Género. Epigenética. Genética. Entorno.

Paul DENIS – *Sexo e identidad de género*

Resumen – Ante todo el género procede de una primera diferenciación cualitativa entre personas femeninas y masculinas que se ocupan del cuidado de los niños. La diferencia anatómica entre los sexos es absoluta, las diferencias de identidad de género son relativas. El cambio de sexo es fundamentalmente imposible y si existen casos en los que se puede aceptar una reasignación quirúrgica, el hecho de pensar que se puede elegir el sexo en función de convicciones de género, conlleva duras consecuencias.

Palabras claves – Bisexualidad. Renegación. Fetichismo. Homosexualidad primaria. Identificación. Identidad. Transexualidad.

Brindusa ORASANU – *Edipo salvaje, fantasía tranquilizadora*

Resumen – El artículo ilustra clínicamente algunas conexiones entre la hipótesis de François Richard sobre las representaciones bisexuales sin contenido que abarca la incestualidad irrepresentable y aquélla de Jean-Michel Lévy sobre la teoría de castración como elusión al reconocimiento de la diferencia de los sexos. Considerar la bisexualidad en el tiempo abre una perspectiva sobre dos tipos inseparables de conflictualidad: la que atañe a la diferencia de los sexos y la que atañe a la diferencia de las generaciones.

Palabras claves – Incestualidad. Puesta en simetría bisexual. Diferencia de los sexos. Diferencia de las generaciones. Historicidad.

Christos ZERVIS – *Identidades - sexualidades*

Resumen – El autor propone estudiar el impacto de las estructuraciones psíquicas – hechas por la mediación de "lenguajes" y códigos simbólicos impuestos por lo social en el desarrollo psico-sexual – sobre la constitución paralela de la identidad sexual y del objeto sexual. La conclusión es que el objeto de la pulsión proviene de la parte escindida del contenido identitario del yo durante el paso simbólico. Es en el ámbito representacional autoerótico en el que se encuentran lo identitario y lo objetal.

Palabras claves – Identitario. Objetal. Lenguaje simbólico. Escisión.

Sandra BOEHRINGER – *La fuerza de Eros. Género y fluidez erótica en una sociedad de "antes de la sexualidad"*

Resumen – El análisis de cómo los individuos son llevados a reconocerse en sujetos de deseo esboza un fuerte contraste entre nuestra modernidad y las sociedades antiguas. En el siglo VI antes de Cristo, la obra de Safo muestra la importancia acordada al impulso erótico y no al sexo de la persona amada. Es esa dimensión "transgénero" del Eros arcaico de donde abreva Platón para construir el discurso de Aristófanes en el Banquete, pasaje citado por Freud en *Tres Ensayos sobre la teoría sexual.*

Palabras claves – Grecia antigua. Género. Eros. Safo. Platón.

Fabrice VIRGILI – *¿Qué práctica historiadora? Del universo masculino a la historia de género*

Resumen – Más allá de destellos y fantasías alrededor de una pretendida "teoría de género", se trata de discutir cierto número de herramientas heurísticas que permitan pensar la diferencia y la similitud de los sexos. A partir de los años 1970, la historiografía se separa de un universo masculino, presente desde el siglo XIX, para *hacer visibles* a las mujeres. El género se va construyendo como una categoría de análisis, entre otras, para interrogar a las sociedades del pasado y a las coetáneas.

Palabras claves – Historia. Género. Universal masculino. Mujeres.

Michel ODY – *¿Por qué no somos todos bisexuales? A modo de introducción*

Resumen – Este texto es una introducción al debate "¿Por qué no somos todos bisexuales?". La introducción retoma tres etapas del pensamiento de Freud, su resonancia con los dos informadores, y con el gran trabajo de Christian David.

Una breve ilustración de análisis de niños confirma lo complejo del trayecto de la elaboración longitudinal de la bisexualidad psíquica.
Palabras claves – Bisexualidad psíquica. Trayecto. Trabajo psíquico. Tres etapas de Freud. Una niña en sesión.

Nicolas DE COULON – *La bisexualidad, entre pulsiones y estructuras*

Resumen – Situada antes, por delante de la organización psicopatológica, la bisexualidad toma una forma dictada por las pulsiones, inscribiéndose en las estructuras psíquicas. Y se «encarnará» en la clínica. Se desprende que podemos ser bisexuales de diferentes maneras. El autor recorre rápidamente las posibilidades y va a ser hincapié en una ilustración clínica «límite». El artículo de Winnicott sobre lo masculino y lo femenino «puros», será discutido tomando como apoyo la indagación de la identificación primaria.
Palabras claves – Bisexualidad. Pulsión. Estructura. Psicopatología. Winnicott.

Rosine PERELBERG – *La diferencia de los sexos posteriormente*

Resumen – A través de un ejemplo clínico, la autora muestra cómo la sexualidad psíquica es abordada en la cura posteriormente, siguiendo el hilo de las identificaciones. El acceso a la diferencia de los sexos pasa, en el caso de dicho paciente, por una atracción por los transexuales, que se manifiestan en el curso del proceso psicoanalítico como objeto combinado de la escena primitiva. La reactivación, y la elaboración en la transferencia, de tal figura aplastante, masculina y femenina al mismo tiempo, permitirá su desapego.
Palabras claves – Bisexualidad. Angustia. Transexual. Objeto combinado. Vértigo. Escena primitiva.

Guy LAVALLÉE – *El proceso fetichizante, espacio transicional de la bisexualidad psíquica*

Resumen – El proceso fetichizante es uno de los tratamientos particulares de nuestras percepciones que atañe a lo universal y no solo a la psicopatología. El fetiche puede apoyar la bisexualidad y representarla. La representación fetichizada de la bisexualidad, en el arte, en el adolescente, en la homosexualidad y en las psicosis, es considerada como espacio de rehabilitación que hace posible la Esperanza de encuentros alucinatorios vitales con el objeto primario perdido, incluso y sobretodo cuando este último ha estado marcadamente debilitado.
Palabras claves – Fetiche. Bisexualidad. Homosexualidad. Creación. Adolescente. Esperanza. Alucinatorio.

Alain GIBEAULT – *Identificación primaria, homosexualidad primaria, identificación secundaria*

Resumen – Una reflexión sobre la bisexualidad psíquica presupone definir el paso de la identificación primaria a la identificación secundaria a partir de las apuestas de las homosexualidades primaria en tanto que proceso de carga de otro como doble narcisista. Se trata de una apuesta teórica y clínica al mismo tiempo por la posibilidad dada en toda cura analítica a una ligazón de la excitación en los afectos y representaciones y del acceso a la alteridad del objeto.
Palabras claves – Identificación primaria. Identificación primaria. Homosexualidad primaria. Bisexualidad psíquica. Identidad de género.

Viviane CHETRIT-VATINE – *Bisexualidad psíquica, seducción ética y espacio matricial*

Resumen – Luego de visitar los aportes de Colette Chiland y de Jean Laplanche, la autora al apoyarse en la clínica considera las implicaciones de la bisexualidad psíquica para la situación analítica. Junto a las proposiciones de Jean-Michel Lévy en relación con los analistas inquietos por «actuar de madres», ella retoma la noción de seducción ética que ella propuso, considerando la existencia de una relación estrecha entre bisexualidad psíquica bien integrada y posición de un espacio matricial, espacio de responsabilidad asimétrica, afectado por el otro.
Palabras claves – Bisexualidad psíquica. Género. Espacio matricial. Sexo. Seducción ética. Situación analítica.

Sylvie PONS-NICOLAS – *¿Integrar la bisexualidad es un trabajo de alteridad?*

Resumen – La primera diferencia es el otro, la otra persona. Françoise Héritier constata que el último eslabón del pensamiento de la diferencia está dado por la observación de la diferencia sexuada. La autora sugiere que ese tiempo de sinergía dialéctica entre la angustia de castración y la bisexualidad es una elaboración posterior de la diferencia de las diferencias, y que la integración de la bisexualidad es un trabajo de alteridad.
Palabras claves – Bisexualidad. Fantasmatización. Alteridad. Identificación histérica primaria.

Eléana MYLONA – *El psicoanálisis pone en peligro la bisexualidad*

Resumen – La autora, apoyándose en la alteridad y la carencia, rehabilita la fantasía de castración organizadora de la bisexualidad psíquica, de lo simbólico y del deseo. De esta manera denuncia la ilusión de la realización narcisista, y también rechaza el deslizamiento epistemológico cuando la bisexualidad psíquica es retrabajada y usada por otras disciplinas de las ciencias humanas con la meta de validar la "victoria narcisista" coetánea que intenta borrar la carencia y las diferencias.
Palabras claves – Carencia. Alteridad radical. Fantasía de castración. Homosexualidad primaria.

Elda ABREVAYA – *Falta de padre o búsqueda de una piel de hombre*

Resumen – La resolución del complejo de Edipo es el resultado de la evolución psíquica que se abre con el nacimiento y en cuya base se encuentra la instauración del padre imaginario en tanto que modalidad arcaica de la función paterna. El establecimiento de esta modalidad está condicionado por el deseo materno. El deseo de la madre por el padre genera un vacío narcisista que brinda las condiciones de la constitución subjetiva y sexual.
Palabras claves – Bisexualidad. Padre imaginario. Asignación del sexo.

Jacques DUFOUR – *La función generativa de la bisexualidad*

Resumen – En este texto el autor explora el trabajo analítico desde la óptica de la bisexualidad psíquica, en la que la dualidad de la alteridad sustituye la unicidad falopatriarcal. En la fusión y en las relaciones intra e intersexuadas se manifiesta un tercero sexual enigmático que en

el trabajo analítico deja entender la bisexualidad como escena originaria de la generatividad psíquica.
Palabras claves – Unicidad falopatriarcal. Bisexualidad psíquica. Tercero enigmático. Generatividad.

Mi-Kyung Yi – *¿Cómo jugar con el árbol que oculta el bosque?*

Resumen – Se lo tiene o no se lo tiene. ¿Cómo vertebrar la teoría de la castración expuesta a su binaridad afilada? La autora se propone mostrar que la teoría de la castración, en tanto que teoría sexual infantil, puede conservar su potencialidad plástica pulsional y por lo tanto mostrarse abierta a la bisexualidad que rima con la diferencia de los sexos.
Palabras claves – Castración. Bisexualidad. Teoría sexual infantil. Diferencia de sexos. Asignación.

Hervé Balondrade – *Transferencia de la bisexualidad en la cura: de la resistencia a la meditación*

Resumen – En las curas difíciles, la resistencia a veces choca con escisiones insuperables. La fantasía de bisexualidad representa en estos casos un punto muerto en la construcción de las fantasías originarias, especialmente de la escena primitiva. La bisexualidad en el centro narcisista de la transferencia será a menudo el único medio para reactivar el proceso de identificación primario.
Palabras claves – Bisexualidad. Bipulsionalidad. Escisión. Identificación primaria. Resistencia.

Augustin Jeanneau – *Sobre una amenaza recurrente de la diferencia en el universo psicótico*

Resumen – La bisexualidad psíquica representa aquéllo que es primordialmente incompatible con la psicosis. La diferencia sexual funciona como la expresión más conflictiva de la alteridad, basada en la paradoja psicótica del pensamiento que no ha logrado otorgar a la realidad el espacio y la distancia necesarias para la vida relacional.
Palabras claves – Bisexualidad. Homosexualidad. Diferencia. Alteridad. Psicosis.

François Duparc – *Bisexualidad fantaseada o actuada*

Resumen – La bisexualidad, resultado de la doble herencia fantasmática edípica, es la integrante normal de nuestra identidad sexual. Ahora bien, variaciones sexuales actuales nacen de conflictos ideológicos entre una liberación sin fin, que quiere liberarse del cuerpo, y regresiones integristas homófobas o antigéneros aún más preocupantes. La deconstrucción de la escena primitiva, en el origen del amor y de la fecundidad creativa, interroga al analista en su práctica, en resonancia con la sociedad, frente a los casos de rechazo del cuerpo sexuado.
Palabras claves – Bisexualidad. Homosexualidad. Ideologías de género. Odio al cuerpo.

Dominique Suchet – *Modificación corporal y temporalidades de la disolución del complejo de Edipo*

Resumen – Una modificación corporal puede ocasionar una satisfacción pulsional portadora de demixtura deletérea, e introducir entonces una perturbación en la conflictualidad de las dos

temporalidades masculina y femenina de la disolución edípica y comprometer la integración de la bisexualidad. También puede estar al inicio de su integración como, por ejemplo, la muda adolescente.
Palabras claves – Temporalidades edípicas. Bisexualidad. Voz. Edipo femenino.

Sandra LORENZON SCHAFA – *Modificación del cuerpo y bisexualidad. De Lili Elbe a Paul Preciado*

Resumen – Para contribuir a la reflexión sobre temas de género, la autora propone rastrear un siglo de evolución en los discursos y representaciones y analizar el impacto de las transformaciones en las formaciones subjetivas. Apoyándose en los testimonios de Lili Elbe y Paul B. Preciado, la autora muestra cómo hemos pasado de una concepción totalmente binaria al rechazo de las "asignaciones" producidas por una cultura común.
Palabras claves – Falo. Reasignación. Binaridad. Transgénero. Arte corporal.

Dominique CUPA – *Cicatrices del cuerpo, género neutro*

Resumen – La superación del complejo de castración depende de las fases edípicas que, posteriormente, aparecen como precursores de la castración. Si son muy traumáticas, como acontece con una enfermedad somática crónica, los conflictos resultantes tienden a determinarse por el género neutro. El trabajo analítico puede contribuir a la construcción de fantasías de escena primitiva que reorganizan parcialmente la conflictualidad ambivalencial y aquélla de la bisexualidad psíquica a través de las identificaciones.
Palabras claves – Enfermedad somática crónica. Castración real. Género neutro. Fantasía de escena primitiva.

Dana PAMFILE – *En busca del sexo perdido*

Resumen – Este artículo trata de mostrar a través de una ilustración clínica cómo los psiquiatras de enlace que trabajan con pacientes transgénero podrían integrar en su práctica clínica y en la escucha del síntoma que pide el cambio de sexo el concepto psicoanalítico de bisexualidad psíquica y sus declinaciones.
Palabras claves – Transgénero. Bisexualidad psíquica. Escisión masculina/femenina. Winnicott. Psiquiatría de enlace.

Riccardo GALIANI, Roberta GUARNIERI – Lo femenino como elusión de la bisexualidad. Un destino transexual

Resumen – A través de la experiencia clínica vivida con S., la tesis siguiente es discutida: en ciertos casos de transexualidad masculina, lo femenino presenta una relación específica con la idea de *belleza*. Este femenino-belleza en el cual el individuo quiere ser reconocido e inscrito es el efecto de una imposibilidad de vivir la bisexualidad psíquica, de ahí su elusión. El uso de la noción *gender* puede repetir teóricamente la forma de elusión.
Palabras claves – Transexualismo masculino. Femenino. Belleza. Bisexualidad psíquica. Género.

Pascale TOTAIN – *La tentación transexual como elusión de la bisexualidad psíquica*

Resumen – A partir del caso de una preadolescente que se dice transexual, yo interrogo de nuevo el concepto de bisexualidad psíquica, en su vertiente arcaica, vinculada a la madre fálica, y en su vertiente postedípica, vinculada a la feminidad y a la masculinidad, en su incompletud y complementaridad.

Palabras claves – Transexualidad. Bisexualidad psíquica. Homosexualidad primaria. Envidia del pene. Femenino.

Claire De VRIENDT GOLDMAN – *Colores originarios de lo femenino y lo masculino*

Resumen – "Psique originaria es bisexual, no sabe nada". La psique del *infans* está sometida a mensajes comprometidos con elementos de lo sexual infantil parental. Esta contaminación se inscribe bajo la forma de huellas sensorimotrices y emocionales, y constituyen un fondo proto-representativo originario, que, en el curso de la vida, podrá ser utilizado en las integraciones bisexuales imputables a modelos psíquicos, y también biológicos, familiares, culturales y societales.

Palabras claves – Bisexualidad. Huellas originarias. Fondo proto-representativo.

Hélène SUAREZ LABAT – *Descorporación y pérdida de la bisexualidad común: cuando el niño se muestra*

Resumen – La autora propone un doble cuestionamiento: ¿Cuáles son las expresiones del *anclaje de la bisexualidad* del niño que llevan a la construcción de la diferenciación de los espacios psíquicos? ¿Cuáles son los efectos en los padres de los movimientos de descorporación del niño del cuerpo materno hacia las identificaciones paternas? ¿Cómo los padres preparan la economía de la pérdida de una bisexualidad común? ¿La contratransferencia del analista permite evaluar los efectos de la pérdida? Dos viñetas clínicas ilustran los temas.

Palabras claves – Bisexualidad psíquica. Autoerotismos. Cargas. Fantasía originaria. Descorporación.

Claire DE VRIEND GOLDMAN, Hélène SUAREZ LABAT – *Discusión: la carga de la bisexualidad del niño por los padres*

Resumen – Las autoras retoman la discusión esbozada luego de sus intervenciones a fin de aclarar los diferentes alcances de las identificaciones primarias y secundarias que están en juego en la carga de la bisexualidad del hijo por los padres. Se concentran en tres movimientos que permiten analizar las principales vías de integración de la bisexualidad psíquica en el niño, sus efectos en la psique parental y las múltiples implicaciones en las relaciones con el analista.

Palabras claves – Bisexualidad psíquica. Transferencia/Contratransferencia. Identificaciones. Fenómenos transicionales. Negación.

(Traduction Mario Gioia.)

Riassunti

François RICHARD – *La bisessualità, l'incesto e la morte*

Riassunto – L'autore fa l'ipotesi che l'oscillazione della bisessualità psichica nel percorso tra eterosessualità (al plurale) e omosessualità (al plurale) ricopra un rapporto più arcaico con l'oggetto sessuale materno primario « incommensurabile » – in particolare nel campo dell'omosessualità primaria, il che è rivelato dalle patologie degli adolescenti. Ne consegue un uso specifico dell'interpretazione con pazienti che presentano un Edipo deformato da una regressività incestuosa mortifera verso un disturbo originario della differenziazione.

Parole chiave – Adolescenza. Bisessualità. Omosessualità primaria. Incesto. Edipo deformato. Pulsione di morte. Sessuale materno primario.

Jacques ANDRÉ – *Discussione della relazione di François Richard*

Riassunto – Ogni ricerca dell'origine è minacciata dall'aporia e dalla tentazione mitologica, per esempio quella di situare all'origine del mondo un incesto primordiale, un Irrappresentabile. E' la critica principale, rivolta alla relazione di François Richard. Quanto alla bisessualità, essa rimane un'astrazione se la si isola dalla fantasia (molto variabile) alla quale essa è sempre legata.

Parole chiave – Incesto. Rappresentazione. Bisessualità. Fantasia. Femminile.

Monique SELZ – *Disposizione bisessuale e incestualità selvaggia mortifera : qualche quesito*

Riassunto – Durante il congresso, in un gruppo di lavoro sulla relazione di François Richard, ho voluto interrogare i termini della sua ipotesi centrale : « l'idea di una disposizione bisessuale originaria che *ricopre l'irrapresentabile di un'incestualità selvaggia mortifera* ». Questi interrogativi riguardano principalmente la questione del desiderio incestuoso e la dimensione psichica della bisessualità.

Parole chiave – Disposizione bisessuale. Incesto. Bisessualità psichica. Morte. Controtransfert.

Jean-Michel LÉVY – *Luci e ombre della bisessualità*

Riassunto – La speranza di Freud, quella delle luci che la bisessualità avrebbe dovuto fornire sempre alla psicoanalisi, fu delusa. Cosi' Freud si lamenterà della mancanza di connessione tra la bisessualità e la teoria delle pulsioni. Poi, quando rifletterà a cio' che impedisce la fine di un'analisi, egli incontrerà uno scoglio teorico-clinico, cioè il rifiuto del femminile per gli uomini

e per le donne, problematicizzato dal complesso di castrazione, ma riportato *in fine* allo scoglio (roc) di origine, quello biologico della sessuazione. La bisessualità psichica non chiarifica più, anzi raggiunge gli strati oscuri della psiche. L'autore sostiene l'ipotesi che queste difficoltà freudiane teorico-cliniche provengano da un evitamento facilitato da una versione della castrazione che è esclusiva della bisessualità. La differenza *di* sesso non è più la differenza *dei* sessi. Viene ugualmente sottolineato il posto del contro-transfert, come facente parte dello "scoglio", e l'importanza che va concessa alla fantasmatizzazione della bisessualità pulsionale, in particolare attraverso la fantasia della scena primaria e le sue rielaborazioni nella cura.
Parole chiave – Bisessualità psichica. Castrazione. Scena primaria. Evitamento. Contro-transfert. Genere. Omosessualità. Fine dell'analisi.

Anne DEBURGE – *Discussione della relazione di Jean-Michel Lévy : luce e ombra ?*

Riassunto – A proposito della relazione di Jean-Michel Lévy, l'autrice solleva un certo numero di questioni riguardanti il concetto di bisessualità : il ruolo del biologico e dell'ambiente, il rapporto tra teoria delle pulsioni e ruolo dell'oggetto, particolarmente nel momento dell'assegnazione identitaria, il ricorso alla bisessualità nei funzionamenti non nevrotici, le possibilità e i limiti della nozione di bisessualità per prendere in considerazione la sessualità dell'altro in seno alla coppia uomo/donna o paziente/analista.
Parole chiave – Bisessualità edipica e pre-edipica. Transfert erotico.

HÉLÈNE PARAT – *La bisessualità psichica, fin dall'origine*

Riassunto – L'erotismo materno, quell'insieme di moti pulsionali materni e delle loro trasformazioni nel legame con *l'infans*, autorizza l'instaurazione di una bisessualità fin dall'origine, in una simbolizzazione primaria in cui maschile e femminile mettono in forma le prime sensazioni e relazioni del bambino.
Parole chiave – Identificazione primaria. Erotismo materno. Seno. Bisessualità originaria.

LUCA QUAGELLI – *Il materno primario e la costruzione dell'interiorità*

Riassunto – L'autore sottolinea il ruolo essenziale svolto dal materno primario nella costruzione dell'apparato psichico del bambino. La rilettura di una delle vignette cliniche proposte da François Richard permette di mostrare il modo in cui questa concezione teorica orienta il lavoro clinico.
Parole chiave – Materno primario. Interiorità. Bambino. Bisessualità psichica.

Bernard CHERVET – *La bisessualità psichica, un après-coup della scelta oggettuale*

Riassunto – La bisessualità psichica non puo' esistere in quanto qualità degli autoerotismi psichici se non nell'après-coup di cio' che manca all'infanzia, l'incrociarsi sensoriale della propria regressione sensuale con quella di un oggetto dell'altro sesso.
Parole chiave – Bisessualità psichica. Scelta oggettuale. Sessuale d'organo. Bi-sensualità. Differenza dei sessi. Regressione sensuale. Après-coup. Premio di desiderio.

Thierry BOKANOWSKI – *La bisessualità nella cura*

Riassunto – L'autore, dopo aver ricordato la diversità delle incidenze alle quali conduce l'uso del concetto di bisessualità, abborda le questioni sollevate nella clinica psicoanalitica dalla bisessualità primaria che rende a volte difficile un ascolto transfert-controtransfert per via di una confusione dei riferimenti identitari che possono interessare la questione della posizione femminile nei due sessi.
Parole chiave – Bisessualità primaria. Femminilità. Masochismo femminile. Passivazione. Rifiuto del femminile.

Hélène HINZE – *Lingua e (bi)sessualità*

Riassunto – Fin dall'origine, la (bi)sessualità infantile sovraccarica le parole della lingua con la sua energia erotica allucinatoria. Questa energia pulsionale entra in conflitto con la lingua d'uso che tenta di contenerla e pretende di domarla. Attraverso tre illustrazioni, le costruzioni sintattiche, la traduzione di *Gradiva* di Jensen e un esempio clinico, l'autrice esamina questi conflitti e i loro effetti.
Parole chiave – Lingua. Sessualità infantile. Conflitto. Sintassi. Traduzione. Transfert omosessuale. Differenza *di* sesso e *dei* sessi.

Claudine JUNIEN – *Sesso e genere nell'era dell'epigenetica*

Riassunto – La parità donna/uomo e la « teoria del genere » sono oggetto incessante di dibattiti. Ma il corpo resta nell'oblio. In effetti certe malattie toccano maggioritariamente le donne e altre gli uomini. Le differenze legate al sesso (DLS) hanno basi genetiche ed epigenetiche – all'interfaccia tra i geni e l'ambiente – e ormonali. Ora, le donne sono sotto rappresentate nelle prove cliniche e le femmine sono a volte assenti negli studi sugli animali ; cio' ha come conseguenza delle diagnosi e dei trattamenti meno adatti e degli incidenti secondari due volte superiori nelle donne. Perchè tale disparità ? E' proprio l'ignoranza, anzi il diniego, delle DLS che è all'origine di questa disuguaglianza e non le DLS stesse. Non è occultandole che si sopprimeranno queste discriminazioni nel campo della salute.
Parole chiave – Sesso. Genere . Epigenetica. Genetica. Ambiente.

Paul DENIS – *Sesso e identità di genere*

Riassunto – Il genere deriva innanzitutto da una prima differenziazione qualitativa tra persone femminili e maschili che assicurano le cure del bambino. La differenza anatomica tra i sessi è assoluta, le differenze di identità di genere sono relative. Il cambiamento di sesso è fondamentalmente impossibile e, se vi sono dei casi in cui si puo' riuscire ad accettare un riassegnazione chirurgica, lasciar credere che si possa scegliere il proprio sesso in funzione di una convinzione di genere ha pesanti conseguenze.
Parole chiave – Bisessualità. Diniego. Feticismo. Omosessualità primaria. Identificazione. Identità. Transessualismo.

Brindusa ORASANU – *Edipo selvaggio, fantasia rassicurante*

Riassunto – L'articolo illustra clinicamente delle connessioni tra l'ipotesi di François Richard sulle rappresentazioni bisessuali senza contenuto che coprono l'incestualità irrappresentabile

e quella di Jean-Michel Lévy sulla teoria della castrazione come un modo di schivare il riconoscimento della differenza dei sessi. Considerare la bisessualità nel tempo conduce ad una prospettiva che apre su due tipi inseparabili di conflittualità : quella che concerne la differenza dei sessi e quella che concerne la differenza delle generazioni.
Parole chiave – Incestualità. Messa in simmetria bisessuale. Differenza dei sessi. Differenza delle generazioni. Storicità.

Christos ZERVIS – *Identità (al plurale) – sessualità (al plurale)*

Riassunto – L'autore propone di studiare l'impatto delle strutturazioni psichiche – fatte grazie a dei « linguaggi » e dei codici simbolici che s'impongono attraverso il sociale durante lo sviluppo psico-sessuale – sulla costituzione parallela dell'identità sessuale e dell'oggetto sessuale. La conclusione è che l'oggetto della pulsione proviene dalla parte scissa del contenuto identitario dell'io durante il passaggio simbolico. E' il terreno rappresentazionale auto-erotico in cui si incontrano l'identitario e l'oggettuale.
Parole chiave – Identitario. Oggettuale. Linguaggio simbolico. Scissione.

Sandra BOEHRINGER – *La forza di Eros. Genere et fluidità erotica in una società di « prima della sessualità ».*

Riassunto – L'analisi dei modi in cui gli individui sono portati a riconoscersi come soggetti di desiderio disegna un forte contrasto tra la nostra modernità e le società antiche. Al VI° secolo a.C., in Grecia, l'opera di Saffo mette in luce l'importanza data allo slancio erotico e non al sesso della persona amata. E' in questa dimensione « transgenere » dell'Eros arcaico che Platone trae ispirazione per costruire il discorso di Aristofane nel *Banchetto*, un passaggio citato da Freud nei *Tre saggi sulla teoria sessuale*.
Parole chiave – Grecia antica. Genere. Eros. Saffo. Platone.

Fabrice VIRGILI – *Quale pratica storicistica ? Dall'universale maschile alla storia del genere*

Riassunto – Al di là delle fantasie intorno ad una pretesa « teoria del genere », si tratta di discutere un certo numero di strumenti euristici che permettano di pensare la differenza e la similitudine dei sessi. A partire dagli anni '70, la storiografia si è distaccata da un universale maschile, all'opera dal XIX° secolo, per *rendere visibili* le donne. Il genere è progressivamente costruito come una categoria di analisi, tra le altre, per interrogare le società del passato, e quelle del presente.
Parole chiave – Storia. Genere. Universale maschile. Donne.

Michel ODY – *Perchè non siamo tutti bisessuali ? Per un'introduzione*

Riassunto – Questo testo è un'introduzione alla tavola rotonda « Perchè non siamo tutti bisessuali ? ». Questa introduzione riprende tre tappe del pensiero di Freud, la loro risonanza con i due relatori, e con il grande lavoro di Christian David. Una breve illustrazione di analisi infantile conferma la complessità del percorso dell'elaborazione longitudinale della bisessualità psichica.
Parole chiave – Bisessualità psichica. Percorso. Lavoro psichico. Tre tappe di Freud. Una bambina in seduta.

Nicolas DE COULON – *La bisessualità, tra pulsioni e strutture*

Riassunto – Posta prima, cioè al di qua dell'organizzazione psicopatologica, la bisessualità prende una forma dettata dalle pulsioni e si iscrive nelle strutture psichiche. Essa « si incarna » quindi nella clinica. Ne consegue che possiamo essere bisessuali in diversi modi. L'autore ne percorre rapidamente il ventaglio soffermandosi su un'illustrazione clinica « limite ». Viene inoltre discusso l'articolo di Winnicott sul maschile e il femminile « puri », come appoggio ad una ricerca sull'identificazione primaria.

Parole chiave – Bisessualità. Pulsione. Struttura. Psicopatologia. Winnicott.

Rosine PERELBERG – *La differenza dei sessi après-coup*

Riassunto – Attraverso un esempio clinico, l'autrice mostra come la sessualità psichica venga raggiunta nella cura après-coup, seguendo il filo delle identificazioni. L'accesso alla differenza dei sessi passa, nel caso di questo paziente, attraverso un'attrazione per i transessuali che, nel corso del processo psicoanalitico si rivelano essere l'oggetto combinato della scena primaria. La rimessa in gioco, e l'elaborazione nel transfert, di questa figura schiacciante, al contempo maschile e femminile, ne consente l'individuazione.

Parole chiaves – Bisessualità. Angoscia. Transessuale. Oggetto combinato. Vertigine. Scena primaria.

Guy LAVALLÉE – *Il processo feticizzante, luogo transizionale della bisessualità psichica*

Riassunto – Il processo feticizzante è uno dei trattamenti particolari delle nostre percezioni che attienne all'universale e non solo della psicopatologia. Il feticcio puo' sostenere la bisessualità e rappresentarla. La rappresentazione feticizzata della bisessualità, nell'arte, nell'adolescente, nell'omosessualità e nelle psicosi, è considerata come un luogo di organizzazione che consente la Speranza dei ritrovamenti allucinatori vitali con l'oggetto primario perduto, anche e soprattutto quando quest'ultimo è stato gravemente carente.

Parole chiave – Feticcio. Bisessualità. Omosessualità. Creazione. Adolescenza. Speranza. Allucinatorio.

Alain GIBEAULT – *Identificazione primaria, omosessualità primaria, identificazione secondaria*

Riassunto – Una riflessione sulla bisessualità psichica presuppone di definire il passaggio dall'identificazione primaria all'identificazione secondaria a partire dalle poste in gioco dell'omosessualità primaria come processo d'investimento dell'altro in quanto doppio narcisistico. Si tratta di una questione al contempo teorica e clinica per via della possibilità cosi' offerta in ogni cura analitica di un legame dell'eccitazione negli affetti e nelle rappresentazioni e dell'accesso all'alterità dell'oggetto.

Parole chiave – Identificazione primaria. Identificazione secondaria. Omosessualità primaria. Bisessualità psichica. Identità di genere.

Viviane CHETRIT-VATINE – *Bisessualità psichica, seduzione etica e spazio matrice*

Riassunto – Dopo aver ricordato i contributi di Colette Chiland e di Jean Laplanche, l'autrice, basandosi sulla clinica, considera le implicazioni della bisessualità psichica per la situazione analitica. Risponde alle proposte di Jean-Michel Lévy quanto agli analisti ansiosi di « fare la madre », e torna sulla nozione di seduzione etica che ha proposto, considerando l'esistenza di un rapporto stretto tra bissessualità psichica bene integrata e posizione di uno spazio matrice, spazio di responsabilità asimmetrica e carica di affetti per l'altro.

Parole chiave – Bisessualità psichica. Genere. Spazio matrice. Sesso. Seduzione etica. Situazione analitica.

Sylvie PONS-NICOLAS – *Integrare la bisessualità, un lavoro di alterità ?*

Riassunto – La prima differenza è l'altro, l'altro-soggetto. Françoise Héritier ha constatato che il limite estremo del pensiero della differenza è costituito dall'osservazione della differenza dei sessi. L'autrice propone che questo tempo di sinergia dialettica tra l'angoscia di castrazione e la bisessualità sia un'elaborazione après-coup della differenza delle differenze e che l'integrazione della bisessualità sia un lavoro di alterità.

Parole chiave – Bisessualità. Fantasmatizzazione. Alterità Identificazione isterica primaria.

Eléana MYLONA – *La bisessualità al rischio della psicoanalisi*

Riassunto – L'autrice, basandosi sull'alterità radicale e la mancanza, riabilita il fantasma di castrazione organizzatore della bisessualità psichica, del simbolico e del desiderio. Denuncia inoltre l'illusione della completezza narcisistica, cosi' come ricusa gli slittamenti epistemologici quando la bisessualità psichica è rivista e utilizzata da altre discipline delle scienze umane al fine di convalidare il « trionfo narcisistico » contemporaneo che mira a cancellare la mancanza e le differenze.

Parole chiave – Mancanza. Alterità radicale. Fantasma di castrazione. Omosessualità primaria.

Elda ABREVAYA – *Mancanza del padre o ricerca di una pelle d'uomo*

Riassunto – La risoluzione del complesso edipico è il compimento di un'evoluzione psichica che si inaugura alla nascita e alla base della quale si trova l'instaurazione di un padre immaginario come modalità arcaica della funzione paterna. Lo stabilirsi di questa modalità è condizionato dal desiderio materno. Il desiderio della madre per il padre crea un vuoto narcisistico che offre le condizioni della costituzione soggettiva e sessuale.

Parole chiave – Bisessualità. Padre immaginario. Assegnazione del sesso.

Jacques DUFOUR – *La funzione generativa della bisessualità*

Riassunto – In questo testo l'autore esplora il lavoro analitico sotto l'angolo della bisessualità psichica, la cui dualità dell'alterità si sostituisce all'unicità fallopatriarcale. Nell'intreccio e nei rapporti intra e intersessuali si rivela allora un terzo sessuale enigmatico che nel lavoro analitico fa intendere la bisessualità come scena originaria della generatività psichica.

Parole chiave – Unicità fallopatriarcale. Bisessualità psichica. Terzo enigmatico. Generatività.

Mi-Kyung YI : *Come giocare con l'albero che nasconde la foresta ?*

Riassunto – Lo si ha o non lo si ha. Come far giocare la teoria della castrazione inchiodata alla sua tagliente binarietà ? L'autrice si propone di mostrare che la teoria della castrazione, in quanto teoria sessuale infantile, puo' conservare il suo potenziale di plasticità pulsionale e quindi rivelarsi capace di apertura alla bisessualità giocando con la differenza dei sessi.

Parole chiave – Castrazione. Bisessualità. Teoria sessuale infantile. Differenza di sessi. Assegnazione.

Hervé BALONDRADE – *Transfert della bisessualità nella cura : dalla resistenza alla mediazione*

Riassunto – Nelle cure difficili la resistenza si scontra a volte con scissioni insormontabili. Il fantasma di bisessualità rappresenta in questi casi una impasse per la costruzione dei fantasmi originari, specialmente quello della scena primaria. La bisessualità sull'asse narcisistico del transfert sarà spesso il solo modo di rilanciare il processo di identificazione primaria.

Parole chiave – Bisessualità. Bipulsionalità. Scissione. Identificazione primaria. Resistenza.

Augustin JEANNEAU – *Una minaccia ricorrente della differenza nell'universo psicotico*

Riassunto – La bisessualità psichica rappresenta cio' che è essenzialmente incompatibile con la psicosi. La differenza sessuale è l'espressione più conflittuale dell'alterità, fondata sul paradosso psicotico di un pensiero che non è riuscito a dare alla realtà lo spazio e la distanza necessari alla vita relazionale.

Parole chiave – Bisessualità. Omosessualità. Differenza. Alterità. Psicosi.

François DUPARC – *Bisessualità fantasticata o agita*

Riassunto – La bisessualità, risultato della nostra doppia eredità fantasmatica edipica, è la componente normale della nostra identità sessuale. Ma dalle variazioni sessuali attuali nascono dei conflitti ideologici tra una liberazione senza fine, che spinge a liberarsi dal corpo e dalle regressioni integriste omofobe o antigenere ancora più inquietanti. La decostruzione della scena primaria, all'origine dell'amore e della fecondità creativa, interroga l'analista nella sua pratica, in risonanza con la società, di fronte ai casi di rifiuto del proprio corpo sessuato.

Parole chiave – Bisessualità. Omosessualità. Ideologie del genere. Odio del corpo.

Dominique SUCHET – *Modifica del corpo e temporalità della dissoluzione del complesso di Edipo*

Riassunto – Una modifica del corpo puo' provocare una soddisfazione pulsionale portatrice di disimpasto deleterio, puo' introdurre allora una perturbazione nella conflittualità delle due temporalità maschile e femminile della dissoluzione edipica e compromettere l'integrazione della bisessualità. Essa puo' anche essere al principio della sua integrazione come, per esempio, la muta adolescente.

Parole chiave – Temporalità edipiche. Bisessualità. Voce. Edipo femminile.

Sandra LORENZON SCHAFFA – *Modifica del corpo e bisessualità. Da Lili Elbe a Paul Preciado*

Riassunto – Per contribuire alla riflessione sulle questioni di genere, l'autrice propone di seguire sull'arco di un secolo l'evoluzione dei discorsi e delle rappresentazioni e di analizzare l'impatto di queste trasformazioni sulle formazioni soggettive. Basandosi sulle testimonianze di Lili Elbe e di Paul B. Preciado, l'autrice mostra come si è passati da una concezione assolutamente binaria a un rifiuto delle « assegnazioni » prodotte da una cultura comune.
Parole chiave – Fallo. Riassegnazione. Binarietà. Transgenere. Arte corporea.

Dominique CUPA – *Sfregi del corpo, genere neutro*

Riassunto – Il superamento del complesso di castrazione dipende dagli stadi pre-edipici che, après-coup, appaiono come dei precursori della castrazione. Se sono troppo traumatici, come nel caso di una malattia somatica cronica, i conflitti che ne risultano tendono a risolversi con il genere neutro. Il lavoro analitico puo' concorrere alla costruzione dei fantasmi di scena primaria che riorganizzano in parte i conflitti di ambivalenza e quelli della bisessualità psichica attraverso le identificazioni.
Parole chiave – Malattia somatica cronica. Castrazione reale. Genere neutro. Fantasma di scena primaria.

Dana PAMFILE – *Alla ricerca del sesso perduto*

Riassunto – Questo articolo cerca di mostrare attraverso un'illustrazione clinica come gli psichiatri territoriali che lavorano con i pazienti transgender potrebbero integrare nella loro pratica clinica e nel loro ascolto del sintomo che è la domanda di cambiamento di sesso il concetto psicoanalitico di bisessualità psichica e le sue declinazioni.
Parole chiave – Transgender. Bisessualità psichica. Scissione maschile/femminile. Winnicott. Psichiatria territoriale.

Riccardo GALIANI et Roberta GUARNIERI – *Il femminile come modo per schivare la bisessualità. Un destino transessuale*

Riassunto – Con l'aiuto dell'esperienza clinica vissuta con S., viene discussa la tesi seguente : in certi casi di transessualismo maschile, il femminile presenta un rapporto specifico con l'idea di *bellezza*. Questo femminile-bellezza in cui il soggetto vuole essere riconosciuto e iscritto è l'effetto di un'impossibilità di vivere la bisessualità psichica, da qui la necessità di schivarla. L'uso della nozione di *gender* puo' ripetere a livello teorico questo modo di schivare.
Parole chiave – Transessualismo maschile. Femminile. Bellezza. Bisessualità psichica. Genere.

Pascale TOTAIN – *La tentazione transessuale come modo di schivare la bisessualità psichica*

Riassunto – A partire dal caso di una pre-adolescente sedicente transessuale, interrogo nuovamente il concetto di bisessualità psichica, nel suo versante arcaico di legame con la madre

fallica, e nel suo versante post-edipico di legame con la femminilità e con la mascolinità, nella loro incompletezza e complementarietà.
Parole chiave – Transessualismo. Bisessualità psichica. Omosessualità primaria. Invidia del pene. Femminile.

Claire DE VRIENDT GOLDMAN – *Colori originari del femminile e del maschile*

Riassunto – « La psiche originaria è bisessuale, di cio' non sa nulla ». La psiche dell'*infans* è sottomessa a messaggi compromessi da elementi del sessuale infantile dei genitori. Questa contaminazione si iscrive sotto forma di tracce sensorimotorie ed emozionali, che costituiscono un fondo protorappresentativo originario, che, nel corso della vita, potrà essere utilizzato nelle integrazioni bisessuali imputabili ai modellaggi psichici, ma anche biologici, familiari, culturali e sociali.
Parole chiave – Bisessualità. Tracce originarie. Fondo protorappresentativo.

Hélène SUAREZ LABAT – *Scorporazione e perdita della bisessualità comune : quando arriva un bambino*

Riassunto – L'autrice propone un doppio interrogativo : quali sono le espressioni del *radicarsi della bisessualità* del bambino che conducono alla costruzione della differenziazione degli spazi psichici ? Quali sono gli effetti nei genitori dei moti di scorporazione del bambino dal corpo materno verso le identificazioni paterne ? In che modo i genitori organizzano l'economia della perdita di una bisessualità comune ? Il contro-transfert dell'analista permette di misurare gli effeti di questa perdita ? Due vignette cliniche illustrano questi interrogativi.
Parole chiave – Bisessualità psichica. Autoerotismi. Investimento. Fantasma originario. Scorporazione.

Claire DE VRIENDT GOLDMAN, Hélène SUAREZ LABAT – *Discussione : l'investimento della bisessualità del bambino da parte dei genitori*

Riassunto – Le autrici riprendono la discussione che è seguita ai loro interventi per chiarire i diversi livelli di identificazioni primarie e secondarie in gioco nell'investimento della bisessualità del bambino da parte dei genitori. Sottolineano tre movimenti per analizzare le principali vie d'integrazione della bisessualità psichica nel bambino, i suoi effetti sulla psiche dei genitori e le sue molteplici implicazioni nelle relazioni con l'analista.
Parole chiave – Bisessualità psichica. Transfert/Contro-transfert. Identificazioni. Fenomeni transizionali. Negazione.

(Traduction Daniela Avakian.)

Cet ouvrage a été mis en pages par

<pixellence>

ISBN 978-2-13-082174-8 – ISSN N° 0035-2942
CPPAP N° 0120 T 81218
Dépôt légal : décembre 2019

Revue éditée par Humensis

170 bis, boulevard du Montparnasse, 75014 Paris

Achevé d'imprimer en novembre 2019 par Corlet Imprimeur — 14110 Condé-en-Normandie
N° d'imprimeur : 19100374 — *Imprimé en France*